Pacto de Amor eterno

Pacto de Amor eterno

Pelo Espírito
Caio Fábio Quinto

Psicografia de
Christina Nunes

Lúmen
Editorial

Pacto de amor eterno
pelo espírito Caio Fabio Quinto
psicografia de Christina Nunes

1ª edição - agosto de 2010

Direção editorial: Celso Maiellari
Preparação de originais: Alessandra Miranda de Sá
Capa e projeto gráfico: Casa de Ideias
Impressão e acabamento: Orgrafic Gráfica

Dados Internacionais de Catalogação na Publicação (CIP)
(Câmara Brasileira do Livro, SP, Brasil)

Quinto, Caio Fábio (Espírito).
Pacto de amor eterno / pelo espírito Caio Fábio Quinto; psicografia de Christina Nunes. – São Paulo : Lúmen, 2010.

ISBN 978-85-7813-033-6

1. Espiritismo 2. Psicografia 3. Romance espírita
I. Nunes, Christina. II. Título.

10-06903 CDD-133.9

Índice para catálogo sistemático:
1. Romance espírita : Espiritismo 133.9

LÚMEN EDITORIAL

Rua Javari, 668
São Paulo - SP
CEP 03112-100
Tel/Fax (0xx11) 3207-1353

visite nosso site: www.lumeneditorial.com.br
fale com a Lúmen: atendimento@lumeneditorial.com.br
departamento de vendas: comercial@lumeneditorial.com.br
contato editorial: editorial@lumeneditorial.com.br

2010

Impresso no Brasil – *Printed in Brazil*

Sumário

Parte III
O fio do destino

Apresentação do autor espiritual

Saudações aos amigos em lide material terrena!

Nossa trajetória eterna se reveste de nuances insuspeitadas. Toda a rede de acontecimentos causadores das emoções supremas da dor e da alegria, recorrentes à vastidão de nosso percurso, não nos revela, num primeiro momento, nem no período de uma única vida na matéria, toda a trama de causas distantes, de determinantes inescrutáveis, de nascentes longínquas, existentes, na maioria das vezes, no universo a esta altura enevoado e já inextricável das iniciativas de ontem.

É das minúcias do cotidiano terreno que se adquire, pois, o aprendizado perene da Vida Maior.

Forjam-se, a partir dele, dramas, acontecimentos surpreendentes, reações incompreensíveis, amores, ódios, afetos e desafetos. Elos indissolúveis no território de nossa afetividade, sem embargo, tanto no que se relaciona a nos-

sos pares mais queridos quanto àqueles que definem nossos principais desafios no contexto cotidiano da convivência, muitas vezes desprezada e conduzida sob um estado de espírito descuidado, de uma quase negligência, haverão de, em futuro mais ou menos distanciado, reverter nos frutos mais sublimes das nossas conquistas, no território fértil da amorosidade excelsa, ou na aridez ríspida das dissensões forçosas do dia a dia terreno.

Constrangem-nos, tais situações desnorteadoras, por não determinarmos a causa primeira deste ou daquele quadro difícil dos nossos círculos familiares ou sociais, porque avisadamente nos é retirada, em caráter temporário, a lembrança precisa do ato, do pensamento, da iniciativa geradora das grandes dores e diferenças hoje presentes na nossa interação com este ou com aquele irmão mais próximo de jornada. Escapa-nos tanto a razão plausível da química fácil e fluente com o amigo querido e distanciado do núcleo consanguíneo mais íntimo quanto a animosidade gratuita para com um irmão ou familiar presente, de modo constante, durante todo o período da aparentemente longa jornada material. Desconhecemos, temporariamente, que o afeto gratuito na personalidade que desejaríamos mais próxima não nos comparece à trama atual da trajetória sem uma finalidade útil na troca fraterna e prazerosa que nos facilita os percalços cansativos do caminho, assim como não nos recordamos, por ora, que a presença enigmática justo no seio mais estreito do elo familiar resguarda propósitos santificados de reunião fraterna no esquecimento do passado sombrio em comum, a fim de, em se sofrendo, depurar, felicitar, lutar em histórico compartilhado sob o mesmo teto obscuro dos dias vertiginosos na face material do orbe, resgatar-se a chance *valiosa do esquecimento das ofensas, que haverão de ser substituídas pela força do entrosamento em amor — naquele amor que nasce da compreensão profunda das qualidades e das limitações mútuas; da compaixão ao próximo, ao se presenciar de perto seus sofrimentos mais ríspidos; da oportunidade de auxílio mútuo, muitas vezes quando não se conta com ninguém mais, em momentos de crise e de tormenta, que não seja justo com aquele que nos comparece às vivências como o indivíduo com quem mais arestas e mais incompatibilidades devemos reparar!*

A cada capítulo reencarnatório nos cabe, assim, entendimento das sutilezas sublimes ocultas nos propósitos santificados do Criador, outrora pontificados magistralmente pelas luzes incomparáveis dos ensinamentos do Cristo. Atender às necessidades mútuas, estender a mão aos nossos circunstantes em horas supremas de crises e de dificuldades. Entender a nós mesmos, buscando a conscientização clara das raízes devidas das nossas contradições. Se nos reconforta o sopro indicador de uma afeição antiga naquela presença terna que hoje nos ladeia, comparecendo no cenário consanguíneo, compreender que, nisso, reside a misericórdia da Providência, a fim de que nos fortaleçamos para abraçar a todos os que nos circundam como irmãos em Deus na jornada infinita — remindo diferenças, esquecendo e renovando atitudes; oferecendo afeto e perdão. Recordar nossa própria falibilidade para com o próximo, para que, ao nos compreendermos como seres em jornada infinda de aperfeiçoamento, consideremos a todos como empenhados em monumental processo de aprendizado, mas dotados da mesma herança de felicidade, já que em cada qual reside, igualmente, o lume da bondade; a mesma vontade de acertar; a mesma voz interior a segredar que o destino soberano das criaturas repousa em concórdia, em harmonia, e na definitiva comunhão pacífica do eterno dom da vida!

Com os votos de estima e amizade de costume,

Caio Fábio Quinto
Rio de Janeiro, 31 de janeiro de 2009

Introdução

A presente obra é um coroamento da série recente de narrativas autobiográficas do autor espiritual, dando-nos testemunho de várias de suas reencarnações sucessivas, a partir de certo ponto de sua jornada evolutiva situado nos idos dos tempos de Júlio César. Fora ele, naqueles tempos, militar da elite dos exércitos romanos, tendo participado das famosas batalhas de pacificação da Gália como general aguerrido à frente das legiões conquistadoras daqueles séculos recuados da Itália milenar.

Outras importantes vivências aconteceram, anteriormente a esse período; mas intentou Caio Quinto oferecer-nos precioso noticiário de seu aprendizado particular, com base no qual temos ilustrado iniludivelmente incontáveis quadros esclarecedores do funcionamento das leis evolutivas espirituais regentes de todos os destinos humanos na materialidade. Dispôs-se, para tanto, às narrativas, presentes até o momento no conteúdo de seis obras consecutivas, das suas vivências particulares em conjunto com um grupo espiritual que lhe é afim, e que lhe compartilha já de há longo prazo o profícuo percurso no âmbito das vidas corpóreas terrenas.

Esta sexta obra nos reporta, ainda, às terras italianas, mas em séculos posteriores aos descritos antes em enredos acontecidos ao longo do extenso período compreendido pelas conquistas históricas do Império Romano. Se a trama se desenvolve de entremeio às fragrâncias das colinas da Sicília, ilha ao sul da Itália, em épocas que se seguiram aos arremates da Idade Média, forçoso reconhecer nesses personagens aqueles mesmos, de tempos anteriores, ainda recolhendo aprendizado inadiável no capítulo difícil das diferenças mútuas — ora aparando arestas ríspidas de convivência, ora reforçando preciosos elos afetivos de há muito sedimentados pelas vivências seculares em comum, ora reaprendendo paradigmas novos de afetividade, de molde a se consolidar no íntimo de cada um, paulatinamente, a certeza de que o amor se espraia em infinitas nuances; mas não somente para com aqueles que mais de perto nos falam à alma, na trajetória eterna compartilhada rumo ao infinito!

Ainda desta feita, ratificando experiências anteriores de ordem mediúnica, gratas quanto ricas em aprendizado dos recursos infindos da Vida Maior em tal gênero de trabalho em parceria com as equipes que nos assessoram da invisibilidade, grande era o comprometimento quanto à noção clara de responsabilidade para com a mensagem a ser transmitida ao leitor, gerando-se, a partir disso, e com muita naturalidade, como em todo começo de trabalho prolongado e minucioso a nos tomar o espaço de um ano, dúvidas, receios, e certa medida de ansiedade. Todavia, nunca nos faltou, ao longo do percurso, o reforço necessário do benfeitor atento, a nos sinalizar confirmações de contexto, de molde a pacificar nosso ânimo e reforçar nossas convicções para com a autenticidade de elementos à primeira vista estranhos, de permeio ao decurso da narrativa.

Assim que, ainda agora, ao término bem-sucedido de mais este livro em particular volumoso, e repleto da descrição de minúcias de época e de estilos regionais, chegam-me espontaneamente ao exame resultados precisos, em pesquisas abnegadamente orientadas pela equipe da Vida Maior que nos assessora. Encantam-nos os indicativos claros das semelhanças do ora descrito pelo autor para com o que podemos agora, ao término do trabalho, atestar na leitura de autobiografias outras, atuais, de protagonistas reencarnados, disponíveis aos leitores nas melhores livrarias, cujos autores privaram e conviveram em intimidade com as peculiaridades ainda hoje cotidianas nas ilhas ao sul da Itália, descrevendo-nos com riqueza esplendorosa de detalhes estes mesmos aspectos enternecedores do espírito siciliano, realçados em nossa própria narrativa.

A vida dos campos; vinhedos; o plantio e a colheita; os temperamentos exacerbados da alma siciliana; a religiosidade robusta, a interveniência e o aconselhamento usual dos representantes provincianos da Igreja no seio das rotinas familiares dos habitantes destas paragens, onde a simplicidade de vida daqueles tempos, ainda hoje, e espantosamente, como numa voluntária paralisação cronológica, prevalece e suplanta, no espírito daqueles povos e em regiões várias daquelas terras longínquas, os efeitos no mais das vezes atordoadores dos avanços tecnológicos dos dias atuais, em período histórico que nos empresta a sensação de pertencer, tal anacrônico *modus vivendi*, a mundos outros; seres quiçá mais preservados de escolhos graves no percurso evolutivo, por renunciarem, solenes quanto íntegros, e talvez de modo intuitivo, a abdicar de caminhos que os aproximam mais, e forçosamente, de Deus; a sabedoria inerente às suas leis governantes de mundos e de humanidades, com base na intimidade reconfortadora para com as expressões mais belas, mais naturais da vida!

Que seja esta, pois, a mensagem maior deste *Pacto de amor eterno*: oferecer ao leitor amigo, da ótica das vidas sucessivas na eternidade, uma narrativa que fala das atemporais sutilezas cotidianas, presentes em todas as fases da história humana: amores e rivalidades; famílias e suas dificuldades; e de emoções intensas, vividas com inteireza e espontaneidade tocante, em dias recuados, perdidos nas névoas de um passado vivenciado em meio aos frescores inebriantes dos perfumes silvestres das extensões floridas das colinas sicilianas!

Que Jesus esteja sempre como Mestre Maior à frente de todas as nossas intenções, pensamentos e iniciativas.

Christina Nunes

PARTE 1

NAS COLINAS DA SICÍLIA

CAPÍTULO 1

NUM FINAL DE TARDE NOS CAMPOS

Eram aqueles lugares maravilhosas colinas verdejantes nas estações de primavera, recobertas de flores multicoloridas e de perfume inebriante, campos pródigos para o cultivo das lavouras dos poucos proprietários esparsos na extensão vasta daquelas regiões.

Nada, ali, no decorrer das estações amenas, faria supor dificuldades de qualquer ordem ao percurso comum das populações nascidas nas duas ilhas situadas ao sudoeste da Itália. Todavia, nos meses de inverno, o tapete aveludado exsudante de vida e de recursos fartos para a subsistência se transmutava em cenários de flagelação e de tortura às famílias nativas, que, embora habituadas à rispidez árida do trabalho diário para a manutenção da sobrevivência, padeciam os rigores inclementes do frio e das nevascas. Além de arrasar-lhes as colheitas, as intempéries comprometiam fatalmente a robustez da saúde de muitos, de modo que, não raro, os males dos pulmões vitimizavam incontáveis ilhéus. Sucumbindo ao mal implacável das invernias, deixavam o mundo físico, depois dos suplícios e rigores de uma vida obscura e insípida, padecendo das canseiras comuns às lutas das populações simples espalhadas não apenas no território físico da Itália, mas ao redor de todo o globo.

Entrementes, a despeito do contexto diário difícil de tempos em tempos, eram aquelas populações adaptadas aos ritmos e rigores enfrentados com verve durante o passar dos dias. Entregavam-se ao trabalho sem esmorecimentos e, se nas estações anuais rigorosas confrontavam obrigatoriamente os adversários implacáveis dos elementos, durante os climas amenos, e sob os ventos leves salutares e saturados de fragrância das extensões sem fim de colinas floridas, seguiam a vida obedecendo a uma rotina previsível e comum a todos, compreendendo plantio, colheitas, caça, cultivo de subsistência e algo do que os moradores daqueles rincões longínquos das terras italianas logravam alcançar com as práticas religiosas daqueles tempos.

Assim, naquele aromático declinar de tarde de final de primavera, quando os rebanhos modestos retornavam com lentidão dos pastos para os estábulos de uma moradia humilde das cercanias, com os últimos clarões do sol banhando generosamente o verde pródigo das planícies circundantes, de súbito, em meio ao arvoredo próximo já meio mergulhado na obscuridade do final de dia, nota-se um movimento brusco, as cores claras meio desbotadas das vestes de alguém que passa rápido — uma jovem, às gargalhadas —, correndo e buscando com ansiedade o caminho de saída do bosque copado e exuberante de volta para casa. Logo atrás, alguém passa disparado em seu encalço, na iminência de alcançá-la.

Trata-se de uma mocinha de modos incendiários, olhar vívido e cabelos loiros como o trigo, crespos e longos até a cintura. Levou brusco tropeção em formidável tombo, desmoronando sobre os fetos umedecidos, já próxima ao longo declive que, mais abaixo, daria em sua residência familiar, quando quem lhe vinha disparado atrás conseguiu sustar-lhe energicamente os passos, agarrando com firmeza os panos fartos de uma das mangas do longo vestido de algodão.

— Giovanna, vem cá!!

— Larga-me, bruto! — E, cuspindo de lado, um tanto irritada, outro fazendo troça, pôs-se de pé num impulso. — Cáspita!!* O sol declina, e tomarei uma sova se meu pai chega com Paolo sem encontrar-me em casa! Na certa já regressam dos campos! Mamma deve estar afobada!

O outro aliviou a pressão, todavia sem soltá-la de vez. Puseram-se, num rodopio, frente a frente, e o perseguidor, ganhando fôlego, largou o comentário franco, direto e pronunciado em tom irônico e no timbre grave e brusco que lhe era peculiar:

— Provocas-me, bela. E depois queres esvoaçar rápido como borboleta espavorida! Conheço os teus truques. Tu é que ainda não compreendeste bem com que tipo de homem estás lidando.

Giovanna soltou uma risada diabólica, os olhos de um azul intenso faiscando na direção do outro.

— Pois se não sei com quem estou lidando?! — provocou ainda mais. — Com um falastrão, que faz muita bravata, mas ainda não foi homem o bastante para enfrentar o meu irmão!

---

* O autor espiritual houve por bem apor vários italianismos no decorrer da narrativa, certamente atendendo aos recursos de enriquecimento de estilo, quando não também compelido por força da identificação natural com a língua e das suas reminiscências de época. (Nota da médium).

O outro a mediu em estado de estupefação por breve momento, admirado do que julgava, naquela jovem contendora de há tempos, um atrevimento sem qualificação possível.

— Mas... — exasperou-se, trazendo-a de chofre mais para junto, sem ao menos notar que ela se deliciava com sua reação destemperada. — Mas com o que tu te referes a mim deste jeito, sua louca do demo? Ou já não o sabes que qualquer fera desta maldita floresta — brandiu o arco para as árvores, raivoso, rubro, os grandes olhos azul-cinzentos ensombrando-se lugubremente, mal se contendo — nunca foi páreo para mim, quanto mais um dos teus irmãos?

A mocinha atrevida não arrefeceu o ímpeto, contudo, sem se deixar intimidar por tais rompantes, que já conhecia de longa data.

— Prova! — rebateu. E, ainda sorrindo desafiadoramente, mergulhou no olhar enraivecido e também francamente apaixonado do outro os olhos saturados da autoconfiança ousada que marcava seu temperamento, prosseguindo, imperturbável: — Falas que me queres, mas às escondidas, Marcello, por detrás das sombras do matagal e do arvoredo. Estou farta disso. — Meneou, brusca. — Não quero me passar a vida inteira para diversão tua, fica tu, de tua parte, sabendo. — E inteiriçou-se, provocativa, ar arrogante, encarando-o de frente, metade mesmo enraivecida, metade ainda troçando.

De algum modo, contudo, e após o intervalo longo em que já vinha se arrastando aquela contenda pueril, por alguma razão aquele argumento impertinente fez com que no impetuoso caçador esquentasse o sangue de vez, levando-o a esquecer toda a prudência.

— Tu vens aqui, agora!.

— Larga-me! Já te disse, estúpido!

Mas ele não lhe deu ouvidos. Alto, corpulento, trouxe-a rente a si com ambos os braços, audaciosamente, largando no chão com estrépito o longo arco com as flechas.

— Escuta, leoa feroz. Tu conheces as diferenças existentes entre a minha família e a tua. Teu pai vem de uma geração que, toda ela, contendeu com a minha por causa de posse de terras. Teu irmão, Paolo, tem de ti um ciúme tigrino, e agravou, com isso, o que já não é bom, acirrando contra mim e meus irmãos o ódio de todos os teus, mesmo o das mulheres. — Resfolegou um pouco, nervoso, um tanto atordoado pelos sentimentos contraditórios que o açoitavam interiormente, e exteriorizando, até certo ponto nas palavras desencontradas, este estado perturbado de espírito. — Não sei por qual obra do demo* aconteceu de eu e tu nos aproximarmos um do outro desta forma incompreensível e tempestuosa, mas o fato é que é assim! — exclamou, meneando, e agora era ele a mergulhar nos olhos então assustadiços da jovem os seus, de onde se desprendia uma ardência arrebatadora a cuja ascendência era a ela quase impossível de se desvencilhar. — Tu também me queres, Giovanna! Tanto quanto eu te quero! Tudo o que me disseste há pouco são palavras vazias, sem utilidade, porque a verdade é que não me resistes quando te tomo deste jeito — balançou-a, enfim, fechando o aperto e retendo-a a si, dominador. —Nunca, e em nenhuma vez, me resistiu! Tu bem o sabes — exclamou, ao mesmo tempo que

---

* Giovanna e Marcello comparecem reencarnados juntos após uma longa sucessão de vidas em que alternaram sentimentos mútuos de amor e desafeto, ora no papel de irmãos, ora no de cônjuges em situação matrimonial de conveniência familiar, entre outros. Explica-se, a partir disso, o dilema emocional aparentemente incompreensível que o personagem experimenta neste diálogo. Vide obras anteriores de mesma autoria: Sob o poder da águia, Elysium e Entre Jesus e a espada. (Nota do autor espiritual).

prendia-lhe os cabelos numa das mãos com rispidez, premindo-lhe a boca num beijo rude e intenso, ao qual, e de fato, ela não resistiu.

Depois de um instante de inércia e hesitação, enlaçou-o, por fim. E largaram-se no tapete macio dos fetos úmidos e frios do bosque.

Um tanto afastados dali, distanciando-se por último do término da lide na lavoura, um homem idoso e seu filho mais velho encaminham-se, silenciosos e lentamente, para o abrigo acolhedor de sua casa — o sr. Tomazzo Braccio e Paolo. Os demais filhos que o auxiliavam já haviam retornado, alguns se organizando de maneira ruidosa para a refeição noturna enquanto as irmãs ajudavam a mãe na mesa, outros entretidos com higiene ou em tagarelar acerca dos acontecimentos do dia.

Não obstante, ainda a certa distância, Paolo repara na figura da mãe à soleira da porta como se os aguardasse com certa ansiedade.

— Olha, pai! — indicou a ele com um meneio breve de cabeça; ao que Tomazzo franziu os olhos cansados da lide diária.

— Que faz Martina ali parada a estas horas, que não está preparando a janta? Estou morto de fome — resmungou, de mau humor.

Paolo, no entanto, sempre filho extremoso, e como se tomado por certo pressentimento incômodo, adiantou-se, pretextando atendê-la em alguma dificuldade de maior urgência. E fez bem, pois era justo com ele que Martina intentava falar com privacidade rápida e em primeiro lugar. Suspirou, aliviada ao notar o filho apressando-se em encontrá-la, e, tão logo, ofegante, ele a alcançou na soleira, onde se detinha, travou-lhe com energia do braço, disfarçando a ansiosa contrariedade, e segredou-lhe em surdina:

— Tua irmã Giovanna outra vez lá se foi para os bosques há mais de três horas, e até agora não dá sinal de vida, Paolo. Que mais nos resta, senão amarrá-la ao pé da mesa ou interná-la num convento, de vez que não cria modos nem comedimento?

Mal terminou seu relato aflito, notou o filho rubro, tentando a custo mostrar tenência ante o desgosto materno. Martina, com efeito, ressentia-se mais, naquela filha mais nova, dos modos pouco afeitos à subserviência dócil e comum às outras três filhas mulheres. Giovanna fugia ao espírito doméstico usual e unânime no temperamento das mulheres simples daqueles tempos; Paolo, todavia, consumia-se em segredo, e, naquela circunstância, com outra faceta da questão que escapava, num primeiro momento, à argúcia da mãe. Porque em todas as outras vezes em que se vira compelido, com os irmãos ou o pai, a solucionar tais contratempos, haviam feito por onde ocultar dela o acontecido, já que envolvia problemas antigos de dissensões familiares para com vizinhos de muitas gerações, e convinha poupá-la de mais dissabores.

— Deixa o pai na ignorância disso. Inventa um pretexto. Penso saber onde Giovanna está, e volto logo com ela — determinou o moço, com a enérgica autoridade que lhe era característica. Voltou-se e saiu, precipitadamente, deixando a mãe entre preocupada com o desenrolar da situação e com o que diria em seguida para o marido, já a pouca distância da entrada da casa.

Não obstante, antes de encontrá-lo, a mulher meneou com decisão para outro dos filhos presentes e ordenou, em entonação surda e ansiosa que não permitiu apartes:

— Luca, avia-te! Segue Paolo rápido, e sem maiores perguntas, pois ele há de precisar do teu auxílio.

Obediente de seu lado, o rapaz moreno, mais moço e robusto de imediato aquiesceu, saindo no encalço do outro pelo acesso lateral da moradia.

Capítulo II

Três antigos conhecidos*

O casal, mergulhado profundamente em seu idílio, caiu de muito alto quando repentinamente Giovanna deu um grito estridente, o olhar vítreo desmesuradamente aberto e fixo em alguma coisa entrevista de súbito por detrás de Marcello.

Ela se desvencilhou, empurrando-o num impulso brusco e espavorido, e arrastando-se para longe, sôfrega, no tapete úmido de fetos do bosque, enquanto o caçador, estupefato daquilo, e arrancando-se com relutância do momento intenso que dividiam no silêncio úmido e perfumado das cercanias, nem teve tempo suficiente para tentar entender as razões do que acontecia.

* Os três personagens desta trama, Paolo, Giovanna e Marcello, compuseram uma situação cármica amorosa de séculos sucessivos, em episódios vividos na antiguidade italiana já narrados em obras anteriores. (Nota do autor espiritual).

Quando deu por si o bastante para recobrar os reflexos e a noção de realidade, sentiu na mesma hora garras de ferro que o suspendiam de chofre e de uma só vez, num ímpeto excessivamente violento e brutal, de sobre a jovem que, em questão de segundos, já se punha a salvo em distância segura, próxima dali.

Tonto, no primeiro momento sem fôlego, Marcello passou, num lapso insignificante de tempo, da emoção inopinada do susto à da indignação, e desta para a do ódio pronto e transtornado, em dando com Paolo parado diante de si como fera pronta para o salto, impregnado de fúria idêntica a lhe rebrilhar no azul intenso do olhar, que lhe dardejava como punhal envenenado.

— Bastardo!!! Então não entendeste o meu aviso da última vez? Com o que te acho como bicho peçonhento, deitando-se com a minha irmã na mata, às escondidas, quando não faz nem um mês que te deixei claro que mantivesses dela a maior distância possível?

Rilhando os dentes, despendendo faíscas incendiárias do olhar lúgubre, Marcello não teve tempo nem mesmo para responder. Gastaram menos de meio segundo apenas se medindo com fúria e, antes que principiasse qualquer rebate odioso, Paolo passou direto à ofensiva, desferindo-lhe violento murro que o fez se espalhar de volta no solo, e engalfinhando-se com ele em horrenda luta logo em seguida.

Destarte, de nada adiantaram os gritos espavoridos de Giovanna ali por perto, afinal desperta por completo para a dimensão da loucura que de modo voluntário alimentara e empreendera, porque, ao dar por si, os dois, totalmente indiferentes ao seu supremo desespero, praticamente se esfolavam vivos, rolando aos socos no solo do bosque, e apenas lhe restou o reflexo de apanhar a tempo as armas de Marcello, arco e espada, esquecidas num canto perigosamente próximo de onde se achavam, antes que a ele ocorresse a ideia desatinada de valer-se delas para praticar a insanidade final.

Nada obstante, eis que pouco depois Luca, orientado pelos ruídos tétricos da contenda e pelos gritos da irmã, alcança a pequena clareira onde se achavam, passando-lhe de pronto severa reprimenda, enquanto a um só tempo investia para o irmão, tentando desapartá-los.

— Estúpida! Louca! Só mesmo uma surra de cinta desfechada durante uma hora no teu lombo haverá de acalmar este pendor para provocar tragédias, com este teu caso absurdo com um Lorenzzo! Não aprendeste ainda, maldita? — E, ao mesmo tempo, travou dos braços do irmão mais velho, arrastando-o de solavanco, com grande dificuldade, de sobre o outro, a quem esbofeteava, enlouquecido, no chão. — Para, Paolo! Encerra com isso agora. Que esta bisca da Giovanna não vale que ensandeças a este ponto.

A esta interferência súbita, todavia, Paolo, extremamente contrariado, fora de si, só faltou enlouquecer de cólera.

— Deixa-me! — berrou, desvencilhando-se. — Que dizes, traste? Trata-se da nossa irmã mais nova, a quem tomava às escondidas este animal desprezível, mesmo após todas as ameaças e advertências recebidas nos últimos tempos não somente de mim, mas do nosso pai!

E, deitando o olhar congesto e enublado pela ira ao agora meio tonto e ensanguentado Marcello, enquanto o outro ainda recompunha forças para colocar-se de pé, não podendo consigo mesmo, já lhe partiria de novo para cima se outra vez não fosse contido com energia pelo exasperado Luca.

— Desgraçado! Mato-te, crápula!

— Para, Paolo, vamos embora! E tu, doidivanas, corre daqui para casa agora, se não quer que eu mesmo te aplique a sova que mereces — o outro respondeu, admoestando a irmã severamente.

Voltou-se de abrupto, todavia, quando Marcello ensaiou movimento brusco para cima de ambos, querendo, desatinado, dar continuidade ao combate; mas desta vez quem o conteve foi a agora chorosa moça, num grito lancinante.

— Não, Marcello, pelo amor de Dio! Vai para a tua casa e esquece esta loucura toda... Soluçava. As lágrimas escorriam-lhe, sentidas, dos belos olhos azulados. O rapaz parou no meio de uma passada, dirigindo-lhe irresistivelmente o olhar, aturdido. Mediram-se por um breve momento, sentindo as mentes vazias. Depois a jovem largou no chão as armas que ainda retinha e virou as costas. Disparou a correr declive abaixo na direção de sua casa, antes que ele pudesse responder qualquer coisa, sendo seguida de perto por Paolo, que, assim que a viu sair naquele estado transtornado, cedeu aos rogos do irmão e foi-lhe no encalço.

Este último ainda se deteve um momento, dirigindo a Marcello o olhar iracundo.

— Tu ainda vais provocar uma desgraça nas nossas famílias com esta tua teimosia, rapaz! Não tenho nada contra ti; e, de outro lado, conheço a minha irmã. Mas veja se te manténs longe dela, de hoje em diante. Sabes perfeitamente que este envolvimento entre vós é coisa inadmissível...

Voltou-se, ensejando sair. Mas foi detido pelo outro, que, ademais ferido, e com a ira atiçada por conta disso, guardava, de sobra, a impressão de entreouvir certa voz na cabeça que o compelia imperiosamente ao rebate duro e defensivo: "Mostra a eles se é, de fato, inadmissível, Marcello! Vais deixar a eles a última palavra sobre a posse da mulher que tanto queres?" E assim, com o ânimo inflamado pelo embate destas estranhas sensações íntimas, Marcello meneou sombriamente, assegurando, por entre um meio sorriso sufocado, mordaz:

— Vê tu, e este bastardo do teu irmão, se se lembram de uma coisa, Braccio: não vou desistir da tua irmã! Nem hei de me manter longe dela. Eu te juro, por São Genaro! — assegurou, morbidamente, antes de afinal virar as costas e se pôr a caminho.

Em vão Paolo correu atrás da irmã declive abaixo na intenção de interceptá-la para, apesar de tudo, evitar que desse entrada em casa naquele estado de espírito deplorável. Rápida como gazela arisca, ela desapareceu no aveludado farto da colina que velava o caminho estreito e tortuoso que serpenteava dos bosques até a casa da família.

Mas, ao chegar esbaforido, pouco depois, e completamente esquecido de Luca seguindo logo atrás, descobriu a jovem esmorecida de ânimo antes de dar entrada na vivenda de onde, a pouca distância, se entreouvia o rumor do tilintar de talheres e pratos misturado à palestra viva da família à mesa. Viu a moça acuada nas cercanias, no abrigo ensombrado de um gigantesco cipreste próximo, agachada rente ao tronco, o rosto alvo e delicado escondido em ambas as mãos, aos soluços irrefreáveis.

Apesar da raiva louca que lhe refervia por dentro, doía-lhe, sobretudo, ver a irmã metida naquele estado de absoluto desnorteamento e total desamparo íntimo. Passando, assim, uma das mãos pelo rosto suarento e displicentemente barbado, Paolo parou um pouco, ganhando fôlego. E mediu de longe, durante um intervalo em que procurou se recompor, aquela jovem imatura e estouvada, mas de si profundamente adorada, acima mesmo da própria vida. Ele, o irmão mais velho, e ela, naquela extensa sucessão de nove irmãos, a mais nova. Sempre, desde o seu nascimento, quando já era homem feito, fora assim. Junto ao pai agora idoso, situara-se ele, espontaneamente, na posição de segunda paternidade exclusiva para com aquela irmã, mesmo que existissem outras três mais velhas também necessitadas de cuidados; no entanto, mais pacatas, não eram tão passíveis de gerar sobressaltos quanto acontecia com Giovanna, desde a mais tenra idade de temperamento insubmisso e arrebatado, e suscetível, apenas e inexplicavelmente*, à ascendência da têmpera de ferro daquele irmão mais velho a quem também estimava, profunda e enternecidamente.

Ele acordou daquele breve devaneio quando Luca enfim o alcançou, também exaurido, poucos instantes depois, medindo ao mesmo tempo a irmã ao longe, de soslaio.

— Tu não vens, Paolo? — indagou dele, num meneio meio impaciente. — Estou morto de fome; não consegui me higienizar e todos já devem estar preocupados com a nossa ausência. Que haveremos de explicar?

Pensativo, ainda olhando para Giovanna distraidamente, Paolo determinou-lhe:

— Vai na frente e faz o que te digo: fala que Giovanna se acidentou numa queda colina abaixo, mas que não foi nada

---

* As razões da profunda ascendência de Paolo para com a irmã mais nova no decurso da jornada material terrena narrada nesta obra obedecem às mesmas determinantes mencionadas anteriormente. (Nota do autor espiritual).

grave. Diga que já entro com ela, que estou um pouco distanciado, acalmando-a do susto.

Luca largou uma risada seca, mordaz, as mãos na cintura em desaprovação.

— Há! E tu achas que esta desculpa tola vai burlar a esperteza do nosso pai? Que explicarás a ele quanto a te achares arrebentado deste jeito? Mas... o quê? — admirava-se. — Desperta, Paolo! Melhor que fales toda a verdade e submetas esta doidinha ao severo castigo de que se faz merecedora. O comportamento dela, de tempos a esta parte, é o de uma...

— Mas cala esta boca!! — rebateu o outro com energia, voltando-se para ele, seriamente enraivecido. E, sem permitir mais apartes, fez-lhe um gesto autoritário que o outro desanimou-se de desacatar uma segunda vez. — Vai fazer o que te digo, e deixa que de mim cuido eu, cáspite!

Luca meneou e distanciou-se, vencido. Ademais, faminto e exausto de todo um dia de labuta desde os primeiros clarões do sol nos campos, não se animou a teimar num assunto que não lhe despertava maior interesse para o momento do que um bom prato de comida. E Paolo, suspirando, e não obstante metido num dilema interior sobre o que justificar de fato para os seus a respeito de si mesmo dali a alguns momentos, aproximou-se vagarosamente da jovem, que agora, na semiobscuridade do anoitecer, apenas chorava baixinho sentada aos pés do cipreste, sem se dar conta da sua aproximação.

— Giovanna... — ele afinal chamou, agachando-se, e pregando ligeiro sobressalto ao seu estado já fragilizado. — Que fazes acoitada aqui? Julgas que poderás passar a noite ao relento, na friagem do lado de fora da casa?

Ainda soluçando baixinho, profundamente avexada de si mesma, a jovem voltou bruscamente o rosto, sem coragem para encará-lo de pronto.

— Que me queres, Paolo? Deixa-me...

— Não! Como queres que te deixe aqui com o cair rápido da noite, tonta? — ele repreendeu, denotando ligeira aspereza no tom de voz brusco e rouco mas, apesar de tudo, tisnado de involuntário zelo.

Sentou-se ao lado dela e durante alguns instantes se mantiveram calados. A moça arriscou para ele um único olhar intimidado, e não teve coragem para dizer mais nada, apesar da destemperança habitual de seus modos quando era advertida. Mas era que o respeito natural e imperativo por aquele irmão, única e exclusivamente, sempre lhe roubava o ímpeto para confrontar-lhe as reprimendas e admoestações.

Paolo Braccio afinal prosseguiu, entre profundamente agastado e aflito:

— Apesar de Luca ter toda razão ao dizer que o que mereces é uma sova, e das bem aplicadas, vejo-me vendido a, contra a vontade, e ainda desta vez, livrar-te a pele. Se nosso pai sabe com que de fato me deparei naquela clareira, ragazza, não creio que sobre alguma coisa, nem de ti, nem daquele bastardo que flagrei contigo. — Agora denunciando aflição franca, ele passou a mão novamente pela cerrada barba alourada que lhe emoldurava o rosto, falando mais para si mesmo: — Per Dio! Que faço contigo, Giovanna? Mas escuta! — Pôs-se de frente para ela, num ímpeto, balançando-a por um braço, o olhar dardejando fogo mergulhado nas pupilas azuis que, àquilo, ensombraram-se ainda mais. — Juro-te que é a última vez que te protejo dos resultados desta loucura! Porque, da próxima vez, Giovanna; da próxima vez, eu dou fim à vida daquele infeliz! Escutaste-me? — vociferou, descontrolando-se, ao que ela encolheu-se de encontro à árvore, ameaçando entregar-se de novo ao choro desabrido, como criança espantadiça. — Estou cansado de um dia inteiro de trabalho, e, em lugar de descansar em casa, vejo-me outra vez às voltas com este disparate, que já julgava resolvido. Juro-te! — repetiu, rude e enfático. — Protejo-te, ainda desta feita. Mas, da próxima vez que te pegue deitando-te, às escondidas, com aquele bastardo, moo-te de pancadas, Giovanna, e dou a ele um fim que provocará inveja ao mais sanguinário dos assassinos. Impiedosamente. Sem hesitar. Entendeste?

— Mas... Que mal verdadeiro existe no meu envolvimento com Marcello, Paolo? — ela conseguiu soltar a voz apenas uma única vez para protestar, açoitada por aquela saraivada de ameaças e duras reprimendas que lhe molestavam horrivelmente os nervos já esfrangalhados pela terrível cena de momentos antes. Porém, quase não consegue concluir a frase, porque, na mesma hora, foi cortada com rispidez:

— Porque o pai daquele bastardo possui questão grave de honra para com o nosso, e dívidas sérias para com a nossa família, louca! Ou já te esqueceste da história de que quase morremos de fome logo após o teu nascimento, porque aquele crápula forjou documentação fraudulenta para roubar-nos metade das nossas terras, lançando-nos quase à penúria extrema, já que o melhor das nossas plantações e colheitas se passaram para as mãos dele? Quantas vezes mais terei que te repetir isso? — Paolo bradou, o rosto congesto, as veias das têmporas latejantes.

Fitando-o, paralisada como o pássaro hipnotizado pela serpente, a moça engoliu mais um soluço; e, sem resistir nem rebater mais, pôs-se de pé quando ele a puxou por um braço e começou a se encaminhar com ela devagar para casa, enquanto lutava para recuperar a calma ao passo que se dispunha a instruí-la, entre aborrecido e preocupado:

— Escuta, portanto, o que faremos em seguida. Tu não vais abrir esta boca, deixa que eu fale! Direi aos nossos pais que caíste num desvão da colina próxima daqui, e que, na tentativa de desprender-te, eu também terminei por resvalar e me ferir encosta abaixo. Não que seja certeza de que isto os convencerá...

Capítulo III

A família Lorenzzo

Da claridade bruxuleante da sala iluminada por lamparinas, Filippo Lorenzzo, da janela dianteira, franziu a vista enevoada pela idade na direção da obscuridade já quase fechada do crepúsculo, rumo à da extensa planície banhada pelos perfumes noturnos, divisando um vulto alto que se aproximava apressadamente da residência rural ampla, de muitos cômodos.

— Giulia! — anunciou para o interior. — Marcello afinal está de volta. Tira a janta.

Depois, encaminhou-se a passos indolentes para a mesa, onde o aguardava o filho mais velho e duas moças mais novas, e imediatamente inferiores em idade em relação ao que estava por chegar.

— Quisera eu que o teu irmão herdasse de mim, como tu, o pendor para o lavor duro nos campos, Alessio! — resmungou a mesma coisa talvez que pela vigésima vez nos últimos tempos. — Porca miséria! O bruto volta as costas às colheitas, quando qualquer par de braços para trabalhar nos faz falta, e, em lugar disso, joga fora um tempo precioso, perdido no meio da mata, ocupado sabe lá Dio com o quê!

Degustando uma fruta, o arguto e capcioso Alessio dirigiu ao pai os olhos escuros, em cujo brilho agudo se notava, nítida, a satisfação que aquele comentário elogioso do pai lhe provocava.

Todavia, procurava sempre contemporizar nas ocasiões em que, no ambiente do lar, este mesmo assunto se repetia. Assumia conduta dúbia, e, se de um lado admirava com sinceridade o irmão mais novo, compreendendo-lhe o temperamento e livrando-o de apuros com o pai de tempos em tempos, apesar de tudo, sua estima a ele não vencia a propensão a atear fogo às queixas do velho, quanto a certos pormenores, e assim ia se consolidando nos pareceres paternos como o herdeiro mais adequado para dar continuidade aos interesses e negócios da família.

— Marcello sempre demonstrou pendores para a caça, pai. Olha — meneou, casualmente — e observa se, apesar de tudo, não nos traz, como de costume, alguma carne para o preparo da refeição de amanhã.

O efeito de seu comentário foi o esperado, e Filippo voltou para ele o olhar agastado, cheio de uma contrariedade agravada pelo cansaço e amadurecida pela passagem do longo tempo durante o qual já vinha se aborrecendo com as mesmas coisas.

— O pendor para a caça não justifica que dedique todo o tempo do dia só a isso, negligenciando a fonte principal do nosso sustento no tipo de trabalho que de fato requer maior atenção. Sabes que não apenas isso o atrai para aqueles lados das colinas, Alessio. —O pai acrescentou a nota sugestiva trocando com o moço e com as filhas silenciosas um olhar de entendimento mútuo enquanto se sentava à mesa e a esposa dava entrada na sala de jantar, ao mesmo tempo em que, com um rumor surdo, as dobradiças da porta dianteira gemiam e Marcello aparecia. De fato carregando nas costas um filhote de animal campestre recém-abatido.

Lançou um olhar sombrio ao redor, mais carregado de exaustão do que o habitual, como se saturado de alguma cólera surda.

Não obstante, cumprimentou com respeito a mãe e o pai; e dirigiu-se em silêncio para os fundos da casa, a fim de lavar-se.

Com a sua saída, foi Giulia quem retomou a palavra primeiro, entre pensativa e dando continuidade mais amena ao assunto que tratavam anteriormente.

— Algo incomoda Marcello. É visível! O rapaz chega cansado da lide com a caça, Filippo. Nem sempre o dia é favorável ao abate, e não podes contrariar os pendores naturais que ele mostra para um tipo de trabalho apenas diferente do plantio e da colheita, mas tão importante para o nosso passadio quanto o que tu fazes com Alessio. Afinal, não vivemos somente da ingestão de frutos, de trigo e de ovos...

— Mas vendemos legumes, frutos, trigo e ovos, e não caça. E Marcello possui é um pendor intolerável pela filha mais nova dos Braccio, Giulia, e tu bem sabes disso, assim como para as artes de menestrel inútil, que não nos rendem para coisa nenhuma! Cala as tuas sandices! — Filippo cortou-lhe a palavra, intolerante e irascível. De fato, não admitia jamais ingerência materna em assuntos relativos aos filhos homens, que acreditava lhe dizerem respeito e tivesse ele competência exclusiva para decidi-los, tão somente.

A mulher, subserviente como sempre, apenas suspirou e prosseguiu na sua tarefa doméstica, servindo o jantar à mesa. Mas Filippo não se mostrava disposto a encerrar o assunto que o incomodava assim tão rápido.

— A maldita ragazza é a filha mais nova de uma sucessão de outras filhas mulheres. Isto é mal! Haverá de se casar por último, o que significa um ainda longo porvir de aborrecimentos.

— Ela não nega fogo às investidas de Marcello. — Uma das filhas, Giada, àquela altura arriscou um aparte solidário, cuja combustão maior era a antipatia gratuita que experimentava pela preferida do irmão, de quem invejava sobretudo a beleza graciosa. — Há poucas semanas Maria os flagrou de longe, aos beijos e risadagens, nos bosquetes de pinheiros próximos dos limites das nossas terras. Não foi, Maria? — completou, introduzindo no assunto a até então calada irmã mais nova que, irritada, lançou-lhe de imediato os olhos relampejantes, porque queria se manter à parte das discussões sobre o caso.

— Não vi nada, estúpida. Cala esta tua boca ferina!

— Como não viste, se foi a primeira coisa que me contaste quando retornaste dos campos?! — a outra enfrentou-lhe a evasiva, em provocação.

Todos haviam se detido no começo do jantar com a iminência da discussão, mas, de repente, o próprio Marcello, de volta à sala, interveio inesperadamente, pregando nas jovens um sobressalto.

— Viu o que, Giada? — E o tom de zombaria era explícito e indisfarçado, quase incendiário, ao passo que se reunia a todos, sentando-se para jantar. — Vamos, conte-me.

E lançou em volta, com o destemor costumeiro, os olhos grandes e azulados, repletos da habitual predisposição para confrontar quaisquer assuntos que fossem, com a firmeza das opiniões audaciosas e inabaláveis que constituíam o seu principal traço de temperamento — contrastando, de maneira peculiar, com os pendores artísticos e musicais aos quais se referira o pai, e que desagradavam sumamente a este último, pois fora fazendo uso das artes de menestrel, compondo cantigas romanescas, que acabara por fim seduzindo a em princípio arisca Giovanna, depois de longo período de teimosia perseguindo-a e encurralando-a volta e meia e às escondidas, ao abrigo das sombras fechadas das grandes florestas aromáticas de pinheiros e de ciprestes que bordavam todo o perímetro daquelas regiões da Sicília.

A esta pergunta desfechada de chofre justo pelo alvo dos seus comentários, Giada abandonou um tanto da sua irreverência e se conteve, esquivando-se. Afinal, temia em grande medida os modos daquele irmão, de tempos em tempos agressivo e caótico como as tempestades de invernia.

— Não vi nada, Marcello. Mas com o que tu nos assusta deste jeito? Falávamos de assuntos dos quais ignoras os detalhes.

Marcello, porém, por alguma peculiaridade inquieta do seu estado de espírito naquela noite em particular, via-se disposto a atiçar a irmã sobre um assunto que não desejava exatamente evitar, e que conhecia à perfeição, pois os seus ouvidos eram aguçados o suficiente e haviam captado, à entrada da sala, o teor dos comentários jocosos e maliciosos que aquela irmã tecia acerca de sua vida particular e amorosa.

— Mas quero saber dos detalhes! Quem estava aos beijos com quem por aí, e aonde, Giada? Gosto de tomar conhecimento dessas histórias picantes! — E, pegando do vasilhame de barro que continha vinho, começou por despejá-lo na caneca antes mesmo de servir-se do alimento que a mãe já lhe oferecera generosamente no prato. — De quem se trata? Do Paolo com a sonsa da Sofia, aquela ragazza que voltou-me as costas há alguns anos por causa dele?

Giada largou um riso seco a isto, dando de ombros, enquanto Giulia somente jantava, contrita, e Filippo limitava-se, por enquanto, a escutar aquela conversa de semblante fechado e pouco disposto, analisando em silêncio as atitudes do filho mais moço.

— Paolo de bom grado a cederia a ti, e o que se comenta é que só sustenta a ligação com Sofia por pressão do pai, interessado em casar o filho mais velho com a filha de um proprietário da região com quem mantém boas relações de amizade e comerciais.

— Sofia não me interessa mais... — tornou Marcello, começando a comer, enfim, aparentemente perdido num emaranhado incômodo de pensamentos; mas, a isto, a travessa Giada não se conteve.

— É evidente que não! Toda gente o sabe...

E largou uma risadinha matreira, trocando um olhar de lado com a intimidada Maria. Mas sobressaltou-se com a reação inopinada do irmão àquele aparte irônico.

— Toda gente sabe do que, harpia? Fala de pronto, e para com estas insinuações! — Ele debruçou-se na mesa, encarando-a fixo e batendo com estrépito os talheres.

— Que são estas marcas escuras e avermelhadas no teu rosto e nos teus braços, Marcello?! — Filippo afinal julgou conveniente sustar aquele embate exasperante para ir direto ao ponto que o incomodava em particular. — Andaste de novo aos murros com o Paolo Braccio?

Houve uma pausa tensa, em que os familiares se entreolharam.

Marcello, a princípio, desviou-se, não obstante a disposição inicial para refutar as provocações da irmã.

— Machuquei-me perseguindo a caça, pai — respondeu, reticencioso, e obrigando-se a voltar a atenção para o prato com comida à sua frente.

Mas Filippo já ultrapassava de muito os sessenta anos para não captar fácil todas as nuances de entonação e de vocabulário daquele filho que lhe provocava preocupação e contrariedades em particular. Foi a vez de ele parar de comer e debruçar de braços cruzados na mesa.

— Entraste sala adentro com um vitelo novo. Queres, então, dizer que te arrebentaste assim, como se este animal insignificante te provocasse todo este estrago, semelhante ao que te causaria um búfalo? — E encarava-o de frente, inquisitivo.

Marcello sabia da perspicácia aguçada naquele pai, e o tanto que odiava ser ludibriado, o que aliás reconhecia difícil.

Portanto, preferiu não prolongar-se em evasivas e adotar atitude mais condizente, inclusive, com a realidade da sua têmpera arrojada, quando o assunto era aquele em que já se demorara várias vezes em acres discussões com a família.

Bebeu um pouco do vinho, pôs na boca um bocado de comida, ao mesmo tempo em que falava:

— Que queres, pai? Que suporte murros daquele bastardo sem revidar? Se este é o caso, perdoa-me o não teres um filho covarde.

Foi a vez de Filippo dar um murro inusitado na mesa, que, desta feita, sobressaltou horrivelmente também a esposa e os demais filhos presentes.

— Que quero? Que quero? — frisou. — Quero, bruto, é que largues de uma vez por todas aquela maldita ragazza, antes que a engravides e me arranjes uma união forçada com uma das filhas do Tomazzo Braccio! — gesticulou, encolerizado.

— Mas... o quê? — Giulia, neste ponto, não resistiu em interceder, de vez que estimava de maneira especial aquele filho mais novo, compreendendo-lhe o móbil das atitudes da ótica mais tolerante de mãe extremosa. — Teu filho é homem, Lorenzzo, e a moça anda por aí largada, dando trela ao assédio dele — ousou lembrar, ressentida.

— Anda por aí largada, mas tem família, bestia! E família que tem todas as razões para fazer vista grossa ao que está acontecendo. Esqueces que de há muito cobiçam as nossas terras?

— Tem razão; mas a bem da verdade Paolo e Tomazzo não toleram a aproximação de Marcello e Giovanna, pai. Se fosse o senhor, não me preocuparia tanto — Alessio atalhou, reparando na alteração imprópria dos ânimos durante a hora do jantar.

— Não me interessa, Alessio! O povoado está cheio de mulheres. Meter-se com a filha de Tomazzo soa antes como provocação a mim, cáspite!

— Só que não estou interessado nas mulheres do povoado, pai — enfrentou Marcello, sem se deixar abalar. — E, para ser franco, tenho pouca coisa a ver com esta tua questão com Tomazzo. Se eles querem as terras, de qualquer modo são terras que no passado já lhes pertenceram. É só Giovanna que me interessa, e ela me corresponde. Não insistiria, se não fosse isso.

— Sim, e, por causa desta tua insistência estúpida, tomaste de novo uns bofetões do irmão dela, ou não? Que se passou, afinal? Pegaram-te novamente deitando com ela no mato? Porque foi a última queixa que fui forçado a engolir do desgraziato do Tomazzo, da última vez em que te engalfinhaste com o irmão dela pelo mesmo motivo, há menos de um mês! — o velho atacou, impávido, o olhar despendendo faíscas na direção do filho mais moço.

— Tomei uns bofetões, e dei outros — Marcello admitiu, por fim, esbravejando, trêmulo de indignação; e, ignorando a última parte da acusação com o olhar coruscante, enfrentou a fúria do pai que, a isto, calou-se, momentaneamente tomado de raivoso estupor.

— Dio, isto ainda vai acabar em morte — gemeu Giulia, agora ela também enervando-se. E, sentada ao lado de Marcello, decidiu-se a dar um fim provisório à contenda, segurando-lhe, entre firme e afetuosa, uma das mãos. — Marcello, escuta! Toma cuidado com o teu envolvimento com esta ragazza, é só o que te peço. Tu te jogas nisso com impetuosidade extrema, e tudo o que começa assim, como um forte incêndio, tende a rapidamente incinerar-se e extinguir-se. Tu estás tomado de paixão, figlio mio, e a paixão cega toda gente. Agora, mangia! Mangiamo... — instigou, súplice; ao que, em respeito ao rogo materno, os filhos fizeram por onde sustar, ao menos por ora, o assunto, induzindo Filippo, ainda que seriamente contrariado, a fazer o mesmo.

Capítulo IV

Companhias insuspeitadas

Noite avançada, com a casa toda mergulhada no silêncio, Marcello enfim adentra o seu quarto acanhado nos fundos da cabana campestre onde residia.

Inquieto, desassossegado, fechou a porta com um safanão e atirou-se na enxerga precária de seu leito, depois de gastar mais de uma hora zanzando pelos arredores sombrios da moradia, tentando se acalmar da altercação acontecida durante a refeição noturna.

Não obstante, a imagem fascinante de Giovanna não lhe sai da retina do espírito, com atordoadora insistência. De fato, Filippo hesitaria mais de uma vez em exacerbar o assunto debatido acaloradamente durante o jantar se suspeitasse que o resultado de suas invectivas furiosas revertia sempre e justo no oposto das suas intenções, ao tentar demover o filho mais novo de sua paixão, a seu ver, malfadada pela filha do adversário e vizinho. Porque o furor da contenda inflamava de forma terrível no espírito extremamente passional de Marcello, e ademais sobre-excitado pelo sentimento que o tomava todo já de há longo tempo, a paixão quase ensandecida que devotava a Giovanna Braccio. Acirrava-se-lhe, assim, a obsessão para, de algum modo, arrebatar para si em definitivo a moça, a qualquer custo que fosse — disposição esta que, de resto, e sem que jamais o suspeitasse, era incessantemente atiçada em seu íntimo por influências de cuja existência não se dava a mínima conta.

Deitado na enxerga humilde, acordado e solitário no silêncio profundo e sombrio de seu quarto, tinha diante do olhar perdido a figura vívida da jovem loura e risonha correndo bosque afora e à sua frente no decorrer daquela tarde, os longos cabelos rebeldes da cor do trigo esvoaçando como os de uma ninfa, alcançando-lhe a cintura. Já agora não se detinha mais no aborrecimento fustigante da hora da refeição, para perder-se, tão somente, e por completo embriagado, nas sensações fortes que aquelas lembranças recentes lhe provocavam, e nas cenas vividas durante a tarde morna com Giovanna, a partir de seu surgimento repentino naquele trecho do aromático bosque fechado de coníferas, onde caçava.

A moça fizera propositalmente com que perdesse de vista o animal que perseguia, afugentando-o sem ser percebida. Mas, escondida por ali, e não podendo consigo ao observar a reação tonta e desorientada do rapaz, abandonou-se a uma risadagem incontida que não soube abafar o suficiente para se manter despercebida.

Só que, quando deu por si, Marcello já a atocaiara naquele seu esconderijo por detrás das árvores. Encurralou-a contra o tronco secular e, diante de seu espanto pueril entremeado de risadas, e antes que pudesse escapulir, trouxe-a energicamente a si, arrebatando-a – e premiu-lhe a boca num beijo súbito, prolongado e envolvente.

— Ora, uma caça escondida e muito mais cobiçada... — dissera à jovem, irônico, o olhar em fogo mergulhado nas suas pupilas azuis, acrescentando: — Dia chegará em que te levarei definitivamente comigo, gazela arisca!

Alguém oculto no ambiente do quarto, do lado invisível da vida, sorria daquela sucessão de cenas lânguidas desfilando, hipnóticas, na retina espiritual do jovem caçador largado displicentemente em seu leito.

Aproximando-se calmamente da cama e daquele personagem já seu conhecido de tantos séculos, o sombrio vulto masculino agachou-se devagar a seu lado, observando, um sorriso fino e meio zombeteiro brincando-lhe nos lábios, enquanto refletia: "Tu sempre sucumbiste a este fraco irresistível pela antiga Helatz, Marcello... meu filho, Barriot! E este maldito Paolo Braccio, desde sempre, esteve atravessado no teu caminho", ria-se. "Vejamos se, ao menos desta vez, ajudo-te a livrar-te a contento deste tropeço. Contas, agora, com a vantagem de a moça se achar desmemoriada, mantida no corpo físico e, ademais, gostar de ti, além de se achar em situação propícia, sem guardar para contigo qualquer laço de parentesco. Vejamos se não conseguimos dobrar a cerviz daquele protegido dos deuses, quebrando-lhe o orgulho férreo, nem que somente desta única feita!"

A figura que assim se dirigia estranhamente ao rapaz imóvel na enxerga, totalmente imerso em seus pensamentos e na respectiva, enérgica e inimaginada influência externa que aquelas palavras lhe suscitavam, se apresentaria de modo surpreendente à sua percepção se lhe fosse dado vê-lo na obscuridade quase absoluta do quarto.

Suas vestes não correspondiam exatamente à indumentária usual dos tempos que corriam, lembrando o exótico visitante, antes, um velho guerreiro germânico saído dos longínquos tempos bárbaros da Antiguidade. Não suspeitaria o distraído Marcello, agora sonolento, viajando longe nos seus devaneios apaixonados, e ao contrário do que jamais poderia imaginar, que não se achava de fato sozinho em seu quarto, e sim acompanhado do antiquíssimo conhecido de muitas vidas anteriores, o temível Zorkar* — guerreiro e líder báltico que em outras épocas reencarnara a seu lado ora como pai altaneiro, ora como aparentado, ou em incontáveis outras situações em que compartilharam, invariavelmente, e dentre tantas outras coisas, o mesmo inimigo em comum.

Não obstante, ao lado do excêntrico personagem, inesperadamente se fez presente um outro, acercando-se-lhe, de início sem ser notado, e gastando um tempo a observar o modo como ele envolvia o rapaz absorto em pensamentos na vida corpórea em emissões mentais desaconselháveis, tanto quanto funcionavam junto a este último de forma absolutamente subjugante, enredando-o por completo naquela obsessão de ordem afetiva, já que entravam em ressonância perfeita com as suas disposições íntimas e condições espirituais sedimentadas já de há muitos séculos de lances dramáticos que envolviam situações semelhantes nas suas implicações.

---

* Este personagem compareceu ao lado do atual Marcello Lorenzzo como pai, em vida passada narrada na obra Sob o poder da águia. Pertencendo ambos a uma tribo de origem germânica na Antiguidade, confrontaram o autor espiritual — o agora Paolo Braccio e então general Sálvio Sexto Adriano —, e por ele foram vencidos, em uma das inúmeras guerras deflagradas pelo Império Romano no período de sua expansão. (N. da médium)

— Tu não desististe ainda desta empresa malograda, Mizael?

A pergunta colheu o visitante despercebido de chofre, de vez que até aquele instante julgava-se solitário no ambiente imaterial da casa.

Em deparando, todavia, com a autoridade irresistível daquele que se posicionava como um seu mentor, que, de resto, guardava sobretudo para consigo um vasto histórico pregresso de afetividade, o assim interpelado levantou-se devagar, entre surpreso e até certa medida contrafeito de se ver colhido nas suas iniciativas daquele modo desarmado.

— Hiram! Não te sabia por perto; faz tempo que não te avisto! — esquivou-se, bastante desconcertado, como criança mal achada em meio a uma travessura.

De fato, aquela alma valorosa e robusta achava-se entre as raras diante das quais o espírito empedernido, impulsivo e vingativo de Zorkar continha seus ímpetos irrefletidos.

Havia certa nota de tristeza no semblante desanimado do visitante, que já tantas vezes abordara aquele seu afeiçoado em contextos parecidos, sem surtir nenhum resultado os seus pareceres oportunos na forma como ele e o agora quase adormecido Marcello reincidiam naquelas assertivas frustradas de vindita — como se, para o estado de ânimo de ambos, os efeitos de mais de onze séculos de dissensões revertessem nulos, decorrendo apenas poucos minutos.

— Mizael, te acompanhei nas origens dos teus elos de afetividade para com este teu antigo filho na vida corpórea, e ainda agora compartilhamos confidências e pareceres sobre a vida. Já vão longe os tempos dos enfrentamentos violentos

---

* Mizael, o recém-chegado, trata o antigo Zorkar por um nome ostentado em vida anterior na qual privaram como pai e filho. (N. do autor espiritual)

da era dos césares romanos, e ainda assim te manténs em disposição de truculência para com pessoas que, neste momento, apenas seguem a sua trajetória de aprendizado na eternidade, como deve ser para todos nós, com vivências surpreendentes e sempre renovadas. Já te disse antes que não guardas a noção clara do tanto que perdes neste sentido, conservando-te voluntariamente nesta posição revanchista para com Paolo Braccio, e superprotetora para com o Marcello dos tempos que correm. Há tantas maravilhas nos aguardando logo ali, mais além! Mas não te dás conta delas, em nenhum momento, Mizael, porque te manténs mergulhado nesta obsessão malsã, que te rouba oportunidades de felicidade e energias espirituais renovadas.

Mizael — como o trataremos em definitivo doravante — ouvia. Mas se fazia nítida, inquestionável, a fácies de ironia amarga com que escutava, apesar de tudo atento e respeitoso, aquelas palavras pronunciadas no tom que já conhecia naquele amigo leal, misto de indubitável afeto com indisfarçada tristeza.

— Por vezes me transmites a impressão de descreveres utopias com tuas assertivas, Hiram. Como e onde existem estas oportunidades celestiais em meio à obscuridade enervante que por aqui domina e me rodeia com insistência*? Mais: — e, apontando Marcello no leito, agora quedo em estado confuso de desprendimento espiritual, de quem reluta em deixar os interesses diários que lhe absorviam com pertinácia a atenção para o necessário repouso do sono noturno — assisti, impotente, no decorrer desses séculos todos, que, ao

* O personagem se refere à obscuridade permanente da região astralina com a qual se via sintonizado por intermédio da faixa vibratória prejudicada predominante no próprio estado espiritual. (N. do autor espiritual)

contrário do que julgas, não me pareceram "minutos", o drama que flagela o íntimo deste meu filho dileto. — A voz agora era carregada de sentimentalismo exacerbado, metade amor por este a quem se referia, metade ressentimento e ódio mal contidos. — Em incontáveis oportunidades de aprendizado na vida física, à exceção de algumas vezes em que a misericórdia divina o poupou, permitindo que ele e aquele implacável Paolo Braccio reencarnassem em épocas diferentes, Marcello sofreu o mesmo repertório de humilhações ao medir forças com aquele maldito favorecido dos deuses!

E, agora andando desassossegado pelo quarto quedo em obscuridade, como se vasculhando com obsessão reminiscências dolorosas que o absorviam, irresistíveis, durante aquela digressão que, perante o paciente Hiram, comparecia como mais um desabafo saturado de angústia, como a tantos outros já testemunhara.

— Tentei desvencilhar-me a contento desta ordem intolerável de sensações e sofrimentos renitentes quando, daquela feita já longínqua no tempo, recebi os dois na materialidade à conta de filhos*. Tu és testemunha, Hiram, de que me esforcei para diluir o melhor possível, tanto no meu universo íntimo, quanto no de Marcello, a carga brutal de rancor que trazemos marcada a ferro e fogo para com Paolo, desde aqueles tempos funestos das guerras contra Roma. — Olhou Hiram de frente; lia-se um quase desespero na maneira atormentada como se pronunciava. — Falhei, confesso! Falhamos fragorosamente, eu e Marcello. Mas tu tens que admitir que é compreensível.

---

* Mizael faz menção à etapa reencarnatória na qual fomos, os três, reunidos em situação familiar compulsória, como tentativa de harmonização que se requisitava a almas jungidas por estreito vínculo de desafeto necessitado de se transmutar, gradativamente, em dissipação de diferenças agravadas por séculos de reincidência e falência nas mesmas provas a que fomos submetidos na materialidade. (N. do autor espiritual)

Como poderia eu lidar a contento com o histórico funesto de ódio que os dois carregavam de um para com o outro desde muito antes daquelas épocas? E Giovanna, aquela antiga Helatz que também me fora filha ao lado dele na época das guerras contra Augusto, estranhamente compareceu sempre como o trampolim, o estopim maldito que acirrava a odiosa contenda entre ambos. De minha parte, espontaneamente, e de maneira perturbadora para mim mesmo, sentia irresistível inclinação maior pelo temperamento de Marcello; vencia, sempre, o impulso de defendê-lo, a despeito de tudo e do seu temperamento irascível e indisciplinado, contra aquele meu outro filho, de quem me irritavam os modos excessivamente autoritários e aristocráticos, e o orgulho quase despótico. — Mizael ofegava àquela altura do discurso, atormentado naquela sucessão flageladora de recordações difíceis. — Foi-me impossível vencer em mim mesmo estas nuances incompreensíveis de afetividade para com dois filhos de sangue, bem como os enfrentamentos cada vez mais graves, mais estarrecedores, entre os dois irmãos. Um terminou por tirar a vida do outro, para meu desespero; e, ainda assim, e naquelas circunstâncias impossíveis, meu espírito sofria, sobretudo, e sem que pudesse mentir para mim mesmo, apenas por um: pelo assassino frio, que tirara a vida do outro dentro do próprio lar...

Interrompeu-se, a voz morrendo na garganta opressa. Havia se sentado numa cadeira tosca, próxima ao leito do rapaz, e tinha a fronte febril entre as mãos.

Hiram apenas suspirou, de início. Lúcido, ainda daquela vez, de que, mais do que um espírito de índole maligna, tinha diante de si uma alma sofredora e acorrentada na colheita amarga da própria cegueira íntima, quis atraí-lo a lugar mais propício ao diálogo providencial, de vez que percebia Marcello já quase consciente, na fase final de desprendimento do corpo físico.

— Venha, Mizael. Deixemos o rapaz entregue, na medida do possível, a um período de repouso que lhe reponha as energias, depois de um dia difícil qual o que viveu ontem.

— Surpreende-me que não te apercebas, Mizael, mesmo depois de passado tanto tempo, de que não houve naquelas épocas nem inocentes nem vítimas absolutas. Viveste em dias difíceis para toda a humanidade, principalmente no contexto de existência no qual aquelas nações se viam constrangidas a conviver. Roma foi destinada ao comando de uma parcela imensa do mundo, com todo o cortejo de méritos e deméritos inerentes a essa posição difícil, na orquestração de conquistas de inúmeros povos, mas convenhamos: não obstante fosse inegável o martírio experimentado pelas populações subjugadas pelo poderio romano, deves admitir que muito foi acrescentado, pelo passar dos séculos, a estes territórios por meio do enriquecimento cultural que aquele mesmo domínio, de um povo em muitos quesitos aprimorado, proporcionou.

Mizael rasgou um sorriso saturado de suprema ironia, encarando o outro de frente, enquanto se encaminhavam, no exterior da vivenda silenciosa e banhada pelos perfumes frescos da noite, pela extensão obscura da campina iluminada magicamente pelos clarões suaves do plenilúnio.

— Não posso acreditar que tu, Hiram — justo tu, que compartilhaste comigo das agruras das guerras e da escravidão ao jugo romano —, estejas aqui, agora, a fazer apologia da opressão e da supressão da liberdade.

— Não confundas nem desvirtues propositadamente minhas palavras, Mizael —repreendeu o outro com austeridade, deitando-lhe de volta um olhar firme e lúcido. — És arguto o suficiente, e apreendes em toda a extensão o que quero aqui significar. Se Roma pecou outrora pela opressão e tirania dos imperadores e de seus prepostos, dos quais o atual Paolo Braccio se fez digno e típico representante, nós outros, destarte, primamos pelo legítimo espírito celta e germânico, no que se relaciona ao perfil de fato bárbaro de muitas das nossas iniciativas e modo de reagir às contingências brutais daqueles tempos. Éramos truculentos, desorganizados e incivilizados, e respondíamos ao despotismo romano com requintes de selvageria que em nada deixavam a desejar, em termos de crueldade, àquilo mesmo que até hoje alegas para odiar de morte o antigo general Sálvio Adriano.

— O antigo general Sálvio Adriano trucidou, com o seu exército sanguinário, nada menos que três países daquelas regiões num único período de batalhas, compreendendo várias tribos e não fazendo diferença entre mulheres, velhos ou crianças. Minha família inteira, à exceção do Marcello e da Giovanna de hoje, então meus filhos, que escaparam por golpe de sorte e por terem caído prisioneiros, foi dizimada com requintes implacáveis de violência pelas legiões lideradas por aquela impiedosa ave de rapina — devolveu Mizael, truculento, interrompendo-o com o olhar relampejante.

— Assim como dizimaste, décadas antes, toda a família da tua então esposa romana, tua escrava anteriormente, a quem de início aprisionaste também numa das guerras contra as legiões do imperador a pretexto não muito diverso daquilo que agora alegas contra o teu principal adversário: pura vindita, repleta de abuso de poder e de extremos de tirania para com alguém em situação mais frágil, Mizael! É por isso que te digo, e reafirmo sem medo de errar: não havia ninguém em posição íntima melhor que a do outro naquele período de difíceis e aspérrimas vivências. Se, pois, Adriano foi despótico ao cumprir mecanicamente o papel que lhe cabia à frente das legiões do imperador romano, tempos antes tu foste tirano no revide infligido a estas mesmas legiões, das quais desbarataste das fileiras inúmeros e insuspeitados filhos primogênitos e pais de família. Abandona, ao menos por um momento, esta disposição defensiva e o fervor do sangue que te obscurece a visão íntima, meu amigo, e apenas reflete com isenção e frieza. — Hiram voltou-se, tomando fôlego, como se lembrando de algum compromisso que o obrigasse a despedir-se durante algum tempo, diante do agora emudecido Mizael, que, confuso, a custo contendo os argumentos desgovernados que lhe requeimavam no íntimo os sentimentos em turbilhão, agora somente o acompanhava com o olhar sombrio, refletindo certo alheamento, como se relutasse em se arrancar daquelas reminiscências deprimentes que lhe ditavam a sobrecarga de emoções tormentosas alimentadas num contar de tempo já impossível de se definir.

— Pensa nestas coisas, ainda desta vez te rogo, Mizael, em nome do grau de afeto que, tu bem o sabes, nos aproxima de há muito. Dia virá em que ainda me darás razão, só tendo a lucrar para ti mesmo, de vez que, a partir disso, experimentarás teu espírito inundado de uma paz da qual ainda desconheces a real extensão: a paz e a leveza de quem, afinal, se liberta da necessidade de vinditas; de quem compreende a condição humana de aprendizado, inerente a si mesmo e a todos os que nos rodeiam, capacitando-se, assim, a compreender e a perdoar as falhas do próximo com maior facilidade. — Dirigiu o olhar sereno ao redor e inspirou profundamente o ar balsâmico daquela noite. — Vim apenas para ter contigo oportunamente, como faço de tempos em tempos; mas outros compromissos me chamam em outros lugares. Deixo-te sozinho com os perfumes noturnos, meu caro, para que reflitas e apazigues os teus pensamentos. Volto assim que me seja possível...

Capítulo V

Um erro secular

— Mãe, hoje deverei ir ter com Sofia, assim, volto fora do horário para a janta — Paolo avisou Martina, à sua saída na companhia dos irmãos e do pai para a lida no campo, com as primeiras claridades do alvorecer.

Não obstante, de passagem pela sala, deu com Giovanna encolhida em um canto, notando de relance que tinha lágrimas esquivas escorrendo dos olhos pelo rosto mimoso, o que de imediato o levou a brecar os passos e encaminhar-se, cauteloso, até ela.

— Gio... — chamou, provocando-lhe breve sobressalto. Observador, sentou-se a seu lado, quando sua primeira reação foi somente dirigir-lhe um olhar acuado e furtivo; depois se encorajou a perguntar: — Que sucede contigo para que já no princípio do dia, mal amanhecendo, te vejas neste estado deplorável de alma? Deverias estar na companhia da mamma e das nossas irmãs, cuidando do desjejum.

Contra a sua expectativa, todavia, a primeira e súbita reação da jovem foi voltar-se num ímpeto e lhe assacar acusações ríspidas.

— Tu deves conhecer bem os motivos, Paolo! Então, não me perturbes com perguntas descabidas...

E encolheu-se ainda mais no assento, retraindo-se.

Mas a têmpera inflamada de Paolo não era de feição a aceitar ataques daquele teor, e proferidos naquele tom impertinente, ainda que partidos de uma familiar por quem durante todo o tempo sentisse uma condescendência e um fraco a mais, inexplicáveis. De fato, se qualquer de suas irmãs se lhe dirigisse naquele tom, e a pretexto do que quer que fosse, sua reação imediata e mais provável seria aplicar-lhes severa tunda. Em se tratando da caprichosa Giovanna, todavia — e ela, conhecendo, de resto, aquela sua fraqueza —, o mais que conseguiu fazer, num primeiro momento, foi exprimir contidamente a sua contrariedade.

Segurou-a por um braço, com firmeza, balançando-a de leve.

— Tonta! Que se passa contigo, afinal? Que te fiz? E como queres que adivinhe sempre as razões súbitas das tuas manhas e reações imprevisíveis?

Ela voltou a se pôr de frente para ele num pulo, agora soltando o braço com irritação; e, por entre lágrimas francas, dardejou faíscas na sua direção com os olhos injetados pelo pranto.

— Estou impedida de sair de casa. De nada adiantaram nem me valeram as tuas histórias naquela tarde. Mamma prendeu-me agora, alegando que sempre que me distancio demasiadamente acontece ou algum disparate ou algum acidente. Infâmia! — ela protestou, num rompante acre, e já ia se desvencilhando e levantando num impulso colérico quando uma das mãos de ferro de Paolo a conteve e a fez dar meia-volta.

— Shhh! Cala-te, estúpida. — Olhando em volta, precavido, ele agora devolvia fogo pelos olhos na direção da irmã, fazendo-a sentar novamente com um empurrão brusco. —Escuta! Não posso acreditar na temeridade incalculável da tua falta de juízo. Então, arrisco a minha pele para livrar a tua naquela tarde odiosa, mesmo que meu primeiro impulso fosse o mesmo de Luca, o de te aplicar uma sova que te deixasse dias gemendo de dor. — Fora de si, contendo o timbre naturalmente grave e elevado de sua voz, tornou a balançá-la com mais ardor, doido de raiva. — Louca! Flagro-te deitando com o Marcello Lorenzzo na mata, ainda uma vez, mesmo depois da quantidade suficiente de vezes em que, com o mesmo comportamento doidivanas, quase provocas uma tragédia entre mim, nossos irmãos e nosso pai, e a família daquele traste; defendo-te o melhor que posso de coisa pior do que a de que agora reclamas, já que o teu lugar é mesmo, e como se deve, auxiliando nossa mamma nos serviços domésticos com Chiara, Elena e Beatrice. Arrisquei meu pescoço para proteger-te, louca! E me pagas o favor e o zelo com esta crise incompreensível de capricho?

— Larga-me! — Magoada, a moça cerrou fileiras, chorando copiosamente, metade espantada, metade magoada com a momentânea reação irascível de Paolo para consigo, coisa a que não se via habituada, porque pressentiu que, se insistisse naquela postura, dada a contrariedade enfurecida de que ele principiava a dar mostras, acabaria, ali mesmo, tomando a tal sova que de há muito ele ameaçava e alegava ver-se compelido a aplicar-lhe.

Ainda assim, completou o libelo com uma acusação desesperada, cujo teor era refletido, até certa medida:

— Estás me machucando, Paolo. Solta-me! Tu és um ciumento dos infernos, sabes? É esta a maior razão da tua perseguição descabida, porque não atino até agora com o que te compele a este ódio sanguinário por Marcello, e a esta obsessão em obstruir nosso envolvimento. Eu e Marcello nos amamos!

Paolo chegou a recuar, indignado de tanta estupefação.

— Mas... que dizes, bestia? — rugiu, enfurecido, lutando consigo mesmo para manter um mínimo de comedimento que os preservasse de despertar atenção na casa para a altercação que mantinham.

Giovanna foi à carga, sem se deixar abater, nada embora o respeito natural e o temor daquele irmão.

— Tens ciúmes, sim, do amor que divido com ele! Porque este teu envolvimento com aquela insossa da Sofia não passa de fachada, de artifício familiar que assegure principalmente os interesses econômicos de papai, casando-te, a ti, o filho primogênito, com a filha de um senhor de terras com quem mantém boa relação comercial. Queres repetir comigo o que se passa contigo, Paolo? — desafiou, impávida, fora de si. — Pois declaro a ti, neste momento, que me recuso a vender minha felicidade, e o rumo de toda a minha vida, a interesses de papai, que em nada me dizem respeito!

Enceguecido pelo rancor, Paolo chegou a se pôr de pé, crescendo para a jovem que, a isto, assustada, voltou a encolher-se no assento, o olhar brilhoso de temor cravado na aparência truculenta que exibia aquele irmão desde sempre zeloso e protetor para consigo.

Sentiu com clareza imediata que extrapolara os limites do atrevimento para com ele, e, já com remorsos, ensaiava pedir perdão, pressentindo a iminência de um safanão corretivo no modo como ele alçou impulsivamente o braço, quando uma voz súbita emergiu providencialmente do corredor próximo, que comunicava com a cozinha, cobrando, impaciente:

— Que se passa nesta casa, Paolo? Ainda não saíste para o lavor? Teu pai já deve estar longe, e se indagando da tua ausência.

Era Martina, atraída pelo rumor abafado de discussão no cômodo, aproximando-se.

No mesmo instante a contenda arrefeceu. E Paolo, apressando-se para sair, de resto atendendo ao chamado do trabalho com os homens da casa, limitou-se a arrematar para a agora aturdida Giovanna, queda no assento a olhá-lo, externando nas feições uma mistura inextricável de remorso com mágoa:

— Previno-te, durante todo este tempo, para o teu próprio bem. És ainda muito jovem para julgar com acerto dos rumos que imprimo ao meu destino conjugal; mas, no que te diz respeito, de outro lado, faz-se claro à minha compreensão mais vivida que nada de bom há de advir da tua teimosia em te conservares nesta aventura arriscada. Ouve o que te digo: há de chegar um momento em que nada mais poderei envidar para te furtar à derrocada prematura da tua respeitabilidade perante os nossos pais. E, aí, haverás de reconhecer o devido valor do que hoje mobilizo a fim de te preservar de maiores desvarios. Vejo-te mais tarde — asseverou num murmúrio surdo. Após o que rodou, decidido, nos calcanhares, deixando Giovanna ali, inerte durante vários momentos, perdida por completo nos próprios pensamentos e sentimentos em turbilhão.

Horas mais tarde, apesar de aparentemente apaziguada, mas mergulhada em pensamentos que lhe roubavam o sossego íntimo, Giovanna dialoga com a mãe, entretida, junto com as irmãs, com os afazeres domésticos na limpeza da cozinha e dos quartos.

Parece mais conversar consigo mesma, esfregando um canto do cômodo com modos impacientes.

— Não consigo compreender por que Paolo está insistindo neste compromisso com Sofia, mamma. É inacreditável! Fica claro como água na fisionomia dele que não lhe sente o mínimo necessário para sustentar um matrimônio, daqui a algum tempo. De resto, ela é insossa e desinteressante. Paolo só permanece nisso, está visto, por determinação intransigente de nosso pai.

Martina sorri do comentário, surpreendendo a filha, até certo ponto, com a sua resposta pronta e afiada, proferida do alto da experiência adquirida no decurso de toda uma vida rude de privações e de dura labuta:

— Tu te enciúmas com facilidade do teu irmão mais velho, Giovanna. Tenho pena, por antecipação, do tanto que importunarás a coitada da Sofia, depois do casamento dela com Paolo.

Giovanna brecou a tarefa no meio de uma passada, mal achada e cheia de desconcerto, tanto mais por lembrar-se de imediato do que lançara em rosto do irmão na altercação da manhã, horas antes.

— Ora! Mas... o que dizes, mamma? — protestou, entre constrangida e revoltada.

Mas a mãe não aliviou a reprimenda, conhecendo como conhecia a têmpera de sua caçula, sempre desenvolta como cavalo bravio e necessitada de rédea curta.

— Deves parar de importunar Paolo com estas tuas opiniões inconvenientes, tanto mais porque não te deve ele ou teu pai nenhuma satisfação a respeito deste assunto. Trata-se da privacidade do teu irmão, e de questões familiares importantes, nas quais não te cabe interferir.

Giovanna agora permanecia estática, parada no meio do cômodo, diante da observação das irmãs — curiosa uma, e positivamente maldosas e zombeteiras as outras duas. A moça se transmudou em instantes no amuo em pessoa.

— Se são assuntos familiares, e sendo eu parte desta família, não compreendo a razão de não poder opinar sobre eles. Opinam aqui dentro sobre a minha vida a maior parte do tempo — retrucou, enfim, deitando nas duas irmãs entregues ao divertimento, Beatrice e Elena, o olhar carregado de contrariedade mal contida; mas Martina sustentou a carga. Parou também, apoiando-se um pouco na vassoura tosca com que varria freneticamente a cozinha, para encarar-lhe de frente o audacioso e costumeiro revide.

— Porque tu és mulher, ragazza! — ralhou. — Nada tens que meter-te nos rumos amorosos dos teus irmãos homens, que, como homens, estão destinados a histórias de vida outras, completamente diferentes das nossas. E, quanto a se opinar sobre a tua vida, em particular, nada é mais justo, de vez que és, de longe, dentre as minhas filhas, a mais nova e também a mais estouvada. Mas vai... — gesticulou, arrematando o discurso com impaciência e voltando à lida com a vassoura, agastada.

— E porque sou mulher estou destinada a, além de ter que permanecer muda diante dos absurdos que presencio, ter que mofar e me amofinar trancada indefinidamente em casa, às voltas com repolhos e com poeira nos cantos? — Giovanna ainda arriscou choramingar, embora visivelmente buscasse ser mais contida nas palavras e no tom.

— Tu estás em casa em cumprimento às deliberações inapeláveis do teu pai, que desde aquela tarde malfadada do teu acidente nas colinas se tomou de raiva possessa para contigo, sabe Dio por quê! É que se deve ter fartado do volume enorme de contratempos com que se teve que aviar desde que atingiste os quinze anos — devolveu Martina, para logo depois, dando um fim definitivo ao diálogo, que de resto lhe surgia inútil e maçante ao entendimento de mulher cônscia de seu papel no âmbito do lar, ver-se na urgência, também, de instigar as outras filhas a retomar o movimento interrompido desde o início da discussão, atentas a seu desenrolar. — Andiamo, as três! De volta ao lavor, que o tempo não espera pelos indolentes. Ainda haveremos de providenciar a janta.

O fato indisfarçável era que Paolo conduzia seu compromisso com Sofia Agnelli com o mesmo entusiasmo com que remoía o dia a dia mecanicamente, sem parar para considerar com mais profundidade como se dariam as consequências daquela ligação efetivada não tanto por qualquer sentimento digno que a motivasse, surgido com naturalidade, mas pelos comentários insistentes e quase diários aos quais se habituara a ouvir do pai ano após ano, sobre as grandes qualidades da família Agnelli, e como Giacomo Agnelli, o pai da moça, se colocara a seu favor no passado, quando da questão grave havida contra Filippo Lorenzzo, na disputa das terras que lhe haviam sido usurpadas.

Pois, homem reto e austero, nada obstante na ocasião se posicionando conscientemente contrário a Filippo, senhor de feudos em situação econômica muito superior à de Tomazzo, envolvera-se de peito aberto na questão, inclusive apelando a um seu parente, próximo ao ducado do Reino da Sicília, no sentido de se apurar a legitimidade da negociata documental duvidosa através da qual, justo em momento de dificuldades financeiras, tendo uma colheita inteiramente arrasada pelas invernias, aviou-se Filippo a questionar a posse de determinada fatia de terras até então sob o controle e posse dos Braccio, em região próspera menos maltratada pelos prejuízos desencadeados pelos rigores do inverno naquele ano, alegando um longínquo domínio daquelas regiões por um seu familiar distante das gerações findas, de quem não restara conhecido ou próximo nem um único herdeiro.

Mas o ardil fora tão bem forjado que o feudo reverteu definitivamente perdido para os Braccio, depois de obscuras providências movimentadas nos bastidores das autoridades envolvidas no caso – entre as quais, curiosamente, achava-se Mattia, prior de um convento masculino na região de Palermo, irmão mais velho de Filippo —, com quem, aliás, ultimamente vinha este alinhavando planos de encaminhar Marcello para o monastério, de um modo qualquer que o afastasse da vida incerta e das perspectivas sombrias que vinham se delineando entre o rapaz e a filha do vizinho e adversário.

Paolo, portanto, com o decorrer dos anos, deixou para trás gradativamente os tempos da primeira mocidade mais desanuviada e irreverente, para agora, mais velho e como primogênito, envolver-se com maior seriedade na garantia dos interesses familiares, vendo-se naturalmente compelido a cogitar do encaminhamento de sua vida afetiva, com vistas à formação da própria família em situação que favorecesse em idênticas medidas sua realização pessoal nesse sentido, através de um bom casamento, e os projetos de maior vulto, delineados por Tomazzo, que queria ver filhos e filhas comprometidos, de preferência, com famílias simpáticas a seus negócios, e com as quais estabelecera relações sólidas de amizade.

A jovem Sofia, portanto, era a segunda filha numa sucessão de seis outros, entre duas mulheres e quatro filhos homens. E, não se sabia até que ponto afortunadamente ou não para Paolo, a principal interessada, tão logo atingiu os primeiros anos da adolescência, aderiu de boa mente às considerações familiares acerca de seu futuro conjugal, tomando-se de cálida ternura pelo filho mais velho da família Braccio, que se fazia visitante habitual em seu lar ao lado do pai — desiludindo, com isso, e de outra feita na época, Marcello Lorenzzo, que lhe pretendia em segredo, incentivado astutamente pelo pai e até certo ponto esperançado de ver-se correspondido, até o momento em que percebeu o distanciamento iniludível e crescente com que a jovem voltava as costas às suas ocasionais investidas, para revelar-se francamente propensa a adotar as diretrizes dos parentes interessados no seu compromisso com Paolo Braccio.

Fora nessa ocasião, portanto, que Marcello, farto daquilo, ademais homem carismático e sedutor, e, em decorrência, pouco afeito a recusas e resistências muito enfáticas das mulheres que em geral não lhe refutavam os assédios, acabou por desistir de vez da bela jovem, para logo devotar-lhe absoluta indiferença, passando, a partir de então, a ter a atenção atraída cada vez mais pela beleza peregrina da loura e instigante Giovanna Braccio.

Era, portanto, neste contexto pouco favorável à sua real felicidade e ao preenchimento adequado de seus anseios afetivos mais íntimos — como sempre acontecia em tantas outras famílias daqueles séculos — que mais uma vez, naquele final de tarde, se encaminharia Paolo Braccio a uma entrevista com a sua pretendida, regada ao habitual clima morno de afetividade frouxa e mais próxima, talvez, no seu coração impetuoso e incerto dos próprios rumos, ao tipo de amizade e de ternura cândida que normalmente se vota a uma irmã.

Não supunha Braccio, não obstante, que razões outras, mais profundas, e de ordem espiritual evolutiva, compunham o pano de fundo, as verdadeiras raízes — originadas no passado remoto da humanidade — do todo daquela situação. Não imaginaria de maneira alguma, no contexto material terreno daqueles tempos difíceis, os compromissos de ordem cármica que o enlaçavam solidamente, um tanto por amor, outro tanto por dissensões, aos personagens-chave dos cenários onde agora, mergulhado na obscuridade da memória embotada do corpo físico, seguia seus dias, simplesmente convencido do fatalismo cego que, acreditava, lhes conduzia o cotidiano.

Ainda daquela feita, todavia, e como em tantos outros casos semelhantes, restaria comprovado o erro secular, e de consequências totalmente adversas no histórico evolutivo das almas, do se sufocar de modo inapelável a voz do coração para se decidir sobre o futuro, no quesito conjugal, exclusivamente em função de prioridades outras, de ordem material ou daquilo que se entendia como honorabilidade familiar.

Capítulo VI

Vida de menestrel

Irrompe a maravilhosa manhã dos campos nas colinas sicilianas. Sob os perfumes matutinos que invadem à mão cheia o cômodo modesto, Marcello parece se aprontar com pressa, absorto com planos para mais tarde, quando uma batida baixa à porta chama sua atenção.

— Entra! — respondeu no seu timbre enérgico. A isso, a porta de madeira maciça range nas dobradiças e entra Alessio, de boa disposição, avançando quarto adentro e batendo com bonomia no ombro do irmão mais novo.

— Buon giorno, Marcello. O dia já clareia quase por completo, e nossa mãe se ressente da tua falta para o desjejum. Pediu que viesse aqui para ver por que te demoras.

Marcello evitou olhar para ele enquanto se movimentava pensativamente no quarto em busca de algum apetrecho fora de vista.

— Depois da altercação aborrecida daquela noite, não ando com muita disposição para compartilhar refeições à mesa, Alessio. Vai até lá e inventa alguma desculpa — foi a explicação esquiva e ensimesmada.

O outro o observou um pouco, surpreso, sentando na enxerga próxima.

— Dio, Marcello! É por causa deste teu gênio trevoso que acabaste por habitar esta choupaninha, à parte da casa da nossa família, logo ali — gesticulou, com certo desapontamento, já que, como dito, estimava francamente o irmão, nada embora seu temperamento indomável e difícil. — Por que ao menos numa única vez não podes rever teus conceitos e, por nossa mãe, que tanto te estima, cederes nos teus pareceres e posições inflexíveis?

Marcello o encarou pela primeira vez, ao achar enfim o que buscava, um alaúde encostado a um canto do cômodo, que tombara, oculto, para debaixo de um móvel tosco. Já não parecendo tão mal-humorado, alegou:

— Até poderia agir como sugeres, Alessio, mas em outro momento. Tenho compromissos na cidade, aos quais não posso faltar.

O irmão, exibindo um sorriso dúbio, misto de malícia e enfado, escorregou os olhos pelo instrumento musical que o outro empunhava, para, depois de uma pausa, comentar:

— Para onde vai te levar esta vida de menestrel, fratello? Teu mundo não é aquele, e te usam espertamente para diversão mal reconhecida nas rodas da nobreza. Destarte, com este estilo de viver, onde tens muitas mulheres, a um só tempo sonhas, de algum modo, arrebatar para ti a altaneira Giovanna. Tu te achas perdido num emaranhado de rumos dos quais, temo, nenhum te levará a coisa nenhuma de útil, e tem razão o pai em te advertir disso em determinados momentos — comentou o outro, amigável e sem rancor.

Mas Marcello ouviu, apesar de tudo, e sem interromper-lhe o discurso. Todavia, a fisionomia denunciava um traço qualquer de ironia, de quem ouve apenas por ouvir, e por estima e consideração ao irmão, como se remoendo o tanto que era ainda aquele rapaz inexperiente em repertórios outros da vida, mais amplos, mais dramáticos e mais sedutores.

— Tu és o irmão ajuizado, Alessio. Deixa-me seguir o meu caminho. A algum lugar haverei de chegar... seja qual for ele.

— E qual é o compromisso desta vez, que vale mais do que te dedicares a um tipo de trabalho que, este sim, nos rende dinheiro? — Alessio desviou-se da ironia calculada, devolvendo a pergunta, proferida em ligeiro tom de malicioso divertimento.

Mas Marcello já sobraçava o instrumento, abrindo a porta e ensaiando sair, dando a conversa por finda.

— Como tu mesmo disseste há pouco, fratello... nobreza! Celebram algo hoje e não resistiram à boa fama das minhas cantigas, convidando-me a enriquecer o roteiro de entretenimento das festas — ria-se. Parecia de fato não se incomodar com o que o irmão ou quem quer que fosse pensassem de suas escolhas de vida. Mas Alessio o seguiu de início, saindo do quarto e comentando, sob a gargalhada descontraída e sarcástica do outro:

— Sei; conheço-te, esplêndido mulherengo. E queres me fazer crer que não existe nenhuma razão de saias, para que assim te arrastes com toda esta dedicação a cantar para uma roda imensa de gente grave, soberba e desinteressante?

Decorreu o dia inteiro, praticamente, sem que Marcello retornasse das andanças em Ragusa*, onde haveria um festival em castelo de nobres, sendo requisitado para enriquecer o rol dos festejos e, dentre outros, também os eventos oferecidos em praças, ao público.

Para tanto pagavam-lhe não mais que o que justificasse sua extensa viagem, com margem suficiente a algum regalo próprio. Consciencioso, o rapaz se esforçava a guardar algumas reservas destes extras para o orçamento da família afastada da pitoresca cidade encastelada numa das muitas colinas sicilianas; mas era que o seu espírito predominantemente romanesco, aventureiro e perdulário achava dificuldades francas para seguir à risca os seus impulsos a princípio bem-intencionados, mantendo-se, para tanto, sóbrio.

Ao ver-se cercado do brilho álacre, ruidoso e embriagador dos faustos citadinos da época, na maior parte das vezes entregava-se de boa mente a um gênero de conduta que, se de um lado exacerbava o brilhantismo do seu pendor artístico nas apresentações musicais, de outro, arruinava-lhe o senso em lhe permitindo abandonar-se à bebida, ao franco assédio de mulheres cortesãs, que não faziam por onde esconder seu fascínio pelo belo menestrel, nem lhe resistir sem pejos aos galanteios regados às letras sedutoras das belas cantigas embaladas por musicalidade lânguida.

Ao final de tudo sabia que lhe caberia ainda, bem provavelmente, enfrentar a ira do velho pai, ao retornar nas condições que lhe eram recorrentes nestas ocasiões: o rosto e o olhar congestos, injetados dos excessos usufruídos até a sa-

---

* A cronologia desta narrativa se situa em época na qual as cidades da Sicília se alternam entre o domínio normando e romano, entre outros. Ragusa fora república no período entre 1500 e 1600. (Nota da médium).

ciedade naqueles dias, durante os quais mergulhava numa realidade distanciada do repertório pacato de vida dos que seguiam a rotina dos campos e das colheitas nas fazendas. Ao voltar, portanto, daquelas incursões citadinas, era como se viesse aos poucos acordando de um sono não se sabia até que ponto malsão, contraditório, e, no processo, de modo gradativo, iam retomando vulto na retina de seu espírito audaz e impetuoso as imagens, pessoas e realidades que lhe eram familiares — sobretudo o alvo tenaz e maior de sua atual paixão, Giovanna. E recorrentemente se maldizia e reclamava para si mesmo que talvez, se não houvesse tantos obstáculos à pretendida união com a moça, sua vida decorreria mais fácil, mais tranquila, mais aos moldes do que projetava para si Filippo, seu velho pai.

Todavia, não era assim que acontecia. E, já aos vinte e quatro anos, idade em que todo homem sedimentara o seu destino familiar, prosseguia ele naquele estilo de vida rebelde e errante, contrariando profundamente os anseios paternos, todos de molde a sustentar a estabilidade de sua família.

A certa altura da caminhada, já próximo do lar, vinha Marcello assim metido na inquietação do seu mundo íntimo, e num estado acentuado de alheamento, quando, percorrendo o caminho de terra batida que serpenteava colina acima, experimentando os efeitos salutares do ar puro e perfumado, viu por acaso, a distância, uma jovem em passeio com a irmã; Sofia, filha da família Agnelli e prometida de Paolo Braccio, para quem outrora dirigira suas pretensões afetivas sem ser correspondido.

Em meio ao campo florido a distância, naquele declínio de tarde ensolarado, parecia àquela altura apressada para voltar para casa quando, nisso, e ao mesmo tempo que ele, reconheceu-o vindo pela estradinha sinuosa. Parou e corou, de imediato. E Marcello notou que, travando com discrição do braço da irmã mais nova, como se dominada por súbita urgência de algo indefinido, instou a outra a se apressar mais, voltando bruscamente o rosto e desviando-se, sem dirigir-lhe mais nenhum olhar que lhe permitisse ao menos cumprimentá-la.

A única reação de Marcello foi rasgar leve sorriso de ironia, sem interromper seu passo, enquanto metia-se noutra ordem de recordações enquanto observava a moça distanciar-se mais como quem, de modo indisfarçável, fugia-lhe da presença. Vieram-lhe à mente, inevitáveis, as lembranças vívidas do tempo em que correu com a jovem pelos caminhos maravilhosos daquelas colinas, às risadagens, trocando dizeres pueris, naquele típico preâmbulo que antecede todo envolvimento afetivo, quando, em certo ponto, foi ela ocasionalmente apresentada ao filho mais velho de Tomazzo Braccio, o que de imediato frustrou todos os seus planos incentivados, inclusive por Filippo, seu próprio pai, que adivinhava naquela união com a filha de um senhor de feudos bem estabelecido um excelente negócio familiar.

Mas Sofia tomou-se de pronto de fascínio por Paolo; sua família acolheu a preferência da filha, por razões indefinidas, e a partir de então o distanciamento da jovem evoluiu, gradativamente, e sem nenhuma explicação devida entre ambos, até o ponto atual, quando, somente de vê-lo a distância, a moça o evitava.

Todavia, se no início aquilo o havia enfurecido de ódio e despeito até o ensandecimento, enfim, e com o passar dos dias, tudo arrefecera, dando lugar ao gênero de vida que levava hoje, de modo que a indiferença e a frieza da jovem, quando muito, provocavam-lhe morna apatia mesclada a humor. Permanecera somente a diferença séria sustentada com Paolo Braccio, que, e para cúmulo de falta de sorte, haveria de ser justo o irmão mais velho do atual alvo dos seus sentimentos.

— Giovanna... — Marcello Lorenzzo murmurou para si, divagando, e ainda dominado pelo alheamento zonzo no qual se via metido desde que deixara para trás os festejos rumorosos da cidadela de Ragusa.

Giulia foi quem primeiro cercou e recebeu de volta no ambiente do lar, no momento silencioso, o filho perigosamente trôpego, de volta da cidade.

— Dio! — Pressurosa, pegou-lhe rápido do braço, lançando um olhar precavido em torno e arrastando-o para dentro de casa. Tinha os olhos úmidos de aflição ao esquadrinhar com zelo aquele seu filho dileto, apesar de todos os seus destemperos e estultícias. — Mas, Marcello, outra borrasca se avizinha de ti, e tu nem mesmo te achas devidamente sóbrio para enfrentá-la. Teu pai, de certo, está possesso contra ti! A tarde declina e não tarda a noite. Quando, figlio mio, haverás de criar juízo? Isto não haverá de acabar bem!

E torcia as mãos, aflita, depois de acomodá-lo no assento tosco próximo a uma mesa da cozinha, sentando-se a seu lado. As filhas, atarefadas na casa, cada qual com uma obrigação doméstica, de início não deram conta de que findara a vigília materna à soleira da porta dianteira com a chegada do irmão.

Marcello, apesar de tudo, dirigia-lhe um olhar despreocupado e afetuoso. E abordou um assunto ameno para início, desejando aplacar o desassossego materno, que sabia injusto e para além do que podia suportar, já que ela mal podia mais com as brutais desavenças, quase diárias, entre ele e o pai.

— Encontrei em Ragusa com o tio Mattia, vindo em visita do mosteiro de São Benedicto, mãe. Mandou-te recomendações.

— Pois que teu pai não saiba disso — devolveu a mulher, gesticulando, inflamada pelo desgosto e pela contrariedade, enquanto se punha em movimento frenético para providenciar compressas úmidas que aplacassem ao menos um pouco, no semblante do filho, o aspecto febril e ébrio de que se fazia portador. — Sabes dos planos dele de te encaminhar ao mosteiro, recomendado por teu tio, se tudo mais der errado, já que tens, de acréscimo, algum dom para o aprendizado e para o ofício religioso.

— Não tenho vocação para o ofício religioso, cáspita! – Marcello retrucou, todavia, irritado com a declaração. Fez menção em levantar, mas a mãe, enérgica, empurrou-o de volta para a cadeira, de onde, zonzo como ainda estava, não se animou a demover-se de novo.

— Todo o aprendizado possível nos dias de hoje se acha no domínio dos monastérios, e, por que não dizer, quase a total respeitabilidade na sociedade citadina. Vocação religiosa, tu a aprendes com o tempo, estúpido! Tens, sim, o dom do estudo, da leitura e da escrita mais do que evidentes; e concordo com teu pai que, se em breve não tomares para ti rumo condigno na vida, é somente esta a escolha que te resta, e que te porá a salvo de maiores desvarios. Mattia não haverá de nos negar este favor; sempre se entendeu muitíssimo bem com teu pai, valendo-nos em momentos graves da nossa vida.

E apunha as compressas na fronte do moço, que agora somente ouvia, embora visivelmente aborrecido com aquelas especulações.

— Sei... — ele zombou. — Como no momento de arrebatar as terras que outrora foram do pai de Giovanna...

Mas Giulia, a isto, deu-lhe no braço um safanão.

— Basta! Cala-te, e não pronuncies aqui, e neste momento, o nome desta ragazza, que nos vem valendo tantos temores e aborrecimentos. Ficasse ela devidamente presa dentro de casa pela indolente da mãe, sem dar trela à audácia do teu assédio, e teríamos menos problemas.

Decorreu um intervalo durante o qual mãe e filho silenciaram, cada qual imerso em preocupações de ordens inteiramente diversas. Até que, dispensando o cuidado materno com um gesto desassossegado, o jovem menestrel se pôs de pé num impulso, intencionando recolher-se ao abrigo acanhado de sua cabana, nos fundos do terreno da moradia paterna.

— De nada adianta desejar que meu pai não saiba da presença de tio Mattia em Ragusa, mãe. Contou-me não voltar ao monastério antes de nos visitar, nos próximos dias... - declarou, distanciando-se, antes que Giulia, surpreendida, pudesse responder qualquer coisa a mais.

Capítulo VII

No mundo invisível

Muito acima da faixa vibratória obscura e pesada das paragens materiais, temos, desde sempre, e desde antes dos prelúdios dos enredos dramáticos encenados neste mundo, paisagens outras, leves, insuspeitadas pelas massas inscientes que mourejam lentamente no curso árduo de seu aprendizado corpóreo através dos séculos, nas esferas materiais mais densas.

São colônias, cidades, regiões habitadas das dimensões invisíveis aos sentidos físicos, mais depuradas e semimateriais, de onde incontáveis seres afáveis pontificam a nosso favor: mentores, amigos, familiares milenares, afinizados à essência mais íntima de cada criatura.

Reúnem-se, assim, em agrupamentos imensos, autênticas famílias do espírito — mais plenas e mais verdadeiras, de vez que toda familiaridade consanguínea se origina em contextos fugazes como uma manhã de sol, obedecendo a parâmetros heterogêneos de ordem cármica que reúnem os indivíduos nas jornadas materiais, em muitos casos, atendendo aos inadiáveis compromissos de harmonização e de dissolução das diferenças consolidadas no decorrer de incontáveis milênios findos.

São seres devotados uns aos outros por amor — o único elo real e capaz de manter coesas as criaturas de Deus. Agrupam-se e auxiliam-se, por meio do vínculo indissolúvel do afeto e das afinidades, da ressonância de preferências e de entendimento da vida que lhes são peculiares; e, assim, não imagina a humanidade que o mundo maior e muito acima de qualquer concepção existente nos nossos melhores sonhos de amor e de afeto reside logo ali, mais além, resguardado em região despercebida e mais depurada das agruras próprias da materialidade, onde o que prevalece, soberana e transitoriamente para todos os reencarnados, são não mais que as dores, gloríolas enganadoras, e as conquistas fugazes do tão necessário quanto rápido aprendizado de nossa ascensão aos patamares mais elevados da existência durante os estágios corpóreos terrenos.

Numa dessas paragens etéreas e banhadas por luzes diamantinas de difícil concepção pelos moldes materiais de percepção, situada acima das faixas densas de vida na região terrestre italiana, reúnem-se, em palestra construtiva, alguns personagens veneráveis, envoltos em vestes alvinitentes, e associados, de boa vontade, aos destinos e enredos relacionados aos que já foram apresentados ao leitor nesta narrativa.

O encontro se dá entre três deles, Joyce, Marcílio e Lúcio, que recebem Hiram, o abnegado mentor que voluntariamente se responsabilizara pela assistência e amparo à alma complexa e desorientada de Mizael — ligado, por sua vez, pela trama evolutiva comum e pelos laços fortes da afetividade sedimentada em vidas pregressas, à alma impetuosa do então reencarnado Marcello, cujos rumos interessam, de outra feita, a mais de um ali presente.

São os primeiros, por sua vez, assistentes e espíritos familiares atentos ao curso dos destinos de Paolo Braccio e de Giovanna. Almas amigas de ambos, que desde os longínquos tempos pregressos da Antiguidade italiana tutoravam ou ladeavam os personagens em questão*, acompanhando-os nas suas romagens materiais ou de tempos em tempos amparando-os e apoiando-os da invisibilidade.

Desta feita, mostram-se bastante preocupados com os rumos que aos poucos vão se delineando nas vidas de seus assistidos na materialidade, sob os efeitos dos desdobramentos que paulatinamente se configuram a partir da influência enérgica e incessante do espírito empedernido de Mizael sobre Marcello. Sem embargo, temem que uma intercessão obsessiva de tal monta termine por comprometer de forma grave quanto irreversível a programação cármica que houveram todos delineado e planejado de modo meticuloso anteriormente à presente etapa reencarnatória, em suas companhias e na de seus demais mentores.

— Mas, então, Hiram, qual a sua avaliação das próximas diretrizes que te serão necessárias mobilizar, a fim de que sigam a contento não somente a programação do teu tutelado nas provas da experiência física, mas também as daqueles que nos dizem respeito mais de perto, sob a abrangência

* Estas circunstâncias são detalhadas nas obras anteriores de mesma autoria espiritual, principalmente em Elysium — uma história de amor entre almas gêmeas, em que esses personagens comparecem amiúde em enredo passado numa cidade da esfera invisível situada sobre a região da Campânia italiana. (N. da médium)

da nossa orientação mais direta? – indagou gentilmente Joyce, alma afeiçoada da reencarnada Giovanna desde há tempos seculares no passado vivido e dividido em comum nas suas muitas minúcias e lances incontáveis de convivência, enquanto conversavam, acomodados em alvos bancos marmóreos de acolhedor bosquete situado na encantadora estância espiritual perolada de luzes reconfortantes, que nos reportaria, com facilidade, às reminiscências dos antigos promontórios gregos situados nas grandes altitudes refrescadas pelos perfumes das aragens e dos azulados cenários marinhos.

Hiram suspirou, encarando os amigos em volta com simpatia. Não obstante, ficava claro que lhes compartilhava as justas preocupações.

— Amigos, até há pouco tempo julgava que as resistências naturais, havidas entre as famílias envolvidas na questão-chave que se desenrola de anos a esta parte, restariam suficientes para resolver o caso, de si. Mas a impetuosidade dos jovens, em qualquer época, é de molde a transpor todos os impedimentos naturais, por mais difíceis se revelem. É fato inconteste a atração espontânea existente entre Giovanna e Marcello — ele gesticulou, casualmente —; aliás, obediente a nada mais do que o sólido vínculo pregresso que compartilham desde milênios. A dificuldade com que deparamos, então, reside na combinação desse fator com a interferência direta, intermitente, e não obstante pertinaz do espírito de Mizael na questão. Porque o rapaz é completamente suscetível a esta influência, que, ademais, vibra num padrão empático ao seu íntimo, já que as sugestões que vem recebendo à sorrelfa da invisibilidade encontram ressonância perfeita com os próprios sentimentos para com a moça, ao mesmo tempo que com as reverberações atávicas de perfil adverso para com Paolo Braccio.

— E vem Mizael se mostrando ao menos um pouco receptivo às suas assertivas? — quis saber Marcílio, o venerável líder daquela missão particular junto a um grupo específico em estágio na materialidade.

— Receio ter que desapontá-lo neste particular, ainda e por agora, Marcílio. Mizael me ouve de boa vontade, o que não é para se desprezar, dada a resistência com que por vezes deparamos em tarefas de instrução deste teor. Mas permanece impermeável à semeadura benéfica que já desde há um tempo dilatado busco incutir-lhe no íntimo perturbado, em benefício sobretudo de si próprio. O desejo de vindita; o rancor e o ressentimento ainda ditam-lhe, todavia, quase que integralmente as iniciativas e atitudes, como se houvera até então decorrido apenas dois dias terrenos, e não quase mil e trezentos anos!

— Humm... mais de três mil, se tomarmos em consideração a contagem de tempo desde o Egito... — atalhou Lúcio, oportunamente.

Os quatro lúcidos amigos das paragens espirituais adjacentes à materialidade terrena trocaram um olhar momentâneo, no qual compartilhavam reflexões e entendimentos comuns.

— O nosso Paolo também não é de muita ajuda, arrastado pela sua impulsividade... — sorriu de leve Lúcio, retomando o assunto, como quem se acha meio a meio especulando alternativas para si mesmo e para os circunstantes, enquanto percorria os olhos escuros e serenos, com tranquilidade, pela paisagem exuberante e silenciosa do derredor.

Marcílio assentiu.

— Talvez isto nos leve a adotar opções previstas somente como meras possibilidades no começo de tudo, durante as nossas reuniões de planejamento imediatamente anteriores ao retorno deles aos palcos físicos. Que haverá de acontecer se Marcello toma esta moça usando dos recursos brutais da dissensão e da violência para com os seus familiares? Não será desejável a nenhum deles dois o desencarne prematuro, em razão dos confrontamentos passionais que já se fartaram de levar a cabo em outras romagens materiais findas, que vieram recorrentemente frustrar todo um planejamento meticuloso e bem-intencionado para que refizessem, de modo mais sábio e apaziguado, novos ensejos de convivências mútuas. Paolo deve a si mesmo o aprendizado útil de que necessita o seu íntimo, envolvendo vários pontos importantes do universo de sua afetividade para com esta moça. Não aproveitará devidamente a experiência projetada com tamanho cuidado se a interferência abrupta da fatalidade vier novamente frustrar os seus planos — comentou, elucidativo, diante da atenção absorta dos outros três —, assim como também Marcello e Giovanna, em deparando neste momento com a prova que os arrasta emocionalmente um de encontro ao outro, começam a ameaçar desperdiçar a oportunidade de que quiseram se fazer valer com tanto empenho, em se abandonando, assim, a esse tipo de envolvimento pouco refletido.

— A situação se complica... — admitiu Joyce, afinal se denunciando também preocupada com o rumo que tomavam os acontecimentos. E arrematou, lançando em torno o belo olhar aveludado para os amigos: — Que poderemos envidar para auxiliá-los perante as escolhas inevitáveis com que depararão mais à frente?

— Inspirá-los, decididamente, sem nenhuma dúvida! — esclareceu Lúcio, sem hesitar. — Sabemos, do âmbito da vida no qual nos achamos, que o mal maior não reside necessariamente no caminho tortuoso, mas no se deter nos meandros enganosos. O foco deve ser realçado e mantido durante todo o tempo, mesmo que desvios de percurso se façam necessários. Quando não, adquire-se, nisso, experiência valiosa, e na maioria das vezes enriquecedora.

Marcílio de pronto anuiu, voltando-se para o atento Hiram, a escutar com prazer as considerações ali tecidas, que, de resto, o auxiliavam sempre nas diretrizes a serem adotadas de futuro nas suas incursões junto aos tutelados imersos no aprendizado na matéria.

— Disseste, não faz muito, algo relacionado às especulações de Filippo junto ao irmão, o prior do Convento de São Benedicto, no sentido de encaminhar o rapaz à vida religiosa num esforço, do ponto de vista exclusivo deles, de desviá-lo dos rumos que não desejam para o seu futuro conjugal e familiar. Não é isto mesmo?

Hiram assentiu, embora mostrando-se incerto quanto à eficácia daquela providência.

— Sim, Marcílio; mas o que queres dizer com esta menção?

— No caso de a situação se encaminhar para o descontrole inevitável, deveremos, por medida emergencial, emprestar esforços extras para que essa iniciativa seja bem-sucedida, criando-se, a partir disso, uma salvaguarda improvisada para os planos maiores delineados em conjunto antes da partida deste grupo para os embates da vida corpórea.

Joyce e Lúcio apenas ouviam, aparentando apreenderem de pronto a oportunidade da lúcida sugestão do mentor em posição de chefia daquela reunião fraterna. Hiram, contudo, ainda se revelava confuso quanto ao encaminhamento daquela providência inusitada.

— Mas... crês, de fato, que tal tentame se revista de eficácia verdadeira para com aqueles nossos outros propósitos, Marcílio? Uma modificação drástica assim no destino daquele rapaz pode, por outro lado, criar uma guinada indesejável no rumo dos acontecimentos que lhe dizem respeito, acarretando a possibilidade de um agravamento no seu histórico de pendências de ordem cármica. Sabes que o perfil de Marcello não é necessariamente de feição vocacional para uma autêntica vida religiosa! – E Hiram agora especulava, imerso em irresistível digressão originada nas sensações profundamente enraizadas no seu mundo íntimo, já que possuía, ele mesmo, histórico pregresso de dedicação sincera à religiosidade institucionalizada do cristianismo, tanto nas épocas primeiras que se seguiram à visita de Jesus a Terra quanto também desde os arremates da derrocada do Império Romano. — Será válido o expediente de se valer do ambiente de um monastério como mera e conveniente pausa momentânea, imposto aos desvarios de juventude de um rapaz desorientado?!

— Mas, meu caro... — Lúcio de pronto procurou atender-lhe aos questionamentos sinceros. — Mesmo na vida monástica percebemos as nuances indesejáveis das fraquezas de ordem humana, observáveis na rotina profana do homem mundano, já desde há muito tempo a esta parte — considerou. — Faz tempo que a mensagem do Divino Nazareno foi, de forma lamentável, desvirtuada nos seus propósitos básicos para a humanidade, e o que observamos agora são os efeitos secundários existentes em todo credo religioso, cujas idiossincrasias individuais se fazem prevalecer, concorrendo para os méritos e deméritos. — E voltou-se para Joyce, notando-lhe a intenção de elucidar a mais.

— A pureza doutrinária cristã de há muito foi maculada por interesses de outra ordem, Hiram. Mesmo no seio das comunidades criadas cheias dos louvores sinceros à mensagem de Jesus, como se deu nos primórdios da Ordem Franciscana, o crente devotado não mais se pode ver isento das tentações de ordem interesseira ou exclusivamente material. O cristianismo cresceu demais, e os seus prepostos assumiram, para a doutrina do Mestre, conotações estranhas à sublimidade autêntica dos propósitos dos seus ensinamentos.

— Então — arrematou Marcílio para o pensativo Hiram, gesticulando com amabilidade —, de uma forma ou de outra, representará para o nosso Marcello, este período, que não precisa ser necessariamente de ordem definitiva no curso de sua vida, oportuna pausa; uma retirada de emergência do curso perigoso rumo ao declive traiçoeiro no qual se vê ele prestes a se precipitar, durante a qual, no final das contas, poderá ele se dedicar sem muitas dificuldades a reflexões de natureza mais importante ao seu aprimoramento íntimo, dada a orientação pertinente aos hábitos cotidianos do Monastério de São Benedicto. Marcello possui um pendor religioso sincero, embora não ostensivo; os rigores da vida monástica durante algum tempo, quando não, serviriam para acalmar-lhe significativamente a impulsividade e o desregramento dos seus rompantes, resguardando-o com maior eficiência das influências perniciosas de Mizael num ambiente fortificado pela profilaxia de uma atmosfera afeita à oração, apondo-lhe rédeas à têmpera de cavalo bravio.

— E, assim, o nosso Paolo se veria mais liberto de obstáculos para seguir devidamente o seu caminho, extraindo daí as lições desejáveis ao que se relaciona ao seu histórico de convivência junto à alma de sua afeiçoada Giovanna... — Lúcio concluiu a explicação, confiante.

— Se bem que não represente isso a solução final para todos os nossos desafios de longo prazo — Hiram atalhou, depois de ouvir e considerar escrupulosamente as opiniões, atento a aspectos da questão que requisitavam especial cuidado no desdobramento das providências a serem adotadas no futuro próximo —, pois conheceis, comigo, que Marcello não é a única frente de atuação e de influências deste meu assistido particular. Ambos, ele e Mizael, possuem um inimigo comum no caso em curso... e é para este inimigo, em especial, que Mizael dirige o alvo de suas iniciativas e seus propósitos, mas também, e na intenção de alcançá-lo, visa, no processo, às pessoas que participam mais intimamente do cotidiano do nosso antigo general romano.

A isso, Marcílio somente aquiesceu, com a serenidade usual. E, durante algum tempo, antes que se encerrasse aquele importante encontro, os quatro companheiros das dimensões espirituais se detiveram apenas reflexivos, imersos em estado contemplativo para com o exuberante cenário circundante, pleno das belezas luminescentes comuns às paragens nas múltiplas esferas da vida eterna.

Capítulo VIII

Efeitos obsessivos

Decorreram alguns meses nas vidas dos nossos personagens, após estes acontecimentos.

O prior Mattia estivera em visita à família residente nas colinas perfumadas da Sicília, como informado pelo filho mais novo de Filippo Lorenzzo, quando de retorno da sua breve estadia citadina dedicada a mais uma de suas apresentações artísticas como menestrel, em rodas festivas de nobres e de palacianos. E, daquele encontro entre irmãos distanciados pelas diferenças de seus destinos, porém habitualmente afinizados nos objetivos familiares e num padrão de convivência desde sempre amigável, muitas coisas importantes foram delineadas, sob o inicial desconhecimento de seus filhos e esposa, que não supuseram, naquela visita de conotação familiar, nenhuma razão diversa da que em geral, de tempos em tempos, motivava a presença do prior na bela moradia campestre.

Um episódio futuro, não obstante, precipitaria de rompante todo o desenrolar destas resoluções mantidas, entre os irmãos, a princípio sem sobressaltos, e sem nenhum indício suficientemente perceptível.

O dia a dia segue, doutra feita e a esta altura, em clima de desassossego para a família Braccio, por mais de uma razão. Pois, se de um lado a saúde de Tomazzo se mostra fragilizada desde há muitos anos em decorrência dos extremos das invernias, em processo discreto, mas franco e progressivo, de outro, a convivência mais íntima e estreita entre Paolo Braccio e sua noiva no ambiente familiar deste último convulsionou em definitivo o estado de ânimo já fermentado da caprichosa Giovanna, revolucionando de vez a relativa calma cotidiana a que a numerosa família se via habituada.

Naquela manhã, com as primeiras claridades, de novo nuvens tempestuosas toldam a atmosfera da residência dos Braccio, por razões semelhantes às havidas meses antes, que resultaram em altercações idênticas.

A família se acha à mesa para o desjejum da manhã. Os filhos homens tagarelam barulhentamente acerca da queda brusca e inesperada de temperatura, que lhes pressagia prejuízos imprevistos na colheita. E, enquanto Luca argumenta, pressuroso, pressentir naquela anomalia climática prematura para a época do ano algum tipo de mau agouro, sob a atenção combalida e discreta de Tomazzo e a algaravia ruidosa dos demais irmãos, cada qual externando a um só tempo sobre o assunto pareceres disparatados, as mulheres, de seu lado, ocupam-se de outros pormenores.

Beatrice se serve do leite, atenta a algo tagarelado com entusiasmo pueril por Elena. Chiara se mantém quieta, entre um tanto atordoada e absorta com o alvoroço barulhento ao redor da mesa, e Martina apenas observa os movimentos da família — mas foi Giovanna quem de repente perdeu a paciência e, de chofre, deu voz à profunda e prolongada irritação, mal contida até então.

— Porca miséria, Beatrice! Quando largarás desta vasilha para dar vez aos outros? És pior que bezerro novo, e estou morta de fome — desfechou, peremptória, o tom estridente e elevado de sua voz tomando de surpresa a todos que a circundavam, enquanto estendia os braços de maneira intempestiva no intuito de arrancar o recipiente com leite das mãos da irmã.

Nada obstante, sentado imediatamente à sua direita, foi Paolo quem travou-lhe com energia do braço, antecipando apenas num momento o ímpeto de Martina em passar na arenga da filha pronta descompostura.

A isso, a mãe interrompeu-se no meio do fôlego, contendo--se, e limitando-se de início a observar o desenrolar da intervenção do filho mais velho, enquanto o nível do rumor em torno espontaneamente decrescia, sustido pelo começo de altercação entre as mulheres.

Paolo, ainda segurando firme o braço delicado da agora emudecida Giovanna, mergulhou no azul-claro dos olhos dela o seu olhar em fogo, murmurando:

— Gio! Que diabos vem se passando contigo ultimamente? — cobrou.

— Esta estúpida esquece que a família consta de onze pessoas — a moça logo rebateu, magoada. Todavia, ficava claro ao experiente irmão, já de há muitos dias, que a arenga dela não se originava exatamente naquelas razões recorrentes quanto fúteis, e por isso vinha lidando com aquela má fase tempestuosa em seu temperamento tomado de um misto de severidade atenuada com inevitável ternura. — Não solta do leite — ela prosseguiu, enrubescida. — E enquanto isso eu desmaio de fome!

— Não dispões, à mesa, somente de leite para aplacar-te a fome. Serve-te de outra coisa, enquanto Beatrice enche o copo, e cessa de causar tumulto desnecessário na hora da refeição — ele ralhou, entre autoritário e afetuoso, soltando-lhe enfim do braço, sob o olhar afável da anuência de Martina, sentada à sua frente do outro lado da mesa.

— Por que prossegues diariamente sentando a meu lado, Paolo? Todo o teu propósito nos últimos tempos é atormentar-me — devolveu-lhe, nada obstante, a irmã, no supremo amuo de sempre, e a cada dia mais agravado, recentemente, desde que a presença de Sofia em visita à família se tornara mais constante e quase diária.

A isso, todavia, Paolo não quis mais dar trela à impertinência da jovem, limitando-se a deitar-lhe um último olhar repreensivo; mas Beatrice enfim passou-lhe a jarra com o leite, exibindo de resto uma feição zombeteira diante da cena que presenciara, da admoestação do irmão aplicada justo no bibelô dos seus habituais zelos. E bastou tal para que a suscetível Giovanna caísse na imprudência de explodir de vez.

Tomou-lhe das mãos, enraivecida e de abrupto, o recipiente; e, com grande estardalhaço, espatifou-o no piso, de um só ímpeto. Após o que cruzou os braços, vermelha de ira como um tomate, mas desta vez foi o pai adoentado e, de resto, molestado por insuportável abscesso quem deixou o assento feito touro bravio. Partiu dali, num impulso inesperado, para cima da filha agora estática de medo, e, ante o estupor paralisado de toda a família então silenciosa ao redor da mesa, agarrou-a por um braço, arrastando-a energicamente, sob seus gritos espavoridos e apelos de socorro à mãe, ao cômodo contínuo, para a aplicação do castigo de cinta que todos os filhos presentes conheciam muito bem.

Martina, aflita e desassossegada, os olhos marejados, apenas tombou nas mãos o semblante tomado por desgostosa angústia. Mas, embora Paolo tivesse chegado a deixar o assento num impulso, na intenção inicial de interceder pela irmã em prol da tranquilidade familiar, Tomazzo cortou-lhe a atitude num único gesto, brusco e taxativo, roubando-lhe a coragem de insistir na intervenção aos rudes desígnios da autoridade paterna.

Durante os momentos seguintes, portanto, e metida em inevitável consternação, tudo o que pudera a família fazer fora prosseguir, sem o mesmo ânimo de antes, na refeição matutina, para depois seguir cada qual para o trabalho diário — escutando todos, entre penalizados ou resignados, os rumores abafadiços do doloroso choro de Giovanna sofrendo, no cômodo adjacente, o severo castigo físico consequente dos seus impulsivos quanto audaciosos destemperos.

Momentos mais tarde, desgostosa, Martina ainda ousou interpelar o marido, à sua saída na companhia de Luca, Bruno, Matteo e os demais filhos.

— Trancafiaste, já vai para dois meses, a pobre ragazza dentro de casa, Braccio. E queres, ainda assim, que ela não ensandeça e desvaire de tédio e de irritação — comentou quase em surdina, o olhar baixo, enquanto recolhia pratos e talheres usados da mesa; mas o marido, impaciente, e como de costume, cortou-lhe pelo meio as queixas motivadas pelo incontido zelo materno, despertado inevitavelmente pelos soluços doloridos da moça ainda agora entreouvidos num dos quartos próximos.

— Cala esta boca, Martina, e não me questiones o castigo desta pantera bravia. Faz tempo que ela vinha merecendo muito mais do que isto. — E, deixando claro que o assunto era findo para aquele momento, antes de sair de vez, exclamou para os interiores da moradia, mal se fazendo ouvir na voz roufenha pelo estado de saúde comprometido: — Paolo! Vê se não te demoras demais! Os vinhedos estão pejados de frutos, e há que acabar de recolher tudo hoje, antes que esta maledetta friagem provoque maiores prejuízos.

Paolo respondeu qualquer coisa breve em assentimento, de um cômodo próximo. Quando Tomazzo deixou a cozinha, por fim, Elena, a filha mais velha entre as mulheres, criou afinal coragem para expor seus pensamentos à ainda entristecida mãe.

— Sofia vem aqui hoje, mamma — riu-se. — Não é muita coincidência? Giovanna não consegue tolerar a novidade da noiva de Paolo, que haverá de substituir, nas considerações e nos zelos dele, a posição exclusiva de rainha que ela desfrutava até então!

— Cala-te, Elena! — asseverou-lhe Martina, profundamente contrariada. — Basta de discórdias por agora, porque o dia mal começa, e já basta a saúde do teu pai me roubando o tino.

Não imaginaria a família Braccio, todavia, que influências aziagas e jamais suspeitadas no ambiente da casa fomentavam, com cada vez mais ímpeto, a atmosfera pesada de adversidades de saúde e de desavenças, saboreando cada resultado robustecido pela sua pertinaz intercessão.

Era bem esta presença obscura quem, de semblante zombeteiro, os braços cruzados de modo displicente, observava, naquele momento, de um ângulo sombrio do quarto próximo onde Giovanna se entregava aos soluços e às dores no corpo fragilizado pela severa sova recente, a reação da moça à aproximação ainda daquela vez zelosa do irmão mais velho, como sempre inevitavelmente atraído pelos resultados infelizes dos seus acessos temperamentais, no intuito de ao menos tentar dirimir seus efeitos.

Sentando-se, com a intenção de demorar-se pouco ante a urgência de sua presença ao lado do pai adoentado no lavor duro das colheitas, Paolo Braccio, apoiado nos cotovelos, entrelaçou pensativamente as mãos, observando a irmã chorosa a princípio em silêncio, para depois dizer algo ao notar que a sua primeira reação, abatida como se via pelo martírio das dores nas espáduas, não foi agredi-lo ou se opor, encolerizada, à sua presença. Sem embargo, num primeiro momento, tudo que a jovem fez foi manter-se mergulhada nos soluços intermináveis, extravasando uma mistura íntima atormentada por mágoa, ressentimentos, dor, acre revolta e ciúmes ocultos.

— Gio, vou, ainda desta vez, te repetir a pergunta que não me respondeste, porque ando seriamente preocupado contigo: que está te acontecendo, para que te ponhas, de tempos a esta parte, a agredir todos dentro desta casa a todo o momento, e sem razão plausível? Tu não eras assim antes, Giovanna.

— Não me perturbes, Paolo — ela gemeu de imediato em resposta, sem olhar para ele, as lágrimas grossas lavando-lhe em abundância o rostinho delicado e alvo, e ainda soluçando convulsivamente. E após o arremate que a Paolo, pelo menos, fazia todo o sentido para esclarecê-lo acerca do que de fato a vinha incomodando: — E não me mintas! Tu não te preocupas com mais nada atualmente que não seja com a tua insossa noiva tola. Vai-te, portanto, para junto dela, e deixa-me morrer em paz aqui, enclausurada neste túmulo!

— Cala-te! Tola és tu! Como que chamas o teu lar de túmulo assim, a troco de nada, criança tonta e ciumenta? — Ele chegou a sentir a forte tentação de rir do tamanho da infantilidade flagrante no libelo daquela irmã imatura e chorona, como se deparasse com a maior possível das tragédias.

A leve hilaridade entrevista no tom de voz dele, contudo, fê-la transtornar-se horrivelmente, e chorar de modo ainda pior, acabando por quebrar os restos de contrariedade com que Paolo encarava a situação, levando-o a se deixar dominar pela ternura e piedade daqueles acessos destituídos de senso e enraizados, mais do que qualquer outra coisa, em infantilidade.

Tomando-a com gentileza pelas mãos, de um jeito desde sempre irresistível à jovem irmã, o rapaz abrandou o tom, puxando-a:

— Vem cá, esplêndida tonta! Pare com este choro sem sentido. Um longo dia está por vir; nossa mãe precisa de ti no trabalho doméstico, e, de meu lado, não quero ir ao encontro do lavor deixando-te neste estado impossível.

Apesar da resistência frouxa inicial, ela acabou cedendo. Deitando em Braccio um último olhar encharcado de pueril ressentimento, deixou-se aconchegar e atrair pelos seus braços fortes, o que, no final das contas, era o que de mais precisava o vulcão turbilhonante do seu universo íntimo.

Os soluços amainaram um pouco. E Paolo, afagando-lhe os cabelos, carinhoso, voltou a falar-lhe, murmurando, entre sério e afetuoso:

— Gio: tu vais me prometer que vais te comportar hoje quando Sofia...

Mas foi cortado por ela, intempestivamente. E, com uma declaração sem nexo que o desnorteou em absoluto de momento, por entre as lágrimas ainda abundantes e cheias de mágoa, perguntou:

— Paolo, tu te casas comigo?

Inesperadamente, afundava em outra crise de soluços, deixando o irmão, por ora, sem ação.

De fato, dividido entre a perplexidade e a vontade de rir, e preocupado com o avançado da hora metido naquela situação sem termo satisfatório, Paolo novamente tomou fôlego e foi à carga, recusando levar a sério tamanha mostra de insensatez.

— Gio... — e ergueu-lhe o rostinho lavado de lágrimas, fazendo com que ela o encarasse, preso entre o divertimento disfarçado e a amofinação. — Per Dio! Não posso me deter contigo aqui indefinidamente; a hora avança, e nosso pai já deve estar furioso com a minha ausência. Tu não podes mais me reter aqui deste jeito, com estes absurdos, amore — murmurou, evocando a si uma dose de paciência a mais. — Que coisa é essa que me dizes, de "tu te casas comigo"? Sou teu irmão, Giovanna. — E, não aguentando, ele afinal ria-se francamente. — E o teu tão precioso Marcello, por quem tu morrerias há apenas um mês?

— Mas é que, não fosses tu meu irmão, claro que preferiria a ti! — ela declarou, a voz mal saindo por entre os soluços que lhe alçavam doloridamente os ombros ainda vermelhos pelo severo castigo de instantes antes.

Mas aquilo enfim esgotou o tempo e a disposição do irmão para deter-se mais naquela conversa sem cabimento.

— Escuta, Giovanna: freia esses teus desatinos — instruiu-lhe, impondo-se maior seriedade e abandonando o começo de divertimento que chegara a experimentar. Um dia de trabalho duro o aguardava, no fim das contas; e de fato preocupava-o, mais tarde, a circunstância da presença de sua noiva na casa da família, depois da última vez em que a irmã mais nova a atormentara com os seus apartes maldosos e provocações, quando da sua visita. — Se me queres bem, de fato, e que não fiquemos mal um para com o outro, Gio; se me tens mesmo estima, não me cries mais aborrecimentos em casa, e comporta-te dignamente, por tua vez, quando Sofia aqui estiver de novo. Ela é uma boa moça, poderá ser mais uma irmã, e tua amiga. E me verei forçado a te repreender duramente, diante de todos, e dela inclusive, se te portares da mesma maneira impossível como da última vez. Temos estima e amizade de muitos anos para com a família Agnelli!

A isso, Giovanna ameaçou voltar ao estado de espírito ingrato de antes, ensaiando um solavanco brusco, mas ainda uma vez Braccio a reteve contra si, firme.

— Amo-te, formidável criança destemperada e cheia de caprichos — asseverou. — E é por isso mesmo que devo te cobrar aprumo. Para que tenhas um futuro feliz, ao lado de pessoas que te mereçam bons modos e bons sentimentos, e não esses rompantes imaturos de pequena tigresa indomada...

Do canto obscuro do cômodo, nada obstante, o personagem da vida invisível, despercebido pelos dois irmãos absortos em suas confidências, ainda se ria, comentando para si, a isto:

— Mas não a terás, desta feita, grande déspota do passado. Contenta-te com este sentimento morno e destituído de sabor, de mero irmão; porque o fato é que agora quem ocupa os sonhos de amor da moça é o teu muito estimado Marcello Lorenzzo... — ironizou. — E terás que aceitar isso, querendo ou não, e sem que nada possas fazer contra a força da correnteza dos próximos acontecimentos.

Mizael ria-se, sentindo-se antecipadamente vitorioso.

Entrementes, no momento em que o filho afinal deixava no quarto uma Giovanna mais apaziguada a despeito de tudo, a prevenida Martina o reteve um minuto a mais, querendo avisá-lo de uma providência improvisada que lhe ocorrera após o tumulto acontecido no desjejum, objetivando manter a paz em casa no restante do dia e, mais do que tudo, durante o período da presença de Sofia Agnelli durante a tarde:

— Paolo, ouve: quando afinal encontrares o teu pai, e no decorrer do lavor do dia, usa da tua habitual capacidade para convencê-lo de coisas que, pronunciadas por mim, não surtem o menor efeito; explica que, em nome do sossego doméstico durante a visita da tua noiva, vou liberar Giovanna, para que saia e espaireça após o almoço, usufruindo dos bons ares de um passeio nas colinas, na companhia de Chiara. Faz com que não se amofine nem se preocupe com esta providência; sei que é o melhor, para que não tenhamos que amargar mais contratempos, como os havidos da última vez em que a pobre ragazza esteve conosco.

Paolo ouviu, sério, atento, e concordou com um meneio tranquilo, sem contestar nem refutar nada; todavia, algo na sua fisionomia traía um quê qualquer de preocupação com a notícia. Ousou apenas um comentário a mais para Martina, antes de depositar-lhe, respeitoso, um beijo na fronte encanecida e sair apressado, ao encontro do pai e dos irmãos:

— Va bene, mãe; mas cuida para que, de fato, Chiara a acompanhe neste passeio. Não descuida disso — frisou.

A tarde avançava, e os ventos frios varriam as colinas ensolaradas nos arredores da moradia dos Braccio, com as suas plantações esbatidas, naquele momento, pelas lufadas geladas que ondulavam, impetuosas, a vasta extensão verde e aveludada.

Ao longe, junto com Bruno por entre os vinhedos, Paolo, já de certo tempo, observa, discretamente, as reações pouco animadoras do pai às rajadas impiedosas da intempérie climática do cair da tarde.

A certa altura, em se sobressaltando com algo que viu de relance, comentou para o irmão que lhe era imediatamente inferior em idade, cutucando-o:

— Luca, olha! Nosso pai como que desfalece!

Ambos, de um impulso súbito, largaram os cestos grandes onde recolhiam grande quantidade de uvas e correram precipitadamente para o local próximo onde Tomazzo, agachado, deu mostras repentinas de oscilar de maneira irresistível, prestes a tombar sobre o seu cesto, o grande chapéu que lhe defendia o rosto da luz solar intensa da tarde caindo a esmo na terra esbatida.

Bruno o amparou de pronto, ao alcançá-lo primeiro, aflito:

— Pai! Que se passa contigo? Dio!

Tomazzo não respondeu. Suava frio, tomado de súbito por aparente síncope que lhe roubava as forças, um palor marmóreo encobrindo-lhe lugubremente o semblante.

— Matteo! Fabrizzio! — berrou Paolo, de sua parte, estentórico, para dentro da plantação compacta na qual os irmãos se viam mergulhados, convocando-os energicamente. — Acorram aqui. Presto! Madonna mia! — arrematou, por um momento transtornado, largando uma imprecação, enquanto auxiliava Bruno a sustentar o pai agora praticamente desfalecido.

Os outros dois rapazes logo surgiram de entre os vinhedos, espantados da entonação alarmada com que foram convocados pelo irmão mais velho, e ladeados por criados da família, trabalhadores habituais das terras de Tomazzo.

Trocando impressões desencontradas e aflitas, ampararam-no, distanciando-se ruidosamente em meio ao extremo inusitado da situação, e assim encerrando, de modo extemporâneo em horário prematuro, o trabalho de colheita nos vinhedos da família.

Sob o calor dos clarões alaranjados de um sol que com rapidez tombava para o ocaso, como se ocultando-se com maior presteza das ameaças gélidas de intempérie para a noite, restou, naquele trecho silencioso das colinas varridas pelos ventos impetuosos, apenas um habitante de uma outra dimensão da vida, solitário e impassível ao frio, observando de longe a grande aflição dos rapazes que conduziam com rapidez, de volta ao lar, o pai vitimado pela grave moléstia, e se deliciando com os efeitos agravados, na conjuntura, pela sua influência à sorrelfa, persistente e nociva, no seio daquele numeroso grupo familiar.

Capítulo IX

A gota d'água

Algumas poucas horas antes destes sérios contratempos havidos nos campos, de molde a antecipar o retorno para casa de Paolo e de seus irmãos, conduzindo um Tomazzo praticamente inconsciente e abatido pelos males agudos e dolorosos de sua funesta moléstia pulmonar, Giovanna já fora notificada pela mãe de que seria liberada durante aquela tarde — aliás compulsoriamente — a fim de que, em realizando necessário passeio que a um só tempo lhe espairecesse o mau humor crônico e a compensasse um tanto dos desgostos da manhã, também proporcionasse um encontro tranquilo entre Paolo e o restante da família e a jovem Sofia, que se faria acompanhar, na visita, de Francesca, sua mãe, e de Giorgia, sua irmã mais jovem.

Se, pois, de um lado Giovanna amofinou-se, experimentando certo ressentimento despeitado ao imaginar que durante a sua ausência o irmão ficaria à vontade para trocar ditames lânguidos com a sua pretendida, de outro, logo este mal-estar fugidio a abandonou, quando entreviu, como ideia hipnótica e predominante, logo ao primeiro raciocínio, a grande chance de uma longa tarde livre para ir ao encontro de Marcello, com quem não se avistava já há várias semanas, desde o grave incidente acontecido naquele final de tarde já distanciado no qual ele e Paolo, por sua causa, se engalfinharam em violento confronto nas bordas dos bosques de pinheiros.

E desta vez, sabia, contaria com a solidariedade de Chiara, a irmã mais dócil dentre todas, e, nada obstante, aquela com quem dividia maior empatia de espírito, apesar do disparate de temperamentos existente entre ambas.

De modo que, da primeira vez em que a abordou às escondidas dentro de casa, assim que estivera com Martina momentos antes, começou logo por expor seus planos para as próximas horas. Mas a até certo ponto acovardada Chiara de início resistiu a, de boa mente, consentir com o que a espevitada Giovanna lhe propunha.

— Ensandeceste? Queres que eu, Gio, sozinha, me dirija àquele tonto, denunciando a tua presença nas proximidades da nossa moradia? — Amolada, Chiara, graciosa jovem loura de dezessete anos, a face muito alva salpicada de sardas, mediu Giovanna como se encarasse alguém mentalmente prejudicada. — De fato, aparentas desejar, num dia desses, perder o nosso irmão Paolo, ou mesmo Luca, ou qualquer dos outros, numa luta sangrenta por conta da tua falta de juízo. E não quero meter-me nesta encrenca, Gio! Como que podes pretender envolver-me de caso pensado nisso? Tu abusas da minha amizade por ti — lastimou-se a mocinha, quase chorosa.

Giovanna a escutava, metade tomada de ternura por aqueles temores, a seu ver, sem razão de ser, noutra metade, astutamente, raciocinando rápido sobre o que ouvia.

— Bobinha! — E, tomando a irmã pela mão, atraiu-a para a área dianteira da casa, precavendo-se de que a mãe ou as outras irmãs, àquelas horas entretidas nos interiores com as tarefas domésticas cotidianas, entreouvissem algo do que diziam. E cochichou-lhe, um tanto jocosa, outro tanto divertida:

— Tu temes Marcello, Chiara? Ele não morde, nem tem nada contra ti, em particular — e os claros olhos azulados retomavam aos poucos o brilho habitual ao rememorar, por meio daquelas palavras, a figura vívida e enérgica do rapaz na retina de seu espírito. — Ele é, antes, adorável. Corajoso, belo e apaixonado! Canta e toca como de nenhum outro já ouvi, e é caçador intrépido e destemido. Ele, sim, e por conta do modo como é tratado pelos nossos, é quem teria todas as razões para nos temer ou não querer conosco nenhum tipo de aproximação. Mas sei, Chiara... — afirmou, convicta, recuperando a entonação desenvolta, após esta nota desgostosa. — Ele não há de desistir. Nutre amor por mim, de fato. E nada, nem Paolo nem ninguém, há de demovê-lo!

A outra jovenzinha ainda a encarava grandemente contrariada do que aquela conversa ameaçava prenunciar. Cruzou os braços, insistindo:

— Dio! És uma apaixonada tola, apenas isso. Não quero algum dia ficar do mesmo jeito que tu. Mamma nada sabe do teu envolvimento com aquele bruto, mas, do que me contas, junto com o que Luca e Fabrizzio deixaram escapar dentro de casa, estou certa de que este Marcello é um insano, forçando contigo um envolvimento que as duas famílias deploram. — De seu olhar relampejou um clarão de temor fugidio; e ela acrescentou, num último esforço de se furtar ao que ocupava a mente da outra, obcecadamente: — E do modo como se encaminharam as coisas entre vós, Gio... Tu e ele já fostes longe demais — acusou.

— Disso, assumo eu os riscos! Vais ou não ajudar-me? Até porque, de outro lado, e durante o tempo em que eu estiver com ele, terás a chance de dedicar-te a algo mais prazeroso e menos aborrecido para ti do que ficar vigiando os meus passos, que é o que de fato mamma pretendeu em te designando para acompanhar-me neste estranho passeio forçado, com o único fim de preservar Sofia Agnelli do que ela julga as inconveniências da minha presença — Giovanna arrematou, taxativa e já impaciente, querendo assentar resoluções e assegurar-se das providências das próximas horas.

Olhando-a muito nos olhos, e sentindo-se profundamente insegura e incerta do que dizer, de início Chiara apenas suspirou, acuada. Sabia de si que acabaria consentindo com o que seria inevitável — já que a verdade era que não conseguia enxergar mal real no sentimento mútuo que a irmã e o filho de Filippo Lorenzzo comungavam.

Mal adivinhariam, envolvidas com estes planos, que o dia apenas iniciava, reservando-lhes emoções muito mais dramáticas do que as apenas existentes, por enquanto, nas suas especulações, expectativas e receios.

Naquela tarde varrida por ventos que levantavam lufadas, inundando as colinas do suave aroma campestre, Marcello se decidira a dedicar algum tempo ao trabalho de cultivo da família, lado a lado com o pai, irmão e trabalhadores da propriedade, talvez que numa tentativa de aplacar no velho, e por conseguinte no ambiente familiar tenso das últimas semanas, o volume de contrariedades a seu respeito, e consequentes projetos indesejáveis que soubera andar ele alimentando sob o patrocínio de seu tio, o prior do Monastério de São Benedicto, nos últimos tempos hospedado com frequência num mosteiro de Ragusa alegando questões de ordem religiosa a serem resolvidas com as autoridades locais.

Exaurido, portanto, do lavor duro desde as primeiras claridades do dia, o forte e esguio Marcello Lorenzzo se achava calcinado pelo calor nada obstante forte do sol impiedoso das primeiras horas da tarde. Tinha as espáduas largas e bronzeadas até à vermelhidão expostas no dorso desnudo, porque não suportara lidar com a foice horas seguidas vestido com a camisa de linho de mangas grandes e largas, que terminara encharcada, como se houvesse, literalmente, saído de um mergulho nas águas frescas do córrego próximo.

Àquela altura, experimentava uma mistura incômoda de cansaço com impaciência pelo que já tivera que tolerar de Alessio em matéria de ironias às suas reclamações ininterruptas e à pouca resistência e intimidade com a lida nas plantações. Porém, embora resolvido, pelo menos naquele dia, a fazer àquele tipo de impertinência ouvidos moucos, no interesse de assegurar a si mesmo maior sossego futuramente, não haveria ele de imaginar que um imprevisto haveria de lhe frustrar todas as boas intenções, confirmando a sua sina de contrariar o pai, ao mais uma vez não conseguir resistir e se deixar arrastar pela tentação representada pelo que, de repente, avistou de inopino, ao empertigar-se por breve minuto, tirando com o braço de sobre os olhos e do rosto suarento os cabelos alourados molhados de suor, que, em desalinho, colavam-se incomodamente em sua fronte, caindo-lhe, displicentes, sobre os ombros.

Franzindo os olhos contra a claridade intensa do declive rápido do sol na direção do poente, naquela segunda metade da tarde, ele ainda chegou a defender a vista da luminosidade ofuscante das colinas para enxergar melhor; furtivo, para não se fazer notado nos movimentos pelos serviçais próximos e por Alessio, mais adiante metido numa touceira de plantações de legumes, Marcello custou ainda a crer que de fato se tratasse aquela jovem a acenar-lhe impaciente a distância, das sombras do arvoredo que margeava os limites ao sul da propriedade, de uma das irmãs de Giovanna. Chiara, pelo que lhe foi dado deduzir, a quem avistara umas poucas vezes em incursões pelas colinas e terrenos fronteiriços aos de Tomazzo Braccio.

A jovenzinha lhe fazia gestos incisivos, insistentes, sem dúvida agoniados, para que se aviasse de algum modo rápido a se aproximar, a fim de lhe dizer alguma coisa.

— Não acredito no que estou vendo... — o rapaz largou um riso seco, sufocado, para si mesmo, logo adivinhando o que provavelmente o aguardaria por detrás do inesperado daquela situação.

Mas não encontrou dificuldades, astuto que era, para driblar a atenção dos familiares e empregados, ademais muito ocupados, agora, com o arremate da colheita dos legumes maduros; arrebatou a camisa largada a um canto e afastou-se, desaparecendo em meio à plantação, sem fazer ruído. Quando Alessio e Filippo afinal dessem pela sua ausência, atribuiriam-na, como era de esperar, à invencível pouca afinidade do rapaz pela lida dos campos.

Pouco depois estava na presença ansiosa de Chiara, abrigada nas sombras de um conjunto compacto de árvores bosque adentro. Procurou pouco, olhando nos arredores, ofegante, e logo a localizou, acenando para que se aproximasse.

Não obstante, olhando em torno, mostrou-se para início preocupado das circunstâncias.

— Que tu fazes aqui, ragazza, assim sozinha, e que me queres? Estás em alguma dificuldade ou atrás de mais encrencas entre mim e a tua família?

Chiara, todavia, apesar de a mais dócil das filhas de Tomazzo, em tais ocasiões mostrava-se de têmpera justa ao perfil de Giovanna, fazendo valer o sangue altivo que corria nas veias de seus familiares.

— Mas... com o que me advertes deste jeito, bruto? Não estou em dificuldade nenhuma e grande distância quero de ti, assim como a desejaria haver entre vós e a tonta da minha irmã, que me constrangeu a esta situação impossível na qual me encontro, ao obrigar-me a vir até aqui sondar condições para ter contigo.

A jovem, assim se expressando, era a revolta em pessoa, o rostinho alvo e sardento quase rubro de raiva e indignação. Mas o que disse tomou Marcello de pronto sobressalto. Os grandes olhos azulados relampejaram, enérgicos, e ele nem se deu conta do estado de espírito hostil da mocinha; tomou-a logo por um braço, ansioso, mergulhando o olhar ateado em fogo indomável no dela, que, surpreendida daquela reação incontida, cerrou fileira.

— Onde, Chiara? Fala logo! Onde está a tua irmã?

— Ali, mais à frente. Depois da curva, nos limites dos pinheiros. Mas vê se me larga, estúpido! — intimou, com um solavanco impaciente.

Maior susto tomou, contudo, com a reação inesperada e intempestiva de Marcello antes de sair correndo, eletrizado, pelo caminho indicado. Juntou-lhe entre as mãos firmes o rostinho quase infantil, esfogueado e perplexo; e pregou-lhe estalado beijo:

— Grazie, ragazza! Grazie! Arrivederci...

— Dio... — ela meneou, agora aflita pelo que haveria de vir, já arrependida de ter concordado com os planos temerários da irmã mais nova.

— Giovanna!

A jovem voltou-se de abrupto, empalidecendo. Estivera no auge da impaciência na última meia hora, consultando uma direção inexata, de onde supunha que apareceria Marcello. Todavia, amofinara-se de modo indescritível. Perguntava-se, angustiada, se lograria Chiara atraí-lo a contento do meio das plantações, onde em princípio o vislumbrara metido no trabalho de plantio e colheita ao longe, ocultas pelo arvoredo fechado dos bosques. Temeu grandemente que algo desse muito errado, complicando-as, de maneira irremediável, junto aos pais e irmãos, bem como para com a família Lorenzzo.

Mas tudo saíra, até aquele momento, melhor do que a encomenda. E, ao ouvir o timbre enérgico e grave da voz do rapaz, parado a pouca distância, e surgido ali como por mágica de uma direção à qual não dera muita atenção, a moça perdeu, de momento, a voz. Lágrimas involuntárias afluíram-lhe ao azul vívido dos olhos e, de início sem ação, tudo o que conseguiu foi levar as mãos à boca, atarantada, largando um grito sufocado.

Isto brecou Marcello, quando já ia se aproximando para tomá-la nos braços, arrebatadoramente. Inseguro, recuou um pouco.

— Giovanna... assustei-te?

Trocaram apenas um olhar perdido a mais. No instante seguinte, vencendo a hesitação e o atordoamento iniciais, foi ela quem se atirou, impetuosa, nos braços do jovem caçador que, paralisado pela suprema emoção do momento, de começo apenas a beijou e estreitou a si, apaixonadamente, dizendo coisas esparsas e desencontradas.

— Gio... como que tu me apareces assim? Temo por ti, depois de tanto tempo... por onde andaste, amore mio? — Distanciou-a um tanto, apenas o suficiente para alçar-lhe o rostinho esbraseado do pranto e da exaltação emocional. — Que houve? Julguei que tinhas desistido de mim, depois daquele encontro desastrado na clareira.

— Papai me prendeu em casa, Marcello. Faz quase dois meses, amargo sofrimento e saudades de ti. Não suportava mais! — ela enfim soltava a voz, abandonando-se agora ao choro franco e incontido.

Escondeu, aos soluços, o rosto lavado de lágrimas contra o peito opresso do rapaz; e ele, cobrando-se maior frieza e rapidez de raciocínios, depressa se deu conta de que, se quisesse evitar os contratempos das outras vezes em que se avistara com a moça, precisaria improvisar soluções imediatas.

Uma logo lhe ocorreu de pronto, relampejando.

Lembrou-se de seu acanhado abrigo, nos limites anteriores da propriedade de sua família. Ninguém, de fato, haveria de buscá-lo ali àquelas horas do dia.

— Gio! Para de chorar — sussurrou-lhe. — Estamos vulneráveis aqui. Se quisermos sossego, vem comigo, agora!

Aquilo a colheu de surpresa, e ela afinal se deteve no extravasamento da emotividade para fitá-lo, cheia de receios e de dúvidas.

— Que dizes? Ir contigo para onde?

— Confia em mim, amore! — foi a única e decidida resposta inicial. Resoluto, lançando um último e precavido olhar em torno, ele a enlaçou estreitamente, arrastando-a floresta afora por um atalho ao abrigo das copadas fechadas das árvores.

Tomada de rompante irresistível pela força das circunstâncias, e ignorando por completo o que de maneira simultânea acontecia a seu pai na intimidade de seu lar, a pouca distância dali, bem como compelida pelo extravasamento impetuoso de sentimentos que a ambos avassalava naquele instante intenso de reencontro, após tantas semanas de afastamento, Giovanna não tinha como supor o desdobramento dramático que daquilo tudo se desencadearia, dando abrupto arremate àquele tumultuado envolvimento.

Capítulo X

Encruzilhada

Quando Paolo e seus irmãos deram entrada intempestivamente em casa com grande alarido, carregando o pai desacordado, com o rosto descomposto e o todo de seu aspecto tomado de deprimente palor marmóreo que fazia pressupor o pior, Martina e as filhas, pegas desprevenidas, experimentaram horrendo sobressalto e entraram em franco alvoroço, quando apenas momentos antes se entregavam, em meio a uma palestra viva e bem-disposta, aos preparativos para receber Sofia, Giorgia e a mãe, Francesca.

Convenientemente arrumada para a ocasião, todavia, Martina oscilou num primeiro momento, em dando com o marido naquele estado, e foi Paolo quem a sustentou de pronto no colapso, encaminhando-a apressadamente a um assento próximo.

— Mamma! Per Dio, não tenhas síncopes agora — implorou, entre enérgico e agoniado. — Já temos um problema grave a resolver e precisamos de ti. — E, ao mesmo tempo, convocava as duas irmãs presentes, metidas em desnorteio e em grande alvoroço por ali, por entre gritos abafados, falta de iniciativas e perplexidade. — Elena! De nada nos adianta ficares aí, neste susto que em nada ajuda — ralhou. — Tragam já para cá os medicamentos de nosso pai, e água.

— E panos, para uma compressa fria — arrematou Bruno, igualmente enfático, demovendo ao mesmo tempo a paralisada Beatrice, que, por entre lágrimas, correu com a outra para os interiores da moradia.

— Onde está Giovanna, Paolo? — indagou, por sua vez, Luca, com impaciência. — Um par de braços que seja nos faz falta numa hora dessas. Alguém deve ajudar a amparar a nossa mãe.

O irmão mais velho olhou em volta, preocupado. Então lembrou-se, inclinando-se e contando ao outro, em surdina:

— Mamma deu a ela o presente de um passeio junto com Chiara durante a tarde de hoje, no intuito de livrar Sofia das suas infantilidades e inconveniências... ademais, porque ela nos visita, hoje, acompanhada da mãe e da irmã.

Luca meneou, contrariado.

— Mas justo hoje? Tomara que elas não se demorem muito...

— Se demorarem muito — Paolo advertiu —, hei de buscá-las junto contigo! Andiamo; basta de conversa, por ora — determinou, enfático, forçando a mudança do assunto para o que se pedia no momento e apanhando uma das compressas preparadas às pressas pela trêmula Beatrice, já ajoelhada a seu lado em grande estado de aflição, apondo-a na fronte do pai ainda desacordado.

Entrementes, breve batida se fez ouvir de leve à porta da sala espaçosa e dominada pelo transtorno, onde se demoravam. Martina mal acabava de voltar a si da síncope; e os filhos se entreolharam, perdidos por breve momento.

— Tua noiva, não, Paolo? — Matteo foi o primeiro a recobrar a iniciativa, atinando. Ao que, dominado pela preocupação, mas se impondo ação e compostura, o irmão limitou-se apenas a assentir, fazendo ao outro um gesto decidido.

— Sim, por certo. Abre, Matteo; e as colocaremos a par do que acontece.

E levava um braço ao rosto suarento, lamentando em seu íntimo as condições nas quais receberiam justamente aquelas visitas importantes...

Em outro lugar, não tão longe dali, em meio ao silêncio perfumado de um local ermo daquelas colinas banhadas pelas claridades suaves do poente, onde se situava uma cabana de aspecto tosco, nada embora habitável, Marcello cerrou a porta por dentro, com um safanão ansioso; e, de outro lado, aliviado como caça fugida que se põe a salvo de algum tenaz perseguidor, largou, junto com Giovanna, um sorriso preso, sufocado até ali pela consciência, em ambos, dos altos riscos da situação na qual se viam.

Encararam-se, felizes, durante breve instante. E enfim ele atraiu a jovem para si, estreitando-a num abraço e num beijo na boca prolongado e ardente, ao qual ela se abandonou plenamente, sem pejos, e da mesma forma enlaçando-o, entregue.

Saciavam, ali, naquele momento intenso, a dilatada e sofrida sede de permutas amorosas e de carícias, como se houvessem estado distanciados durante uma vida inteira.

Marcello a arrebatou nos braços e a lançou na enxerga próxima, acomodando-se a seu lado. Seus olhos faiscavam intensamente, saturados de revigorada energia. Todo o seu aspecto extravasava um estado íntimo de paixão extrema e de temerária audácia, e Giovanna agora o encarava, tomada de irresistível fascínio.

— Temos que dar um basta satisfatório a esta situação, ragazza! — ele declarou, o tom grave e brusco da voz escapando-lhe, sôfrego, da garganta opressa pela carga intensa de emotividade.

— Que queres dizer com isso? — ela arriscou perguntar, embora instintivamente temerosa da resposta.

Ele meneou, inquieto, afagando-lhe com ansiedade os longos cabelos rebeldes da cor do trigo, num esforço para recobrar um tanto do prumo e acalmar-se o suficiente para concatenar ideias.

— Queres continuar com isso? — redarguiu. — Nesta incerteza eterna de termos de nos sujeitar a nos encontrar ao sabor do capricho dos teus parentes?

— Tu te engalfinhas com Paolo sempre que nos encontramos, Marcello — a jovem observou, a expressão do rosto um tanto perdida; mas o comentário irritou o outro até certo ponto, metendo-o num misto de impaciência e de ciúmes.

Chegou-a para si, pegando-a pelos mesmos cabelos revoltos que acariciava, fitando-a bem de perto.

— Que pensas, Giovanna? Numa hora tu me pedes para me engalfinhar com ele, dizendo que não provo o meu amor por ti e que não enfrento os teus irmãos. Noutra, reclamas que o faço, atribuindo-me culpa disso.

— E como pensas resolver este impasse? Que queres dizer com essa coisa de "temos que dar um basta a esta situação"?

Nossas famílias se odeiam! Receio que isto não tenha jeito, e que estejamos mesmo destinados eternamente a estes encontros espúrios — ela reclamou, lamuriosa.

— Não necessariamente — ele discordou, meneando com firmeza. — Fugimos, os dois! Vamos atrás de nossa própria vida. Tu já me pertences; formaremos nossa família longe daqui. Longe das vistas dos teus e dos meus parentes. Do contrário, Giovanna, isto não terá mesmo jeito.

Durante um ou dois segundos, a jovem o encarou, tomada pela perplexidade. Pega de surpresa pela sugestão, custou a crer no que ouvia, e chegou a sentar na enxerga, sobressaltada, mas Marcello, decidido, a reteve onde estava, prosseguindo. De fato, ele dava mostras de já haver refletido com demora sobre a questão, em todos os seus aspectos agora abordados ali, com ela, ansiosamente; e, ao que parecia, já trazendo as soluções viáveis que desejava compartilhar, combinando com ela, a partir disso, as providências para os dias que viriam.

— Escuta, amore... tu não tens ideia do tanto de consequências havidas depois daquele nosso último encontro! Semanas atrás, voltando de uma apresentação artística em Ragusa, encontrei meu tio Mattia, que é prior do Monastério de São Benedicto; pouco depois, veio em visita à nossa família, mas a finalidade era bem outra. Meu pai anda cogitando, sob a orientação dele, encaminhar-me à vida monástica, alegando supostos pendores meus para o estudo e para a vocação religiosa, que eu não vá dizer-te que não existam. Mas não é este o rumo que quero adotar para a minha vida. Amo-te! Tu já me pertences, e quero me casar contigo. O caso, contudo, é que, justo por isto, meu pai trama empurrar-me para outra direção; não vem conseguindo impor a mim o gosto pela agricultura e, de outro lado, repudia violentamente qualquer ligação com a tua família.

A respiração de Giovanna, enquanto ouvia aquelas notícias e possibilidades inesperadas, ficou opressa. Um desnorteamento súbito dominou-a toda, deixando-a presa de perplexidade durante vários momentos. Amava Marcello com sinceridade, mas as perspectivas quanto àquilo adquiriam novas nuances graves, antes inexistentes, em relação às quais, na sua inexperiência, e colhida assim, de abrupto, não sabia como reagir com acerto.

— Madonna mia! — replicou. — Que me dizes, Marcello? — Ela ofegava, atarantada. — Não sabes o que me propões! Meus irmãos e meu pai haverão de caçar-nos até as curvas dos infernos, e vão matar-te, quando não também a mim. Afora mamma, que morreria de desgosto.

Marcello riu-se, confiante.

— Matar-te... Criança tola... — Afagou-lhe o rostinho esfogueado pela emotividade exaltada, com ternura. — Matar-me, vá lá! Mas a ti? Quando muito te metem num convento, mas escuta — a seriedade deixada de lado por breve instante retomou-lhe a fisionomia —, deixemos de lado essas conjecturas, porque nada disso é o que queremos para nós. O momento, aqui, é sério, Gio. E, embora sabendo que a ti, uma quase menina, proponho uma decisão difícil, todavia terás que considerá-la com seriedade e deixar-me, ainda hoje, com uma resposta decisiva e com planos previamente traçados sobre o que haveremos de fazer nos próximos dias — meneou, entre persuasivo e apaixonado. — Não suporto mais estes períodos imensos de incertezas, sem poder ter contigo, atormentado por dúvidas acerca do teu distanciamento. Isto me arruína o sossego, tanto mais por tal ordem de circunstâncias ser indevida. — E repetiu, frisando, trazendo-a mais para si novamente, e mergulhando-lhe no olhar paralisado os seus olhos transbordantes de audácia mal contida: — Tu me pertences, Giovanna! Tu já me pertences! Ou não? Ou não é o que tu queres, afinal, e aqui estamos por nenhuma razão séria, perdendo tempo?

— Claro que te quero, Marcello! — ela largou a resposta, acossada pelo vigoroso assédio emocional que ele lhe impunha. — Mas tenho medo. Quando vim para cá contigo, hoje, jamais esperaria estas tuas propostas. Viveremos do que, fugindo? Meu receio é que estejas preso de algum tipo de desvario, sem medir bem as consequências dos teus raciocínios e atitudes... e, no final, haveríamos de ser distanciados um do outro, de qualquer maneira, de um modo talvez ainda mais doloroso.

Mas, a isso, Marcello a interrompeu, sem querer que tomasse vulto nela aquele estado de espírito nitidamente espantadiço de que dava mostras. Caçador hábil, sabia que, a fim de não se espantar uma presa valiosa, havia que se mover com cautela para colocá-la convenientemente à vontade, até o ponto de desferir a investida final.

— Shh... vem cá, amore! Deixa de lado estes temores, e considerações por eles ditadas, e te detenhas em nós, somente. Tenho um par de braços para o lavor, e posso contar com ajuda de fora, de pessoas a quem desconheces. Confia em mim, Giovanna, pois não estás a lidar com nenhum parvo...

Sorriu, a respiração opressa; mediram-se por breve instante, perdidos em sentimentos e pensamentos desencontrados, e ele enfim a estreitou a si, beijando-a na boca com ardor sôfrego, enquanto a ela ocorria, de modo fugidio, e antes de afinal se deixar arrebatar pela intensidade do momento e das carícias ardentes que trocavam, que de fato não lidava com um parvo — mas, temia, talvez que com um homem prejudicado pelos devaneios próprios de um menestrel, de um músico sonhador preso de dificuldades francas para pautar as próprias decisões pelo devido senso dos entraves da realidade.

— Sofia, receio que nosso pai esteja agonizante! Dio! Que miséria, justo num dia que deveria ser prazeroso para todos nós com a tua visita, na companhia da tua mãe e da tua irmã...

Tomazzo ainda não voltara a si. Mergulhado em profundo estado de inconsciência, ardia em febre e, de tempos em tempos, golfava sangue. Martina chorava copiosamente, consolada pela sempre voluntariosa Francesca, e Paolo trouxera com gentileza a contristada noiva a um ângulo mais reservado da sala, para confessar-lhe, de dentro de flagrante aflição, aquelas coisas. O restante da casa se achava dominado por grande consternação da parte de todos, empregados, familiares de Tomazzo Braccio e visitas.

Não obstante, desde o princípio, ao serem recebidas e deparando com aquela singular situação, Francesca de pronto se dispôs a somar esforços, junto com as filhas, e no sentido de restabelecer ao menos um mínimo de calma para resolver a contento a emergência imprevista, aos daqueles com os quais já admitiam laços familiares francamente consolidados, a partir do compromisso sério firmado há vários meses entre Sofia e Paolo, benquisto e bem recebido, desde havia muito, pelos Agnelli.

Os filhos mais velhos, na ignorância de Martina daqueles pormenores, sabiam que tempo provavelmente nem haveria de atrair, com proveito, o facultativo médico para o devido socorro que lhes preservasse a vida do pai moribundo. Embora tivessem enviado às pressas Matteo à cidade, num esforço final de socorro para o velho Tomazzo, nenhum dos filhos homens, ali presentes, iludiam-se com as chances escassas de sucesso naquele cometimento. Mas não queriam exasperar as mulheres com aqueles vaticínios funestos; então reservavam a si mesmos tais confidências, em recantos ocultos das vistas de quem permanecia na sala.

Entrementes, e em meio ao extremo desassossego da situação, uma batida leve na porta se faz ouvir, e Elena adianta-se para atender, aturdida.

De fato, ninguém ali, à exceção do sempre atento Paolo, dava-se mais conta ou se recordava da ausência prolongada de Chiara e de Giovanna àquela altura.

Todavia, tratava-se de uma delas, que retornava, ressabiada e sozinha.

Em dando com o clima inopinado de consternação visível em todos os semblantes, assim que ensaiou os primeiros passos na sala sombria, foi colhida, para acréscimo, pela cobrança pronta, retumbante, de Paolo, que avançou-lhe para perto, os punhos cerrados, barrando-lhe os passos.

— Onde está Giovanna, Chiara? Ela saiu junto contigo, desde o começo da tarde!

O timbre grave e trovejante na voz daquele irmão mais velho, que daquela forma crescia para ela, fê-la paralisar instantaneamente, trêmula, tão logo a agora inerte Elena cerrou, por trás delas, a porta.

Tentou falar, mas no primeiro instante a voz não saiu; morreu-lhe na garganta opressa. Tampouco conseguiu se desprender de pronto do magnetismo férreo do olhar com que ele a retinha, rente a si. Mal achada, nunca haveria de supor que, ao contrário do que esperava, já encontraria em casa todos os seus irmãos, metidos claramente em algum tipo de crise extemporânea. Na sua ingenuidade, julgara que retornaria para casa e conseguiria se manter durante algum tempo incógnita no rotineiro silêncio doméstico comum àquele horário, até que enfim a irmã se aviasse para voltar para casa. Contou, quando muito, deparar com a mãe e as demais irmãs já às voltas com as visitas, mas agora, diante daquilo, perguntava-se como faria para livrar-se dos apuros sérios que a posição inquiridora e enraivecida do irmão lhe prenunciava.

Nos primeiros instantes, todavia, buscou refúgio num comentário oportuno que lhe atendeu como necessário subterfúgio de primeiro momento, no qual não conseguiu se aviar para responder à contundente invectiva do irmão a contento.

— Que está acontecendo aqui, Paolo? Por que te achas neste estado deplorável de ânimo e mamma com lágrimas nos olhos?

De fato se assustava com as circunstâncias singulares com que deparava, e olhava em torno, espantadiça; mas o irmão, arguto, notou seus modos esquivos e não permitiria que se desviasse do primeiro assunto e o enganasse assim, tão fácil, tanto mais usando para isso o artifício da situação crítica na qual se encontravam.

Adiantou-se e segurou-a com firmeza pelo braço delicado e alvo. Inclinou-se, mergulhando nos olhos dela o seu olhar de fogo.

— Responde a minha primeira pergunta que te respondo, por minha vez, Chiara!

Neste ponto, contudo, quem intercedeu inesperadamente foi Sofia, com entonação gentil, colocando-se ao lado da assustadiça jovem:

— Paolo, peço-te: não a intimides por esta forma, até porque o momento requer nossa atenção para problemas mais graves. Deves, por ora, informá-la do que se passa, e creio mesmo que, a partir disso, Chiara entenda logo a necessidade da presença, aqui, de todos os teus irmãos.

Perturbado, Paolo empertigou-se, olhando a noiva de dentro de certo alheamento que lhe denunciava a dificuldade para arrancar-se de certezas inconvenientes para aquela hora, que lhe roubavam a concentração somente na emergência familiar, para desviá-la para o paradeiro da irmã ausente.

Soltou Chiara, que a esta altura dirigia a Sofia o olhar agradecido. Acatou-lhe, enfim, a sugestão lúcida e amável, para informar à jovem irmã:

— Nosso pai agoniza, Chiara. E a doidivanas da Giovanna, para não fugir à regra, e ao que vejo, nos promete mais preocupações.

Lívida, pega de chofre pelo inusitado de um acontecimento que jamais, nem de longe, suspeitaria se desenrolar no ambiente doméstico durante seu passeio, a moça levou as mãos à boca, sobressaltada. E lágrimas prontas assomaram aos seus olhos claros, enquanto Sofia a sustentava no colapso, encaminhando-a a assento próximo e avisando:

— Venha, querida... nada temas. A hora não é para assuntos secundários nem para altercações entre vós; teu irmão saiu em busca do socorro médico, o momento é crítico. Senta-te, pois; acalma-te, que busco para ti uma bebida refrescante.

Capítulo XI

Guinada de destinos

As sombras espessas do cair da tarde encobriam aos poucos o ambiente depressivo da residência campestre da família Braccio.

Mergulhado em profundo estado de inconsciência, Tomazzo estertorava, de tempos em tempos, o sangue que já lhe empapava lugubremente as vestes de linho e lençóis do leito onde repousava.

De fato, Matteo só retornaria da aldeia mais próxima em companhia do médico com o começo da noite. Tarde demais, todavia, para qualquer providência eficiente no sentido de debelar, ainda daquela feita, os efeitos funestos da moléstia devoradora que, na impossibilidade de cura, de há anos vinha apenas sendo contornada por remédios paliativos e cuidados dos familiares.

De pura exaustão emocional, e velada de perto pelas atenções de Francesca, Martina quedara em desmaio num dos assentos da sala agora dominada por silêncio e tristeza. Recolhidos a um canto, os filhos homens presentes já consideravam entre si as providências que certamente se fariam necessárias nas próximas horas, quando enfim o velho pai expirasse. Sofrido, Luca, um dos mais velhos, era o que dava mais mostras de fragilidade com a situação, e vertia lágrimas amargas durante a palestra discreta, enquanto Paolo necessariamente se revelava o mais forte, em iniciativas e palavras.

Recolhidos em grupos, cada qual num ângulo, a contristada família não imaginaria que uma segunda rede de influências se fazia presente no ambiente da moradia, nas dimensões da invisibilidade, desde havia algumas horas.

Três visitantes das moradas etéreas adentraram respeitosamente o recinto, a certa altura, ladeados de familiares espirituais de Tomazzo, e colhendo de surpresa o único personagem da invisibilidade ali presente de maneira pertinaz desde o começo dos desdobramentos tristes do começo da tarde. Eram, efetivamente, Hiram se fazendo acompanhar de Lúcio e de Marcílio.

— Mizael! — O primeiro se fez ouvir no recinto, despertando de inopino a atenção concentrada daquele perseguidor tenaz, postado, absorto, ao lado do doente moribundo. Mal impressionados, os recém-vindos gastaram breves segundos observando o quadro deprimente das nuvens fluídicas plúmbeas, de horrível aspecto, desprendendo-se, qual jatos, intencionalmente da fronte do obsessor renitente, colhendo em cheio e envolvendo o espírito flagelado pela moléstia inclemente e em difícil processo de desprendimento do corpo físico. — Já não te fartaste o suficiente de causar transtornos no cotidiano desta família, unicamente por causa das tuas diferenças pessoais com apenas um deles, meu irmão? — advertiu.

Era Hiram quem dele indagava estas coisas com patente tristeza, ao que de pronto Mizael, sem perder o prumo, empertigou-se, o semblante sombreando-se em se vendo daquela forma acuado pela presença mais numerosa, no recinto, dos representantes da espiritualidade superior.

— Arreda-te deste irmão, Mizael. É preciso que te afastes, para que os familiares aqui reunidos procedam à sua passagem para o nosso plano de vida com a devida tranquilidade, necessária a estes procedimentos, filho — instou Marcílio, firme, porém com brandura, de dentro de respeitável autoridade. — Ele nada tem em comum com os problemas que alegas, desde há tempos a perder de vista, para justificar a tua presença junto a determinados componentes desta família.

A isso, porém, Mizael o interrompeu; e, embora contido, dando mostras claras, na entonação da voz, da revolta que o calcinava interiormente com a interrupção brusca e indesejada do processo de influência nociva deitada já de há tempos em Tomazzo, de caso pensado, a fim de abreviar-lhe de vez o período de vida corpórea, na intenção de atingir em cheio o seu inimigo secular, Paolo Braccio, com os sofrimentos e desdobramentos inauditos por aquela perda.

— Não têm nada em comum em termos, signore! Tomazzo é o pai deste que transformou a minha vida e a do atual Marcello num rosário de flagelação sem limites em diversas vidas terrenas sucessivas; e é a este que devo atingir e de quem devo dobrar o orgulho férreo. Curioso que não tomes em consideração, em nenhum momento, as razões que me levam a adotar estas medidas.

— Nossa justiça é imperfeita, filho, porque nos baseamos sempre nas limitações infinitas inerentes às nossas percepções das situações e das pessoas. Somente a Deus cabe a Justiça perfeita, e é a Ele que deves entregar tuas amarguras, dúvidas e queixumes. Querer suplantar a Providência interferindo de maneira assim, cruel, arbitrária e despótica, na destinação dos seres, é pecar, sobretudo, por infinita arrogância — Marcílio elucidou, sem alterar a entonação.

— De resto, Mizael, o estrago a que te dedicaste tão empedernidamente já está feito*. Restam a Tomazzo, agora, poucos momentos junto aos seus familiares, e outros do nosso plano aqui estão para auxiliá-lo no seu desprendimento final e transporte a outras esferas onde o aguardam novas propostas de vida — atalhou Hiram, cuja ascendência, esta em particular, fazia-se irresistível junto ao espírito tenaz do antigo e feroz guerreiro germânico. — É por isso que aqui viemos te avisar e acompanhar para outros lugares, liberando o ambiente, de resto triste e depressivo, da residência aos demais irmãos que aqui vieram para consumar, antes de tudo, o seu dever cristão. Vem conosco, Mizael. Porque não te cabe o direito de subtrair a estas pessoas o direito sagrado de privar em tranquilidade com o seu ente querido nos seus últimos momentos de agonia, agravando a tua situação já complicada ao consolidares para com eles, a partir desta tua atitude, e impensadamente, novos débitos cármicos — intimou, num meneio incisivo que não mais admitia réplicas nem procrastinações.

---

* Não cabem a ninguém a capacidade e o direito de subtração extemporânea do período de vida corpórea de qualquer reencarnado. Todavia, existem os prejuízos inegáveis de ordem obsessiva, obedientes, como tudo mais, às leis equânimes das afinidades vibratórias. O personagem em questão, homem irascível, e de resto com o próprio perfil espiritual involuído em variados quesitos, permitia, de si só, e em completo estado de inconsciência das causas, que as influências prejudiciais emitidas por Mizael agravassem-lhe o estado de saúde; portanto, via sintonia dos seus padrões espirituais calcados na cólera, na ira e no desejo de vindita, símiles aos de Mizael. (N. do autor espiritual)

Sombrio, e agora apenas encarando-os, um a um, com o olhar notadamente contrariado, embora não conseguisse opor nova resistência à persuasão do mentor lúcido e austero para com quem guardava de há séculos sólidos liames de estima e de respeito, Mizael, contrafeito, ensaiou os primeiros movimentos para acompanhá-los, deixando o ambiente daquele lar vitimado pela fatalidade afinal entregue aos parentes espirituais de Tomazzo que, com um suspiro de alívio, acercaram-se carinhosamente do leito em torno do qual se reuniam, com as primeiras sombras da noite, a sua família imersa em agudo estado de aflição e de sofrimento.

Era por volta das vinte e uma horas.

O dia reservado antes ao que prometia salutar reunião de caráter familiar com a noiva de Paolo Braccio transmudou-se, à revelia de todos, e em função daquela fatalidade, nas horas provavelmente mais nefastas já vividas pela numerosa família camponesa italiana.

Matteo só retornara de volta em casa perto da hora do crepúsculo, esbaforido, e acompanhado do facultativo médico, em vão. A utilidade de sua presença àquela altura se resumiria à constatação fática da morte do velho Tomazzo, irremediavelmente.

Logo após isso, preso de íntimo transtorno que lutava para não extravasar à percepção dos demais, Paolo encaminhou-se, de modo intempestivo, para a saída da casa, depois de ter obtido da arrasada e espantadiça Chiara, enfim, os informes que desejava do paradeiro da irmã, e de expedir ordens firmes e decisivas aos demais irmãos reunidos no tocante aos cuidados com a mãe combalida e com o pai moribundo. Dirigiu-se com gentileza à Francesca, à cunhada Giorgia e à noiva, agradecendo-lhes veementemente o concurso e escusando-se pelo enorme contratempo daquela tarde; beijou esta última, e apressou os passos para a saída, convocando desta vez Luca a que o acompanhasse, mas Sofia o conteve ainda uma vez pelo braço, visivelmente aflita.

O rapaz leu com clareza em seus belos olhos amendoados o que daquele jeito a amofinava, e atendeu-lhe de pronto às dúvidas ditadas pela aguçada intuição:

— Vou em busca de Giovanna, Sofia.

— Madonna mia! Toma tenência com o que vais fazer, Paolo — pediu dele, súplice.

Todavia, quem intercedia agora, e com presteza, interrompendo aquele colóquio, e ademais cônscia das urgências da hora, era Francesca, que, acercando-se da filha, avisou, chamando-a:

— Andiamo, Sofia. Já vai adiantada a hora, e há que se avisar teu pai para que venha ao encontro da família Braccio nesta hora de sofrimento e de necessidades...

Um último olhar foi trocado pelos noivos; e, através dele, Paolo buscou transmitir à noiva, sem palavras, reconforto e tranquilidade. Após o que se evadiu, quase a correr, com Luca, pela semiobscuridade que já encobria a casa e toda aquela vasta extensão perfumada dos campos.

A despeito de todo temor inerente à singular situação na qual se avistavam, aquela tarde correra amena e deliciosa ao casal entretido no seu idílio de carícias e planos para o futuro próximo. De fato, jamais ocorreria à Giovanna a tempestade ameaçadora que se armava sobre a cabeça de ambos, desde os acontecimentos das primeiras horas da tarde. Enlouqueceria, efetivamente, pudesse ela imaginar que, em retornando ao lar, depararia de maneira inesperada, para seu pavor, com o pai idoso morto, depois do longo tempo em que se habituara a vê-lo padecendo da doença que agora, e enfim, arrebatara-o às mansões maiores do universo, sem admitir a possibilidade de que de fato sucumbisse ao mal insidioso que o consumia.

À Giovanna, como aos jovens de todos os tempos, vitimava essa distorção perceptiva em relação aos pais, julgando-os assim como semideuses, destinados, portanto, à eternidade corpórea, a despeito de todo o cortejo de males humanos que, mais ainda naqueles tempos, atingiam mortalmente grande parcela das populações.

Assim, enfim descontraída, arejada e feliz após o sobressalto dos primeiros momentos do reencontro com Marcello depois de tanto tempo amargando somente recordações, angústias e saudades, ao fim da tarde se entregara ela a contemplar, fascinada, o belo menestrel que, a certa altura, dedicou-se a empunhar o alaúde e a cantar para ela as suas mais belas e melodiosas canções.

Depois daquilo conversaram um pouco mais, agora dominados por otimismo e por certezas quanto a um futuro feliz e propício à sua felicidade. E quando, declinando a tarde de modo mais efetivo, chamou-lhes afinal a atenção o lençol de sombras que progressivamente encobriam os arredores e os interiores da cabana singela, o rapaz dispôs-se a conduzi-la em segurança até as proximidades de sua casa, já acertadas as explicações convincentes o bastante para que nada daquele encontro transpirasse à percepção arguta de seus pais e irmãos, mais ainda à do sempre perceptivo Paolo.

Ademais, Giovanna se fiava tanto na fidelidade de Chiara que julgava ter a mocinha já aplainado convenientemente o terreno para a sua volta ao ambiente do lar, contando, de resto, com a convicção de que, àquelas horas, achava-se Paolo, o seu principal tutor, embevecido o suficiente na companhia da noiva.

De saída da cabana, portanto, expunha essas impressões a Marcello, que a isso riu-se bastante da entonação com que foram proferidas, causando estranheza à moça.

— Que é tão engraçado no que te digo? — ela logo o inquiriu.

— Tu detestas esta noiva do teu irmão, Gio! — E, intentando provocá-la um tanto por ciúmes, acrescentou um comentário malicioso, e metade verdadeiro: — Conheço aquela ragazza de outros tempos. É bela, não nego... e a pretendi antes. — Vendo que, a isso, a sempre altiva e arrebatada Giovanna corava de raiva mal contida, arrematou, divertido, aplicando-lhe um beijo estalado no rostinho rubro e beliscando-o, enquanto a envolvia num agasalho grosso contra a friagem gélida do cair daquela tarde de outono: — Mas não precisas bufar deste jeito do meu passado que, mais do que tudo, não tem volta. A orgulhosa Sofia desapareceu definitivamente das minhas considerações quando me aproximei de ti, minha pequena e bela pantera ciumenta.

Ria-se. E a jovenzinha aplicou-lhe um tapa, distanciando-lhe, irritadiça, as mãos de sobre si.

— Bruto! É desta forma pouco gentil, pois, que arrematas o nosso provável primeiro encontro tranquilo depois de todo este tempo?

Mas Marcello não teve tempo de responder, pois foi neste ponto que, para os dois, desencadeou-se o começo de todas as mais desesperadoras aflições.

— Giovanna! — uma voz berrou, estentórica, impregnada de ódio, a pouca distância dali. Uma voz bem sua conhecida, que instantaneamente a paralisou, enregelando-lhe os membros, ao passo que atraía de chofre a atenção do agora atônito Marcello.

Filippo dera entrada de volta em casa havia pouco mais de meia hora, ressentindo-se da estranha ausência do filho mais velho, que, sempre após orientar os serviçais da propriedade a dar arremate às últimas providências no cultivo e no acolhimento aos animais para o cair da noite, habitualmente não se demorava muito.

Não demoraria, e a situação se deslindaria por si.

No momento em que, impaciente da espera, decidia-se por se sentar à mesa provida do jantar pela preocupada Giulia, uma batida precipitada à porta fê-lo levantar de chofre, irritadiço, avançando e descerrando-a de abrupto.

Ao fazê-lo, todavia, deu com um de seus servos dominado por estranha aparência; sujo e meio trêmulo, de início gesticulou a esmo, dizendo coisas desencontradas atropeladamente, sem conseguir se fazer entender:

— Dario! Mas... que diabo dizes, homem, neste estado deplorável, aqui, a estas horas, e atarantado deste jeito? Que se passa? Ladrões invadiram a propriedade? É a única razão plausível para todo este alvoroço — Filippo ralhou com extrema severidade; mas logo em seguida calou, estático, quando, acuado, o homem enfim se fez por compreender melhor, por entre gestos frenéticos, apontando em certa direção:

— Signore, deves te aviar sem demora para os fundos da casa. Alessio e Marcello estão à beira de se matarem em luta com dois dos filhos do Tomazzo Braccio. — Atropelava as palavras, confuso, desnorteado. — Eu e Ciro bem que tentamos intervir para desapartá-los, mas qual? Estão tão enfurecidos que fomos rechaçados; julguei de melhor alvitre alertá-lo, inclusive porque uma das filhas do teu vizinho também lá se acha, louca de desespero, a chorar, gritar e rasgar as vestes!

Filippo proferiu de pronto um impropério. Pensou em tomar de uma arma, de saída, antes de se desabalar na companhia do criado para o local, mas Giulia, que o sucedia discricionalmente de perto, interpôs-se, segurando-o, e de resto preocupada com outras coisas.

E não haveria tempo, mesmo, para qualquer providência.

— Não te precipites, Lorenzzo! Haverás de provocar uma tragédia que de nada nos auxiliará e ainda pode nos complicar perante as autoridades citadinas. Lembra que tua situação não é das mais regulares...

Aquilo deteve de chofre o marido quando já ia saindo, e durante alguns instantes ele se viu preso de franca desorientação sobre como agir.

— Figlio perduto! Talvez melhor seja mesmo deixar que se matem, ele e os filhos do Tomazzo, colocando fim definitivo a toda esta miséria! O que me preocupa agora, Giulia, é Alessio, lá, metido nesta encrenca.

— Signore Filippo Lorenzzo! — uma voz trovejante os colheu de improviso repentinamente, de entremeio ao rumor avolumado de um grupo se acercando barulhentamente.

Sombrio, Lorenzzo voltou-se, tendo por trás de si, agora, Giulia e uma das filhas, já que a outra, Maria, assustada do súbito tumulto às portas da casa, ocultara-se num cômodo próximo.

O criado que acorrera a avisar o amo da situação tentou se interpor entre ele e os recém-vindos, empunhando a foice de serviço que trouxera dos campos; intimidado, porém, não se viu com ânimo para ousar além disso, verificando no grupo a presença mais numerosa e truculenta de três dos filhos de Braccio, Paolo, Luca e Matteo, arrastando, ferozes, o imobilizado Marcello, um ferido Alessio e a, a essa altura, enlouquecida de desespero Giovanna.

Filippo ficou a ponto de um ataque apoplético, enraivecido, ao dar com a cena indescritível diante de si e da agora horrorizada Giulia, que, junto com a espantadiça Giada, gritou, levando as mãos à boca:

— Mas... que assinte é este, desgrazziatos? Com o que invadis a minha propriedade ameaçando por esta forma meus filhos e os meus empregados? Ponho-vos a correr daqui e não havereis de chegar vivos à vossa casa, celerados!

E já se dispunha a instar, com um gesto brusco, o criado a chamar os demais homens do serviço para o que se propunha, quando Paolo o cortou, ferozmente, trovejando:

— Invadimos vossa propriedade em busca de algo que a nós pertence, signore, e que vem ultimamente sendo conspurcado indignamente pelo bastardo do teu filho. Poupamos-lhe a vida, agora, apenas para aqui comparecer perante vós com um ultimato. — E cresceu para o velho, junto com os irmãos que, tão esfolados quanto ele próprio, retinham junto a si o exânime Alessio e o apesar de tudo enfurecido Marcello, que só não lograva desfazer-se do enlaço de Luca pela robustez férrea de seu porte, da qual não conseguia se desvencilhar. — Já fostes avisados antes de que arrebentaríamos com este traste se ele não se arredasse da minha irmã; mas ele insiste, e a atraiu para aqui hoje, às escondidas. Isto nos confere todo o direito, signore, de aqui estarmos, para outra vez arrebatarmos o que a nós pertence — desfechou Paolo, ameaçador e estentórico, desferindo fogo pelos olhos.

Mas quem se interpôs, para início, foi a agora irritada Giulia, doida de raiva.

— Estúpido! Se a tua mãe pusesse rédeas na filha, isto não aconteceria. Para ter sido arrebatada até aqui, é claro que andava à solta, como sempre faz, oferecendo-se para o meu filho — gritou, revoltada, por entre as lágrimas de indignação.

Paolo, por dignidade e pundonor, respeitou-a, detendo-se no marido. Para a surpresa dela, contudo, Filippo, de início, reagiu ao ataque verbal contundente de Braccio com estranho silêncio, para depois murmurar, o olhar escorregando, odioso, pelos dois filhos ensanguentados retidos por Luca e Matteo, e mais demoradamente sobre Marcello:

— Não é da minha vontade que o parvo do meu filho mais novo esteja a nos provocar todo este desgosto, inclusive por não desejarmos nenhum vínculo para com a tua família, rapaz. Isto também já te foi dito reiteradamente, enquanto reputo a contradita disso, no que a vós diz respeito! — E um sorriso melífluo deslizou, furtivo e irresistível, pelos seus lábios trêmulos de cólera.

Paolo deu um passo à frente, tendo a desfalecente Giovanna segura por uma das mãos firmes, retrucando em tom surdo:

— Que queres significar com isso, signore Lorenzzo? Cuida do que dizes, porque, ao que creio, não lhe cabe direito de nos imputar culpa de coisa alguma, e, em nos referindo, aqui, a possíveis outras coisas, talvez que a nós coubesse esta posição.

Mas Filippo se manteve altivo, sem se demover de sua rigidez interna e externa, encarando-o estranhamente:

— Não sou homem de subterfúgios, rapaz. Qualquer ligação entre os meus e os filhos de Tomazzo suscitaria certos direitos convenientes à tua família, no que se refere a herança e posses de terras. De outra feita, e se de fato vos repugna esta possibilidade, tanto melhor para mim, que envidaria tudo, qualquer coisa que estivesse ao meu alcance — frisou —, para entravá-la. Mas rogo-te, todavia, e ainda desta feita: larga dos meus filhos! Toma a estouvada da tua irmã e arreda com ela em definitivo desta casa, que eu, de meu lado, e sob palavra de honra, asseguro-te adotar providências definitivas para que o estúpido do Marcello não nos venha a arranjar outros transtornos semelhantes a este. — E alteou a fronte orgulhosa, altivo. — Asseguro-vos, Paolo Braccio, que nunca mais havereis de vê-lo por estas bandas, porque também nós já nos vemos fartos destes contratempos, e oramos por sossego!

Paolo, a isso, riu-se, cético.

— O que tu me ofereces como garantia disso? Já ouvimos discurso semelhante antes, sem nenhum resultado.

Mas Filippo não se deu por achado, nem abandonou a leve ironia entrevista no tom com que se pronunciava.

— Já te disse. Ofereço-vos a minha vida em sacrifício, ou a do tonto do Marcello... ou, ainda — sorriu, zombeteiro —, parte das minhas terras caso não tenhas este meu voto rigorosamente cumprido. Mas deves ponderar que, de agora em diante, teus pais também deveriam apor correntes nos pulsos desta pacata jovem que tens contigo, e a quem, volta e meia, para nossa estranheza, perdeis de vista.

A integridade natural inerente ao filho mais velho de Tomazzo, ademais corroído em seu íntimo com a outra ordem de preocupações sérias que o consumia por dentro, sem que ninguém daquela família vizinha ainda o soubesse, fez com que se impusesse freio no ímpeto de rebater com firmeza a alusão claramente depreciativa à sua jovem irmã.

Assim, o que fizeram a mais, durante breve intervalo, foi se medirem, todos os ali reunidos, com avultada hostilidade, e durante alguns instantes tudo o que se ouviu foi o choro incontido de Giovanna e o estertorar doloroso de Alessio que, de compleição pouco propícia a confrontos, era o que se via mais seriamente machucado. Até que, enfim, findo aquele intervalo carregado de ansiedade, Paolo fez aos irmãos silenciosos que o secundavam um gesto rude de cabeça.

Os dois rapazes afrouxaram o aperto. Deram, cada qual, um empurrão nos irmãos Lorenzzo; após o que, deitando neles todos um último olhar intimidador, distanciaram-se, acompanhando Paolo, que, a seu turno, ainda doido de cólera mal contida, arrastava a irmã mergulhada em deplorável estado d'alma.

— Brutos! — ouviram ainda Giulia proferir, sendo de pronto energicamente contida pelo marido. E Paolo, alheio àquilo, seguido pelos irmãos taciturnos e feridos, chacoalhou agressivamente Giovanna, quando ela ainda tentou emitir um arremedo de protesto, quase inaudível, depois de trocar com o distanciado e derrotado Marcello um último e desesperado olhar:

— Estúpida! Cala-te, que estou a ponto de moer-te de pancadas. Nosso pai é morto, infame! — vociferou-lhe em surdina, chegando-a rente a si, e, com isso, pregando-lhe fulminante susto.

Tonta, atarantada, ela vacilou de pronto, sustentando com ele durante apenas um segundo a mais o olhar incendiado com que a dardejava.

Oscilou, e Paolo viu-se logo na necessidade de ampará-la no colapso, carregando-a nos braços o restante do caminho.

Capítulo XII

Provações futuras

A despeito de tudo, jamais ocorreria àqueles personagens que toda a ordem de acontecimentos sucessivos aos fatos decisivos narrados por último, colhendo de improviso as duas famílias dos campos da Sicília daqueles tempos recuados, constituísse, antes, o começo das dores do aprendizado de ordem evolutiva inerente a cada um deles.

Mas era bem isto o que se dava, como sempre, e como ocorre em todas as épocas, à revelia do grau maior ou menor de consciência ou de inconsciência nos envolvidos das causas de todas as coisas, e o fato é que a humanidade é impulsionada pelas leis maiores regentes da vida ao encontro da sua ascensão espiritual, por intermédio da colheita obrigatória e resultante da semeadura do passado, mais ou menos recente, não importa.

Nascer e renascer; crescer, evoluir sempre — eis a lei!

Assim, enquanto Giovanna era daquele modo conduzida desacordada de volta ao lar, às pressas, nos braços do irmão mais velho, secundado por Matteo e por Luca, a tempestade inopinada ainda se desencadeava fragorosamente na residência dos Lorenzzo, após a saída intempestiva de Paolo e de seus irmãos.

As mulheres, cada qual do seu modo, reagiam à situação momentaneamente em posição de subalternidade ante a cólera intimidadora de Filippo altercando com o filho na sala, onde, a um canto, via-se Giulia ainda mergulhada em lágrimas, encobrindo, impotente, o rosto com ambas as mãos. Em outro extremo do cômodo, Alessio jazia largado num assento, cuidado pela irmã, Giada, que, trêmula a princípio, presenciava tudo tomada de perplexidade, ao mesmo tempo que apunha compressas mornas na fronte arroxeada do irmão, que gemia dolorosamente.

Maria até aquele momento não encontrara coragem para comparecer no cômodo onde se dava todo o drama com os familiares, sumida no ambiente sombrio dos compartimentos femininos da casa. E Filippo contendia enfurecidamente com o agora tresloucado Marcello.

De fato, embora também gravemente ferido, o rapaz não se dava conta da dor, e não via mais justificativas para guardar dentro de si tudo o que já de longa data o incomodava em relação àquele episódio; dominado a um só tempo pelo ódio mortal por Paolo e seus irmãos, de mistura com o desespero incontido originado na certeza de que talvez houvesse, naquela tarde, perdido Giovanna para sempre — de acréscimo se culpando por não ter arranjado forças e improvisado soluções definitivas de molde a vencer Paolo, Luca e Matteo na furiosa luta travada durante aquela tarde, o que lhe permitiria sumir com a moça como pretendia, para destinos incertos, antecipando os seus planos —, toda esta sarabanda infernal revolucionando-lhe ensandecidamente o espírito levava-o, agora, a extravasar sem pejos toda a revolta, ira e pensamentos que lhe acorressem, atabalhoados e incoerentes, num acesso enfurecido contra o pai ou quem mais fosse que o molestasse naquele minuto decisivo.

Ademais, não haveria como supor que o turbilhão íntimo que o avassalava todo era agravado, de maneira sub-reptícia, por influências insuspeitadas de alguém que lhe era inteira e completamente solidário: aquele mesmo Mizael, que, uma vez arredado pelo tutor do mundo invisível do ambiente da casa vitimada pelo passamento de Tomazzo, não obstante, desvencilhou-se assim que pôde da influência respeitável do mentor lúcido, dirigindo-se de imediato ao local onde imaginou, com acerto, que o seu velho afeiçoado de outros tempos recuados necessitaria de solidariedade e apoio em horas críticas e em momentos difíceis – justo naqueles que o transtornado Marcello agora enfrentava, mergulhado em desatino.

O rapaz permanecia cruzando a sala que aos poucos mergulhava no manto de sombras do entardecer, de um lado para outro, como fera bravia, com o velho pai em seu encalço.

— Não consigo compreender! — ele rilhava os dentes, e chegou a parar, tonto, alucinado de ódio, no centro do cômodo, o olhar desvairado, injetado de cólera, passando uma das mãos rudemente pelos cabelos caídos em desalinho sobre os olhos. Falava mais para si mesmo, desabafando, e mergulhado em inconformação pelo desfecho da cena dramática encerrada há pouco. — De onde vem este ódio insano pelo

Paolo Braccio?* Dio! Por São Genaro! Poderia tê-lo matado, não fosse a interferência infame daqueles dois guarda-costas que trouxe consigo...

E voltava a esbravejar, andando desassossegado pela sala, sob o choro contido da mãe a um canto e o olhar intimidado da irmã encolhida no outro lado, cuidando de Alessio que, àquela altura, conseguia apenas observar, resfolegante, metido numa espécie de alheamento provocado pelas dores insuportáveis dos ferimentos e hematomas espalhados pelo corpo.

Não ouvia uma palavra do que Filippo lhe dizia tentando atrair-lhe a atenção e aplacar-lhe devidamente aquele acesso de modo a que lhe escutasse as invectivas, mas, neste ponto, irritado, o velho perdeu a paciência. Passou por detrás da mesa, estacando à sua frente, imperativo, o olhar dardejante, e segurou-o violentamente por um braço, vociferando:

- Cala-te! E escuta, desconjurado. O que tu vais entender definitivamente a partir de hoje é que não podes, e não vais mais, me desonrar perante aquela família maledetta com as tuas estultícias. Dá adeus, portanto, à vida despreocupada que levaste até hoje, por causa dos excessos de protecionismo da tua mãe para contigo, sem o que, de há muito, já te teria arredado desta vida de menestrel e de galanteador inútil, para meter-te no lavor digno ou no que te é de direito, a fim de te curar das tuas tendências imprestáveis para a economia da família. Tivesse eu ouvido a sensatez das minhas

---

* O personagem externa aquela sensação imbatível e recorrente às aversões gratuitas por determinadas pessoas, que a bem da verdade nada têm de gratuitas, porque nascidas e sedimentadas em sólido, extenso e dramático histórico pregresso de vivências conjuntas pautadas em graves desavenças e dissensões havidas em reencarnações anteriores. Não se dava diferente com o espírito profundamente rancoroso do então Marcello para com o seu inimigo renitente de vários séculos de disputas, de cuja trama temos dado notícias em obras anteriores como Sob o poder da águia e Entre Jesus e a espada, vindas a público pela Lúmen Editorial. (N. do autor espiritual)

diretrizes em primeiro lugar, e não aos choramingos e bobagens da tua mãe, e este caso de há muito já teria encontrado a solução devida, evitando todo este volume absurdo de aborrecimentos dos últimos tempos. — E como, neste ponto, e em adivinhando o veredicto inevitável que fecharia aquele discurso, Giulia ensaiasse tentar demovê-lo a tempo, levantando-se de onde se achava descaída, de abrupto e em meio aos soluços, Filippo de pronto a conteve com um gesto rude, não lhe permitindo sequer uma palavra. — Cala-te, Giulia! Basta das tuas bobagens! Este traste haverá de seguir para o Monastério de São Benedicto com Mattia, como planejado, logo após a primeira estação das colheitas, a fim de cobrar brio e rumo para a vida, parando de nos envergonhar perante estes famigerados Braccio.

Assim sentenciou, irredutível, diante do silêncio mortal que, a isso, abateu-se no cômodo, dominando todos os ânimos, tanto da família quanto dos poucos empregados presentes nas cercanias, paralisados na tarefa de ajudar no serviço do jantar e aguardando o desfecho daquela violenta contenda familiar a fim de conhecer as próximas ordens.

Petrificado de fúria, Marcello trocou com o pai um olhar estático, o rosto rubro, congesto.

Durante breve intervalo não soube o que fazer ou dizer, porque ceder ao primeiro impulso significaria se render ao desatino e cometer alguma loucura contra Filippo, que ainda mais o poria a perder. E Mizael, presente ali, na invisibilidade, sob forte estado de tensão, segredava-lhe enfaticamente as inconveniências desta perspectiva, detendo-o, sob forte ascendência fluídica, de ordem espiritual.

— Miséria! — vociferou o rapaz, enfim, antes de deixar a sala rumo à sua cabana num rompante súbito, como touro bravio. — Viro mendigo, e viverei à custa de trocados em Ragusa ou em Palermo, pai. Mas não me submeterei aos teus desígnios sobre a minha vida...

— Veremos! — rebateu, aos berros, o velho de longe, desfechando um murro na mesa, enquanto Giulia descaía de volta no assento e no seu choro convulsivo, sob a profunda perplexidade de todos os circunstantes.

Apesar da raiva louca, Paolo afinal deu entrada de volta em casa, junto com os irmãos, com a noite já fechada, e, sob o olhar atônito que lhe dirigiam a mãe, já redesperta, e os demais irmãos à espera, depositou cuidadosamente a desfalecida Giovanna num assento próximo, acomodando-a, de início silencioso, até que a alarmada Chiara se acercou, cobrando, assustadiça:

— Dio! Que houve com ela, Paolo? Que outro infortúnio mais haverá de nos atingir neste dia nefasto?

— Nada com que devas te preocupar demais. Cuida dela — voltou o irmão, medindo Giovanna, a expressão entre contrariada, preocupada e reflexiva. — A tonta resistiu bem à cena da batalha sangrenta travada entre mim, Luca e Matteo e aquele bastardo do Marcello Lorenzzo e o irmão — e agora encarando a mocinha com grande severidade: —, em cuja toca fomos, de fato, achá-la acuada, na companhia dele — frisou, de novo enraivecido, e a isto Chiara encolheu-se um pouco, ante o tom acusatório da revelação. — Mas não resistiu à notícia do passamento do nosso pai. Perdeu os sentidos. Deixemo-la descansando por ora, porque, no que diz respeito a vós, Chiara, as regras haverão de mudar drasticamente de agora em diante — antecipou, decidido.

Depois, lúcido das providências restantes ao fechamento daquele dia aziago à sua família, e cônscio do papel importante que lhe caberia doravante como filho mais velho, à frente das decisões gerais familiares, a despeito do abatimento visível no todo da sua disposição, aproximou-se da mãe, para verificar o seu estado.

— O signore Agnelli já veio? — quis saber o exaurido Matteo, indagando dos circunstantes, todos tristes e amofinados, reunidos em torno do pai moribundo, ou recolhidos nos recantos da sala, onde também se viam, contritos e consternados, os criados da propriedade, a postos para qualquer auxílio que se requisitasse.

— Passou aqui, rapidamente, há cerca de meia hora. Como Paolo não estivesse, saiu na companhia de Fabrizzio para as providências. Devem voltar com frei Silvestro, para as orações e extrema-unção — explicou Beatrice, com um fio de voz roufenha do choro ininterrupto de várias horas, auxiliando Elena nos cuidados à ainda desfalecente Martina.

A noite já encobria por completo os arredores e o cômodo de aspecto lúgubre, onde o corpo de Tomazzo era velado pelos familiares e pelos assistentes da vida invisível. O espírito recém-liberto do valoroso lavrador, já desligado do corpo pelo trabalho desvelado dos amigos da espiritualidade — todavia, sem a mínima compreensão do que sucedia —, detinha-se, dominado de profundo pavor supersticioso, ora nas proximidades da sua réplica estendida na enxerga próxima, a fisionomia lívida, expressando franco desnorteamento ao fitar aquele rosto já destituído da vitalidade do lume corpóreo e revestido do palor marmóreo comum ao distanciamento misterioso que, em todos os tempos, sugere aos que permanecem na retaguarda das lutas materiais os segredos insondáveis do único destino que se faz certeiro, indiscutível, a cada qual em jornada no mundo, mais cedo ou mais tarde; ora junto aos familiares afundados em sofrimento de maior ou menor grau, sem conseguir abordá-los como tentava insistentemente nas últimas horas, preso da extrema confusão íntima da qual se via vítima.

Nada obstante, reconhecia-se cercado daquelas presenças estranhamente serenas e amoráveis, a quem via, mas de quem não conseguia reconhecer a identidade nem compreender-lhes a contento a atitude solícita e as palavras ininteligíveis com as quais, cuidadosos, buscavam cercá-lo de cuidados, exortá-lo a descansar, e, em breve, deixar o ambiente do lar a fim de encontrar, num destino desconhecido, todas as respostas para as dúvidas acabrunhantes que lhe escaldavam a mente e o corpo profundamente combalidos e fragilizados pela moléstia recente.

Acercando-se do agora quieto quanto extenuado Paolo, um desses, que, da invisibilidade, assistia carinhosamente ao passamento do parente em comum, sussurrou-lhe, atencioso, enlaçando-o pelos ombros e se acomodando com tranquilidade a seu lado. Tratava-se de Públio Crasso, o pai extremoso de muitas outras etapas corpóreas no passado nebuloso e distante, ainda naquele instante acompanhando de perto, nos desafios e no aprendizado daquele novo estágio, o filho dileto dos cenários terrenos.

— Figlio mio... te achas desassossegado, e a tua mente é qual fornalha neste instante decisivo; todavia, cobra prumo! Resgata de ti mesmo a fibra valorosa do líder militar dos tempos que de há muito se foram*, Paolo, de vez que muito ainda

---

* Públio Crasso se refere às muitas vidas anteriores, nas quais, na Antiguidade romana, por inclinação natural, atuei naqueles cenários repetidamente em postos de comando dos exércitos romanos. (N. do autor espiritual)

te falta fazer nos dias que correm. Doravante, os destinos de vários dos personagens que te cercam dependerão e cobrarão de ti e das tuas decisões, como novo chefe deste agrupamento familiar.

De alguma forma, Paolo ouvia. E de algum modo intuía também, de si só, todas aquelas coisas, e a grande responsabilidade que lhe caberia adiante à frente das diretrizes da casa, somadas às que lhe competiriam como chefe de nova família após o seu casamento, na iminência de realizar-se.

Ouvindo com a alma, e apaziguando-se até certa medida, após prolongado momento de recolhimento naquele ângulo acanhado da sala mergulhada no silêncio tristonho da noite, enfim se levantou e, dirigindo-se ao irmão que lhe era imediatamente mais novo, confidenciou-lhe:

— Escuta, Luca: de agora em diante precisarei de ti, como até então nosso pai me reivindicava nas principais decisões domésticas. Dentro em pouco me caso com Sofia, e residiremos todos aqui, comigo à frente dos negócios e dos assuntos familiares. Posso contar contigo irrestritamente nestes misteres? — E, lançando o olhar cansado aos parentes tristonhos e silenciosos espalhados no ambiente sombrio dos arredores, notou, mais como dando voz às inquietações que desde o princípio dos acontecimentos dramáticos daquele dia o avassalavam irresistivelmente: — Temos nossas irmãs e a nossa mãe, que nos requisitam mais cuidados do que tudo o mais. A mãe me parece desde cedo adoentada com o acontecido, e não duvido que baqueie nos próximos dias, o que nos compelirá a deitar ordens decisivas e apor rédeas curtas em Chiara, Beatrice e Elena, mas principalmente em Giovanna, fratello!

Luca consentiu de bom grado; todavia, acrescentando as próprias impressões:

— Com Giovanna, contudo, o caso é outro, Paolo. Precisaremos acordar em algo definitivo a providenciar quanto a ela; algo que garanta de futuro o sossego familiar, ainda mais agora, contigo casado. — Trocou com o outro um olhar de entendimento. — Achas que aquele bruto do Filippo cumprirá com as promessas que fez? E que o bastardo do Marcello se manterá, de fato, a distância? Olha que, apesar dos supostos protestos de honra do pai, não consigo me fiar na temeridade ousada do maledetto do filho.

Àquilo, porém, cruzando os braços e largando profundo suspiro, pensativo, Paolo apenas meneou, contemplando de longe a irmã mais nova também desfalecida em outro assento do cômodo espaçoso.

Assim, nesta postura meditativa, demorou a responder, antes de enfim declarar:

— É difícil prever o que nos aguardará de futuro, principalmente num momento desses, quando nos achamos todos desnorteados, Luca. O tempo nos ditará o que fazer conforme se forem apresentando os acontecimentos. Não poderemos fazer de Giovanna uma prisioneira, senão que apenas apor-lhe rédeas severas de agora para diante; mas algo me segreda que tudo o que nos virá será de tal forma diverso do que vivenciamos até aqui, que o que faremos será apenas reagir às situações, da maneira que julgarmos mais adequada para cada caso. — Voltou a olhar, reflexivo, o irmão que lhe ouvia as conjecturas, metido também em considerações íntimas que não chegava a externar, mas fitando-o solidário e compreensivo. E murmurou, batendo-lhe de modo fraterno no ombro, como se se refugiasse momentaneamente na amizade sincera e na empatia que sempre, desde a infância, compartilhavam. — Estou exausto, fratello! Exausto! Tomara Dio que este dia difícil encontre o seu termo... quanto aos próximos, haveremos de saber o que fazer.

Afastou-se. Mas Luca ainda o deteve brevemente, arrematando, amistoso:

— Conta comigo, Paolo. Será difícil para todos nós no início; mas estaremos juntos — assegurou-lhe. Ao que o outro apenas devolveu-lhe breve e esmaecido sorriso, adiantando-se até o pai imóvel no seu leito de morte, postado num canto do cômodo imerso na escuridão fracamente esbatida pelas velas do oratório.

PARTE II

VÍNCULOS CÁRMICOS

Capítulo I

Novos tempos, novas lutas

Frei Silvestro fora o religioso responsável pelo casamento de Paolo Braccio e Sofia Agnelli. Bondoso, sábio quanto austero, um ser humano de valor dentro das prerrogativas a que se propunha na vida religiosa e no amparo do que ele qualificava como seu rebanho naquelas belas paragens, o frei pertencia ao Monastério de São Benedicto — o mesmo para onde planejavam Filippo e Mattia encaminhar Marcello Lorenzzo. O idoso confessor da família Braccio desde há muitos anos, portanto, presenciara o seu estabelecimento naquelas paisagens bucólicas e acompanhara o crescimento de Paolo e de seus irmãos desde a mais tenra idade, mas, a despeito do que se podia depreender, pouco ou nenhum contato mantinha com o prior Mattia, dadas as dimensões agigantadas do monastério e a quantidade incontável de autoridades eclesiásticas e de religiosos que por ali residiam ou transitavam diariamente.

Além disso, ocupado preferencialmente com as incontáveis almas sofredoras e necessitadas daquelas regiões da Sicília, só achava ocasião para o recolhimento e para atividades atinentes à reclusão monástica em obediência estrita a horários que o obrigavam a isso, pois sempre adotara uma visão de vida partidária dos prepostos de Cristo mais adequadamente fora das clausuras e a serviço do próximo, na disseminação do pão das almas aos que dele precisassem. A idade, respeitabilidade, influência e simpatia angariadas junto a muitos superiores e monges de grau menor no monastério lhe asseguravam certa liberdade de ação nesse sentido, e em situações predeterminadas. As muitas vezes em que se ausentava, portanto, em atendimento aos aflitos e em serviço de prédica, batismo, e assistência de variadas condições a conhecidos e desconhecidos na Sicília, compunham essas situações.

Assim, semanas após o passamento de Tomazzo, preocupavam frei Silvestro, em especial, as condições novas nas quais se assentava, sofrivelmente, a vida dos Braccio. Realizado o casamento de Paolo com Sofia cerca de três meses depois dos últimos acontecimentos narrados, e em residindo os recém-casados na moradia da família do noivo, indispensável atravessassem atribulado período de readaptação das novas condições de vida que se impunham a todos — estágio notoriamente mais sofrido para alguns deles do que para outros.

Sem embargo, a chegada de Sofia como novo membro da família, se aos homens da casa não provocara alterações de ânimo e de conduta dignas de nota, entre as mulheres, contudo, evocou reações disparatadas umas das outras. De sorte que, se a dócil recém-casada se rejubilara ao se ver acolhida qual filha e nova irmã, em especial por Martina, por Elena e por Beatrice, de Chiara, a mais próxima da caprichosa Giovanna, destarte, não contava com tanta receptividade assim, visto que a mocinha era dada a absorver com facilidade pareceres, amuos e impressões desfavoráveis desta irmã, que a deixavam incerta quanto acuada para reagir com largueza de sentimentos para com a consorte do irmão mais velho. E isto atiçava nela, de outro lado, a particularidade geniosa do seu temperamento terno e afável quando bem tratada, porque, proveniente de família bem situada, e coberta de mimos e da satisfação de seus mais leves caprichos desde a meninice, Sofia era pouco afeita a tolerar destratos, por menores que fossem e de quem quer que viessem, sobretudo se os percebesse injustos para com a sua pessoa, exatamente do modo como vinha se dando em relação aos acessos ciumentos de Giovanna desde o dia em que unira, em definitivo, ao de Paolo Braccio o seu destino.

Assoberbado, desta forma, pela sobrecarga de responsabilidades que de roldão o arrastaram para a resolução de todas as pendências dos negócios da propriedade, somadas às de caráter familiar, Paolo cedo se fartou daquela série incessante de contratempos, de queixas múltiplas e de variadas procedências a um só tempo, e das desavenças barulhentas dentro de casa, quando das provocações da irmã mais nova para com a sua jovem esposa, que, de tempos a esta parte sempre lamuriosa na intimidade, se de um lado se esforçava para se manter de dentro da atitude cordata do costume para com os seus novos familiares, de outro já dava mostras sérias de que estava desencantada com o que protestava inexplicável pusilanimidade do marido na resolução daquele impasse, e de que não se via mais disposta a admitir passivamente as traquinagens de Giovanna, empenhada de preferência, nos últimos tempos, a pregar-lhe ininterruptas peças dentro de casa ou afrontá-la com acres zombarias.

Assim, tentando acalmar as contrariedades de Sofia com contemporizações, lembrando-lhe a pouca idade e juízo da irmã que, de resto, achava-se exasperada, a um só tempo, tanto pela perda recente do pai quanto pelos últimos fatos associados ao seu romance drasticamente malogrado, o filho mais velho do finado Tomazzo, afinal, decidiu-se a recorrer ao aconselhamento de frei Silvestro para o caso, recomendando-lhe a moça, na tentativa de aplacar-lhe satisfatoriamente os acessos inacreditáveis do gênio tempestuoso, ao passo que também, e a conselho deste último, durante aqueles dias incumbiu um dos irmãos, Fabrizzio, a acompanhá-la em alguns passeios nos arredores, à guisa de guarda-costas, já que não podia confiar completamente na providência das irmãs mulheres neste sentido, e visto ser aquela reclusão forçada desde o incidente dramático com Marcello um dos principais fatores alegados por ela para o horrível comportamento de que vinha dando mostras nos últimos tempos.

Naquela tarde, portanto, como de costume ultimamente, enquanto Paolo trabalhava com os irmãos nos campos, e Sofia se via mais desafogada de contrariedades dividindo com Martina e as cunhadas as tarefas domésticas, Fabrizzio se valia da necessidade de ter que comprar numa aldeia próxima alguns utensílios necessários ao lavradio, bem como do duplo proveito de ter com jovenzinha de seu interesse, residente nas proximidades, para carregar consigo Giovanna, a pretexto de desanuviar-lhe mais as ideias e o humor — coisa que ela aprovou com gosto, tamanho o tédio experimentado nos últimos meses no recolhimento que o irmão lhe impunha e nos eternos desgostos que as lembranças dos últimos sucessos havidos com Marcello lhe provocavam.

Na primeira etapa do que envidou, tudo correu a contento. Acompanhando o irmão, que, de resto excelente falador, conduziu-a ao comércio exibindo-lhe curiosidades entremeadas de ditos incentivadores que se encarregaram de levantar-lhe um tanto o ânimo, a moça terminou por se deixar arrastar por franco entusiasmo pelo álacre movimento ao qual não se via habituada, por entre o ir e vir do povo, atentando aos itens chamativos e coloridos de ambulantes e de estabelecimentos do comércio local, contando com o ser presenteada pelo irmão com mimos e novidades de sua escolha, para enfeite de seus longos cabelos e adorno de seus vestidos. Chegou, assim, e de braços dados com Fabrizzio, a rir e a tagarelar com gosto, quase esquecida das causas de suas contrariedades mais recentes, e assim decorreu parte da tarde de maneira quase deliciosa aos irmãos, depois de muito tempo metidos somente na seriedade melancólica das obrigações restritas da propriedade e nas recordações tristes do passamento recente do pai.

A volta, contudo, reservava momentos dramáticos à jovem Giovanna Braccio — em parte por certo descuido involuntário de Fabrizzio, no momento em que, a meio caminho, deteve-se em diálogo íntimo e claramente enamorado com a jovem moradora das colinas próximas de onde residiam, aparentemente obedecendo a acordo prévio com a moça, pois Giovanna notou que ela mais ou menos como que esperava o irmão, postada em expectativa à dianteira de sua casa, num ângulo discreto e arborizado dos limites da propriedade.

Durante algum tempo, portanto, e como Fabrizzio lhe recomendasse que permanecesse ao alcance de sua vista, aguardando por ali, a jovem, um tanto entediada daquilo a despeito de tudo, suspirou, obedeceu e esperou. Com o decorrer das horas, todavia, e em notando que o colóquio entre os dois descambava para franco idílio amoroso, com o irmão por ora quase esquecido de sua existência, acabou por ceder à índole naturalmente inquieta e inconformada, deixando-se absorver pelo convite belo quanto irresistível das paisagens bucólicas do derredor, que tantas recordações a um só tempo tristes e doces lhe evocavam. Atraída a um caminho estreito de terra esbatida serpenteando por entre a relva ondulante pelos ventos leves e perfumados da tarde, foi ensaiando passos hesitantes e a esmo estradinha afora, o olhar agora triste e perdido no azul intenso do céu e na vastidão àquelas horas solitária e silenciosa das cercanias.

Distanciou-se, por fim, o suficiente para que saísse do alcance da visão do agora esquecido da vida Fabrizzio, quando, decorrido um quarto de hora, de súbito ouviu o rumor próximo do trotar lento de um cavalo.

Metade aérea e ausente de espírito, metade curiosa, foi andando devagar, atentando à proximidade cada vez maior do ruído que lhe indiciava o cavalgar de alguém que seguia pela mesma estradinha barrenta pela qual passeava. Mas, em alcançando a curva próxima e mais fechada, cujo trecho seguinte era oculto pela grande elevação do matagal inculto daquela parte da colina, tomou inaudito susto, deixou escapar um grito involuntário, recuando, e levou as mãos em concha diante da boca.

Como do nada, Marcello surgiu-lhe à frente, solitário sobre uma montaria.

Deu mostra imediata de tomar susto idêntico na fisionomia tensa, que empalideceu instantaneamente. Mas havia algo no todo da sua aparição que, de saída, causou profunda impressão na agora atarantada Giovanna.

Vestido de maneira incomum para a sua habitual displicência, a única coisa que lhe sobrava na apresentação, restante do moço menestrel e ousado ao qual se acostumara, eram os cabelos louro-acinzentados, compridos e em desalinho até os ombros, ensombrando-lhe, despojados, os olhos azul-claros, e a barba cerrada da mesma bela cor dos cabelos. Espantada, a jovem Braccio logo notou-lhe as estranhas vestes: um sobretudo sóbrio, austero, de cor castanho-escura por sobre as calças metidas em botas. Um chapéu grande abrigava-o do sol forte daquele horário adiantado da tarde, e a fisionomia distante parecia fortemente marcada por imbatível melancolia, que o diferenciava em grande medida do caçador audaz que lhe conquistara o coração tanto tempo antes.

Sobre a sela do animal, estranho e avantajado volume, que sugeria bagagem para viagem longa e estadia em outros lugares.

Com efeito, daquele outro Marcello de outrora — Giovanna constatou, admirada — não lhe percebia, de resto, quase nada! O ímpeto incendiário do todo de sua personalidade marcante e viril praticamente apagara-se do brilho daquele olhar ausente, quase fosco, e aquilo a sobressaltou de modo indescritível, em dando conta da ausência da paixão exsudante à qual se achava acostumada a cada vez que se encontravam.

Sobre aquele cavalo, inegavelmente, o filho de Filippo Lorenzzo mais se assemelhava a amigo afastado, ou irmão indiferente, com que se deparasse depois de longos anos.

E só haviam decorrido três meses!

Não obstante, e aparentemente sem se aperceber, ou ignorando o abalo violento que aquele reencontro desencadeava na alma jovem, impressionável e agora sofrida da moça, Marcello dirigiu-lhe terno sorriso, com rapidez recobrando o controle de si, do qual dera breve mostra de esmorecimento durante o minuto em que a palidez em seu rosto comprometera suas impressões mais íntimas.

— Gio... — começou, enfim, cordato, estacando a montaria, todavia sem dar a entender que pretendia apear para ter com ela mais afoita e demoradamente, como seria de esperar. — Que fazes por aqui sozinha, ragazza?

A isto, a outra pareceu recobrar-se um pouco do choque, encontrando forças na estranheza que aquele outro Marcello irresistivelmente lhe provocava.

— Marcello! Per Dio! Com o que te encontro assim, aqui, a essas horas? — E, à sua revelia, não pôde se impedir de ter os olhos instantaneamente marejados; a respiração opressa, quase desfalecente, desabafou, de pronto: — Que saudades tuas, amore mio! E tu, que nem pareces, a esta altura, e ao que vejo, recordar de mim?

Marcello suspirou. Sabia que não teria como, naquelas circunstâncias, impedir o inevitável, em notando a sinceridade ingênua com que a jovem proferia aquela confissão franca, intensa e incontida.

Sabia o tanto de angústia, de sofrida ansiedade, que havia naquelas palavras.

Ainda tentou, todavia, adiar um pouco mais a explicação impiedosa que teria que oferecer, inapelavelmente.

— Tu não me respondeste, Gio: que fazes por aqui, solitária nesta parte das colinas, distanciada da tua residência?

Ela impacientou-se um tanto com aquela insistência justo quando a lembrança do irmão nas proximidades lhe recordava a urgência com que teria que se entender com Marcello naquele encontro inusitado.

— Não estou só, cáspita! Só ando vigiada, desde aquele dia horrível, e Fabrizzio se encontra a poucos metros daqui, namorando; só por isto pude escapulir um pouco! Mas, per Dio, Marcello, tu, por tua vez, me expliques: aonde vais com todo este matulhão sobre o lombo deste cavalo, e vestido deste jeito? Assustam-me os teus modos para comigo; esta tua frieza incompreensível, depois de todo o tempo em que ficamos sem nos avistarmos! Nem desces para ter comigo? — ela reclamou, chorosa.

Uma pausa incômoda, tensa, se impôs, enquanto os dois se entreolharam com as mentes tomadas por inquietações de ordens diferentes: Marcello, pelo que teria a revelar à moça, que sabia duro e desapiedado. E ela, pela tempestade furiosa de sentimentos conflituosos que lhe desgovernavam o íntimo, em sarabanda... e por um grave segredo, que não sabia mais se, ali, naquela conjuntura inesperada e de aspecto insólito, poderia lhe expor, do modo como tanto ansiara e sonhara durante aquelas últimas semanas...

Capítulo II

Primeiras adversidades

Marcello tomou fôlego, e afinal se dispôs a apear da montaria. Até fazê-lo de fato, relutou o quanto pôde, indagando de si mesmo se poderia consigo, se de fato seria o mais indicado.

Especulava consigo que dar trela àquele encontro imprevisto seria atormentá-la ainda mais, já que sabia que de agora para diante as coisas se dariam de forma tão diferente, por maior fosse a comoção íntima que experimentasse secretamente diante da moça após tantos dias amargando raiva, ciúmes, revolta, afora o autêntico drama de ordem familiar vivido sem que ninguém o supusesse, por conta da trágica desavença acontecida com os irmãos Braccio, e da qual derivou a guinada brusca que doravante determinaria todo o rumo da sua vida.

Ainda assim, a intensa voragem emocional, convulsionando-lhe as entranhas desde que a avistara de improviso da curva próxima na estradinha silenciosa, tranquila, e àquelas horas da tarde deserta naqueles ermos das colinas da Sicília, compeliu-o, a despeito de tudo, a desmontar. E foi com sentimentos a custo contidos, contraditórios, tumultuados, requeimando-lhe o universo íntimo que afinal se aproximou dela; todavia, ainda visível e decididamente cauteloso contra si mesmo.

Parou adiante dela alguns passos. Entreolharam-se. Giovanna espelhando interrogação franca, quase desesperada. Mas o que ouviu logo em seguida, de chofre, quase fê-la baquear em vertigem.

Fora aquela a forma encontrada por ele de salvaguardar, sobretudo, a si, de qualquer atitude compelida pela impulsividade que sabia estar prestes a se assenhorear de suas atitudes.

— Estou de partida, Giovanna. Definitivamente. Para o Monastério de São Benedicto...

— Madonna mia, Marcello! — A pergunta escapou, após breve intervalo, da garganta da jovem, com o sopro de voz que a severa falta de fôlego lhe permitia: — Mas... para quê?!

Ele sentia a necessidade de se revestir de fôlego idêntico.

— Para me dedicar ao estudo e à vida monástica... ao menos durante algum tempo... — meneou, e a insegurança que o dominava por dentro à sua revelia era flagrante, induzindo-o a desviar os olhos, esquivo e a esmo, para as cercanias. — Preciso colocar em ordem meus pensamentos e atitudes, Giovanna. Por isso hei de isolar-me um pouco. O rumo que vinha imprimindo aos meus dias não me conduziria a lugar nenhum, e só fazia exasperar-me, cada vez mais, de dia para dia.

— Eu... — ela recuou, quase apavorada, sem poder acreditar no que via e ouvia. E manifestava isto claramente na fisionomia, no tom da voz, e no todo de sua figura quase exânime.

— Não te reconheço. Mas... que dizes?

Preocupado, ele avançou um tanto. Chegou a estender um braço na intenção de ampará-la, logo contendo-se, ademais por ser imediatamente repelido.

— Não posso continuar me conduzindo como vinha fazendo até então, ragazza, porque, em todos os sentidos, vinha colocando a perder, e comprometendo, a minha vida e o meu futuro, bem como os teus, e os de meus familiares. E não me cabe este direito. Tarde demais compreendi isso, quando já tinha feito o estrago na minha e na tua vida...

Penalizado, interrompeu-se ao notá-la rubra, a ponto de uma síncope.

Outra breve pausa se fez, carregada de ansiedade e de flagelação no íntimo dos dois jovens.

— Tu vais embora, Marcello? Vais me abandonar! Depois de tudo que planejamos, do que me prometeu... Depois do que fiz por ti?

Não podia acreditar, e menos ainda aceitar. Assim, levou, enfim, as mãos ao rosto. E rebentou em soluços, em desespero.

— Giovanna! Per Dio! Não fiques assim, não faças isso... — ele ensejou leve movimento para abraçá-la, confuso, inseguro. Mas foi de novo interrompido pela continuação do desabafo dela.

— Tu não o podes! Acredita-me. Não podes ir embora — suplicou, as mãos postas diante do rosto delicado, lívido e lavado de lágrimas.

Ele meneou, perdido, desnorteado. Ainda tentou argumentar. Mas foi pior.

— Que tenho eu para te oferecer, bambina mia? Perdoa se te induzi a erro com a minha imprevidência, abusando, com isso, da tua infantilidade.

— Minha infantilidade? — esbravejou a moça, transtornada. — Acreditei em ti, e no teu sentimento, Marcello. E que tu és, acaso? Criança? Tu és um homem, infame!

Perto dali, os únicos a presenciarem a cena lastimável eram os habitantes da invisibilidade já apresentados anteriormente ao leitor, e que sabiam, de antemão, de todas as determinantes daquela nova ordem de acontecimentos.

Tanto Marcílio e Joyce, portanto, quanto o melífluo Mizael, presente também nas cercanias, em assistência e processo de influência permanentes ao seu afeiçoado de outras épocas, conheciam que fora o prior Mattia, personagem cuja ascendência se fizera decisiva sobre a alma impressionável e ardente do filho mais novo de Filippo, o responsável por aquelas decisões, extemporâneas, tanto quanto contraditórias à sua natureza e autênticos sentimentos, das quais agora dava testemunho.

E, enquanto assistiam ao drama se desenrolando adiante, em meio ao silêncio perfumado das colinas banhadas pelo sol poente, os primeiros lastimavam com sinceridade o que acontecia, embora tranquilos quanto à utilidade educativa daqueles sofrimentos àqueles espíritos, do ponto de vista do passado evolutivo de todos os envolvidos.

Foi por isso que, notando a discreta quanto sincera preocupação da moça em relação ao sofrimento experimentado pela sua amiga e assistida em situação de reencarnada, o experiente Marcílio, em lhe apondo paternalmente a mão no ombro, notou, tranquilizador:

— Não penses que todas essas coisas desvirtuam os planos delineados num primeiro momento, Joyce. Tudo contribuirá efetivamente para aquilo a que se propuseram os personagens principais em questão, e sob os nossos cuidados. Todas essas aparentes adversidades, nada embora inspiradas pelo desorientado Mizael, já eram de prever.

Entrementes, tiveram a atenção atraída pelo desenrolar dos acontecimentos mais à frente.

Giovanna se voltava de abrupto, logo depois de proferida aquela sua última e desesperada invectiva, ao ouvir, perigosamente próximo dali, o chamado enérgico do irmão que acompanhara na excursão ao vilarejo próximo.

— Giovanna, onde te meteste, maldita? Se não apareces agora, tomas uma surra, ragazza dos infernos!

Isto recobrou em Marcello a decisão e a desenvoltura.

Antecipando, com razão, o tamanho do barulho que adviria de mais uma contenda com os Braccio pelas mesmas razões quase desastrosas dos últimos tempos, num impulso ele se distanciou, impondo-se rígido autocontrole.

Montou, antes que, presa entre a perplexidade e a inércia, Giovanna se desse conta do que fazia, e após uma última despedida, que quis de caso pensado objetiva e rápida:

— Vai, Gio! Que não quero nem vou mais te prejudicar, metido em contendas sangrentas com os teus irmãos. Teu destino será feliz; mas convence a ti mesma disto: a nossa união, por todas as melhores razões, não se faz possível.

Tocou a galope, célere. Distanciou-se, levantando a poeira da estradinha barrenta e sinuosa e, nada obstante mortificado por dentro, deixou parada ali, entre estarrecida e paralisada, a desfalecente Giovanna com o seu importante segredo, que não conseguiu revelar a tempo.

Nada compreendera Fabrizzio do estado deplorável d´alma em que afinal encontrou a irmã mais nova, poucos instantes depois do afastamento precipitado de Marcello.

Ela havia desmoronado na estradinha esbatida de terra e chorava copiosamente, o rosto escondido por ambas as mãos — aparentemente em absoluto desespero. E, num primeiro momento, o irmão foi levado a pensar em algum acidente inaudito, precipitando-se para ela, tão logo a deparou metida naquela condição incompreensível.

— Gio! — E correu para a moça, entre preocupado e alarmado. — Descuidei-me de ti. Valha-me Cristo! Mas... com o que te encontro deste jeito, sem ter respondido aos meus chamados de há pouco? Berrei por ti como doido. Caíste? Estás machucada? Que aconteceu, bambina?

Agachou-se, recolhendo-a nos braços, onde num primeiro momento ela apenas se aninhou, em completo desamparo, e, para surpresa do irmão, não lhe oferecendo nenhuma resposta às perguntas aflitivas.

— Oh, Fabrizzio, leva-me para casa! Não quero saber de nada...

E soluçava, diante da perplexidade cheia de culpa do outro, que no íntimo se recriminava por ter deixado sozinha tempo demais, alheio da realidade ao redor porque em namoro com a jovem das redondezas, aquela irmã enigmática cujas nuances de caráter só logravam ser suficientemente compreendidas por dois de todos os seus irmãos.

Não obstante, teve pena. Pressentia a moça profundamente martirizada com alguma coisa obscura e importante corroendo-lhe visivelmente o íntimo, e isto já de há vários dias. E, intuitivo, num primeiro momento, não a pressionou para além do que já o fizera. Contentou-se em acatar o seu pedido, erguendo-a do solo com cuidado e dispondo-se a apenas conduzi-la de volta para casa, em silêncio, por entre os seus soluços e gemidos chorosos.

Não tinham, naturalmente, como perceber o diálogo que se dava, de igual seriedade, entre circunstantes que habitavam uma outra dimensão da vida, despercebida de quase todos os empenhados nas lutas da vida material — circunstantes esses que vinham lhes acompanhando com devotado interesse o desenrolar das principais peripécias do seu dia a dia.

— Por que tinhas que induzir o moço a reencontrar a jovem, escolhendo este percurso justo no dia em que deixa o lar rumo ao monastério, Mizael? Tu não te cansas de provocar contratempos nas vidas destes personagens? Esqueces que a própria Giovanna te foi filha*, junto com Marcello, nos idos dos séculos... Apraz-te provocar lágrimas tão amargas nesta que, afinal de contas, outrora também amaste à conta dos antigos elos da consanguinidade?

Quem dirigia a pergunta a Mizael, presente no local a pouca distância de onde os dois irmãos agora se distanciavam abraçados, sob os últimos clarões brandos do poente, era o mesmo Marcílio, que, ao lado da agora silenciosa quanto melancólica Joyce, surpreendia o tutelado de Hiram naquelas providências sempre sombrias, de vez que o seu mentor da vida invisível se achava, naquele momento, entretido com compromissos outros.

Interpelado daquele jeito, como de hábito Mizael se mostrou impermeável às lúcidas observações, embora fossem proferidas em iniludível tom paternal.

— Admira-me este questionamento, signore Marcílio! Induzi Marcello até aqui na tentativa de atenuar o vosso malfei-

* Vide na obra Sob o poder da águia, de mesma autoria espiritual, publicada pela Lúmen Editorial, a trama dos dois irmãos unidos num mesmo destino de escravidão na antiga Roma após a batalha sangrenta na qual o general Sálvio Adriano (atual Paolo) subjugou-lhes a nação de origem e derrotou-lhes o líder e seu pai, Zorkar (Mizael). (N. da médium)

to, estimulando e consentindo com a ideia infeliz de encaminhar a um monastério o rapaz, contrariando os seus melhores sentimentos, e, sobretudo, impondo dramático arremate à circunstância especial na qual se acha a ragazza, e que sei bem ser do vosso conhecimento! — apôs, de resto transcendendo maligna zombaria. — Então sois vós, que adotais tais medidas de valor questionável na influência aos reencarnados, os ditos Amparadores, os representantes do que é correto?

Mas, como de praxe, o experiente instrutor não se intimidou com a visão curta e carregada de ressentimentos de que ele dava mostras ao se expressar naqueles termos.

— Tua visão das coisas é que é egoística, Mizael. Fomos levados a investir no desvio de curso de determinados acontecimentos extemporâneos, adiando, no processo, outros planos importantes, justamente para sustar a tempo um desastre maior na trajetória desses dois personagens que tu conheces bem, um dos quais persegues encarniçadamente já vai para mais de quinze séculos. Conheces que uma tragédia passional de tal monta, qual a que já se delineava, franca, como desfecho dos últimos acontecimentos, de resto insuflados por ti mesmo, comprometeria seriamente as jornadas de Paolo tanto quanto a de Marcello, e, de sobra, as de muitos que os acompanham atualmente.

Mas Mizael o interrompeu, crescendo um passo; todavia, os dois tutores da invisibilidade se mantiveram tranquilos na situação e na serenidade com que lidavam com o difícil diálogo.

— Visão egoística? — sublinhou, revoltado. — E será mesmo minha esta "visão egoística", signore Marcílio? Quer me parecer que a vossa percepção dos acontecimentos é que é justo a de molde a favorecer exclusivamente um protegido teu, de milênios, e também bem do teu conhecimento. A união entre Marcello e Giovanna, por outro lado, poria fim ao inaudito drama vivido pelos dois, trazendo um basta a esta série já enfadonha quanto aborrecida de contendas desgastantes entre as duas famílias, e o que classificas tragédia, de outra sorte, propiciaria o meu acerto de contas final com Paolo, do "lado de cá", que a ninguém mais diz respeito — frisou.

Foi a vez de o austero Marcílio cortar-lhe a palavra, por sua vez:

— Não tomes as coisas de ordem superior pelas medidas mesquinhas dos teus interesses, todos condicionados pelos teus desejos de vingança míopes, Mizael. Então julgas mesmo que a simples desencarnação prematura de Paolo Braccio, nem mesmo assegurada num confronto final entre ele e Marcello, favoreceria a satisfação dos teus propósitos sombrios? Séculos e séculos da repetição malograda dos mesmos erros não te convenceram de que o rumo dos destinos, principalmente dos alheios, não obedece às diretrizes mesquinhas daquilo que tu entendes como justiça? Há uma ordem maior, que tudo controla para o melhor, e que assegura horizontes amplos e felizes para todos os que transitam neste mundo material de experiências fugazes, nada embora importantíssimas do ponto de vista evolutivo, filho; desde que nos vejamos dispostos a rever conceitos equivocados e substituí-los por propósitos nobres de entendimento, humildade e reconciliação com os nossos semelhantes, reconhecendo, em nós mesmos, com justeza e em primeiro lugar, a medida exata dos nossos erros e acertos. Larga de uma vez, portanto, desta ilusão doentia ditada pelos sentimentos escuros e ilusórios do ódio e do ressentimento. Dá a ti uma chance de se libertar desta trajetória cheia de sofrimentos que tu reténs para ti ciosamente, para enxergar a vida, com os episódios que te compuseram a longa jornada, de uma ótica maior, mais verdadeira, mais fiel às realidades das grandes leis que governam a existência em benefício mesmo da nossa felicidade.

Tenso intervalo se fez, carregado de expectativa e de ansiedade da parte dos abnegados instrutores da invisibilidade, na medida em que avaliavam com acerto, naquela alma embrutecida pelos lances ríspidos havidos na trajetória eleita, no passado, antes de mais nada por ele mesmo, o tanto que ainda lhe faltava para que o cadinho rude, nada embora justo, das adversidades lhe lapidasse adequadamente o universo emocional até o ponto em que lograria acordar para os enganos cometidos até aquele momento, após o extenso período de provas e de duro aprendizado vivenciados na esteira inexorável do passar dos séculos.

Simultâneas àquelas coisas que se davam nas dimensões de vida insuspeitadas da maioria dos reencarnados, outras igualmente sérias decorriam com o retorno de Fabrizzio e a jovem e profundamente desalentada Giovanna Braccio ao ambiente do lar.

Capítulo III

Ante Frei Silvestro

Quem se achava presente em casa no momento do retorno de Fabrizzio e Giovanna tomou inaudito susto com o estado deplorável no qual a moça se encontrava, por razões ocultas, e, num primeiro momento, incompreensíveis.

No silêncio da moradia campestre, onde, àquelas horas, somente as mulheres se entretinham nos afazeres domésticos em meio à palestra casual sobre esta ou aquela minúcia, descerrou-se de súbito a porta dianteira, e Giovanna invadiu, aos prantos, o ambiente da sala entregue aos serviços de limpeza por Martina, Sofia e Elena, ditando orientações às criadas enquanto trabalhavam.

Chiara e Beatrice, nos cômodos posteriores, atarefadas, cuidavam dos preparativos do jantar.

Diante do pasmo e da inércia iniciais da nora e da filha mais velha, a mãe levou as mãos ao colo, em sobressalto, em vendo Giovanna dar entrada na casa daquele modo desarvorado. E, num impulso, cobrou logo do rapaz que a sucedia, entre perplexo, ofegante e confuso; cerrando a porta com estrépito, ele havia parado por um instante no meio da sala, enxugando a fronte suarenta da correria desabrida dos campos até ali.

— Madonna mia! — bradou Martina. — Mas... que se passa, Fabrizzio? Saístes, ambos, felizes a passeio desta casa não faz nem quatro horas. Será que nunca nos fartaremos de sobressaltos?

Todavia, Fabrizzio, desconsolado, e também ele tão intrigado com aquilo quanto a mãe, nada pôde oferecer, num primeiro momento, em termos de elucidação de mais aquele contratempo.

— E estávamos felizes, mãe — frisou. — Mas, de um certo trecho para cá da volta, Giovanna mergulhou neste estado de espírito inconsolável, incompreensível, e, de lá até aqui, nada explicou, e assim não pude, em decorrência, providenciar o que quer que fosse para sanar-lhe a inexplicável indisposição.

Apesar de tudo, algo naquela explicação não fazia sentido e soava falso. Arguta, encarando-o percuciente, a mãe o percebeu de pronto; e avançou um passo, gesticulando enfaticamente e cobrando-lhe, a mão em riste:

— Basta! Que tuas palavras são atrapalhadas e confusas de sentido, Fabrizzio! Que aconteceu de fato? — ralhou, impaciente, enquanto Sofia e Elena se lhe reuniam em torno do rapaz, agora embasbacado, e, no interior da casa, Chiara e Beatrice, atraídas pelo tumulto, acorriam, afobadas, para junto de Giovanna, que se havia cerrado no quarto, lançando-se ao leito metida em pranto desabrido e inconsolável, exclamando, repetidamente:

— Estou perdida! Perdida!

Ouvindo-a, impressionada, Beatrice apenas encobria a boca com as mãos, em completo aturdimento. Mas Chiara, conhecedora de certos meandros da vida daquela irmã, que escapavam à outra, achegou-se-lhe, com gentileza, apondo-lhe carinhosamente a mão na fronte febril, penalizada:

— Dio, Gio... procura aquietar-te, nem que seja um pouco, e conta-me o que sucede — murmurou, o olhar já úmido, porque adivinhava com algum acerto o que a flagelava àquele ponto.

Mas, num primeiro momento, a outra apenas meneou, mergulhada em absoluto desconsolo, largada em seu leito aos soluços, o rosto escondido nos braços cruzados.

Apesar de tudo, Chiara pressentiu que, se conseguisse se aviar para privar com ela em sigilo, alcançaria acessar com relativa facilidade uma confidência que a colocaria, em primeira mão, a par de tudo. Sabia que para Giovanna aquilo se revestia de especial importância, na hora de contar com auxílio para se esquivar das prováveis perguntas irrespondíveis da mãe, que inevitavelmente sucederiam ao inesperado drama. Assim pensando, improvisou um pedido que arredasse por ora a outra irmã, queda em imobilidade e em susto sem proveito, do ambiente do cômodo, nem que por alguns poucos momentos.

— Beatrice, avia-te! Traz rápido para Giovanna o anódino* que o facultativo aqui deixou para mamãe, faz alguns dias. — E, como a moça se detivesse em invencível imobilidade, olhando-as, abobada, Chiara cobrou mais uma vez, enfática, num gesto brusco: — Vai, tonta! Não vês o estado em que ela se encontra?

---

* Medicamento calmante. (Nota da médium).

A jovem afinal correu para fora do quarto, assombrada. E Chiara, suspirando aliviada, sem perder mais tempo, reclinou-se para junto da irmã, sussurrando-lhe confidencialmente, enquanto acariciava-lhe, confortadora e solidária, os cabelos em desalinho.

Na sala, enquanto aquelas coisas se davam no cômodo onde Giovanna se refugiara, Fabrizzio ainda uma vez repetia, quase agastado, a mesma história já relatada, sentindo-se terrivelmente molestado com aquela sabatina intimidadora com que a mãe o constrangia, embora a versão exposta, agora, se aproximasse mais da realidade dos fatos.

— Já te disse, mamma! Vinha com Giovanna pelo caminho do declive, que contorna desde o último vilarejo. A meio caminho, detive-me um pouco, ao encontrar Isabella. Tirei os olhos de Gio somente por alguns instantes... — mentia, desassossegado, quanto àquele pormenor, gesticulando e andando pela sala com a mãe atrás, no seu encalço, sob a observação grave da cunhada e de Elena, paradas em expectativa a um canto. — Quando saí em sua busca, em dando pela falta dela por perto, encontrei-a mais à frente da estradinha encoberta pelo mato, queda na terra, já a chorar do mesmo jeito que viste quando aqui chegou. Nada me disse das razões de se achar neste estado. É verdade o que te digo! Nada mais posso contar, ou inventar além disso, porque foi o que aconteceu, Cristo!

Àquilo, Martina meteu-lhe um safanão, fora de si.

— Estúpido! E que tu tinhas que permitir que a tua irmã te sumisse das vistas por um minuto que fosse? Quais foram as ordens do teu irmão neste sentido, para isentar-te do lavor durante todo o dia de hoje, cáspita? Ouve! Ele haverá de te matar, tão logo chegue e tome conhecimento desta confusão.

Fabrizzio encolheu-se, acuado, sem ousar desrespeitar a autoridade materna; mas, cansado e aborrecido daquilo tudo, recolheu-se, amuado, a um canto, largando-se num assento tosco.

— Va bene, mamma! Se queres, vou, agora, ao encontro de Paolo, para fazer valer o dia — resmungou, mais em tom de quem se desculpa, porque afinal reconhecia sua parte de culpa no caso. Mas Martina, sempre presta, tinha outras coisas em mente.

— Não! Vais é a outro lugar, enquanto, de meu lado, tentarei arrancar daquela tonta alguma explicação satisfatória. Traz aqui frei Silvestro. Volta à cidade. Faz o possível para encontrá-lo, porque talvez ele consiga o que muito provavelmente eu mesma não conseguirei, que é descobrir o que há por trás de toda esta história — ordenou.

Frei Silvestro não pôde atender Martina na emergência com a presteza que se pretendia, como sempre envolvido nas atividades de auxílio a muitos dos desvalidos daquelas regiões da Sicília. Todavia, prometeu a Fabrizzio comparecer à casa da família Braccio no período da tarde do dia posterior, tão logo se desobrigasse das principais ocupações que absorviam o seu produtivo tempo de serviço à causa do Cristo.

Assim, cabisbaixo, de retorno com essas notícias ao final da tarde, já ao crepúsculo, quando também os irmãos retornavam do lavor nos campos, Fabrizzio colocou Martina a par do recado do vigário, ao que ela respondeu com um muxoxo de contrariedade, metida nos próprios pensamentos e estado de espírito ingrato por causa dos episódios vividos com a filha mais nova logo depois do retorno dele para a cidade.

Efetivamente, quando Fabrizzio se pôs a caminho para atendê-la na recomendação de buscar frei Silvestro, Martina deixou as filhas e a nora entretidas no trabalho doméstico em relação ao qual não admitiu interrupção, de caso pensado, intentando evitar tagarelices, fofocas e indiscrições por parte das jovens em relação ao que se passava no ambiente doméstico.

Deprecando a Deus, irritada, dirigira, assim, os passos apressados para o cômodo onde Giovanna se refugiara com Chiara, indagando, ensimesmada, as razões de ser sempre aquela moça o centro das atenções no que dizia respeito aos maiores aborrecimentos familiares experimentados nos últimos tempos.

Todavia, em adentrando o recinto então silencioso do cômodo quedo na obscuridade do crepúsculo, e dando com as duas irmãs agora quietas, uma acolhendo a outra no colo com palavras carinhosas de consolo, em vão a robusta mulher improvisou um interrogatório, revestindo-se da devida cautela e habilidade nas palavras, para inteirar-se das razões verdadeiras daquela tempestade súbita no estado de espírito da caçula, que, se saíra arejada e bem-disposta a passeio com o irmão, inexplicavelmente ganhara o ambiente do lar, de retorno, tomada do pior estado d'alma possível.

Em vão, todavia, e vendo revertidos inúteis os seus tentames diante do silêncio renitente da filha e das poucas respostas evasivas que pronunciara à sua inclemente sabatina, terminou Martina por exasperar-se, diante dos rogos súplices de Chiara para que compreendesse a momentânea necessidade de solidão da irmã sem maiores cobranças nem pressões.

Mas também para ela sobraram reprimendas.

— Cala-te, tonta! Que bem sei em ti uma cúmplice em toda esta ordem inexplicável de acontecimentos que envolvem a tua irmã — ralhou, impaciente. — Ouve, pois, que, ao invés de auxiliá-la, tu bem podes estar a prejudicá-la, subtraindo justo de mim, a vossa mãe, a elucidação devida de todos esses mistérios — sublinhou, enfática. E, apondo a mais, denotando intuir coisas que todos acreditavam a salvo do seu conhecimento até então: — Porque não sou tola, não tenho a vossa idade, nem nasci no dia de ontem para não adivinhar com acerto naquele maledetto do Marcello Lorenzzo a razão maior e provável desta disposição mórbida e doentia que nela observo. — E gesticulava, horrivelmente contrafeita, andando de um lado para outro do quarto. — Dio! Quanto desassossego...

E, como Chiara, entre intimidada e respeitosa, emudecesse, limitando-se a prosseguir nos afagos que fazia na agora queda Giovanna reclinada em seu colo, esta de resto metida em renitente e inarredável mutismo, a afobada mãe afinal atentou no rumor distante que denunciava a chegada repentina de Paolo e dos demais filhos de volta do trabalho diário; e relanceou nas filhas um último olhar desgostoso, anunciando-lhes, de dentro de certa perspicácia:

— Vejamos o que Paolo terá a dizer dessas novidades. Talvez que lhe destrave a língua mais eficientemente do que eu; de qualquer modo, frei Silvestro aqui estará amanhã, em visita, Giovanna; e a ele, o nosso confessor, não ousarás omitir o que quer que seja!

Deixou o quarto, num rompante decidido, dirigindo-se à frente da casa. E Giovanna, em ouvindo aquilo, afinal levantou para a compreensiva Chiara uns olhos mais acesos, onde se lia, nítida, acentuada mistura de receio com apreensão. Porque sabia que, diante dele, e para ele — o bondoso religioso, autêntico representante da mensagem de Jesus em meio aos desacertos do mundo, que se lhe confirmara com o passar dos anos, desde a mais remota meninice, como conselheiro e tutor espiritual —, não teria forças para esconder nada. Nem mesmo o atormentador segredo que recolhia a sete chaves somente dentro de si mesma e no conhecimento que Chiara, a sua confidente, detinha da situação.

Entrementes, antes disso, ainda lhe restaria suportar a abordagem férrea do irmão mais velho, assim que se visse ele a par dos últimos acontecimentos, já chegados previamente a seu conhecimento pelo prudente Fabrizzio, que se apressara em apresentar-lhe a sua versão das coisas, para se colocar o mais possível a salvo de maiores responsabilidades.

Quando frei Silvestro afinal deu entrada na acolhedora moradia campestre, situada nos cimos mais altos de uma das muitas colinas sicilianas, por volta das quinze horas do dia posterior, Paolo também se achava em casa à espera, porque, sumamente preocupado com o estado da caçula, àquela altura febril e queda em misteriosa prostração desde a última entrevista com ele mantida no dia anterior, delegou aos irmãos a responsabilidade completa do trabalho nos campos, com Luca tomando a dianteira da direção e substituindo-o durante aquele dia, para que pudesse estar presente quando da chegada do religioso com quem desejava privar em particular antes de apresentar-lhe a jovem irmã.

Com efeito, após ser recebido com os mesmos gestos de amizade e admiração das mulheres e criados daquele lar que conhecia tão bem, o senhor encanecido, risonho e algo robusto logo foi convidado a passar a uma saleta que outrora fora da preferência de Tomazzo para recolhimento e descanso, agora destinada por Paolo ao próprio retiro nos momentos de examinar papéis e documentos relacionados aos negócios da família com algum sossego, longe da falação e da tagarelice das mulheres e criadas envolvidas na azáfama das tarefas cotidianas.

Algo aliviado, portanto, e após a recepção da família e depois de palestra breve com a também preocupada Martina, o rapaz afinal cerrou por trás de si a porta e convidou frei Silvestro a se colocar à vontade nos assentos.

O religioso, por sua vez, de verbo fácil e envolvente, quis logo se pôr a par das minúcias da situação familiar vivida naquele momento.

— Estranhei que tenhas negado à senhora Martina o acesso ao diálogo que nos atrai a este cômodo em primeiro lugar, filho. Ela de fato se mostrou agastada e muitíssimo preocupada com o estado da tua irmã desde ontem. O que, afinal, está acontecendo?

Paolo meneou, também ele sem fazer por onde disfarçar grande preocupação com alguma coisa oclusa.

— Eis aí a primeira inconveniência com a qual tenho que lidar — começou com as explicações, sentando-se em frente ao frei, que o ouvia, como de hábito, entre paciente e atencioso. — Não estava nos meus planos, nem contava com este contratempo, de nossa mãe estar, ao que percebo, inteirada mais do que o desejável de particularidades da situação que envolve Giovanna. Porque diz respeito àquelas diferenças que o signore sabe existir entre nós e nossos vizinhos, já de há décadas. E desconfio que, mais uma vez, a chave desta estranha indisposição na minha irmã esteja naquele maledetto do Marcello Lorenzzo. — Àquilo, em vez de admoestar de saída o rapaz metido em cismas, e que reconhecia dominado por um grau de desassossego que roubava-lhe o tino habitual ao lidar com questões sérias, o frei limitou-se a suspirar, franzindo o cenho de modo imperceptível, e prosseguindo devagar, para se familiarizar melhor com os acontecimentos.

— A senhora Martina é tua mãe, Paolo. E, no que se refere, mais do que tudo, a tua irmã caçula, como pudeste ser ingênuo a ponto de reputá-la ignorante das nuances do que acontece nos bastidores da vida da moça?

Sorrindo de leve, Paolo assentiu.

— Sim. Creio ter vazado ao conhecimento dela algo indevido. Minhas irmãs, mais umas do que outras, são astutas, e trocam com ela ideias. E Chiara é confidente de Giovanna. Mamma pode ter entreouvido algo, em certo momento despercebido... — E, como frei Silvestro apenas consentisse, passivamente, ele prosseguiu, gesticulando: — Va bene, frei; o fato é que ontem Giovanna voltou com Fabrizzio de uma visita ao vilarejo próximo metida num estado de espírito incompreensível, mórbido e doentio, com cujas causas até o momento não pudemos atinar. Meu irmão nada pôde esclarecer sobre o sucedido; mamma tentou coagi-la a expor o que se passava, sem sucesso; e, de volta do lavor, por minha vez, de forma talvez severa em demasia — ele confessou, em franco tom de lástima —, a submeti a torturante interrogatório sobre as razões daquela sua disposição, que se sustenta até agora. Tudo em vão! E talvez que, antes, tenha contribuído para agravar o que já não era bom, porque, se se achava prostrada e vitimada por avassalador desânimo, agora, de resto, preocupa-nos também pelo seu estado febril e doentio. — O rapaz deitava ao frei um olhar que, a par da sua feição naturalmente enérgica, também transcendia generosidade e preocupação sincera quanto intensa para com aquela irmã em particular, rogando, para arremate do seu discurso: — Ajuda-nos, frei Silvestro! Sempre tiveste sobre Giovanna a ascendência e influência de um pai. Auxilia-nos a arrancá-la daquela morbidez, e talvez que na solução do que assim a flagela deste modo, porque, de meu lado, nada pude conseguir dela nesse sentido ontem.

— Vamos ver... — E frei Silvestro, como sempre tranquilo e modesto, levantou-se, presto, batendo de leve no ombro de Paolo, de fato como pai austero e sábio. — Leva-me até a nossa Giovanna. De resto, folgarei em vê-la depois de tanto tempo, porque, como bem o sabes, tua família já de há tempos anda negligenciando o compromisso com a Igreja — aproveitou para acrescentar esta nota maliciosa, embora bem-humorada, em tom ligeiramente repreensivo. — Jesus sabe onde anda cada ovelha; mas nada pode fazer por aquelas que lhe voltam as costas, filho!

Capítulo IV

A confissão

Giovanna fora advertida com antecedência por Chiara da presença de frei Silvestro na casa, naquela tarde, apesar de todas as providências de Martina no sentido de ocupar a nora e as filhas intensamente, de maneira a que a visita do religioso a colhesse de surpresa, para que não lhe oferecesse chance de forjar, tramando com as irmãs mais próximas, nenhum subterfúgio.

A esperteza de Chiara, todavia, frustrara, nisso, as suas iniciativas. Pois, tão logo, no dia anterior, entreouvira de Elena um comentário furtivo com Sofia, confidenciando sobre os estranhos acontecimentos havidos dentro do lar, captara a informação valiosa transmitida por Fabrizzio à mãe e ao irmão mais velho, de que o frei os visitaria sem falta durante a tarde do dia posterior para ter, a pedido deles e com prioridade, com a filha mais nova dos Braccio, na tentativa de aconselhá-la devidamente acerca daqueles últimos contratempos que desde então voltavam a tumultuar o ambiente familiar.

Atenta a todos os movimentos em casa, portanto, e após se demorar durante toda a manhã e começo de tarde reclusa e acuada no ambiente de seu quarto acanhado e sombrio por conta dos cortinados mantidos fechados, como se se protegesse de novas abordagens que a viessem exasperar para além das medidas já mal suportadas no dia anterior, a jovem sentiu gelar o coração ao ouvir, vindo da sala, o timbre de voz grave, abafado e como sempre amistoso de frei Silvestro chegando em visita, porque sabia a que se propunha em ali comparecendo àquela altura. Juntando, assim, as mãos, imersa em conflituosa mistura de desespero com desamparo, postou-se de joelhos em aflitiva prece diante do pequeno altar situado num ângulo acolhedor de seu cômodo, sobre o qual se viam as imagens de Nossa Senhora com o Menino Jesus ao colo e da Sagrada Família, entremeadas por bruxuleante vela acesa.

Entrementes, após se entender cordialmente com frei Silvestro, a quem recebera na companhia da mãe agora entre pressurosa e dominada por renovadas esperanças, Paolo procurava frear a ansiedade provocada pelo desenrolar da situação buscando Sofia para privar na troca de ideias, e para uma palestra sobre assuntos outros, que o desanuviassem um tanto das preocupações que obcecadamente o consumiam.

Para sua estranheza, todavia, encontrou a jovem esposa nos fundos da casa, às voltas com as roupas secas da lavagem anterior, tomada de inédita quanto desagradável disposição de espírito.

— Querida... que fazes aqui, sozinha com estes afazeres? Nenhuma das minhas irmãs acorreu para auxiliar-te?

A demora da resposta, logo de início, causou nota em Braccio. Quando a moça enfim falou, não obstante, o surpreendeu ainda mais.

— Sabes? Que não extrapole a nossa intimidade o comentário que te faço neste momento, Paolo, mas o fato é que já me farto de que, nesta casa, o assunto seja quase durante todo o tempo o mesmo. Tua irmã mais nova não se cansa de fazer por onde ser o centro das atenções, absorvendo inclusive a tua, quase com exclusividade! E a minha vida torna-se um tédio por conta disso — choramingou.

Sofia não lhe dirigia os olhos ao falar, movimentando-se com as roupas que recolhia, agitada, andando de um lado para outro. E Paolo, a isso, de seu lado, chegou a parar por um momento, entre chocado e surpreendido daquela disposição desconhecida no estado de ânimo de sua esposa até então.

— Mas... que dizes? — Ele meneou, claramente metido em confusão e renovado desassossego, sem nada entender do que ouvia num primeiro momento. — A que te referes? Como assim, "o assunto seja quase durante todo o tempo o mesmo"? — E, agora denunciando certa irritação no tom, dado o absurdo que se lhe insinuava na conotação do comentário: — Divagas, Sofia? A que te referes, e como podes alegar tédio na movimentação familiar intensa com que privas durante todo o tempo na companhia de tuas cunhadas e de minha mãe? Algo te falta, acaso? Porque, em sendo o caso, te quero franca sobre isto, para que resolvamos já este impasse, uma vez que me bastam como mais do que suficientes as preocupações da hora que passa, que me tomaram todo um precioso dia de lavor nos campos.

A interrogação na fisionomia, no todo de Paolo Braccio, era franca, sincera. E, em notando-lhe isto na entonação quase contrariada, Sofia enfim colocou-se-lhe de frente, altiva, o semblante dominado por uma mistura inextricável de decepção e amargura.

— Sim, Paolo — frisou —, algo me falta! E me admira que até este momento não te dês conta do que seja. Que pode faltar a uma esposa recém-casada que passa todo o dia à espera de alguma atenção de seu marido para, ao seu retorno, tê-lo apenas às voltas com os constantes desacertos provocados, ao que quer me parecer de caso pensado e só para atrair atenção, pela sua caprichosa irmã mais nova?

Tensa pausa se estabeleceu entre os esposos, naquela primeira séria altercação desde que se tinham casado. Mediam-se, dominados, cada qual a seu turno, por desapontamento e desgosto.

Durante vários instantes calado, preso de susto e de invencível falta de iniciativa, num primeiro momento Paolo não podia acreditar no que ouvia e não soube o que dizer, tomado de improviso por mais aquela nova contrariedade, e vinda de quem menos esperaria àquela altura dos acontecimentos. Mas logo depois aquela inércia foi vencida pela sua natural índole voluntariosa e, dando um passo à frente, cenho rudemente franzido, desfechou, respeitoso, embora autoritário:

— Sofia, perdoe-me se sou rude no julgamento a teu respeito, de resto por não suspeitar em ti antes estas nuances ciumentas de temperamento. Todavia, dada a notória falta de senso do que aqui e agora afirmas, só me sobra encarar, desta forma mesmo, este teu rompante sem cabimento. — E como, a isto, a moça recuasse, corando, presa de irritação e de dolorida angústia denunciando-se, nítidas, na expressão desassombrada com que lhe escutava a firme invectiva, continuou: — Sim, minha querida. Só te posso reputar dominada por injustificável ciúme por uma familiar minha de quem, sabes, venho dividindo contigo assiduamente os esclarecimentos sobre problemas que preexistiam a tua chegada à nossa convivência e que, portanto, em nada te dizem respeito ou são de molde a prejudicar a nossa união sob nenhuma perspectiva que seja. Tenho te colocado a par do grave impasse que a união de Giovanna com o filho de um nosso secular inimigo familiar provoca já de há tempos. Estás informada, com franqueza, de como a pouca idade e falta de tino de uma jovem de temperamento arrebatado, para arremate, prejudicam uma situação que de si se nos surge crítica, de difícil solução. E, já não bastando todo o volume de contrariedades advindos deste dilatado dilema, somando-se a isso a morte extemporânea de nosso pai, vens agora tu, inesperadamente, e para meu susto e desgosto, acrescentar tuas impressões errôneas quanto injustas da questão, no que a ti dizem respeito? — Deu uma pausa, ofegante, buscando tomar fôlego, a voz timbrando grave e quase excessivamente ríspida: —Foste acolhida nesta casa qual nova irmã e filha para todos os meus, Sofia, bem como minha consorte, a quem não teria assim distinguido se não a pretendesse com seriedade para o passo sério do matrimônio, após considerável tempo sem me deter decisivamente na resolução a contento desse aspecto definitivo da minha vida. Portanto, e dito isso, destarte te renovo a pergunta; e peço que reflitas com maturidade antes de pronunciar a resposta: que é que, de fato, te falta nesta casa e no nosso casamento, Sofia?

Nova pausa, com a jovem agora presa de atordoamento e de profunda estupefação, e Paolo de ainda sério e acentuado desagrado.

Não puderam, para o momento, se dizerem mais o que quer que fosse; ao que o filho mais velho do finado Tomazzo Braccio afinal arrematou, antes de deixar aquela área da casa de volta aos cômodos dianteiros da residência:

— Melhor para nós dois que findemos de imediato esta palestra impossível e sem nenhum cabimento. Não chegaremos a nada, e não mais que a dissensões e aborrecimentos inúteis, se nela insistirmos. Recobra, então, o teu tino; reflete com seriedade! Até porque, para o momento, é o que a cada um de nós nesta casa resta fazer, até que tudo retome o seu lugar e a devida ordem.

No cômodo reservado do quarto da jovem Giovanna outras coisas aconteciam — de resto, sob a assistência vigilante, solitária e amorosa de uma única representante da vida maior: a incansável Joyce.

Enquanto aquela inusitada discussão acontecia em outro lugar da casa, a agora alheia Giovanna, sozinha em seu quarto, abandonara-se a peculiar estado d'alma, após o período de preces francas e ardentes que elevara em busca de socorro e inspiração, atraindo imediatamente a presença invisível aos sentidos ordinários daquela sua antiga conhecida, de muitas etapas corpóreas anteriores nas quais privaram ora como amigas, ora como aparentadas.

A certa altura, leve batida se fez ouvir à porta cerrada, arrancando-a do grande distanciamento de espírito no qual se demorara em completo estado de desamparo, considerando qual seria o seu destino daquele momento para frente, com lágrimas de puro desalento escorrendo-lhe pelo rosto alvo e delicado. Não obstante, empertigou-se e, sem muita demora, embora a grande hesitação interior, adiantou-se, apressando-se em secar as lágrimas numa tentativa algo pueril, inútil, de disfarçar o seu abatimento.

Abrindo a porta devagar, deu com sua mãe ladeada pelo simpático religioso que a vira crescer, comparecendo ante ela mesma e sua família mais como familiar amoroso do que propriamente como representante formal da Igreja do Cristo.

Todavia, apesar de já devidamente instruída por frei Silvestro no sentido da complacência e de uma dose a mais de compreensão para com o estado enigmático da filha, Martina mal disfarçava a ansiedade e ainda acentuada dose de contrariedade nos modos e no timbre da voz, ao se lhe dirigir secamente, introduzindo a visita do monge àquelas horas do dia.

— Giovanna, aqui está frei Silvestro, dando-nos o grande prazer e privilégio da visita mais demorada, depois de muito tempo. Quer ter contigo; de resto, zeloso, por não compareceres até o momento para saudá-lo na sala, onde nos reunimos todos — anotou, repreensiva —, e também pelo que lhe comuniquei acerca do teu estado doentio de espírito — suspirou, lembrando-se do aconselhamento do frei e contendo, naquele ponto, o impulso de prosseguir desaguando as palavras na arenga repreensiva que lhe refervia, indócil, no íntimo. — Usufrui devidamente desta grande benção que Jesus te proporciona, para aliviar o teu incompreensível ânimo dos últimos tempos. Deixarei-vos a sós e à vontade para palestrar.

E, num impulso decidido, após rápida e significativa troca de olhares com o frei, retirou-se para a frente da moradia, a fim de dar continuidade aos assuntos domésticos pendentes que lhe viessem desanuviar o excessivo estado de preocupação no qual se via irresistivelmente mergulhada.

Durante o discurso da mãe, Giovanna, de seu lado, somente escutara — os olhos brilhantes, baixos, ainda sem coragem para encarar de frente o amável visitante, entremeando o modo vacilante com que lhe relanceava o olhar com restos de soluços, irrefreáveis, que lhe alçavam os ombros de maneira involuntária.

Contudo, buscou receber afavelmente o frei bondoso, por quem nutrira a vida inteira uma quase veneração.

— Entra, per favore, frei Silvestro — ensaiou, com um fio de voz rouco, inseguro, quase inaudível. — Perdoa se aparentei negligência para com a tua visita. É que de fato não me acho bem, e não ouvi, daqui de dentro, os rumores da tua chegada.

O dedicado representante do Mosteiro de São Benedicto analisou rápida e brevemente, com o sentido a mais apuradíssimo de que sempre dispunha, o todo do estado interior da sua entrevistada. E serenizou, quando a voz de dentro lhe segredou instantaneamente, surpreendendo-o um tanto, a razão mais provável de toda a fragilidade externa e interna flagrante na jovem parada diante de si, ainda dominada pela falta de coragem para encará-lo.

Ainda assim, deprecou a Jesus para que desta vez se visse enganado nas suas suposições raramente equivocadas acerca das raízes dos males flageladores das almas humanas. Portanto, manteve-se cordato, embora contrito, de dentro da tranquilidade habitual que lhe caracterizava a personalidade e as atitudes, e fazendo por onde aparentar serenidade e despreocupação maiores, a fim de abordar a moça de modo a captar-lhe com eficiência a confiança, acalmando-lhe de maneira apropriada o espírito notadamente conturbado para levá-la a abrir-se.

Apôs-lhe, afável, a mão no ombro, conduzindo-a de volta ao interior do cômodo e encostando a porta.

— Não te desculpes por nada, filha. Noto-te de fato combalida, e desejo antes uma palestra com a querida pupila da minha estima, a fim de, quem sabe, amenizar-te o mal-estar, como tantas vezes no passado o fiz nos teus pequenos segredos, dilemas e machucados da infância. — Sorriu-lhe, qual pai carinhoso, já aconselhando em seguida: — E releva o excesso de zelos e de desassossegos maternos a teu respeito. É a mãe extremosa que fala, antes de tudo, apenas que talvez com tintas coloridas em excesso.

Sentaram-se, um diante do outro. Nova pausa em silêncio se fez, conduzida com perícia psicológica pelo paciente frei, experiente em esquadrinhar o íntimo alheio auscultando por antecipação as origens autênticas de todos os dilemas, ao passo que ouvia sua descrição ou confissão, nem sempre legítimas, por intermédio da frequente ambiguidade das palavras.

— Não me sinto à vontade para dividir com minha mãe as causas de tudo o que me incomoda — começou, por fim, a jovem o seu relato, sincera, embora de dentro de grande vacilação íntima. — Porque dizem respeito a coisas das quais meus irmãos e meu falecido pai a preservaram, desde sempre.

Frei Silvestro assentiu, embora intencionalmente externando estranheza para com o que ouvia.

— Sim, filha. Mas o que justifica que uma mãe seja preservada acerca de assuntos que flagelam por este modo forte, bem o vejo, a sua filha caçula, em razão do que seja esta a que inspira maiores cuidados? — interessou-se, bondosamente.

Giovanna levantou para ele os olhos claros, nos quais frei Silvestro pôde agora ler com clareza a grande dose, quase desesperadora, de receio a refletir-se-lhes no brilho febril.

— É que nossa família sustenta desavença grave e antiga para com os nossos vizinhos próximos, frei. A família do signore Filippo Lorenzzo...

A fisionomia do outro se transfigurou ligeiramente. E, só em escutando aquele início de esclarecimento, todo o resto se deslindou com clareza inatacável ao seu íntimo, inspirado pelas luzes mais elucidativas da visão íntima grandemente desenvolvida.

Dali para diante, só teria a instigar que a moça falasse de maneira a ratificar as suposições que pesarosamente tecera no íntimo acerca da situação, embora torcendo para que tudo se confirmasse em contrário das suas percepções preliminares.

— E que podem ter contigo tais desavenças, que conheço já de há muito tempo? Dizem respeito apenas a questões de posse de terras, em consequência, aos negócios que envolvem a ambos esses signores, teu pai e Filippo, não necessariamente tendo que afetar de maneira direta e prejudicial a todos os componentes das duas famílias.

— É o que também penso, frei Silvestro; mas meus irmãos, em particular Paolo, não veem assim.

Frei Silvestro cruzou as mãos sobre o colo, reflexivo.

— Explica-te melhor, filha. E sem medo. Porque do que me disseres aqui só usarei em teu proveito, e junto aos teus, o que for apropriado para promover a tua paz e felicidade; nunca nada que te comprometa com os teus familiares, ou que venha a agravar os teus dilemas na minha ausência.

Nova pausa, respeitada pelo lúcido mentor, sob a observação atenta de Joyce, que, da invisibilidade, apunha, de sua parte, a mão carinhosa sobre a fronte febril da jovem aflita, aconselhando-a com inefável ternura:

— Fala, Giovanna. Nada temas. Só te fará bem valer-te desta alma boa para aliviar-te do teu fardo, de resto já te pesando de maneira insuportável ao espírito fragilizado. Frei Silvestro é um teu segundo pai, mais em condições de aconselhar-te e de auxiliar-te nesta conjuntura do que mesmo teus irmãos e tua mãe. Aproveita a oportunidade de desafogar-te, minha querida irmã.

Como que movida irresistivelmente pelo aconselhamento provindo do imponderável, regido pela sintonia forte, indefectível, de almas, existente entre ela mesma e a carinhosa assistente, cuja presença era despercebida no ambiente do quarto, a moça enfim principiou com mais clareza o seu desabafo:

— É porque temos, eu e Marcello Lorenzzo, uma ligação amorosa da qual não pudemos nos desvencilhar, apesar de todas as proibições de ambas as famílias e de toda a sucessão de desentendimentos graves havidos a partir disso, desde então. Nós nos amamos com sinceridade, frei Silvestro. E Marcello cogitou mesmo de nos evadirmos para arranjarmos nossas vidas sem maiores tropeços em outra região, e sem o conhecimento inicial de ninguém da sua família ou da minha, dados os enfrentamentos cada vez mais perigosos e violentos ocorridos nos últimos tempos entre ele e o meu irmão mais velho, sempre que Paolo nos flagrava juntos. Meu pai me castigou severamente inúmeras vezes, e inúmeras também foram as tentativas de ambas as famílias para nos afastar de maneira definitiva. — Neste ponto da confissão a voz fraquejou; o corpo trêmulo banhou-se de suor gelado, pois chegava o momento de externar ao seu paciente ouvinte o detalhe crítico de todo o dilema que já de há semanas lhe vinha roubando o viço, a saúde e o sossego íntimo. — Marcello se mantivera irredutível até então, e, confesso com franqueza, já entendia como única saída o que ele me propunha, cujas providências iniciais alinhaváramos no nosso último encontro, acontecido há cerca de três meses. Mas, não sei o que houve de lá para cá, para que tudo desmoronasse de repente. Após um afastamento forçado imposto por Paolo depois do último confronto entre eles, encontrei Marcello recentemente, durante a volta de um passeio com Fabrizzio ao vilarejo. De uma hora para outra, alguém o convenceu a se internar no Mosteiro de São Benedicto! Ao ver-me, tratou-me com distanciamento e com palavreado incompreensível, embora notasse que se comportava daquele modo claramente contrariando seus verdadeiros sentimentos e impulsos para comigo... e...

Parou, hesitando. Quedo, entre compreensivo e penalizado para consigo, frei Silvestro instigou com habilidade a conclusão do discurso, autêntico e terapêutico desafogo que intuía ter atingido o seu ponto crítico.

— Fala, filha — incentivou, inclinando-se e tomando-lhe uma das mãozinhas afavelmente, reconfortador —, que só te quero o bem. Nada condeno em ti, em função do que me expões, esteja certa, porque o Cristo neste mundo nos aconselhou a não julgar, senão apenas a auxiliar, esclarecer e entender. Vejamos no que te posso ser útil...

— Não pude contar a ele a tempo, pela intervenção súbita do meu irmão, o mais importante, o que me vem enlouquecendo de desespero, frei Silvestro. — A isso, ela afinal continuou, de rompante; e rebentou de novo em soluços irrefreáveis: — Marcello não poderia ter ido embora. Nunca! Porque espero um filho dele, frei. E minha família há de matar-me por isto. Estou completamente desamparada, perdida, e não sei o que fazer!

Nova crise de choro convulsivo, desta vez sendo recolhida paternalmente no regaço do religioso, que de princípio somente suspirou, piedoso, meditativo, deixando-a desabafar-se um pouco mais.

Quando aquela nova crise amainou o suficiente, indagou dela:

— Giovanna, alguém mais na tua família conhece o teu dilema?

— Somente Chiara — a moça respondeu logo, a voz roufenha, timbrando de dentro de uma melancolia infinita. — Mas ela não é de muita ajuda, apesar de boa amiga e de todo o consolo que busca me oferecer. É tão nova quanto eu, e não influencia em nada mamãe e Paolo. Além disso, tem que se ver às voltas o tempo todo com a malícia aguçada de minhas outras irmãs.

— Não desdenhes deste tipo de apoio oferecido pelas possibilidades limitadas da tua irmãzinha, filha. Dentre todo o auxílio possível, é bem este o mais precioso na hora da adversidade; e, sendo tua confidente, posiciona-se ela como esteio imprescindível, apesar da pouca idade — observou frei Silvestro.

— Não desdenho, frei... — Ela afinal se empertigou um pouco, para, mais alentada, em não se vendo admoestada nem seriamente repreendida num primeiro momento, encará-lo mais confiante e perguntar, apesar de grandemente receosa do que ouviria a esta sua indagação: — O signore também condena, em mim e em Marcello, o sentimento que nos liga?

A isto, contudo, e para o seu indescritível alívio, apenas um sorriso entre bondoso e temperado pela luz do profundo amadurecimento espiritual aflorou aos lábios do ancião.

— Filha, Jesus jamais condenou ninguém. Como eu, um candidato sincero a seu representante neste mundo, o faria? Ademais, o amor é sempre santificado nas suas manifestações elevadas de quaisquer matizes, desde que sincero, mas é preciso que entendas, mesmo que na tua inexperiência de vida, que agora começas, movida por este amor, a ser devidamente lapidada por esses desafios, Giovanna; que nenhum amor de feição superior passa por este mundo sem ser devidamente posto à prova e decantado nas suas idiossincrasias de sacrifícios. Todavia, guarda contigo a certeza de que também nada, nenhuma prova nem distanciamento, possui a capacidade de extinguir este sentimento do imo dos que assim por ele se acham autenticamente jungidos. Assim — assegurou, convicto —, apesar dos reveses imprevistos pelos quais passas no momento, entende que, não obstante a provável impulsividade das tuas atitudes, justificadas pelo arrebatamento da tua pouca idade, em verdade, e dada a gravidade atual do teu estado, tu e o filho de Filippo não fostes distanciados verdadeiramente — acentuou, de modo intencional. — Ao contrário, filha. E os que assim consideram, de dentro de uma visão tacanha quanto equivocada da vida, sugerida somente pelos limites mesquinhos de dissensões sustentadas ao longo do tempo pelos fatores transitórios da existência, celebram uma vitória oca, mantida em função exclusiva de um engodo. Se vos amais de fato, estais, ainda agora, mais unidos do que nunca, Giovanna.

O frei inclinou-se no assento, imergindo no olhar avermelhado da jovem, já tomado de renovado brilho, os seus olhos, sábios e inspirados.

— O tempo — continuou — haverá de vos inspirar as melhores decisões. Assim, não te detenhas mais no que aconteceu e naquilo que por ora não compreendes com justeza, ou nas possíveis causas de todo este contratempo. Resguarda-te na tua fé, e conta, para o momento, com o auxílio certo que a misericórdia de Jesus haverá de te oferecer, por intermédio daqueles que te querem bem e dos recursos do tempo. Haveremos de pensar numa solução juntos.

Capítulo V

Grave dilema

Não obstante os cuidados e tato do frei no momento de se entender com Martina e com Paolo Braccio sobre os resultados de sua entrevista com Giovanna, não pôde ele atenuar a contento, como pretendia, a mistura de susto com o cataclismo desencontrado de reações e de impulsividade, mal refletidos e mal contidos, que as novidades sobre a moça desencadearam-lhes nos ânimos.

Martina, num primeiro momento, desmaiou, após uma única e dolorida exclamação abafada. E Paolo se viu na emergência de frear a pulso os seus ímpetos de castigar e admoestar severa e imediatamente a irmã caçula, para atendê-la, sob o susto dos demais familiares presentes na casa, que foram se ajuntando ao ponto discreto da residência onde palestravam, a fim de verificar a procedência e as causas da inusitada falação e dos gritos de vozes bem conhecidas, confundidos nos timbres graves e bruscos do filho mais velho de Tomazzo e da senhora vitimada pela repentina síncope.

De certo modo foi providencial, porque, enquanto ajudava Paolo nas providências e nos cuidados para com a mãe, confiando-a aos cuidados espantadiços de Elena, Sofia e das demais mulheres da casa, e embora num primeiro momento ignorando-lhes solenemente as perguntas veementes e apavoradas acerca do que se passava, pôde o religioso, de seu lado, aproveitar-se para atrair o rapaz até um outro ângulo discreto e mais a salvo de interferências, a fim de entender-se com ele em benefício da moça ainda acuada no quarto, chamando-o a brios.

Paolo achava-se rubro de cólera mal contida. Aspecto positivamente ameaçador, as veias das têmporas latejantes, frei Silvestro o reconhecia fora de si e pronto para dar vazão à primeira reação destemperada que lhe acorresse às ideias assim que desse de frente com a jovem irmã.

Preocupado, mas certo do alcance da sua influência também nas iniciativas daquele moço cujo desenrolar da vida acompanhara desde os anos mais recuados de sua infância, o ancião o mediu por um momento para anotar, de modo oportuno:

— Figlio, amas a tua irmã, acima de qualquer outra consideração, bem o reconheces, e a despeito do teu estado de desesperação e de ira do presente momento. Assim, e sabedor da consideração que dedicais, tu e a tua família, aos meus pareceres, deixa-me alertar-te a tempo para o fato de que o melhor para ela e para vós, nesta ingrata conjuntura, de modo algum é a solução inspirada pela cólera e pelo desejo de desforra fora das medidas que enxergo no todo do teu estado de ânimo — que, de resto, deves reconhecer, em verdade, endereçada a outrem, situado neste minuto longe daqui e fora do alcance das tuas iniciativas mais imediatas. Assim, permite que te indague, para a tua reflexão oportuna, se o que estás prestes a realizar não é uma vingança mal dirigida e desviada a uma antes vítima maior da irreflexão e imaturidade próprias da inexperiência e do estouvamento da sua pouca idade. — E, como Paolo apenas o fitasse, ofegante, preso da própria condição excepcionalmente exaltada na qual se via metido, frei Silvestro se viu autorizado e inspirado para aconselhar e sugerir a mais: — Se levas a cabo o que adivinho nos teus pensamentos desencontrados, filho, podes, antes, desencadear no estado especial e delicado no qual a jovem se acha mais um mal irremediável do que uma punição eficiente. Ninguém aprende nada de útil com estes extremos de ira desfechados fora dos limites da razão e do bom-senso, e de resto ditados, nas suas origens, por razões alheias, passionais, cujas raízes se acham nas seculares dissensões havidas entre o teu pai e Filippo Lorenzzo; extremos determinados, deste modo, por fatores outros, de que Giovanna absolutamente não guarda culpa nem responsabilidade direta. Sabes bem a que me refiro. Então, Paolo, detenhamo-nos, de início, apenas no atendimento à senhora Martina, para que não venhas a cometer algum desatino injusto para com a tua irmãzinha mais nova, do qual, temo, não tenhas como te arrependeres mais tardiamente das consequências, por certo funestas.

Não obstante a têmpera sempre férrea e pronta nas decisões em momentos críticos, naquela situação em particular era visível na compleição psicológica robusta de Paolo o tanto que se achava abalado e desorientado.

— Que eu faço, frei Silvestro? — confessou ao frei, depois de outro intervalo mais demorado durante o qual sua fisionomia traía a tempestade emocional violenta na qual se via mergulhado, e quando afinal se viu em condições de proferir as primeiras palavras. — Minha vontade é ir lá e aplicar, de começo, uma bruta surra naquela bestia! Mas sou forçado a reconhecer a sensatez habitual dos teus pareceres. — E, meneando com aflição, admitiu, sem falsa modéstia: — É uma situação que me colhe absolutamente despreparado para decidir de modo apropriado, porque, por mais que as destemperanças de Giovanna viessem nos últimos tempos roubando-me o tino e tumultuando o ambiente familiar, nunca a supus capaz de chegar a tanto!

Um sorriso leve e tranquilo escorregou pelos lábios do frei experiente e inspirado pelas luzes superiores da compaixão.

— Ela não poderia "chegar a tanto" sozinha, figlio — notou.

— Claro que não! — E Paolo agora inflava-se de raiva intensa e renovada. — Aquele maledetto do Marcello Lorenzzo... — vociferou surdamente, divagando o olhar tomado pela ira, a esmo, no ambiente do corredor vazio onde se achavam, mas o religioso o interrompeu a tempo nas invectivas para chamá-lo a providências mais úteis do que a expansão irrefletida quanto improdutiva de cismas e de rancores.

— Sobre este pormenor em particular trataremos depois. Passemos, então, aos cuidados do corpo e da alma da senhora Martina, Paolo. E deixemos, por ora, a jovem Giovanna entregue a si mesma, reservando para ela resoluções mais acertadas depois, em outro momento de maior lucidez, porque asseguro-te: ela já se vê suficientemente flagelada por culpas e temores quase insuportáveis pelo que está por vir...

A revelação surpreendente do estado de Giovanna não colhera frei Silvestro desprevenido porque, como dito, dispunha de um sentido a mais desenvolvido que lhe segredara por antecipação o que se ocultava por trás de todo o desassossego íntimo e estranho abatimento físico e emocional da jovem, mas outra coisa lhe ocorrera de entremeio às reflexões, de modo a sedimentar-lhe as suspeitas tão logo principiara aquela entrevista privativa: a lembrança de que presenciara, casualmente, a visita de Marcello Lorenzzo ao mosteiro, dias antes, em peculiar estado de espírito, e na companhia de seu tio, irmão de Filippo e prior daquela mesma organização religiosa.

Depois daquilo perguntara-se de maneira incansável sobre as razões do comparecimento do rapaz daquele modo, acabrunhado, em local quase totalmente incompatível com os pendores de que dava mostras no cotidiano, às voltas com festas e com apresentações musicais em variadas vezes nas cidades circunvizinhas e nos vilarejos, quando não se dedicava de forma compulsória ao trabalho nos campos com o pai e com o irmão.

Conversando com Giovanna e se inteirando do grave dilema confrontado pela jovem depois do seu último encontro com o filho mais novo de Filippo, cuja descrição lhe evocara de pronto aquelas recordações recentes, portanto, enfim restava claro que fora o prior Mattia o provável responsável pela decisão extemporânea que assim imprimia aos horizontes do rapaz, bem como ao destino da jovem Braccio, aquela guinada dramática e inesperada.

Destarte, em meio ao rodamoinho de todas essas considerações, o que mais preocupava frei Silvestro era orientar os familiares de Giovanna acertadamente quanto ao que fazer da situação delicada da jovem, porque não apenas as circunstâncias de seu destino e do de Marcello mereciam considerações especiais, com todas as sérias implicações inerentes ao caso — mais do que tudo, o futuro de uma criança pedia zelos e cuidados particularizados. Qualquer estouvamento, portanto, nas decisões a serem adotadas nas próximas horas importaria talvez que num desastre de alcance difícil de se conceber nos rumos daquela vida ainda por se iniciar.

Quando, a partir disso, foi aventado pelo piedoso frei, ainda na intimidade da residência assim dominada pelo tumulto das últimas novidades, a necessidade de se tentar a reaproximação compulsória entre os pais da criança — após, estava claro e para tal, vencer-se a etapa do trato delicado do assunto com a família Lorenzzo —, todavia, foi Paolo o primeiro a, por antecipação, contrapor-se intransigentemente à possibilidade, antes mesmo de se expor a situação com largueza esmiuçada às considerações da ainda combalida Martina.

— Deixo-te estas sugestões, figlio, sabendo-te ainda impossibilitado de submetê-las ao critério de um exame detido e isento, assim como, para enfim deixar esta casa por hoje, e confiante da eficácia das minhas iniciativas, necessito da tua promessa mais fiel de que não atormentarás a pobre moça com medidas por demais severas e ditadas pela impulsividade da ira, tão logo eu volte as costas. Reconheço minha palavra revestida de apreço considerável pelos teus, já de há longas décadas, ou não recorreriam ao meu concurso na hora difícil que atravessam; então, pondera e reflete, porque a criança que está a caminho, à revelia do vosso consentimento ou aceitação, necessita, acima de qualquer outra consideração, da participação e do zelo de ambos os pais ao vir à luz da vida, e por mais que as atuais circunstâncias, às quais tereis, querendo ou não, que vos adaptar, vos desagradem.

Com tudo isso, e a despeito do elevado conceito de que dispunha o frei no enredo já extenso de sua participação na vida de sua família, Paolo meneou, desaprovando com veemência a mera chance de se cogitar daquelas hipóteses conciliatórias.

— Não! — acentuou. — Com todo o respeito que nos inspira, frei Silvestro, algo há, sim, de ser providenciado mais acertadamente, a fim de se remediar esta situação impossível. Jamais, porém, quaisquer possibilidades que incluam algum tipo de elo familiar nosso com qualquer representante daquela escória.

O religioso apenas, e por enquanto, limitou-se a suspirar.

— Vai, então, a criança inocente pagar, por algum modo injusto, o preço da hostilidade secular sustentada entre as vossas famílias? É este o rumo que imprimem aos desafios de suas vidas as ovelhas do percentual que me coube sob responsabilidade de orientação no aprisco divino? Porque é o que antevejo, do que por agora me ofereces ao entendimento como prerrogativas dos teus próximos cometimentos e decisões para o impasse.

Mediram-se em silêncio, durante breve momento a mais, na soleira da porta, antes das últimas despedidas, e sob as primeiras sombras do crepúsculo que descia, rechaçando transitoriamente as últimas nesgas do sol poente, que pareciam lutar por emprestar ao vestíbulo da longínqua residência campestre os últimos efeitos benéficos de calor, frente às rajadas noturnas e inclementes das invernias sicilianas.

Não obstante, contou o frei com a promessa honrosa do filho de Tomazzo no sentido de cumprir o que lhe rogara, assegurando à jovem Giovanna, pelo menos, um decorrer de noite tranquilo e isento de maiores sobressaltos, cobranças, reprimendas ou punições.

Decorre um dia, e, já na tarde seguinte, surpreendido, obtém o representante do mosteiro, assim que logrou retornar à intimidade dos Braccio, de resto preocupado com o modo como haviam se arranjado naquelas primeiras horas difíceis convivendo com o grave problema, as determinações inarredáveis do filho que assumira a frente das decisões outrora ditadas pelo finado chefe daquela família.

Paolo consentia reter a si e resguardar a criança, assim que nascida, e ainda que sob os protestos amargos de Sofia, de cujo violento desentendimento entre ambos no decorrer daquele intervalo de vinte e quatro horas daremos ao leitor maiores detalhes depois. Mas a délivrance, ficava assentado, não aconteceria na intimidade doméstica; e, para tal, esperava contar com a intercessão bondosa do frei para que aquele pormenor se resolvesse a contento.

Contudo, cientificado daquelas decisões tão logo após a sua chegada, tomou-se frei Silvestro de incontido assombro, naturalmente ditado pela índole bondosa que havia imaginado para o problema desfechos outros, mais felizes, e menos assentados sob as influências renitentes das desavenças sérias existentes entre ambas as famílias.

Empertigando-se, entre grave e altivo, cenho ligeiramente franzido evidenciando com clareza a estranheza para com o que ouvia, o respeitável frei fixou o olhar no semblante dessassombrado de seu interlocutor, inquirindo:

— Mas... que queres significar com isto, de contar com a minha "intercessão bondosa" neste cometimento, com cuja significação mal posso atinar inteiramente, figlio?

Paolo não usou de meios-termos nem subterfúgios nas explicações. Destarte, se já demonstrava disposição férrea para com aquelas deliberações, acossava-o, de outro lado, o entendimento difícil que sustentara sobre o assunto com Sofia nas últimas horas, sob risco de degeneração irremediável do próprio casamento, porque durante o exaltado desentendimento acusara-o duramente a esposa de adotar tais medidas inconcebíveis quando nem eles mesmos ainda haviam contraído a primeira e planejada gravidez que lhes viesse brindar com o seu primeiro filho.

— Giovanna deverá dar à luz esta criança em outro lugar, longe daqui, para não molestar nossa mãe com o supremo desgosto, e para não dar também azo ao falatório indiscreto e malicioso da vizinhança, sobretudo da família daquele maledetto, porque é de suma importância que Marcello Lorenzzo não entre no conhecimento disso. Assim, rogaria ao senhor auxílio, visando buscar a ajuda, desde que revestida de suprema discrição, de alguma organização religiosa que a acolhesse para este propósito, assim como o fazem com as mulheres desvalidas, qual a das Clarissas, por exemplo. Depois, a criança viria para o meu amparo e sustento; mas Giovanna, ficaria assentado desde já, prosseguiria interna para a vida religiosa, no convento, a fim de dar acerto justo ao percurso de sua vida, de vez que nenhum homem honrado haverá mais de elegê-la para esposa de posse desses detalhes sórdidos de seu passado, e de resto acontecidos numa idade tão incipiente!

Pausou. Frei Silvestro notou que ele ofegava, e que, era notório na sua fisionomia marcada por profunda angústia, tais decisões difíceis e intempestivas o castigavam mais rudemente em primeiro lugar, antes que à moça, com quem, aliás, via-se agora bastante preocupado ao inteirar-se daquela série de resoluções surpreendentes quanto impensadas relacionadas ao seu destino, de vez que àquela altura ainda se achava ela acuada em seu quarto e flagelada por indescritível tormento d'alma.

O frei ponderou se não era caso de passar no rapaz sentado à sua frente imerso em rude conflito íntimo uma descompostura que o devolvesse à razão, mas, de seu lado, também deteve-se um minuto a mais em reflexões. Talvez que esta fosse a saída ditada a Paolo justamente pelo amor profundo nutrido pela irmã, de maneira inconsciente, e de modo a salvaguardá-la de uma vida familiar que se converteria num inferno daquela hora em diante, resguardando-a para tempos mais tranquilos no futuro.

Ainda assim, por amor do decoro, teve que cobrar brio de seu ouvinte relativamente a um pormenor delicado daquelas elucubrações.

— Paolo, figlio mio — murmurou, com ligeira ruga desenhada na sua fronte a despeito de tudo serena —, quer me parecer que, no calor do drama que vivencias, não te detiveste devidamente em variados aspectos graves daquilo que me propões; antes de qualquer consideração, portanto, é de meu dever alertar-te de que as Organizações instituídas em nome de Santa Clara, quaisquer que sejam, não devem ser tomadas à conta de refúgios de desditosas no território amoroso, ou seus conventos se tornariam da noite para o dia um pandemônio de amarguras femininas, difíceis de se administrar, o que, de resto, desvirtuaria toda a proposta da mulher pia que, segunda depois de Francisco, inspirou todas as ramificações das Irmãs Pobres. — E, como Paolo ameaçasse argumentar algo indefinido, o frei impôs com gentileza o verbo para prosseguir com tranquilidade nas suas considerações. — Ademais, a pretexto de qual benefício alegas tomar aos teus cuidados esta pobre criança, que, assim apartada do pai e da mãe, duvidosamente contaria com acolhida fraterna em meio a toda a hostilidade patente com que este impasse por antecipação é encarado por ti e pelos teus, nem bem ainda o anjinho veio ao mundo?

Acentuando intencionalmente certa nota repreensiva, qual pai austero para com as decisões equivocadas de um filho arrastado ao desatino, prosseguiu:

— Não consideras a cota de responsabilidades que chamas a ti com tais decisões ditadas, em sua totalidade, não mais que por amargura e pelo mau aconselhamento da cólera? Não levas em conta, destarte, tua parcela de culpa perante Deus e Nosso Senhor Jesus Cristo, pelas más consequências que com certeza advirão às vidas de todos os envolvidos neste drama doméstico, a partir da maneira pouco refletida com que tomas esta decisão, assim, de rompante, por tais medidas extremas e, ouso dizer, mesmo desapiedadas para com os padecimentos da tua irmã imatura, mais do que necessariamente maldosa nas atitudes? — E como, de início, Paolo o encarasse gravemente, sem nada dizer, interessou-se, modificando ligeiramente sua posição interna e externa: — Diga, figlio... que pensa disso tudo a senhora Martina? Por que não compartilha do nosso diálogo deste momento, no qual seria imprescindível o parecer da mãe?

— Porque nossa mãe se acha adoentada desde que entrou no conhecimento dessas infâmias, frei, e, a partir disso, impossibilitada de opinar sobre o que quer que seja, deixando a meu encargo, de própria iniciativa, transmitir-te o que ficou entre nós assentado, com a sua aprovação prévia, e que ora te exponho. Nossa mãe não suportará o decurso desta gravidez, fruto de um envolvimento iníquo e condenado pela nossa família, no recesso sagrado do nosso lar. O senhor terá com ela dentro em pouco e, de próprio crivo, constatará o drástico estado de fragilidade no qual se encontra, de resto agravado, pois que ainda mal se refizera do passamento de nosso pai. Há de rogar-te, portanto, e ao lhe tomar a benção, o mesmo que expus à tua opinião e aconselhamento... o que, naturalmente, poderá ser refutado pelo senhor, contando com o nosso respeito e veneração de sempre — Paolo apôs, ao enfim se dispor a explicar, impondo-se, contudo, maior comedimento nas palavras e na postura altiva e quase autoritária com que se pronunciava ao frei.

Nova e tensa pausa se estabeleceu entre os dois homens na saleta reservada em que palestravam naquele final de tarde. Vindos de longe, chegavam-lhes indistintamente os rumores das vozes e atividades dos demais componentes atarefados da família e dos trabalhadores espalhados no perímetro da casa, e Paolo reparou que, profundamente meditativo, frei Silvestro via-se absorvido por grande dilema íntimo, a cismar consigo mesmo, contrito, como se consultando o Altíssimo e rogando-lhe inspiração e aconselhamento a fim de discernir com correção o modo de se conduzir diante do impasse que a situação lhe oferecia.

Capítulo VI

Tempo de exílio

Anunciava-se na Sicília uma manhã de sábado ensolarada, em função da qual seria difícil supor alguém atravessando problemas sérios num começo de dia que se iniciava tão deslumbrante nos seus perfumes e luzes campestres.

O clima na sala da moradia modesta dos Braccio era de profunda consternação. A família achava-se estranhamente reunida, mas notavam-se espelhadas em cada rosto emoções disparatadas umas das outras.

Dentre todas as reações patentes, no entanto, Sofia era a única que se mostrava notadamente fria, como se nada do que ocorresse ao redor a afetasse. Com efeito, os acontecimentos dramáticos das últimas semanas, desde aquele retorno crítico de Giovanna com o irmão Fabrizzio do vilarejo próximo, conturbaram seu casamento recente com Paolo de forma atroz, que sugeria a união ainda mal assentada sobre bases firmes prestes a periclitar.

Não obstante, via-se ela de algum modo aliviada com o curso dos próximos acontecimentos. Era essa, assim, a razão de aparentar toda aquela solene indiferença quando Chiara, por exemplo, tinha lágrimas escorrendo, francas, pelo rosto, em meio a soluços mal contidos, e Martina espelhava amargura e sofrimentos profundos, ao passo que, dentre os irmãos homens, todos expressando sincero pesar no silêncio tenso com que esperavam os minutos seguintes, Paolo não conseguia disfarçar o grande esmorecimento íntimo que o avassalava para muito além do que queria denotar ou se permitir.

Envolta em capa castanha que lhe chegava até os joelhos, Giovanna de repente apareceu a passos vacilantes na sala onde todos se viam reunidos, espalhados por ali. Carregava bagagem para viagem curta e estadia em outro lugar. Séria — exageradamente séria para alguém que até um mês antes primava pela imaturidade crônica em atitudes e pensamentos, todos voltados para uma versão da vida cuja realidade prática prendia-se apenas à sua visão ingênua quanto entusiástica e ousada da existência —, dava a impressão de ter envelhecido dez anos na duração daquele curto período de rude sofrimento que roubara-lhe as cores saudáveis das faces e o brilho vívido habitual nos olhos claros e fartos de cílios, que percorreram, de dentro de uma apatia de espírito assustadora, os circunstantes.

Destarte, dada a sensibilidade exacerbada pela condição especial na qual se achava, não lhe escapou nenhuma peculiaridade das reações em torno. Desde o desgosto indizível espelhado, apesar de tudo, no olhar materno, que ainda agora

Martina relutava em lhe dirigir — o que lhe doía mais fundo na alma —, até a perturbação inextricável da qual o irmão mais velho se via preso, e a indiferença gélida e quase aliviada da cunhada — nada lhe fugiu à percepção, de um só relance.

E esta condição íntima claramente externada por Sofia teve a capacidade de enfurecê-la de imediato, tão logo resvalou por ela os olhos, arrancando-a de abrupto da inércia morna na qual se mantinha.

— Harpia! — desfechou-lhe, colocando-se-lhe de frente de rompante. — Comemora a tua vitória, bestia, agora que enfim consolidaste o teu plano de arredar-me definitivamente de dentro da minha própria casa — gritou-lhe, trêmula, fora de si.

Enquanto todos ao mesmo tempo tomavam-se de profundo estupor pelo inusitado da situação, sem reação, foram Chiara e Paolo quem primeiro investiram para a jovem. Chiara aos prantos, abraçando-a logo, e o irmão de pronto arredando-a de junto da agora estarrecida Sofia, tomada de lividez no rosto encoberto de abrupto por palor marmóreo, temerosa, julgando Giovanna vitimada de ensandecimento, de vez que a sua postura toda indiciava que, ato contínuo àquele feroz ataque verbal, arriscava-se a moça a assacar-lhe, enlouquecida, algum tipo de agressão física.

— Gio, per Dio, irmã! — soluçava Chiara doloridamente, buscando atrair para si o olhar alucinado da outra, mas Paolo, de seu lado, enlaçando-a, arrebatou-a de um só golpe de perto da esposa ainda acachapada em pasmo, arrastando-a para um ponto mais a salvo de desatinos.

— Louca! — vociferou. — Queres somar à tua desonra, doendo fundo, e de maneira insuportável em todos nós, o ataque físico injusto a quem nada tem a ver com as consequências infames dos teus desatinos?

Todas as reações desencontradas percebidas a partir de cada um de seus familiares durante os últimos dias, todavia, foram suportadas, até certo ponto, com verve pela impávida jovem; mas o que assim vinha de Paolo, saturado de cólera cuja extensão desconhecida, insuspeitada, transbordava para além dos limites habituais; daquele irmão até então amoroso, por quem aprendera a nutrir profunda veneração pela profunda e natural empatia que experimentavam, e pela ternura e doses infinitas de tolerância e compreensão com que sempre e fielmente encarava e relevava as suas travessuras, ataques de gênio e desobediências ditados pela têmpera indomável e difícil de se apor rédeas — aquilo, exclusivamente, extrapolava a sua resistência, e possuía a capacidade de arruinar-lhe os restos de equilíbrio e de altivez com que apesar de tudo buscava enfrentar o que se lhe comparecia como a mais absoluta e completa ruína do seu até então curto período de vida.

Ante a dura invectiva, rebentou de novo em soluços, chorando alto, derrotada, e rojando-se ao piso, de onde, involuntariamente impressionado, Paolo apressou-se a recolhê-la, embora, de mistura, demonstrasse irritação franca.

— Basta! Que não morreu ninguém aqui em casa, e que tudo isto acontece por tua própria culpa e imprevidência. Frei Silvestro não tarda, e não pode encontrar-te neste estado deplorável, ou julgará que te espancamos e punirá a família inteira com cem novenas até o arremate do ano! — Olhou em torno, para as reações singulares dos circunstantes metidos na mais absoluta inércia, sem saberem ao certo como se conduzirem, e arrastou-a, por prudência, para outro ângulo da sala, a fim de manter com ela um último e discreto entendimento. Sentaram-se por entre os seus soluços desesperados, e foi falando, à revelia de que estivesse atenta ou não ao que dizia. É que lhe importava mais, intimamente, e sem que disso tivesse plena consciência, falar, explicar, talvez que mais a si mesmo do que a ela, acerca do que estava prestes a se consolidar, por decisão sua, no seu quadro familiar nos últimos tempos marcado sucessivamente por dramas e desassossegos.

— Escuta, Giovanna — balançou-a de leve —, eu te avisei repetidas vezes, não te avisei, de que isto não acabaria bem? E me admira que todos tenham saído vivos de toda esta miséria. O que providenciamos aqui, neste dia, que, bem o sei, marcará a tua vida para sempre, é remédio brando ao resultado dos teus estouvamentos, que deveriam, talvez, ser contidos a tempo na época em que sustive, por fraqueza, as surras de cinta que tu merecias, a cada vez que foste flagrada em atitudes deprimentes com aquele bastardo em esconderijos das colinas. Então, sossega o teu íntimo e pondera com vagar. Sofia nada tem a ver com o resultado infeliz que atraíste ao teu destino por conta única da tua falta de juízo. Assim, não admito; não admito, entendes? — vociferou, despendendo faíscas dos olhos azuis agora enublados por sombras sinistras —, que a molestes injustamente por causa do teu ciúme fora de propósito!

A isto, porém, grande parte da rebeldia, de resto ultrajada pelo sentimento de estar sendo preterida nas considerações do irmão, que agora reputava irreconhecível, voltou à tona das suas reações; e, dando um solavanco, desprendendo-se das mãos férreas com que ele a retinha, ela rebateu:

— Ciúme fora de propósito? Acaso achas-te enceguecido pelas artimanhas desta bruxa? Porque foi justo este "ciúme fora de propósito", por mim — frisou, relanceando o olhar incendiado na direção do agrupamento familiar reunido perto dali, na sala, a esta altura sem saberem o que mais fazer ou dizer diante da situação impossível —, que a levou a te inspirar esta solução maldita, que me aparta definitivamente dos meus, e de resto me distanciando, também, de ti — acusou ressentida, explodindo e extravasando amargura e mágoa por todos os poros. — De ti, Paolo! Que sempre foi tão amoroso, qual um segundo pai, para comigo...

Voltou as costas, outra vez queda em choro convulso, ante a atitude agora indecisa do irmão, preso de grande consternação em ouvindo aquelas acusações desesperadas. Porque, iniludivelmente, reconhecia nelas uma parcela de verdade, já que durante todas as últimas horas fora atormentado por desentendimentos graves e frequentes com a esposa, girando em torno do mesmo assunto: com a moça alegando que seria um grande alívio se se decidisse por afastar a jovem para outro lugar, onde o decurso daquela gravidez indesejada não mais atormentasse com contratempos a sua vida em comum, de resto mal vivida desde o momento mesmo em que se casaram.

Quando afinal concordou, e elaborou o plano delineado a frei Silvestro, por sua vez impôs à esposa, embora sob seus agressivos protestos, o arremate que lhe pareceu caridoso para atenuar-lhe a culpa já experimentada diante da própria consciência: exigiu fosse ao menos o sobrinho recém-nato acolhido em casa, como o familiar que era, já que não havia razões suficientes que justificassem que fosse lançado à indigência como desvalido comum da vida — pois que contava com família numerosa e dita cristã! —, nem frei Silvestro toleraria tal desfecho ao caso de bom grado.

Já Martina, debilitada de corpo e alma e impossibilitada, àquela altura, de opinar no que quer que fosse com a devida lucidez de espírito, concordou com tudo, apática e adoentada como se achava.

Uma batida leve fez-se ouvir, vinda da porta dianteira da residência, e interrompeu a propósito aquela última e sofrida discussão entre os irmãos.

Era o frei, comparecendo, pontual, para realizar o que entendeu como a única solução viável e, por ora, mais adequada ao impasse — embora a reputasse momentânea —, por razões que serão expostas mais adiante, no decorrer desta narrativa.

Com efeito, o bondoso representante do Mosteiro de São Benedicto tinha outras coisas em mente.

Apesar de tudo, não se fazia presente no melhor do seu ânimo — isto restou logo visível a toda a família ali reunida em tensa expectativa, de vez que, na despedida tocante, o silêncio predominou, absoluto, realçando apenas os soluços doloridos da caçula, enquanto limitava-se a abraçar os irmãos, de um em um, todos com lágrimas mal contidas nos olhos; e, sem conseguir encarar Paolo e, em decorrência, não podendo notar-lhe devidamente a espécie de morte interior refletida nos seus olhos habitualmente enérgicos.

A combalida mãe, abraçou demoradamente, por último, sem trocarem uma palavra que fosse.

De modo surpreendente, o frei quase nada disse. Enlaçou paternalmente a sua protegida; depois passeou o olhar brilhoso da mesma e habitual clareza íntima na família detida, agora, em incertezas e profundas dúvidas do que estaria por vir.

Abençoou-os, apesar de tudo, e falou a Giovanna, com bondade:

— Vamos, figlia. Estarás bem acolhida. As irmãs de caridade te esperam; tua situação é especial e difícil; mas asseguro-te que haverás de ser recebida como familiar querida. — E, como a jovem nada pudesse nem quisesse dizer de início, conduziu-a devagar para a manhã ensolarada e banhada dos perfumes campestres, pela estradinha florida que serpenteava desde a saída da casa, onde se ajuntaram os Braccio, olhando-os, ainda dominados por pensamentos desencontrados, enquanto os observavam se distanciar. — Conversaremos melhor no caminho, e haverei de te esclarecer e te instruir. Uma fase nova começa na tua vida e, bem o sei, te assusta; mas não deves temer nada — aconselhava.

Na casa, enquanto os familiares da moça, que se afastava com o religioso sem tornar a olhar para trás, ainda os contemplavam da porta aberta, a única que notou a retirada esquiva de Paolo Braccio, preso de singular condição íntima, foi a desgostosa Sophia, que, em o notando, e sem querer se reunir aos demais na porta, apenas desapareceu, algo contrariada e metida em cismas, nas sombras do corredor que conduzia aos cômodos interiores da vivenda.

Sem que ninguém supusesse, o que ainda mantinha Giovanna de pé, e apegada a algum tipo tênue de esperança de que os próximos dias valeriam a pena, eram os planos que acalentava intimamente, sem revelá-los ao seu tutor, e relacionados ao pai do filho cuja presença em seu ventre mal se denunciava por baixo das vestes largas que a protegiam dos ventos frios nas colinas, durante o trajeto rumo à nova etapa de sua vida de cujas particularidades, é evidente, não podia suspeitar.

Seguia, pois, ao lado do frei, ora ouvindo-lhe a preleção carinhosa e cheia de instruções úteis para o seu futuro, ora alheando-se delas por completo, imersa naquelas cogitações íntimas, embora estas não servissem com segurança, e durante todo o tempo, para atenuar-lhe o quase desespero que a avassalava toda, quando considerava com mais clareza aqueles pensamentos sob o prisma mais exato de meras hipóteses e possibilidades — névoas incertas e fugazes, com cuja real concretização se achava ela longe de contar, efetivamente, para reconforto de todos os temores e inquietações que lhe dilaceravam a alma inexperiente e suscetível.

Assim, quando enfim depararam com irmã Grazia, postada desde há algum tempo na entrada do convento especialmente à sua espera, Giovanna exteriorizava no semblante juvenil e algo pálido apenas patente melancolia, embora em grau que se evidenciava muito além do que seria concebível a alguém tão jovem, ainda que atravessando os problemas de caráter particular, dos quais, aliás, a religiosa já se via bem informada pelo frei.

Frei Silvestro e a irmã se saudaram amistosamente.

— Que a paz de Nosso Senhor seja, irmã...

— Amém, irmão — sorriu-lhe Grazia, bondosa.

O frei atraiu a si a então retraída Giovanna, detida a analisar com timidez a anfitriã que os recebia, ao mesmo tempo que o aspecto sóbrio do lugar onde daria entrada dentro em pouco.

Mas o religioso já a apresentava, chamando-lhe a atenção para o que acontecia no momento e que lhes interessava mais de perto.

— Eis, irmã Grazia, a querida pupila, de quem te dei notícias esses dias. Precisa temporariamente do vosso concurso fraterno, na situação delicada que te expus. — E, reforçando explicações anteriores, embora desnecessárias ao entendimento todo pautado em compaixão daquela clarissa em particular, tida dentre as Irmãs Pobres como das mais piedosas, acrescentou: — Conheço que habitualmente o vosso serviço por amor do Cristo é voltado a aspectos outros da vida; mas conto com a vossa boa vontade para o caso, já que o que comparece no caso de Giovanna, em particular, é extemporâneo; e, para a sua pouca idade, e considerando a reação difícil dos seus familiares, reveste-se de implicações, para ela, quase desesperadoras, em nada deixando dever o seu drama particular aos das irmãs desvalidas e em situação crítica às quais assistis habitualmente, com tanto devotamento.

— Ficará conosco — Grazia respondeu logo, sem dubiedades nem hesitações, e com acalentadora simplicidade, alargando os braços para recebê-la e pronunciando-se numa entonação afetuosa cujo efeito imediato foi atenuar, pelo menos um pouco, a fornalha incandescente que era o íntimo da jovem Braccio.

Com efeito, ela de pronto intuiu, na postura serena da religiosa que a recebia com iniludível bondade irradiando-se-lhe do olhar e do tom acolhedor, uma alma efetivamente generosa, que lhe haveria de comparecer como segunda mãe ou irmã naquela conjuntura crítica.

Assim, adiantou-se uns passos, ouvindo ainda de frei Silvestro:

— Em irmã Grazia terás a confidente adequada para todo o amparo de corpo e de alma de que necessitas durante este período, Giovanna. Poderás desfrutar, então, da necessária tranquilidade e da paz de espírito que se pedem para que a tua gestação se desenvolva de forma mais saudável para ti e para a criança, que, te asseguro, ainda te haverá de ser fonte de muitas alegrias e emoções gratas a ti.

Grazia anuiu, solidária, sorrindo à jovem com reconfortante serenidade e a atraindo a si.

Entreolharam-se, e, como inúmeras obrigações de outra ordem chamassem o frei ao decorrer restante daquele dia, e em notando em Giovanna acentuado grau de insegurança apesar de tudo o que lhe dissera, cuidou de ainda assegurar-lhe apoio e visitas certas de tempos em tempos, e que não a relegaria ao esquecimento.

Acenou, por fim, com simplicidade, e distanciou-se pelo caminho sinuoso de terra esbatida que seguia elevação abaixo, a partir daquele patamar alto das colinas, sob a observação silenciosa das duas mulheres de agora em diante reunidas pelas circunstâncias do destino — mas não pela primeira vez* e, somente no que lhes dizia respeito, naquela única estadia terrena num corpo carnal.

---

* Não era ao acaso que esta personagem em particular comparecia em posição de socorro emergencial à protagonista desta narrativa, pois em vidas anteriores já haviam sedimentado forte elo afetivo por intermédio das afinidades experimentadas em comum em graus vários de parentesco a cada uma de suas reencarnações. (N. do autor espiritual)

CAPÍTULO VII

NO MOSTEIRO DE SÃO BENEDICTO*

Dias depois...

A certa altura de uma tarde morna, retornando de seu período de recolhimento diário em orações, frei Silvestro avista nas proximidades o prior Mattia, superior do mosteiro, em diálogo discreto mantido num ângulo ensombrado do oratório principal. Parece entretido em aconselhamento extenso ministrado a um monge de aparência jovem, cujo capuz lhe oculta em sombras o semblante, mas, em encetando leve meneio de rosto durante a palestra, o frei o reco-

* Oportuno esclarecer que a menção a este mosteiro se faça, provavelmente, em correspondência ao Convento Capuchinho, ao qual este santo se afeiçoou em Palermo, depois de adotar ideais franciscanos de vida, e onde oficiou como superior por reconhecimento dos próprios monges com os quais privava, pois, segundo a história oficial, sua beatificação só veio em 1743. A referência a um prior — leia-se superior — neste mosteiro, portanto, deve, por coerência, obedecer ao período posterior à época em que São Benedicto ocupou este cargo. (N. da médium)

nheceu de súbito, com clareza, confirmando a leve suspeita experimentada no início ao analisar-lhe, num primeiro momento, o vulto alto e os modos.

Tratava-se de Marcello.

Não obstante a presença intimidadora do superior, frei Silvestro, sem ser notado naquele canto despercebido onde se demorava observando o diálogo entre ambos, gastou somente um lapso de tempo mergulhado na hesitação sobre como deveria proceder ante o dilema que já de há dias consumia-lhe as reflexões e o foro íntimo.

Com efeito, ultimamente, e desde os sucessos inauditos acontecidos na intimidade familiar dos Braccio, absorvia-se em severo embate de consciência, sabedor que era de que o pivô de todo aquele drama se achava bem ali, no ambiente mesmo onde residia, ignorando por completo toda a ordem dramática de ocorrências que envolviam a jovem Giovanna e da qual fora ele mesmo parte ativa e decisiva.

Questionava-se acerca das chances de acerto se levasse a termo as suas resoluções, aliás, bem compatíveis com os mais ardentes desejos da jovem: levar ao conhecimento de Marcello a sua situação delicada, inteirá-lo de sua grave responsabilidade na questão. Mas aquilo, ponderava, desencadearia grande tumulto, envolvendo, por sua vez, a família Lorenzzo, Filippo e suas determinações férreas para com o rapaz, e com as quais Mattia compactuava integralmente. O impasse, estava visto, era passível de comprometê-lo até mesmo no ambiente do próprio mosteiro, e frente ao superior, subtraindo de maneira inadequada a tranquilidade cotidiana do recinto religioso.

Que fazer?

Configurava-se um problema de consciência que dizia respeito a se ver compelido a provocar inevitável estrago e nova ramificação de problemas enraizados, por sua vez, em outros, já de si sérios. A questão se resumia em optar por onde tal decisão se faria menos prejudicial: no mosteiro, na intimidade da família Lorenzzo, ou no curso de vida da jovem Giovanna?

Via-se, então, naquele breve instante em que se recolhia em reflexões num ângulo do local amplo onde palestravam Mattia e o sobrinho, constrangido a resolver coisas de gravidade insuspeitada, num intervalo tão reduzido de tempo — reduzido demais, para o tanto que se pedia de considerações sobre o caso, a fim de decidir com sabedoria sobre a intervenção no curso de vários destinos.

Prevaleciam na consciência naturalmente reta do frei, todavia, as possibilidades que se prendiam ao destino da criança em gestação, em particular, falando-lhe, este pormenor, inevitavelmente mais alto ao íntimo do que quaisquer outros temores relacionados aos desdobramentos possíveis nas vidas dos adultos.

De fato, questionava-se ali, ensimesmado, naquela pausa ínfima de espera, se lhes caberia o direito – a ele, ao ainda insciente Marcello, ao superior, ou mesmo a Paolo Braccio e todos os componentes de ambas as famílias em situação de dissensão ferrenha e interminável já de décadas — de comprometer assim, por esta forma drástica, o direito à felicidade do inocente nascituro ainda em formação no ventre convulsionado pela angústia da jovem mãe, que, ligada por amor ao moço parado adiante ainda em concentrada palestra com o tio, pecara, em virtude deste mesmo amor, tão e somente por temerária imprevidência, e de dentro da suprema imaturidade que, na sua pouca idade, a acometia.

Diante dessas considerações, evidenciou-se-lhe, cristalina, ao espírito beneficiado pelas luzes superiores da compaixão e da bondade, a única escolha correta possível, mesmo que expondo a si mesmo e a outrem às complicações certas que compareceriam mais à frente, como novos desafios originados na nascente de todos aqueles problemas.

Ocultando-se um pouco mais no recuado onde se abrigava, aguardou o final da entrevista entre os dois homens, e, notando o prior afinal distanciando-se apressado ao encontro de obrigações outras, quando enfim desapareceu pela saída do oratório, tratou de atrair a atenção do jovem Lorenzzo, antes que também ele se evadisse.

Surpreso, Marcello não demorou a reconhecer no robusto religioso que lhe acenava, chamando-o, o frei a quem conhecia de vista, em virtude das vezes em que o avistara em Ragusa e nas cidades vizinhas, e das muitas visitas que habitualmente realizava às famílias residentes nos lados das colinas onde também os seus moravam.

Frei Silvestro, de saída, notou no moço o tanto que haviam se modificado a sua aparência e os modos incendiários e impetuosos de outrora, se bem nisso se fizesse flagrante uma fácies qualquer de acentuada amargura, emprestando ao todo de seu aspecto interno e externo, antes de um traço de melhoria íntima digna de nota, ao contrário, algum tipo de frustração surda, de mistura com um estado profundo e perene de infelicidade mal disfarçada no brilho agora opaco de seus expressivos olhos claros.

Denotando ignorar todas essas nuances, todavia, o frei saudou-o com a cordialidade usual, alargando os braços e declarando logo, sem querer perder mais tempo, por temer outras presenças repentinas e inconvenientes aos seus propósitos:

— Figlio mio! Jesus seja presente nos teus dias. Preciso ter contigo com certa urgência e vagar, acerca de assuntos graves que te interessam de perto, mas que desconheces...

Assim abordado daquela maneira inesperada, algo de inquisitivo se acendeu no olhar profundo de Marcello; e foi francamente intrigado que se acercou do frei, saudando-o também, reticencioso.

Que poderia querer aquele frei, com quem nunca privara de maneira pessoal e mais demorada, em se lhe dirigindo naqueles termos?, perguntava-se, e este questionamento transparecia claramente em seu semblante, ainda emoldurado pela rala barba alourada de sempre, mas vincado por marcas que, no decorrer daquelas poucas semanas, haviam lhe transfigurado de modo iniludível a fisionomia em algo então sério, taciturno, e grandemente distanciado do que fora a feição displicente e audaz do rapaz folgazão de outrora.

— Que me queres, frei Silvestro? O que pode ser grave assim, a este ponto, e ainda dizendo-me respeito, para que me abordes intempestivamente desta forma? — indagou, sem perder tempo com muitos floreios.

Não obstante, o frei sempre ria-se daquele quê irreverente que, em Marcello Lorenzzo, haveria de permanecer o mesmo, marco de sua personalidade, autorizando, daí, deduções óbvias. Marcello respondera à saudação piedosa usual dentro do recinto religioso do modo como sempre se expressara no ambiente mundano ao qual se fizera afeito.

"Jamais haverá de ser monge... Teu destino repousa em outros caminhos, meu rapaz, que passam longe da vida na reclusão de um monastério!", Silvestro cogitou para si, e aquilo lhe comparecia claro como um céu sem nuvens. Mas, preocupado com outros assuntos mais urgentes, deteve-se intimamente naquela digressão apenas durante um momento, para logo depois aludir, à guisa de esclarecimento prévio que sossegasse aquela primeira dúvida externada pelo rapaz, ainda ocupado a esquadrinhá-lo com o olhar inquieto:

— Diz respeito ao contexto da tua vida antes de vir para este lugar, Marcello. Alguém que outrora ocupou por inteiro a tua afeição se acha em grande sofrimento, e tu, sem que o saibas, tem grande participação nas causas disso. Explico-te tudo — o frei garantiu-lhe, em tom abafado, e relanceou o olhar penetrante no recinto agora vazio e silencioso em torno, precavido. — Mas não aqui. O lugar é devassado demais e suscetível de deixar escoar nossas vozes para as salas e cômodos contínuos. Passemos à minha cela, pois não dispomos de muito tempo. Sei que ainda te restam obrigações para com o teu estudo de hoje.

— Gio? Grávida?! — Marcello exclamou incontrolavelmente, em tom alto que de pronto fez o frei gesticular-lhe com ênfase, rogando-lhe discrição, ali, no recinto de seu cômodo privativo, o único de que dispunha para suas orações, para o seu repouso noturno e eventual descanso por entre as muitas atividades que consumiam as suas horas diárias.

O jovem o atendeu, contendo-se a custo; mas dificilmente dominando a erupção abrupta e violenta que lhe emergiu, qual de vulcão indomável, do íntimo. E, meneando de modo incisivo, lívido, perplexo: — Não quero acreditar no que me dizes, frei Silvestro! — rejeitou a princípio, tonto, perdido em pensamentos desencontrados. — Mas... como que isto me chega assim, ao conhecimento, desta forma impossível? Giovanna de nada me deu conta no nosso último encontro. Impossível que não falasse, dado o tempo em que já se vê neste estado, pelo que me relatas — protestou, gesticulando, inconformado e torturado por dolorida angústia.

— Esqueces de que saíste intempestivamente deste último encontro, pelo que me relatou a pobre ragazza, figlio! Porque a intenção dela fora justo esta, naquele momento difícil: a de te deter a tempo, expondo-te toda a situação naquele dia fatídico ao seu destino. No entanto, te mantiveste refratário aos seus rogos, e, com a chegada repentina de Fabrizzio, te puseste de chofre a caminho, sem te despedires dela. — Frei Silvestro meneou, compadecido, enquanto emergiam às suas lembranças as cenas recentes do sofrido drama presenciado no lar dos Braccio. — Não calculas o volume da tragédia familiar desencadeada a partir disso e o decorrente grau de padecimentos da tua Giovanna. Ela mal saiu da infância, figlio, para que já se veja assim, flagelada por esse grave gênero das vicissitudes humanas — acentuou, intencionalmente, imergindo no olhar quase desnorteado do jovem que tinha sentado à sua frente os olhos lúcidos e bondosos, embora inquisitivos, carregados da conotação autoritária inerente a um pai austero quando chama a brios um filho dileto d'alma. — Temo profundamente pelo seu estado de saúde durante os próximos meses.

A isso, contudo, outro gênero de preocupações dominou a mente conturbada de Marcello.

— Ela está sendo maltratada na intimidade do próprio lar? — E agora reconhecia-se o antigo Marcello vindo à tona. — Porque, se for o caso, frei Silvestro, avio-me sem demora. Deixo de imediato este lugar, para mim sem sentido a partir deste momento; e parto, para decidir de uma vez por todas esta situação — vociferou, quase colérico. Mas, em ouvindo--o, o religioso intercedeu de pronto, com os devidos esclarecimentos.

— Sossega! Acalma-te, Marcello, porque as coisas não se fazem tão simplistas assim! Antes fossem — admitiu. — Mas há vários outros fatores a serem levados em conta, e coisas ainda a te serem ditas, para que entres, de fato, de posse integral da situação.

— Sim? Então, agora que começaste, per favore: não te detenhas, frei — instigou o rapaz, indócil. — Que ainda falta contar?

O frei suspirou, cruzando as mãos sobre o colo.

— Paolo Braccio decidiu, de resto atendendo aos ditames do desespero materno quando se inteirou de tudo, afastar a irmã durante o período de gravidez restante. Impôs que a délivrance se consume em local afastado do lar; mas reivindicou para si o amparo e a tutela do recém--nascido. Destarte, em conformidade com essas determinações, encaminhou Giovanna aos cuidados das Irmãs Pobres de Clara, no convento... onde quer que ela se interne, observando penitência e recolhimento por conta da tragédia familiar, durante todo o restante da sua vida, e alegando a impossibilidade de um casamento honrado depois de havido tudo isso.

Mas seria quase impossível ao frei conter no filho de Filippo o gênio tempestuoso e furiosamente redesperto, em função daquelas notícias extemporâneas.

— Disgrazziato! O pai da criança é vivo, cáspita! — E levantou-se, andando pelo cômodo como touro bravio. — Aquele desconjurado não me subtrairá a criança!

Silvestro se pôs de pé junto com ele.

— Acalma-te, Marcello! — advertiu, austero. — Ou tornarás a situação difícil também para mim. Lembra-te do lugar onde te encontras, por Cristo! E de que a irmã dele tem apenas dezesseis anos, cabendo, assim, a Paolo, de direito, e por mais isto te enfureça, na ausência do pai morto, as decisões inapeláveis sobre o destino das irmãs mais novas. Soma-se, a isto, a agravante de que não te achavas presente quando toda esta ordem infeliz de acontecimentos veio à tona, figlio. Tu, o pai! — frisou.

Marcello voltou-se para ele, de rompante, e o religioso admirou-se da transfiguração instantânea que se operara com tanta rapidez na figura do moço, mergulhado em intenso estado de consternação que lhe requeimava as entranhas, como uma fornalha, tornando-lhe o semblante escaldante, febril — positivamente assustador.

— E que tu sugeres, frei Silvestro? Para que, então, me pôs ao corrente dessas coisas, se não era para que eu tomasse a frente da situação, ocupando o devido lugar que me cabe no caso? — cobrou, dando um passo à frente, o olhar incendido despendendo faíscas lúgubres que denunciavam toda a violenta tormenta emocional que o consumia.

Lúcido ainda e sempre, e como de hábito, o outro o mediu, percuciente, sem se deixar impressionar pelo barulho ameaçador da tormenta nas reações do homem jovem, e dominado pelo momentâneo descontrole, que tinha à sua frente.

Depois, voltando a sentar, compeliu-o a fazer o mesmo, enquanto dirigia-lhe inesperado questionamento:

— Lugar que te cabe no caso? Deixa, por conseguinte, que te pergunte, então, jovem Lorenzzo, e para que também eu me situe melhor no entendimento: amas, ainda, e de fato, a irmã de Paolo Braccio? Porque se alegas que o teu lugar é à frente deste drama, e ao lado da moça, me pergunto, por minha vez, o que pode ter te demovido para longe dela, em primeiro lugar. Porque talvez, se te tivesses mantido no gênero de vida de até então, outro encaminhamento teria sido dado ao problema — dramático, não nego, dadas as dissensões antigas existentes entre ambas as famílias... Não obstante, talvez que de molde a te situar devidamente na paternidade da criança, e ao lado da pobre mãe, que agora se encontra entregue a destino incerto, embora amparada pelas mãos piedosas das clarissas, como a mais infeliz das desvalidas. Uma situação por certo injusta para uma jovem que sempre conviveu no aconchego de um ambiente de família numerosa, e que, pela ordem natural das coisas, não deveria encontrar sina tão imprópria ao curso usual dos seus dias.

A pergunta confundiu sinceramente Marcello durante alguns momentos.

Sentou-se de novo. E, meneando, entremostrava agora profundo desagrado misturado a pesar, declarando por fim, no tom brusco que lhe fora comum outrora, em ocasiões de contrariedades sérias:

— Fui praticamente compelido por meu pai e por meu tio a esta guinada no meu destino, à qual também, de início, me mostrei resistente e refratário, frei. Eles me convenceram do rumo nulo que vinha imprimindo aos meus dias, alegando a frustração que meu pai sentia por reconhecer-me avesso à lida nos campos, justo a fonte do sustento da nossa família, bem como por meus pendores para a vida de músico nas rodas citadinas, com os quais, por minha vez, mais me afinizava. — Ofegou ligeiramente, atordoado com o teor do que relatava. — Para arremate, a cada encontro meu com Giovanna, flagrado pelo seu pai ou pelos irmãos, ameaçava desencadear-se sobre nós uma desgraça de proporções fatais. Meu pai se mostrou disposto a tudo envidar para embargar o meu envolvimento com ela, sempre referindo aquele passado de desavenças relacionadas à posse daquelas regiões fronteiriças das colinas como fator decisivo para a completa inviabilidade de qualquer envolvimento entre um de nós com algum dos familiares de Tomazzo.

— Outra coisa importante a considerar — Silvestro aduziu, querendo concitá-lo à reflexão urgente e devida de todas as implicações da situação, eximindo-o a tempo das consequências porventura adversas de seu primeiro e intempestivo impulso, nítido nas suas palavras e reações — é se mais bem ou mal fará à jovem e ao seu estado fragilizado o seu aparecimento intempestivo e inesperado, a esta altura, e à frente de todos os componentes de sua família, ainda mal refeitos tanto da perda por morte que sofreram há pouco quanto destas novidades, positivamente inusitadas à rotina já difícil do lar. Assim considerando, figlio, rogo-te, em prol do bem de todos os envolvidos, inclusive do teu — frisou —, que te conduzas, doravante, com extrema cautela. Sempre extraímos as melhores lições dos lances mais difíceis da nossa trajetória neste mundo. De posse do conhecimento destas ocorrências, o melhor para o momento é muita reflexão, autocrítica e sensatez, a fim de que dês o primeiro passo com sabedoria, suscitando benefícios e mesmo esperanças de melhorias nesta situação, e não maiores agravantes.

O ex-caçador afinal o encarou com mais demora, embora ainda sentindo-se completamente perdido.

— Que sugeres com essas palavras, frei?

— Que te contentes, em princípio, com o simples esperar por maiores novidades. Se bem conheço a ragazza, como penso que conheço desde a sua mais recuada meninice, sei que doravante quererá a todo custo se aviar para, de algum modo, contatar-te, e dizer-te do caso de próprio crivo. Sei que o coração a compele a isto; o todo de seus modos, de seu olhar; as palavras que me dirigiu e as suas emoções aflitivas me segredam esta verdade. —Frei Silvestro enfim ergueu-se. — Se assim for, como espero, haverá em breve de me rogar auxílio no cometimento, pois que conta comigo, em primeiro lugar, como seu único confidente desde então. Aguarda, Marcello, com serenidade, e sem nenhuma atitude impulsiva que possa mais ainda pôr a perder este lamentável quadro, a passagem dos dias, que haverá de te reservar novidades mais alentadoras. Hei de buscá-lo para dizer-te do andamento do caso. É como dizia nosso irmão Francisco* — E sorria agora, a bondade assomando de novo, clara e alentadora, ao brilho generoso de seus olhos. —: Haveremos de viver bem um dia por vez; e assim edificaremos grandes coisas na vida...

* Francisco de Assis. (N. do autor espiritual)

Capítulo VIII

Paolo Braccio e Sofia

Cai a tarde. Paolo retorna do lavor diário com os irmãos e, antes de se dirigir primeiro, e como de hábito, ao quarto onde a mãe recentemente adoentada repousa, julga entreouvir um diálogo mantido em tom discreto numa reentrância qualquer próxima, no cômodo contínuo à sala.

Dada a incomum quietude àquelas horas do dia, o rapaz franziu ligeiramente o cenho. Deixou seus apetrechos num assento e adiantou-se, cauteloso, buscando identificar a origem da estranha palestra, enquanto os demais irmãos, do lado de fora da casa, ainda se entretinham em tagarelar e guardar ferramentas e cestos cheios com reservatórios de sementes.

Em dirigindo os passos em determinada direção, ainda sem identificar as vozes entremeadas de cochichos e risos baixos, julgou ouvir claramente alguma menção a Sofia.

Seu estado de estranheza acentuou-se, acrescido de pronto desagrado, e ele se deteve um pouco.

Mexericos em casa? E no momento em que a atenção de todas as mulheres presentes deveriam estar voltadas aos deveres domésticos?

Quem poderia, àquelas horas, se entreter com aquele gênero de conversa sigilosa, quando o esperado seria ver as irmãs e a esposa apressadas nos preparativos da refeição noturna? E a pretexto de quê?

Avançou, agora resoluto, e, tão logo descreveu a curva do corredor de acesso aos fundos, surpreso, deu com duas criadas antigas tagarelando em surdina, e tão absortas pelo que faziam, que no primeiro momento não deram pela sua presença.

Quando afinal notaram a sua chegada tomaram-se de horrível e evidente sobressalto.

Uma delas, pálida, tentou falar, e a voz lhe escapou, quebradiça, da garganta opressa:

— P... patrão! T... tu já retornas dos campos? Regressaste mais cedo, hoje.

— O mau tempo que domina lá fora não nos deixa muitas alternativas, Rúbia, mas, por tua vez, me expliques: que fazeis aqui, acuadas neste canto, e às risadagens, de maneira imprópria a estas horas do dia? — ralhou.

— Nada, signore, nada — esquivou-se a astuta mulher, apressando-se em explicar-se de maneira atabalhoada e entreolhando-se com a outra, melifluamente; e gesticulou a esmo. — Comentávamos apenas de contratempos na cozinha, havidos ainda há pouco. A signora Sofia quebrou, por acidente, uma tigela, e temíamos que uma das vossas irmãs ou a signora Martina nos atribuíssem a culpa. Apenas isso... Escusa-nos, signore! Com a vossa licença...

E assim falando retiraram-se, ressabiadas, ambas relanceando em Paolo os olhares desconfiados enquanto ele, de seu lado, observando-lhes os modos, e arguto como poucos, torceu a boca, contrafeito. E, ruminando para si mesmo, dirigiu-se ao interior da vivenda em busca da esposa.

— Pois sim, que uma mera tigela quebrada motivaria os estranhos risos maliciosos que entreouvi. Aí tem mais...

— Que bom motivo poderia suscitar teu nome nas bocas das criadas de forma zombeteira, como pude surpreender há pouco, ao chegar, Sofia? — Paolo foi logo cobrando, sem meias palavras, tão logo achou a jovem esposa às voltas com a arrumação de seus longos cabelos castanhos, penteando-os após o banho.

Sofia tomou-se de visível sobressalto num primeiro momento.

Inteiriçando-se, buscou denotar serenidade ante o inesperado questionamento. Talvez que deduzisse com bastante acerto a respeito do que, exatamente, relacionava-se o que o marido lhe assacava assim, de abrupto; todavia, de jeito nenhum aquelas coisas associadas aos seus dilemas particulares, e ultimamente responsáveis pelo rude conflito íntimo que a avassalava toda, poderiam ser compartilhadas ou confidenciadas ao esposo. Porque encontravam sua razão de ser justamente nas suas insatisfações mais entranhadas e secretas acerca do contexto de sua vida conjugal, e, vindas à tona, de modo inevitável desencadeariam novo cataclismo num lar já convulsionado por dramas sérios nos tempos recentes.

Diziam respeito a emoções novas e não suscetíveis de confidências a quem quer que fosse. Reservava-se o direito de comportar-se quanto a isso lançando mão o quanto pudesse de subterfúgios, que lhe disfarçassem nos gestos e nas palavras a ingrata realidade daquelas coisas, até porque não haviam extrapolado, até o presente momento, do território privativo de seus pensamentos — embora fatos outros estivessem de fato ocorrendo, fora do seu controle, e de feição a denunciarem aos mais perspicazes a nota em falso que lutava por encobrir na sua rotina dentro daquela moradia.

Mas, para a sua infelicidade, contra todos os seus esforços, era justo o que vinha acontecendo, e que agora motivara aquela abordagem intempestiva do esposo, inquirindo-a sobre nuances inéditas observadas inoportunamente no ambiente da casa justo pela indiscrição desprezível das criadas. Por isso empalidecera de maneira drástica daquele jeito, à sua entrada, e contra todo o seu esforço em dominar-se: Paolo se lhe acercara com aquele rompante justo quando, entregue com indolência à arrumação de seus cabelos, displicente e descuidadamente devaneava, o espírito distanciado dali, embevecido com recordações de certos fatos de teor grave que se vinham repetindo com frequência cada vez maior nos últimos dias, e na intimidade mesma daquele lar, tendo como coadjuvante um dos irmãos mais novos do marido, Matteo.

De resto, agentes do mundo invisível prosseguiam ocupados em atuar com pertinácia lúgubre, no sentido de influência maléfica aos componentes daquela família, de modo a somar a uma fatalidade outras ininterruptas e sequentes, ocupados no processo obsessivo maciço direcionado, preferencialmente, justo a Paolo Braccio.

Referimo-nos, de novo, a Mizael, momentaneamente distanciado do teor desta narrativa, mas não efetivamente da participação constante nos desdobramentos infelizes atinentes a ela, atuando, incansável, a partir do véu propício da invisibilidade circundante do orbe terreno; e, em dadas circunstâncias, contando com o reforço lamentável de irmãos outros nas suas iniciativas, habitantes da esfera astral obscura de sua estadia transitória, enredados por interesses eventualmente compatíveis com os que povoavam os planos deste personagem em particular.

Assim, naquele momento imersa nesta rede inextricável de emoções confusas a partir do próprio íntimo e em tais influências indesejáveis, em ação simultânea, Sofia recompôs-se do susto o mais que pôde para, aparentando despreocupação e algo de enfado para com a pergunta repentina do marido, rebater, voltando a movimentar-se pelo quarto sem dirigir-lhe muito os olhos:

— Como queres que saiba o que motiva o falatório irreverente de criados dentro de casa, Paolo? Ora, que pergunta esta que me fazes!

Mas o outro, objetivo e firme como de costume, buscou-lhe com insistência o olhar; colocou-se-lhe de frente, detendo-lhe os passos, e segurou-a, decidido, por um braço.

— Quebraste algo na cozinha há pouco?

— Sim — Sofia ruborizou um tanto, enervando-se, e a custo encobrindo o começo de sobressalto interior no semblante, temperado pelo incômodo crescente que aquele interrogatório brusco quanto inesperado lhe provocava. — Mas o que tem isso de mais, para que te ponhas a me questionar deste jeito incompreensível?

— Tem que, justo pela puerilidade do ocorrido, não me parece coerente que duas criadas fiquem aos cochichos em ângulos reservados da casa, metidas em assuntos que envolvam o teu nome, e que quando as questione a respeito me respondam com esta justificativa vazia de sentido. Nem o mais completo néscio se deteria a rir-se e zombar demoradamente de quem quer que seja que tivesse deixado quebrar um utensílio doméstico assim tosco. Assim, fico me perguntando o que, de fato, existe por trás do assunto do dia, para que gire em torno do teu nome em hora tão imprópria quanto as bocas que o pronunciavam, Sofia.

Aquilo paralisou a jovem, que se sentiu inevitavelmente presa pelo magnetismo forte e invasivo do olhar do esposo. Sem poder desviar-se num primeiro momento, chocada com a argúcia com que era daquele jeito interpelada, teve a nítida impressão de que Paolo lia-lhe a descoberto nos recessos mais oclusos da alma o que julgava resguardado apenas ao seu universo íntimo, e a salvo da percepção de quem quer que fosse, por mais aguçada que fosse essa percepção.

Desprovida de reações prontas ou de respostas oportunas que lhe servissem de subterfúgio, ameaçou resvalar para um contra-ataque que, ainda uma vez, propiciaria o agravamento da tensão presente na relação conjugal que se delineara difícil desde os primeiros tempos de vida em comum.

— Paolo, tens estado impossível de se conviver ultimamente, desde a retirada bendita da tua irmã desta casa — atacou, impávida e altaneira, mas notava-se claro um nervosismo genuíno no tom de voz com que se pronunciava, originado em coisas que nada tinham a ver com o que dizia, como nítida nota em falso. — Diriges-me cobranças e perguntas que não me vejo em condições de atender, como se me atribuísses culpa de não sei bem o quê! De meu lado, poderia bem cobrar-te outras coisas, das quais deverias cuidar, por obrigação natural em relação ao nosso convívio, mas que ostensivamente relegas à displicência, porque a verdade é que te vês profundamente insatisfeito consigo mesmo, absorvido por remorsos e frustrações relativas a atitudes que te viste forçado a tomar, contra a tua real vontade.

— Tonta! Não escapes pela tangente com subterfúgios, para fugir ao teor do que tratamos aqui — ele impacientou-se. — Que queres referir, afinal? Julgas ruim a vida que levas ao lado do teu marido, e nesta casa, na companhia dos meus familiares? Mas concordaste de bom grado em aqui residir na ocasião do nosso casamento, e desnecessário se torna lembrar-te que o morar conosco resultaria em compartilhares todos os lances, difíceis ou gratos, pertinentes ao cotidiano dos meus. Do que reclamas?

— Da nossa vida conjugal, Paolo! Quantas vezes terei que te responder a mesma cantilena, a cada desentendimento nosso? Julgas que bem vens te conduzindo neste território? Então, é que presumes muito a respeito de ti mesmo, e olha que nem te lembro disso a todo tempo, recolhendo-me, a custo, na resignação que não comprometa ainda mais a qualidade do nosso convívio, já sofrível. — E Sofia relanceou-lhe um olhar úmido de profundo desprezo, antes de se retirar, num impulso. — E tu ainda te achas no direito de vir me importunar acerca de caçarolas quebradas e da ininteligível tagarelice dos criados, da qual não tenho a mínima culpa?

E saiu de abrupto do cômodo, transcendendo mágoa, seguida de perto por três sombras imperceptíveis aos sentidos físicos de quaisquer circunstantes ali presentes — os três, em uníssono, exultando do resultado da entrevista finda —, ao passo que o agora aturdido Paolo ainda desfechou, mesmo de dentro do franco atordoamento que as palavras da esposa, cuja verdade reconhecia, em parte, apenas para si mesmo, lhe provocaram, à sua revelia:

— Será que não deténs, mesmo, nenhuma culpa, ragazza?

Mas a moça, afobada e dominada pela angústia, sem ouvir, já se distanciara bastante do quarto onde o marido ainda se demorou alguns instantes a mais, mergulhado em inércia, amargura, e nos próprios pensamentos desencontrados.

Em saindo do quarto naquele estado de profunda contristação, coincidentemente Sofia esbarrou com força em alguém que se dirigia aos fundos da casa a fim de guardar ferramentas de trabalho e higienizar-se em seguida.

A moça empalideceu de chofre, olhando-o, chocada, mas nada disse. Mas foi contida pelo braço quando, espantadiça, já se aviava por desvencilhar-se e sumir corredor afora.

— Sofia! Que se passa? Pareces transtornada, ragazza...

Matteo assim a interpelava com o olhar incendido, e prontamente zeloso da fragilidade que se lhe denunciava, franca, no aspecto e nos modos.

A isso, para profundo espanto do moço, contudo, e relanceando o olhar em torno, a jovem nada disse; apenas soltou-se num impulso e se distanciou pelo corredor encoberto pelas sombras do cair da tarde.

Nem bem teve tempo de recompor-se dos efeitos da cena insólita e alguém mais o alcançou saindo do mesmo cômodo de onde surgira Sofia.

Era Paolo, pensando em dirigir-se agora ao quarto onde a mãe combalida repousava, como fazia todos os dias ao retornar do trabalho de lavradio nos campos. Mas, em dando com Matteo parado ali, abobado, como se por alguma razão desprovido de iniciativas, também o interpelou, cenho franzido, e ainda dominado pelas impressões deprimentes deixadas pela altercação de há pouco com a esposa.

— E tu? Que fazes aqui, parado, como se paralisado, Matteo? Há uma fila para se higienizar antes do jantar, e tu te demoras no escuro do corredor como se pensando na vida?

O outro olhou-o. Era de todos os irmãos o segundo mais moço, e o que, a par de um tanto irrefletido, mais nutria respeitoso temor daquele irmão mais velho que, ainda mais agora, comparecia à frente da família como chefe nas diretrizes, na ausência do velho Tomazzo.

Somava-se àquela conjuntura, no que a ele se referia, o inusitado dilema que o vinha consumindo já desde algumas semanas, e que não pôde evitar, visto que se relacionava à cunhada e esposa justo de Paolo, que, de resto, e para sua estranheza, incrementava a situação de modo aparentemente intencional em determinados momentos, e dela se refugiava em outros, como naquele instante, para seu profundo aturdimento, embora ali conseguisse adivinhar no aparecimento súbito do irmão logo em seguida à sua saída precipitada a razão daquele estado de espírito enigmático que demonstrara ao esquivar-se daquele jeito.

De seu lado, Matteo cobrou aprumo para não dar na vista o seu aturdimento despropositado.

— Não faço nada — respondeu ao outro, firme apesar de tudo, porque irritava-o indisfarçavelmente naquele irmão os excessos de autoritarismo férreo com que se expressava a respeito de tudo dentro de casa. — Apenas me demorava aqui pensativo sobre um objeto do qual não atino com o paradeiro e que acredito tê-lo perdido durante o lavor desta semana.

Paolo meneou a propósito.

— O que não causa surpresa! Que não seja nenhum dos meus objetos é o que protesto, Matteo, pois bem sabes que és um descabeçado. Se for algo meu ou dos outros, sabes de antemão que terás que restituí-lo, de uma forma ou de outra.

E, assim dizendo, bruscamente, e não fazendo por onde esconder o aborrecimento e a exaustão que o vitimizava, adiantou-se corredor afora na direção do cômodo onde repousava Martina, deixando o amolado Matteo a cochichar-lhe imprecações ao mesmo tempo que, profundamente amofinado, retirava-se em outra direção.

Momentos depois Paolo adentrava, cauteloso, o quarto já dominado pela semiobscuridade do cair da noite onde a mãe dormitava, não obstante desperta e algo preocupada.

Ela prontamente ergueu a fronte pálida, para contemplar, aliviada, a chegada daquele filho dileto, do qual, todavia, vinham-lhe preocupando os rumos da vida conjugal, de tempos àquela parte.

Tanto que mal esperou que se acercasse devidamente do leito, acomodando-se e depositando-lhe, amoroso, o beijo habitual nas faces, para interpelá-lo acerca de seus zelos:

— Figlio mio... altercaste de novo com a tua esposa? O rumor das vossas vozes era de tal forma elevado que deve ter atingido os ouvidos de todos da casa. Nos últimos tempos isto vem se repetindo com frequência francamente preocupante. — E retendo-o, carinhosa, por uma das mãos, que entrelaçou nas suas, úmidas e trêmulas, continuou: — Não estás feliz no teu consórcio; isto é claro para mim, e me enche de temores, porque a moça, além de pertencer a família de há muito consorciada à nossa por interesses comuns, é muito jovem, e te estima com franqueza, Paolo.

Paolo suspirou. Não tinha o hábito de mentir nem conseguiria ocultar da mãe o que já saltava aos olhos de todos os convivas daquela residência, irmãos e criados.

— Sofia me atormenta com ciúmes descabidos em determinadas ocasiões, e em outras vem comparecendo à nossa convivência com uma conduta francamente intrigante, mãe. Não gosto de altercar; casei-me com seriedade de propósitos e de estima para com ela. Folgaria que alguém, ou a própria mãe e irmãos, ou a signora mesma, quando se visse para isso disposta, a aconselhasse oportunamente, pois há momentos em que não sei como lidar com tais rompantes. Ando sobrecarregado de responsabilidades e esta ordem de coisas me amofina de maneira horrível — confidenciou.

— Mas a ti, bem mais velho e amadurecido, ao passo que seu cônjuge, figlio, cabe a obrigação de orientá-la e instruí-la naquilo que lhe falta em termos de bom-senso na sua conduta de esposa. Deves ampará-la devidamente e conversar com seriedade sobre estes contratempos; mas guardando para com ela a necessária estima e paciência, se de fato prezas a vossa situação conjugal e anseia sustentá-la de dentro das melhores condições de harmonia, que vos venha possibilitar, de futuro, o nascimento de filhos da vossa união — Martina aconselhou, bondosa e compassiva, embora fossem flagrantes as condições precárias nas quais o fazia, denunciando-se no timbre enfraquecido de sua voz baixa e pausada.

De fato, fora-lhe golpe além do que podia suportar com galhardia e robustez de saúde as perdas quase simultâneas do marido e da filha mais nova, acontecidas em condições tão adversas e dramáticas.

Paolo apenas ouvia, contrito e respeitoso, os conselhos sábios e oportunos. Mas não queria onerar a mãe combalida com outras nuances graves da sua convivência com Sofia nos últimos tempos, expondo-lhe com inteireza todas as facetas sombrias e inexplicáveis que vinham complicar a conjuntura já difícil da vida conjugal de ambos.

Assim, por ora, decidiu-se a apenas consentir com o aconselhamento, atencioso, e resolvido a aplicar da melhor forma o que lhe sugeriam as palavras plenas de ternura que o sentimento materno lhe endereçava, naquele momento de palestra que se pedia tranquilo às condições delicadas de convalescença nas quais Martina se achava mergulhada.

Beijou as mãos da mãe, entre respeitoso e terno. Prometeu-lhe refletir maduramente sobre o seu aconselhamento e aproveitá-lo da melhor maneira possível na convivência com a jovem esposa; e rogou que se entregasse ela de volta ao seu descanso, despreocupada.

Depois despediu-se, retirando-se para o repouso naquela noite fria, e para o horário de refeição na companhia dos familiares.

Capítulo IX

No lado insuspeitado da vida

Peculiar reunião ensejava-se em paragens outras da vida no universo.

Novos desdobramentos se delineavam para breve no decorrer dos dias de alguns dos personagens desta trama. Pediam-se, assim, dos mentores que os tutoravam da invisibilidade, considerações sérias e esmiuçadas a respeito.

Decorrido algum tempo do narrado anteriormente, na quietude do ambiente recluso no qual Giovanna fora amparada por mãos caridosas, a pedido do denodado frei confessor de sua família, irmã Grazzia adentrou, em determinada hora do dia, o cômodo silencioso onde Giovanna dormitava e a observou, entre zelosa e compassiva, durante dilatado instante.

Empalidecida, como se a consumisse algum mal ignoto, mais da alma que do corpo, a jovem nem de longe aparentava mais aquela de outros tempos, que corria descontraidamente nos campos floridos das colinas sicilianas, envolvida nos seus segredos amorosos e em estripulias com as irmãs. Sob a austeridade natural das vestes sóbrias que agora vestia, e que velavam de modo insuficiente o seu atual estado peculiar, denotava logo à primeira análise profunda melancolia e indícios francos de alguma espécie de amargura aguda, inclemente, a roubar-lhe as cores das faces ainda muito jovens e, aparentemente para sempre, a capacidade de sorrir.

Em franco estado de preocupação por aquele estado de coisas, e em se tratando daquela entregue aos seus cuidados específicos, Grazzia cismava, rogando do Altíssimo inspiração sobre como se conduzir e o que fazer. Notava a moça imersa constantemente em lágrimas que mal conseguia disfarçar em muitos momentos, e nos últimos tempos, a seu insistente pedido, encaminhara missiva endereçada a Chiara, sua irmã mais afim e confidente, ditada nestes poucos mas tocantes termos:

Estimada irmã. Não posso mais com todo o mal-estar interno e externo que me provoca este exílio injusto. Os enjoos implacáveis, a situação de abandono, as incertezas enlouquecedoras acerca do que me reserva o impiedoso destino e do que foi feito do ingrato de quem, a esta altura, mal posso suspeitar qual seja a situação. Paolo, na sua sede de vindita, sem embargo decretou-me, a curto intervalo de tempo, a morte certa e pungente. Mas que seja! E, se quiseres, mostre a ele esta missiva, com a descrição de todo o sofrimento que experimento como consequência de sua impiedade. Será, por minha vez, a desforra permanente ao que me foi assim imposto de maneira tão inclemente, justo por parte dele, a quem sempre respeitei e estimei como um segundo pai. A feiticeira malledeta [em se referindo a Sofia] hipnotizou-o de modo irreversível, jogando, com seu ciúme diabólico, nosso próprio irmão contra mim. Justo o que até então se confirmava como o mais amoroso e dedicado dentre todos, para comigo! Miséria, Chiara! Ore por mim, e, se te apraz e te atender de futuro a chance, me visites, por amor de Jesus, a fim de que usufrua ao menos algum alento nestes dias de imerecida provação. O meu carinho de sempre. Giovanna.

Comparecia, então, naquele momento, a religiosa portando a carta que, dias após, atendia em resposta a desgostosa Giovanna, mas, em adentrando o cômodo, Grazzia estacou, examinando detidamente a moça mergulhada num sono desassossegado e febril.

Teve a impressão pronta de achar-se a jovem de algum modo adoentada, e, em assim sendo, cautelosa, avançou até o leito, encurvando-se e apondo-lhe, carinhosa, as mãos na fronte banhada por um suor frio.

— Dio... — murmurou para si, impressionada. — Parece antes vitimizada por um pesadelo!

E gastou mais alguns instantes sentada no canto do leito, observando enquanto a moça remexia-se entre os lençóis balbuciando coisas inaudíveis, como se presa de visões que a atormentavam terrivelmente.

— Saiam daqui... Saiam daqui! Ahn... Ajudem...*

Grave, contrita, Grazzia demorou apenas um minuto a mais antes de enfim despertá-la, sondando e procurando ocultar sua sincera aflição pelo que presenciava.

---

* A personagem se via sob o assédio obsessivo de Mizael, no estado de sensibilidade especial em que se encontrava, como será comentado no decorrer deste capítulo. (N. do autor espiritual)

— Irmã... algo a incomoda. Desperta de vez! — E, como Giovanna, de início, apenas aos poucos fosse recobrando integralmente a consciência, dirigindo-lhe o olhar fosco e notadamente atordoado, acrescentou, sorrindo-lhe com amabilidade: — Ao que vejo, te viste sob os efeitos de um pesadelo malsão, irmã — aventou com delicadeza. — Agora acorda! Já acabou.

Mas Giovanna, aparentemente dominada de modo inevitável pelas impressões bastante desagradáveis experimentadas durante o sono, apenas muito lentamente foi se sentando com dificuldade e se expressando com a voz entrecortada.

— Irmã Grazzia, havia pessoas neste quarto. Três homens; um deles dizendo-me coisas incompreensíveis...

Desde sempre intuitiva, no entanto, a outra procurou disfarçar o mal-estar involuntário que lhe assomou ao íntimo, em ouvindo aquela declaração assustadiça, para anotar, convicta, no intuito de acalmá-la:

— Não, irmã! Acorda de vez! Tudo não passou de um sonho. Impossível alguém estivesse neste quarto, porque ninguém acessa o ambiente do convento que não seja antes autorizado pela irmã superiora. — E, como Giovanna, perturbada, desse mostras de que prosseguiria na argumentação ditada pela confusa inquietude íntima, estendeu-lhe, de improviso, a missiva que trazia entre as vestes: — Olhe! Algo que haverá de te renovar um tanto o ânimo. Tua irmãzinha responde à tua mensagem de há alguns dias...

Encurvando-se, carinhosa, apôs-lhe leve beijo na fronte, passando-lhe o papel, que Giovanna, eletrizada, leu com ansiosa sofreguidão, e que, entre outras coisas, lhe noticiava:

[...] assim, Gio, dentro em breve hei de ter contigo, inclusive para te pôr a par de coisas outras, sérias, que se insinuam estranhamente na intimidade de nossa família, e que não ouso expor aqui. Todavia, no que diz respeito à tua justa revolta contra Paolo, infeliz irmã, ai de ti! Não ouso mentir-te. Embora hesitante, fiz como me instruíste, e dei a ele a tua carta. Mas Paolo, devo dizer-te, tomou-se de estranho procedimento depois de todos os malsinados acontecimentos que se abateram sobre nós de tempos a esta parte. Se de um lado, pois, noto-lhe a evidente amargura pelo que alega ter se visto obrigado, por brio e hombridade, a te impor como devida punição pelo que resultou do teu envolvimento com Marcello, de outro, recusa-se a demonstrar quanto a isto qualquer arrependimento possível. Não quero atormentar-te com a reação furiosa que demonstrou às tuas palavras, Giovanna; assim, o que te aconselho, por ora, é que ores e te resignes, apostando na passagem do tempo. Nosso irmão, te asseguro, apesar de todo o amargor rancoroso que demonstra, te ama com sinceridade, ou não se denunciaria agora, como é notório a todos da casa, tão absolutamente atingido com o que de própria vontade te outorgou [...].

Lágrimas escorriam, dolorosas, inevitáveis, pelo rosto ainda mais empalidecido de Giovanna ao final da leitura, espelhando um quase desespero de intensidade renovada após todos os dias decorridos no recinto do convento.

Ela comprimiu aflitivamente a missiva de encontro ao seio e voltou-se para a penalizada irmã em expectativa, falando afinal, sem poder conter o que irrompeu de súbito dos seus anseios mais recessos da alma, mas que durante todo aquele tempo não havia ainda tido a coragem de expor e rogar de Grazzia:

— Irmã, eu preciso encontrar o pai! Preciso ver Marcello, irmã Grazzia. Por caridade, ajuda-me a fazer isto!

Aquilo tomou de sobressalto a moça, que, se de um lado entendia integralmente as origens do tumulto íntimo flagrante nos modos e na fisionomia descomposta da outra, de outro, num primeiro momento, colhida de improviso por aquele apelo impregnado de angústia, não soube ao certo o que responder.

Ponderou, todavia, depois de breve instante medindo, compadecida, a jovem siciliana:

— Mas... irmã... O homem a quem te referes se acha também, por sua vez, recluso no mosteiro, ao que me deu a conhecer frei Silvestro. Como se tornaria isto possível? — indagou dela, tomando-lhe as mãozinhas escaldantes entre as suas, carinhosa.

Mas Giovanna, dominada pelo indescritível estado d'alma, não quis saber de nada, rebatendo de pronto, compelida pelo tumulto emocional que lhe desgovernava por completo pensamentos e palavras:

— Algum jeito há de haver, irmã — e soluçava. — Per favore! Apela a frei Silvestro, mas, per Dio, coloque-me em contato com Marcello, o mais rápido possível! Esta situação há de encontrar um arremate, e não pode se demorar assim por mais tempo. — E apertava as mãos da religiosa a contemplá-la profundamente impressionada. — A gravidez avança, sinto-me mal, a cada dia pior, de corpo e de espírito neste isolamento. Ajuda-me, irmã Grazzia!

Tombou, enfim, o rosto lavado de lágrimas no colo da irmã acomodada a seu lado no leito, e assim se demoraram por dilatados momentos, enquanto Grazzia, aflitivamente, e sem atinar num primeiro instante com uma atitude satisfatória, entregando-se a afagos e palavras iniciais de reconforto, rogando da moça conformação e preces a Jesus, longe se via de suspeitar que a cena em decurso não se desenrolava privativa como a entendia, sem maiores testemunhos para além dela mesma e de Deus.

Assediada como se via no seu período de sono por Mizael, o antigo pai de séculos obscuros do passado vivido sob as influências daquela mesma Itália milenar, que a vinha abordando constantemente da invisibilidade para insuflar-lhe ódio e ressentimento ferozes contra Paolo Braccio — o que vinha se refletindo, entre outras nuances, no tipo de disposição de que deu mostras na missiva endereçada à irmã distante —, Giovanna nunca teria como entender, ao despertar, o que de fato se passara para além da compreensão de ter estado sob as influências de mero sonho nefasto motivado pelo estado de espírito lúgubre no qual já de há semanas vinha mergulhada sem conseguir oferecer quanto a isto a menor resistência em contrário.

Era disso, portanto, que se valia o indivíduo em situação de vantagem na atmosfera da invisibilidade, e de resto secundado por vínculos preciosos daquele lado da vida que, simpáticos à sua causa sem razões maiores que não as ditadas pela profunda condição de indigência íntima, dispunham-se a reforçar-lhe as iniciativas com ideias e auxílio contra intervenções outras que lhes viessem tolher ou frustrar os planos.

Quando, portanto, Giovanna despertou de chofre do sonho povoado pelos efeitos do assédio implacável levado a termo pelas insuspeitadas presenças em seu acanhado cômodo, primeiro pela aproximação bem-vinda da irmã clarissa, depois pela intervenção súbita de Hiram e de mais dois assistentes devotados recém-vindos das esferas mais depuradas da Vida Maior, atribuiu, como seria natural, razões outras tanto à qualidade ruim constante aos seus períodos de descanso nos últimos meses quanto ao seu despertamento agônico, que, todavia, libertou-a do assédio obscuro a que era submetida, provocando-lhe, a despeito de tudo, grande alívio.

Com efeito, a jovem nos últimos tempos já temia doentiamente seus períodos de sono, sempre perturbados pelo mesmo gênero incomum de sonhos incompreensíveis, e era isto, precisamente, o que se discutia na reunião das paragens espirituais à qual compareciam os personagens já apresentados ao leitor anteriormente: Marcílio, o diligente mentor da equipe familiar ligada àquele agrupamento reencarnado por laços seculares de afeição, composta por Hiram, sob cuja custódia se via o próprio Mizael; Joyce, a quem se prendia Giovanna pelos laços imorredouros do amor sedimentado por afinidade identificada e construída em muitas vidas compartilhadas na materialidade e pelos lances divididos no prosseguimento das mesmas, nas dimensões verdadeiras da existência; e Lúcio, junto com Marcílio afim a Paolo Braccio pelos mesmos elos sólidos de amizade e de estima edificados nas névoas já distantes de incontáveis séculos de agruras e alegrias divididos em comum.

Hiram retornava naquele momento justo da intervenção providencial junto a Giovanna, arredando ainda daquela feita Mizael dos seus feitos sombrios e obedientes à sua encarniçada necessidade de vindita. Mas o que preocupava todos os ali reunidos, de fato, e naquela altura dos acontecimentos que se desenvolviam sob a sua assistência fraterna e insuspeitada pelos seus tutelados em prova, era o estado especial e delicadíssimo no qual se encontrava Giovanna, sem ter nem ela, tampouco os que a rodeavam, como suspeitar da gravidade real de sua situação.

— A minha querida Giovanna é jovem demais para suspeitar das dores incessantes e dos acres incômodos que a vêm vitimizando em escala crescente, algo para além da condição de gravidez avançada na qual se encontra, Marcílio. O estado dela periclita de hora para hora e, se algo não precipitar o inevitável, temo por uma interrupção extemporânea quanto indesejada nos planos delineados para a presente etapa que vivencia na esfera física — alegava Joyce, sob certa preocupação estampada claramente em seu olhar afável.

Marcílio anuiu.

— Isto não é desejável nem a ela nem a nenhum dos envolvidos, de vez que o retorno prematuro da tua querida tutelada reverteria no comprometimento dos planos de mais de um sob o nosso acompanhamento na presente jornada a que se dedicam na matéria. Assim, só antevejo um meio de sustar a tempo o desenrolar drástico da aludida conjuntura.

Os demais presentes no acolhedor recinto ajardinado onde palestravam na bela colônia do mundo invisível voltaram para o lúcido mentor os olhares, pensativos e interessados.

Marcílio atendeu-lhes de pronto as expectativas, de vez que reconhecia a passagem dos minutos na esfera corpórea célere quanto implacável para os desfechos a contento dos interesses que os demoviam.

— Como se nos torna complicado por ora arredar Mizael dos seus planos pertinazes de vingança, orientados por sentimentos de baixa condição íntima difíceis, por enquanto, de serem extirpados de maneira diversa daquela mais eficiente levada a efeito pelas leis dos resgates cármicos, devemos nos utilizar de seus próprios planos num certo sentido a fim de lograrmos um socorro emergencial.

— A que aludes, Marcílio? — Lúcio quis saber, interessado, mas o outro logo concluiu a contento seu pensamento, esclarecendo:

— Qualquer lance mais dramático precipitará a problemática délivrance. Qualquer emoção mais intensa a desencadeará, de modo que, em agindo segundo a minha proposta, haveremos de providenciar também o devido amparo ao retorno prematuro solicitado pelo nosso irmão em situação de desencarne precoce, ainda na fase parturiente, segundo o que ele mesmo rogou de conjunto com o caso que temos sob exame*. Resta-nos, assim, inspirar decididamente a consumação destas coisas, eximindo-nos temporariamente de intervenção na atuação indesejável de Mizael. Dê-lhe, portanto, para os próximos dias, certa liberdade de movimentos, apenas supervisionando-o, sem que o perceba, Hiram. — Marcílio dirigia-se com exclusividade ao agora preocupado tutor de Mizael. — A jovem deseja ardentemente reencontrar o pai da criança, desejo este reforçado de maneira pode-se dizer que inclemente pela sua influência incessante, visando favorecer, por sua vez, aquele a quem se prende pelos laços fortes de filiação consanguínea do passado distante. Deixemo-lo entregue a estas iniciativas e, de nosso lado, a fortaleçamos,

---

* Há situações de entrelace cármico nas quais um espírito se utiliza do enredo evolutivo de almas afins para somar, a isto, vivências em proveito próprio, como se dá neste caso, em que roga um contexto de gravidez malograda visando obter a interrupção precoce de seu retorno à matéria, podendo justificar tal cometimento tanto causas ligadas à necessidade de completude de insignificante período intrauterino quanto, em outros casos, uma prova para os pais do nascituro ou para o próprio, em decorrência de resgates particulares para cada situação evolutiva em si. (N. do autor espiritual)

com as devidas cautelas, inspirando e monitorando as pessoas-chave importantes à realização deste tentame, a fim de que de fato aconteça e se precipite o inevitável, em favor de se garantir a tempo a permanência da própria Giovanna no aprendizado da matéria. — E, dirigindo aos presentes o olhar lúcido, no qual se refletia a confiante serenidade do costume: — Disso, amigos, dependerá o desenvolvimento a contento das provas edificantes à lapidação da afetividade do próprio Paolo, e daqueles que lhe são circunstantes na presente etapa de sua jornada, dentre eles a jovem Sofia, seus irmãos e a família Lorenzzo.

Os presentes ouviam. E foi Joyce quem, com tranquilidade e convicção íntima, teceu o comentário final:

— Sim, meus queridos. Que se providencie o indispensável a que os nossos tutelados sejam bem-sucedidos nas melhores intenções firmadas antes do seu retorno aos cenários materiais e, falando de modo mais específico das almas afeiçoadas que eu e Marcílio temos sob nossa custódia, intentando que os planos particulares que lhes dizem respeito revertam nos anseios e no aprendizado pretendido: o de que pode e se deve, de fato, firmar um pacto de amor eterno, desde que com o entendimento gradativo da infinidade de nuances a partir das quais pode este amor se realizar nos contextos da eternidade, espraiando-se nas incontáveis possibilidades condizentes com a excelsitude desse sentimento, para com aqueles que nos dizem mais de perto, como para com todos que, conosco, evoluem na amplitude indizível da bondade de Deus!

Capítulo X

A visita de Chiara

Decorreram semanas após o narrado anteriormente.

Neste ínterim, algumas coisas se modificaram no quadro familiar dos Braccio.

Sem embargo, após a tormenta desencadeada nos meses antecedentes, e, por conseguinte, exaurido interiormente de energias físicas e emocionais, tudo pelo que Paolo mais ansiava nos últimos tempos era por algum sossego e aconchego no ambiente do lar.

Admitia consigo que detinha sua jovem esposa grande margem de razão ao reclamar da ausência do idílio conjugal sonhado por ambos nos tempos em que alinhavaram planos para o seu consórcio; e de que este, em se considerando o pouco tempo decorrido desde a sua consumação, cedo demais periclitava nos seus alicerces, abalado pelos últimos acontecimentos graves que vieram de molde a comprometer-lhes seriamente a qualidade de convivência.

Assim, alinhavou, o valoroso primogênito de Tomazzo, iniciativas junto a Sofia que ensejassem entre ambos alguma chance de reconciliação satisfatória, favorecendo a que recomeçassem, de algum modo mais grato, a convivência ultimamente difícil e cheia de lances tensos. Nada obstante sua boa vontade nesse sentido, de saída foi forçado a concluir que, apesar de suas melhores intenções, a realização a contento daqueles planos não se faria assim, tão fácil. Muita coisa já mudara, efetiva e imperceptivelmente, no estado de espírito da esposa, quanto no seu mesmo; por conseguinte, percebia agora a situação como espécie de cristal rachado, para o qual lutava com sinceridade resgatar o som primevo, sem sucesso; a conjuntura doméstica se fizera outra, com nuances estranhas, cujas causas ainda lhe escapavam à clareza do entendimento.

Mesmo assim, insistia. E foi com este espírito que, no decorrer daquele começo de manhã, após o desjejum, adentrou em silêncio o cômodo onde Sophia repousava de intempestivo mal-estar, no qual reincidia com frequência desde que foram constatadas, há poucos dias, as novas condições em que se achava, idênticas às de Giovanna — motivo de júbilo e de celebrações francas, tivessem se dado logo nos primeiros tempos de vida conjugal, mas que agora, em acontecendo como resultado esperado daquele esforço franco, mas sofrível, de reconciliação entre o casal, anunciavam-se, antes, amalgamadas de fugaz satisfação com angústias e momentos tensos entre ambos; e, de acréscimo, prejudicadas, em decorrência da presença constante da sogra, Francesca, na casa, onde fora recebida pela família para auxiliar e acompanhar de perto o desenvolvimento da gravidez da filha.

Sofia virou-se ligeiramente no quarto obscurecido por cortinas que, em criando ambiente calmo e propício ao repouso, lhe suscitassem aplacar as inclementes ânsias de vômito que a vinham sucumbindo com frequência mórbida de dias àquela parte. Momentaneamente sozinha, em hora que a mãe se ausentara até a cozinha para rogar da outra filha presente, Giorgia, que a ajudasse a trazer para a irmã um refresco, deu com o marido próximo ao leito. Mas nada disse, esvaída em fraqueza, a mente vazia.

Paolo se agachou a seu lado e espalmou-lhe, carinhoso, a mão no rosto delicado e empalidecido, sentindo-o banhado de suor frio sob seus dedos.

— Como estás, bambina mia? — preocupou-se. — Quis ver-te, antes de ir para o lavor.

A moça permaneceu calada; até porque quem respondeu foi justo Francesca, que, voltando e adentrando, de surpresa, o cômodo junto com Giorgia, não gostou de ver o genro por ali àquelas horas, dominada como se achava pela grande contrariedade que a convivência turbulenta do casal lhe provocava no estado de ânimo para com aquele que reputava como o causador exclusivo das desavenças entre ambos.

— Como quer que ela esteja, bruto, depois de toda a tristeza que impropriamente as últimas desavenças entre vós lhe provocaram? Por que não vai para a tua enxada, portanto, e nos deixa com os cuidados à infeliz mãe, a fim mesmo de que vingue a gestação do teu filho a contento? — desfechou, com irritabilidade acre, acercando-se de Sofia com a agora intimidada Giorgia, e arredando, com isto, o agora grave Paolo Braccio, que, apesar de prezar pelo respeito para com a família da mulher, não se via quase mais com tolerância para resistir ao assédio implacável com que a sogra habitualmente o vinha agredindo.

— É a tua atitude, destarte, signora Francesca, que por ora vem comprometendo a minha convivência com a tua filha. Reflete, portanto, e pondera, porque, se quanto a isto não ajo com medidas mais drásticas em relação à tua pessoa, é justo pela consideração que minha esposa e o teu marido me inspiram. Com a tua licença! — rebateu, áspero, saindo num rompante abrupto sob a atenção agora um tanto perplexa da mulher, que, todavia, sem perder o fio do entendimento sobre o todo da situação, tratou de admoestar a surpreendida Giorgia, queda ao lado da irmã agora chorosa, deitada em seu leito:

— Resguarda-te, por tua vez, deste teu início de envolvimento absurdo com o Luca, ragazza, de vez que nem eu nem teu pai, dadas as atuais circunstâncias deste casamento, haveremos de tolerar um novo envolvimento entre tu e um dos Braccio.

— Mas papa não pensa como a signora — devolveu logo a filha, ressentida.

— Basta! Não falemos mais neste assunto, e cuidemos, por ora, da tua irmã —Francesca a cortou, decidida, não admitindo o prosseguimento do assunto.

Do outro lado da casa, em saindo daquele momento aborrecido, Paolo, por sua vez, surpreendia novas razões para preocupações.

— Vai, Fabrizzio. Leva, presto, a tua irmã, e a traz de volta sem muita demora, que me avio com Paolo para justificar a tua ausência.

Martina assim se despedia de dois dos filhos na soleira da porta, despachando-os para alguma urgência qualquer ignorada do filho mais velho, de vez que durante o desjejum encerrado há pouco nada dissera acerca de alguma necessidade que os obrigasse a ausentar-se logo no começo do dia.

Recuando para um ângulo protegido da entrada da sala, Paolo observou ainda, intrigado, quando, em obediência à afobada despedida materna, Chiara cobriu-se com um manto castanho, beijou a mãe e saiu rápido, depois de prometer em surdina:

— Trago notícias, mamma! Sossega o teu coração e não te amofines com nada...

Martina assentiu e cerrou a porta, voltando-se e passeando o olhar cauteloso nos arredores, ao passo que o filho ainda mais ocultou-se no seu abrigo no nicho do oratório situado num dos recuos da parede da sala.

Ele logo suspeitou do que se escondia por trás daqueles movimentos cujas causas não lhe foram comunicadas, como era de costume desde o falecimento do pai; mas preferiu não molestar Martina com maiores questionamentos a respeito. Assim, apenas aceitou, sem refutar, quando, pouco depois, à hora em que saía para o lavor diário com os outros irmãos, ela lhe cientificou ter determinado a Fabrizzio acompanhar a filha mais nova até a cidade a fim de adquirir utensílios que se faziam necessários para o trabalho doméstico.

Assentiu, apenas, e rumou para os campos, profundamente ensimesmado em especulações silenciosas sobre o que se esconderia sob a atitude suspeita da mãe, sem dividir suas dúvidas com ninguém.

Inspirada pela ternura natural de que se fazia portadora e, a um só tempo, acatando orientações preliminares de frei Silvestro, depois de dar-lhe notícias dos últimos rogos aflitivos que lhe dirigira Giovanna, no sentido de reencontrar Marcello, num quase estado de desespero — coisa com a qual o religioso já contava e que envidou providenciar, sob sigilo inicial, todavia —, passou irmã Grazzia a entreter a jovem, na medida do possível, com atividades do convento às quais lhe seria permitido o acesso e com que se compatibilizava, como os cuidados dos jardins, cânticos de louvor e o entretecer de peças de vestuário para os necessitados.

Era, portanto, com uma dessas atividades que a moça se ocupava na companhia da irmã prestimosa que a instruía, quando foram abordadas por uma noviça que segredou algo a Grazzia, cujo efeito foi levá-la a empalidecer de súbito, atraindo, no mesmo instante, a atenção da interna. Ela de pronto interrompeu o trabalho gracioso num tecido, que realizava, até certo ponto mais arejada sob o sol cálido daquela manhã.

Irmã Grazzia agradeceu à outra jovem, que se despediu e se afastou, num meneio gentil. E, sem querer prolongar na tutelada a curiosidade imediata e vívida, anunciou, segurando-lhe com carinho uma das mãos:

— Gio... após todo esse período aflitivo que decorreu para ti, tens, enfim, um alento. Tua irmãzinha Chiara se faz presente, acompanhada de Fabrizzio, para uma visita!

Sorria-lhe, graciosa. Ao que Giovanna logo saltou do assento onde repousava, arrepanhando as vestes largas, os olhos imediatamente inundados de novo brilho, banhados de lágrimas.

— Cristo! Leva-me. Leva-me até eles, irmã...

Depois de alguns momentos, portanto, Grazzia cerrava atrás de si a porta de um escritório simples, mas reservado, onde os irmãos, dominados por emoção ímpar, poderiam privar com maior desafogo e liberdade.

Sem saber o que pensar, Fabrizzio gastou os primeiros instantes medindo, assombrado, as modificações profundas visíveis no todo da irmã caçula, enquanto ela e Chiara entregavam-se a abraço estreito, comovido, demorado.

Ambas soluçavam.

Mas, decorrido algum tempo em que respeitou o extravasamento emotivo das duas jovens, foi ele quem primeiro quebrou aquele momento para dizer algo, principiando um diálogo que adivinhava difícil:

— Giovanna, prezo ver-te, bambina. — E, desta feita, também ele tinha os olhos rasos d'água, meneando para a irmã. — Quanto lamento ter de algum modo contribuído para que te vejas nesta situação. Dói-me achar-te neste estado, Gio. Pudera eu, naquela tarde malfadada, ter envidado algum subterfúgio para auxiliar-te, alcançando Marcello a tempo, se soubesse da gravidade do caso que a vós dizia respeito.

Giovanna desprendeu-se um pouco de Chiara, surpreendida quanto reconfortada com aquele aparte inusitado do irmão.

— Tu, Fabrizzio? Que te meteste tantas vezes em brigas com Marcello, junto com Paolo, por causa do nosso envolvimento, me dizendo isto agora? — E olhava-o, incerta. —Farias mesmo tais coisas por mim?

O rapaz tornou a menear, não podendo se desprender do susto que o aspecto da irmã, grandemente modificado pelo sofrimento depois de todas aquelas circunstâncias, infundia-lhe ao espírito impressionável.

— Por certo que sim. Se pudesse adivinhar o que havia por trás daquele teu desespero... Per Dio, Gio! Olho para ti e sinto dificuldades em te reconhecer, depois de apenas dois meses...

Foi a vez de ele atraí-la e abraçá-la, a voz esvaindo-se na garganta, estrangulada por profunda comoção, que, todavia, provocou na irmã alívio balsâmico e intenso ao estado amargurado d'alma.

— Oh, como é bom contar também com o teu carinho, meu irmão! — E, atraindo-os aos assentos, os três derramando lágrimas de franca e incontida saudade, convidou: — Vem! Não podemos perder um minuto, temos muito a nos dizer. E mamma, Chiara? Como se encontra? Deixei-a adoentada naquela ocasião, e quase morri de culpa e de remorsos pelo seu estado. Consegue hoje me perdoar, pelo menos um pouco? — Giovanna quis logo saber, para começo daquele marcante reencontro, mas Chiara a interrompeu, dirigindo-lhe, para reconforto quanto àquele pormenor em particular, um sorriso satisfeito, de cuja sinceridade em nenhum momento a outra pôde duvidar.

— Shh... longe disso, Gio! Mamma foi a primeira a consentir com esta nossa entrevista, planejada, não obstante, longe do conhecimento de Paolo. Dirige-te, isto sim, sua preocupação, carinho e veementes saudades. Fácil a ti depreender, disso, um perdão autêntico, ditado pelos zelos que sempre acabam prevalecendo no coração materno. — E, inclinando-se para ela, graciosamente: — Mamma e, ouso dizer novamente, o próprio Paolo te amam, Gio, e minhas esperanças são de que o passar do tempo há de devolver-te ao nosso convívio de sempre, onde prosseguirás contando com o carinho dos teus, que haverá de apagar todas as recordações tristes.

A isto, porém, Giovanna não se mostrou tão otimista.

— Aquela outra fase da minha vida ficou para trás, Chiara. Sei que és sincera ao desejar-me estas coisas, mas, de outro lado, forçoso é reconhecer que nada se faz agora assim, tão simples. — E levando a mão, de modo instintivo, ao ventre já avolumado dos seus cinco meses de gestação: — Trago um filho comigo cujo pai é um Lorenzzo; e, o que é pior, até este momento temo que esteja ele na ignorância do que me acontece.

Fabrizzio meneou.

— Deploro que se dê deste modo; não haveria um jeito de levar a ele a realidade da tua situação?

— Se houver, irmão — Giovanna respondeu de pronto, prevenida contra a disposição temerária, embora sincera, que reconheceu naquele comentário —, há de acontecer num encontro meu com Marcello. Venho rogando isto com insistência de irmã Grazzia, que, a esta altura, já deverá ter transmitido a frei Silvestro este meu desejo. Conto que não vai me recusar o que se me constitui num direito de justa reparação. Mas, agora, per favore — a jovem gestante atalhou, denotando nova preocupação refletida no olhar mais alentado que lhes endereçava —, deem-me notícias de nossa casa e de tudo que ocorre por lá. Sinto necessidade desesperada dos nossos velhos assuntos, aos quais era tão habituada e não soube atribuir a devida importância, quando ainda imersa neles — comentou, à guisa de confissão de culpa cheia de remorsos e de um novo amadurecimento. E tomou Chiara pelas mãos. — Que quiseste dizer com aquela menção a coisas que não descreveu na tua carta, ao que entendi por temores ou por grande prudência? Algo grave e de novo vem acontecendo com os nossos, Chiara?

Chiara trocou com Fabrizzio, ante o questionamento delicado, um olhar carregado de significados e, nos primeiros instantes, um entendimento mudo. Perguntavam-se se valeria a pena expor a realidade das coisas, ante a flagrante fragilidade de corpo e de espírito da irmã caçula.

Giovanna, a isto, contudo, e de índole perspicaz e astuta, não permitiria mais que calassem sobre coisas que adivinhava subtraídas de caso pensado do seu conhecimento.

— Oh, per Dio! Bem vejo que há algo. Contem, ou não conseguirei mais dormir, certa de que fatos sérios andam acontecendo, por mais que se decidam a negar por zelo de mim.

Fabrizzio, num impulso cuidadoso, no entanto, gesticulou de súbito, tentando esquivar-se.

— Gio, afinal não creio que haverás de te ver tão interessada pelo que acontece com a vida de Paolo, já que o relacionamento entre vós, desde que nos deixaste, é tão completamente estremecido.

O subterfúgio, contudo, desaguou em efeito pior no estado de espírito impressionável da jovem. Ela absolutamente não admitiu mais meias palavras e cobrou deles, decidida, encarando ora um, ora outro, e expelindo fogo pelos olhos. Durante aquele breve momento a antiga Giovanna vinha à tona.

Destarte, chegou a ruborizar de impaciência ante a demora na resposta, e isto acabou compelindo os irmãos a oferecer explicação justa ao seu ansioso interrogatório.

— Vamos, Fabrizzio! Chiara? Que está acontecendo com Paolo? Quero saber!

— Nada com que devas exatamente te preocupar, Gio — o irmão afinal declarou, constrangido pelo severo falatório da outra. — É que... — e largou a notícia, aturdido, de supetão: — Sophia também está grávida, de tempos a esta parte.

Interrompeu-se quando, a esta primeira revelação, a jovem irmã empalideceu drasticamente. E Chiara, penalizada, entreolhou-se com ele, incerta, enquanto Giovanna descaía de volta no assento de onde havia se levantado.

— Oh! — ela exclamou, afinal, dominada pelo choque. — Então é isto? É por isto que aquela maledetta me queria longe de casa e por que Paolo me endereça, desde então, tanto desprezo?

— Não! Gio, minha irmã, não te precipites em conclusões erradas antes que acabemos de falar. — Chiara a segurou e atalhou a tempo, preocupada, em notando a forma como as mãos de Giovanna de súbito tomaram-se de tremor e de um suor frio que lhes infundiu pronto receio pelo seu estado. — De jeito nenhum Sofia se vê assim porque a relação entre eles está um céu, e menos ainda coadunados contra ti, como precipitadamente supões, querida. É justo o contrário. Paolo andou tentando entre eles uma reconciliação desastrada e cheia de tumulto, mas, de entremeio a isso tudo, que afinal resultou nesta gravidez já tardia para o tempo que têm de casados, há coisas graves acontecendo no ambiente de nossa casa.

Momentaneamente fragilizada e impossibilitada de falar ante o impacto do que ouvia, Giovanna se deixou conduzir pelo modo enfático com que a irmã mais velha buscava tranquilizá-la. Assim, apenas calou, esperando, as lágrimas descendo-lhe, a intervalos, pelo rosto, sentindo-se perdida num emaranhado de pensamentos tumultuados.

Tudo o que a sua índole impulsiva e voluntariosa desejaria era retornar ao tempo em que convivia normalmente com os seus, a fim de, com isso, de alguma maneira interferir naquele episódio no qual julgava lhe caber direito de influência, visto o apego excessivo nutrido pelo irmão mais velho; mas o que Chiara teria a lhe dizer em seguida terminaria de desmoronar com os restos de equilíbrio que lhe sobravam ao tino para avaliar com um mínimo de maturidade e de isenção toda a inaudita situação.

Depois de um último olhar receoso trocado com Fabrizzio, sentado ao lado em expectativa, a jovenzinha arrematou, cautelosa, as suas revelações importantes:

— Gio... de tempos a esta parte, alguns de nós — não todos – vimos observando coisas que nos induzem a pensar que Sofia não vem andando direito para com o nosso irmão...

Capítulo XI

Divisor de Águas

Frei Silvestro andava apressado pelos corredores do mosteiro em busca de uma determinada pessoa.

Aflito, ao passo que avançava, consumiam-lhe os pensamentos, conferindo-lhe acentuada gravidade na fisionomia, os informes mais recentes de irmã Grazzia em relação à piora do estado de Giovanna logo após o episódio da visita dos seus irmãos.

— Não poderemos sustentar por muito mais tempo esta situação, irmão — a boa clarissa lhe notificara nas últimas horas, em encontro premeditado no horário em que pôde se evadir do convento temporariamente para a entrega de mantimentos aos necessitados do lugarejo, situado numa bela elevação campesina das colinas. — Temo pela moça, cuja saúde parece declinar, de mal a pior, sem que nada possa mobilizar mais em seu favor porque suspeito na morbidez do seu estado de espírito, somada aos padecimentos normais ao período de gestação, a causa maior deste quadro preocupante.

Amparado do invisível por Marcílio e por Lúcio, naturalmente sem deter disso a mínima percepção consciente, todavia, o frei ensimesmava-se em zelos, relembrando a promessa mantida para com Paolo Braccio de mobilizar, a despeito de tudo, o que fosse necessário ao bem-estar da jovem entregue aos seus cuidados; e via-se, assim, compelido de modo irresistível a apressar a providência que já alinhavara previamente com Marcello Lorenzzo, apenas que para algum tempo depois, em ocasião propícia.

Contudo, as novidades inquietantes ofereceram-lhe a certeza de que este tempo se esgotara. Assim, em meio aos seus rogos habituais do dia anterior, no seu momento de recolhimento e de preces, veio-lhe a inspiração súbita de se valer de importante conclave com dirigentes do catolicismo da época, a ser realizado em cenáculo de imponente mosteiro em Palermo, para promover o encontro entre os jovens pais do nascituro, num último esforço de apaziguar pelo menos um pouco o espírito da moça, de molde a que suportasse com maior robustez de saúde e de disposição o tempo restante de sua gestação. Sem embargo, como profundo conhecedor dos meandros da alma humana que era, sabia que residia na plenitude do bem-estar íntimo a fonte integral de todos os recursos necessários ao refazimento dos males do corpo, embora, em relação à tutelada entregue aos seus cuidados, não pudesse suspeitar da extensão total das causas das angústias que lhe corroíam emoções e pensamentos, e que se prendiam também, em grande parte, aos últimos contratempos havidos na vida do irmão dileto, dos quais tomara intempestivo conhecimento quando da visita de Chiara e Fabrizzio.

Era que, por mais que lhe doessem na alma os ressentimentos e a amargura pelo que Paolo lhe fizera padecer, impondo-lhe o inaudito exílio, intimamente entregava-se ela, a despeito de tudo, a duro embate entre esses sentimentos e o supremo amor pelo irmão, e respectivas preocupações pelo curso de sua vida, que involuntariamente se lhe avultavam no espírito acima de qualquer rancor nutrido à conta da punição que lhe impusera o rapaz às consequências graves dos seus antigos destemperos.

Deplorava, destarte, e além do que pudesse experimentar intimamente pela cunhada, que desde o princípio lhe surgira difícil à aceitação e à convivência, os desacertos e sofrimentos que, em relação a ela, Paolo vinha enfrentando, bem como — e isto, para ela, era o mais absolutamente incompreensível, razão de revolta e de acerbo desgosto a um só tempo! — a participação melíflua, nebulosa e inesperada de Matteo no episódio, sob suspeita de envolvimento escuso com Sofia Agnelli, segundo lhe expuseram, cheios de escrúpulos e de receios, e sob a sua mais severa promessa de sigilo, Chiara e Fabrizzio.

Mas, dessas nuances atormentadoras que compunham o quadro convulsionado no estado de espírito de Giovanna, não detinha nem de longe, o abnegado frei, a correta noção.

Um cântico religioso ecoava ao longe, nos meandros do edifício, quando Silvestro afinal surpreendeu Marcello Lorenzzo bem no setor do mosteiro onde esperava encontrá-lo — solitário, ensimesmado, recolhido a um ângulo do salão onde se reuniam em horários certos os monges para as preces devocionais do dia.

Sentado num banco longo de madeira escura, entretido com algum tipo de leitura que, apesar do que pudesse sugerir, dada a sua aparente contrição, não lograva lhe absorver a atenção dispersa em pensamentos e lugares outros, longínquos do ambiente em que se achava, o rapaz ergueu de abrupto o rosto, como se sobressaltado com o chamado repentino que o arrancou de improviso do seu alheamento.

Em vendo o frei se aproximando em atitude que prenunciasse urgência, e antevendo que lhe traria novidades que lhe interessavam supinamente, Marcello ergueu-se, sem esperar que o alcançasse, e, largando de lado o livro esquecido sobre o assento, avançou, por sua vez ansioso.

Ainda daquela vez os modos incendiários tanto em gestos quanto na vivacidade e no brilho do olhar arguto do jovem asseguraram ao frei que o tempo dele naquele recinto inadequado para com a sua índole e verdadeiros pendores estava por expirar. Alguma coisa no todo das circunstâncias lhe segredava essa certeza com segurança indiscutível; daquilo, receoso, não detinha nenhuma dúvida, e ele temia o que, a partir daquelas perspectivas, estaria por vir no desenrolar das peripécias a que se prendiam os destinos tanto daquele jovem impulsivo quanto da moça em estado sumamente delicado que tinha sob os seus cuidados.

Ambos se encontraram ao mesmo tempo em meio ao silêncio profundo do recinto, que lhes obrigava baixar intuitiva e drasticamente o tom das vozes se quisessem falar em sigilo, tanto que frei Silvestro, precavido, travou do braço do outro e logo o arrastou a local mais a salvo de indiscrições, por sob um nicho de altar, quando Marcello o interpelou, sem querer nem poder esconder sua ansiedade:

— Então, frei? Que novidades me trazes?

— Shhh... Cuida do tom da tua voz, aqui, onde mesmo um sopro ecoa por todo o recinto do mosteiro. — E, olhando, enfim, fixamente para o moço metido em indomável desassossego refletido claramente no azul então acinzentado dos seus olhos, comentou: — Nosso tempo acabou, figlio! Quero antecipar contigo aquelas providências, que antes te reputei precisadas de cautela e de vagar, porque o estado da tua Giovanna periclita e desandou, lastimadamente, para uma feição crítica que me tem roubado as noites de sono. Venho rogando a inspiração de Nosso Senhor Jesus Cristo — ele meneou, e Marcello notou-lhe a sincera preocupação estampada no semblante — para atinar com o improviso de algo que nos atenda a contento no auxílio devido à moça, porque irmã Grazzia está cheia de zelos para com as dores crescentes e o mal-estar de corpo e de alma que a atormentam, e que vêm subtraindo dela, implacáveis, o viço e a saúde.

Marcello ofegava. No primeiro momento apenas mediu o frei, e ele se interrompeu, penalizado, analisando-o por um instante.

Quando conseguiu dizer alguma coisa, lutando para manter discreto o tom naturalmente alto e brusco da voz quando em estado de insuportável ansiedade, como ali, naquela hora, foi para cobrar, de dentro de suma impaciência:

— Que faremos, frei Silvestro? Diga logo, porque quero sair deste lugar e agir!

O frei tentou contê-lo de novo, tornando a percorrer o olhar avisado pelo ambiente do recinto onde se achavam, de resto cheio de reentrâncias e de ângulos mergulhados na obscuridade mal iluminada pela claridade que se esbatia dos vitrais, silente e propício à audição indiscreta de eventuais presenças indesejáveis. Apertou de leve o braço do outro e fê-lo sentar-se, acomodando-se a seu lado.

— Minha ideia, jovem Lorenzzo, é valer-me da ocasião do conclave a realizar-se daqui a três dias, no grande Mosteiro de Palermo. Haverá importante eleição de novos dirigentes da Igreja para várias representações importantes da Itália junto ao pontificado, e haverá convidados de todas as vertentes maiores e menores do cristianismo. As clarissas, naturalmente, serão convocadas, como é de praxe; e é neste local e oportunidade que pretendo aproveitar-me do tumulto do povo reunido para introduzir, despercebidamente, um encontro entre ti e Giovanna. Isto, penso, produzirá na moça um efeito de molde a sanar-lhe, em medida satisfatória, os males da alma que lhe vem ocasionando o difícil decurso de sua gravidez! É preciso, portanto, que deste vosso encontro, figlio — acentuou, veemente —, adquira, ela, algum lenitivo a partir de um entendimento entre vós que venha favorecer, com um arremate satisfatório, todo este drama.

— Ninguém mais do que eu anseia por isto, frei — assegurou Marcello, todavia, com a temeridade que lhe era própria integralmente recuperada, o olhar despendendo fogo na direção do agora entre pressuroso e impressionado religioso. — Desde o nosso último encontro, digo-te, por minha vez, não durmo direito, e enlouquece-me de modo intolerável esta vida reclusa que me foi imposta e que nada mais me diz. — E, acrescentando, sem querer perder mais um minuto: — Vamos, então, às providências. Instrui-me! — determinou, taxativo.

Silvestro olhou-o, e o rapaz transparecia aguda impaciência enquanto o esquadrinhava; respirou fundo, juntando as mãos rentes a si, como se deprecando a Jesus inspiração para realizar adequadamente o que, se ao foro íntimo lhe comparecia com hesitação como o mais correto, pelo menos por certo como o mais oportuno para sanar a contento o desfecho grave que se prenunciava aos próximos dias de sua tutelada.

— Ouve, figlio... Porque, de resto, após este cometimento, te restará também um último entendimento difícil com o teu tio na intimidade deste mosteiro, se é que queres com verdadeira convicção imprimir aos teus rumos o retrocesso daquilo que havias antes decidido sob o peso da influência da tua família. — E atraiu-o a um ponto ainda mais a salvo de indiscrições do ambiente silencioso onde se encontravam, relanceando outro olhar perscrutador em volta e murmurando, pressuroso: — É preciso que detenhas a noção exata das implicações quase certas das tuas atitudes: do que te aguarda para além das providências que envidaremos em breve, já que deves antecipar a possibilidade de te veres às voltas, a partir disso, com embates sérios, primeiro junto ao teu tio, o prior; depois, junto à tua família, e, de novo, à da jovem Giovanna. Apesar disso, se é esta a orientação irrevogável nas tuas cogitações mais íntimas, não é lícito que esmoreças frente ao que nos aguarda, mas que confies incondicionalmente no amparo divino, tendo em vista o necessário reajuste que se pede ao bem-estar físico e emocional da jovem mãe do teu figlio. Escuta, pois. Não temos tempo a perder...

E inclinou-se na obscuridade baça do local, expondo sucintamente ao seu atento ouvinte os seus planos e zelos para o decorrer das horas seguintes.

Com o hábito de postulante contrastando estranhamente com o brilho incendiário nítido, espelhado num semblante que os mais argutos logo notariam sobrecarregado de temerária ansiedade, Marcello sentava-se em meio ao incontável número de representantes da religiosidade católica daqueles tempos, todo mergulhado nas suas conjecturas desenfreadas, sem mesmo se dar conta do rumoroso aglomerado à sua volta no recinto majestoso, em cujo principal ângulo se postava o altiplano solene onde um agrupamento de autoridades eclesiásticas, composto de representantes do pontificado na Sicília, cardeais e bispos vergando o pesado vestuário indicativo de suas variegadas atribuições na Igreja, já aguardava para breve o começo do conclave importante, durante o qual assuntos de premência seriam votados e decididos.

Frei Silvestro o introduzira ali, após a sua chegada junto aos demais candidatos à vida monástica no Mosteiro de São Benedicto, após se aperceber ter se distanciado Mattia para se reunir aos que se lhe igualavam em atribuições e níveis de autoridade na hierarquia religiosa de Palermo, e com a promessa de retornar em breve, tão logo se entendesse com Grazzia e demais clarissas incumbidas de acompanhar Giovanna devidamente trajada para apresentar-se incógnita no ambiente já lotado, porque as condições sob as quais internara-se no convento não eram exatamente de molde a permitir-lhe o uso do hábito de noviça, e muito menos o ingresso a evento eclesiástico de tal importância.

Todavia, em acerto prévio com as representantes da comunidade religiosa feminina com quem contava para auxílio extemporâneo naquela emergência, logrou o frei valer-se da oportunidade e da boa vontade daquelas mulheres pias, a fim de solucionar a tempo e a contento um impasse que poderia comprometer, inclusive, e dependendo do que acontecesse nas próximas horas, os que aos dois jovens em dificuldades prestavam socorro e acolhimento — o que não interessava nem ao próprio frei Silvestro, todo imbuído das melhores intenções naquele caso, como também não a Marcello e Giovanna, tampouco às clarissas, que se dispunham a prestar, naquela conjuntura, o seu amparo, antes e acima de qualquer outra consideração inspirado pelos ditames da mais autêntica caridade cristã.

Não imaginaria o frei que, no capítulo da intercessão de origem espiritual a partir das paragens invisíveis, onde outros amigos insuspeitados acompanhavam com dedicado interesse os lances sucessivos do drama a que se prendia como mentor de boa vontade, as diretrizes seriam de molde a produzir efeitos diametralmente opostos aos que pretendia. Porque, se contava, a partir da promoção daquele encontro entre os jovens, com a provável melhoria das condições fragilizadas de saúde da gestante, do outro lado da vida, naquelas dimensões onde se acessavam com clareza todas as determinantes reais de uma situação de conflitos, já envidavam os Amparadores da invisibilidade providências de socorro emergencial aos protagonistas, no que reconheciam de antemão como o desfecho certo daquele caso específico, em que um nascituro retornaria prematuramente às moradas espirituais, liberando a mãe martirizada, por sua vez, de um contexto existencial não exatamente compatível para aquela fase incipiente da sua vida, em acordo com os compromissos assumidos no tempo anterior ao seu retorno à vida na matéria acompanhada do agrupamento espiritual que lhe era secularmente afim.

Marcello, pois, achava-se todo mergulhado no seu universo íntimo, o olhar ausente passeando com alheamento pelo movimento intenso dos circunstantes se arrumando nos assentos ou reunidos em pequenos agrupamentos, discutindo reservadamente acerca dos interesses recíprocos e expectativas pelo desdobramento do conclave em iminência de iniciar-se, quando a aproximação repentina de alguém que encaminhou de rompante um vulto feminino encapuzado para o lugar que mantivera de modo premeditado resguardado e vazio a seu lado arrancou-o de chofre do seu grande distanciamento de espírito.

Voltando-se de abrupto, o rosto instantaneamente empalidecido pela comoção violenta que lhe desgovernou de pronto as emoções, denunciando-se no ritmo descompassado do coração, Marcello deu com o ofegante frei Silvestro dirigindo-lhe gestos indicativos enfáticos na direção do delicado vulto encapuzado que, no primeiro momento, manteve-se obstinadamente cabisbaixo, sem coragem para encará-lo.

De fato, o único sinal visível da franca perturbação que a tomava toda, naquele minuto inesquecível quanto crítico, era o arfar sôfrego de sua respiração transparecendo claramente por sob o hábito largo e com o fim de velar, de maneira conveniente, o adiantado do seu estado de gestação.

— Gio! — o jovem Lorenzzo pronunciou, inclinando-se num átimo e enfim deixando escapar, nesta única exclamação inicial, toda a emoção avassaladora de que se via possuído, mal contendo o tom alto de sua voz grave e brusca.

Apreensivo, frei Silvestro, acomodado ao lado da jovem, percorreu o olhar em torno; mas tranquilizou-se ao constatar que, no meio da suprema azáfama dentro da qual se viam, ninguém ao redor sequer lhes reparava nas presenças, ou quanto mais se dava conta de que ali, insuspeitadamente, principiava-se comovedor episódio de reencontro entre dois seres entrelaçados de modo tão estreito num drama que lhes era comum. Assim, inclinando-se também, de sua parte, para a moça horrivelmente fragilizada tanto externa quanto internamente, sussurrou-lhe, encorajador, apondo-lhe de forma paternal a mão no ombro:

— Figlia... Eis aí, como tanto ansiavas, o teu Marcello, pronto para enfim entender-se contigo de modo a arrematar este sofrimento todo. Aproveita-te, pois, incontinenti, do momento, pois os minutos correm céleres e contamos, aqui, em grande medida, com um golpe de sorte que não nos exponha nem venha denunciar os intuitos a testemunhos indiscretos, com consequências funestas para todos nós.

Somando atitudes prontas às palavras do frei, Marcello, de seu lado, tomou-lhe, num impulso incontido, a mãozinha trêmula, fria e úmida.

— Gio, fala comigo, bambina mia! Presto! Haveremos de sair daqui, hoje, com uma solução a contento para o nosso caso, amore!

Os olhos subitamente banharam-se de lágrimas. Todo o sentimento recalcado pela filha de Tomazzo refluiu-lhe, avassalador, em turbilhão, para a tona dos seus gestos, fisionomia e pensamentos; e agora via-se aflito para ver-se francamente correspondido nas suas intenções a fim de dar arremate satisfatório a uma situação que julgava só não ter atingido um desfecho apropriado a ambos pela sua pusilanimidade anterior ao não impor-se de maneira adequada perante o pai e seus familiares, assumindo, por atos, todas as possíveis consequências das suas escolhas.

Mas enervava-se de segundo para segundo, porque Giovanna, de seu lado, sumamente atarantada pela situação e local onde se encontrava, ademais daquele jeito espúrio, incógnita sob vestes religiosas indevidas, ainda não se arredara de sua inércia — muda, perdida em iniciativas e palavras.

Acossada pelo contato de Marcello, todavia, e pelas suas palavras impregnadas de indizível ansiedade, mexeu ligeiramente o rosto, apenas, ainda sem coragem para encará-lo, o olhar preso na figura majestosa e grave do cardeal dirigente que, no altiplano, assentado numa espécie de trono tão fulgurante como as suas vestes imponentes, ensaiava principiar os trabalhos em iminência naquele importante encontro sacerdotal.

— Tu me abandonaste, Marcello! Na hora mais difícil da minha vida! Como queres que me sinta segura agora? — a voz escapou-se-lhe, enfim, desfalecente, sumida, da garganta contraída, naquela acusação inicial, esvaindo-se depois.

Em ouvindo aquilo, Marcello gastou um instante também perdido, sondando as condições em torno. E disse para o frei sumamente preocupado e ainda sentado ao lado da moça, no tom mais discreto que pôde:

— Frei Silvestro, ela está nervosa demais, e a cerimônia inicia-se. Não há como darmos termo a este encontro aqui. Com o começo do conclave, a sala haverá de quedar-se em silêncio, e não há possibilidade de resolvermos isto a contento aos cochichos e dominados pela ansiedade como estamos. — E acrescentou, em tom premente, que não deixou ao outro tempo para refletir sobre o que ouvia: — Tenho que me evadir daqui com Giovanna, frei. Indica-me em que direção, que de meu lado me avio com ela sem despertar maiores atenções, de vez que um postulante e uma noviça não interessam mais detidamente a ninguém; mas o signore, de seu lado, é conhecido em todo lugar. Não pode, por tua vez, nos acompanhar sem o risco de despertar a curiosidade de alguém que o conheça de perto, e que na certa há de estranhar-te os movimentos sem propósito de evasão ao nosso lado.

— Sim, sim... — O religioso torcia as mãos por sob o hábito, aflito, sem tempo para pensar em algo mais apropriado. Gastou breve momento percorrendo o olhar inquieto pelos arredores, por entre o movimento de religiosos se acomodando para o início da solenidade, enquanto Marcello, de seu lado, tornava a inclinar-se para a jovem ainda metida em indescritível estado de atordoamento e desamparo, murmurando-lhe palavras explicativas e iniciais de reconforto. Depois, atraiu-lhes a atenção para um determinado ponto de evasão do recinto, indicando-lhes com discrição. — Vai, figlio, com ela, que a solenidade já se inicia, e precisais sair a tempo, antes de o cenáculo aquietar-se. Leva-a por aquela porta velada por reposteiros vermelhos, que dá numa saída para os fundos do mosteiro, a esta hora com certeza deserta, como também deve estar o único corredor que havereis de atravessar, com a necessária celeridade. De resto — tomou o jovem pelo braço, com firmeza, para lembrar-lhe um último cuidado imprescindível antes que saíssem —, não te esqueças da vida, Marcello, e não percas a noção do tempo no calor deste reencontro, de vez que a jovem deve ser devolvida ao convento no máximo daqui a três horas, para que não desperte alvoroço nem zelos nas responsáveis pela sua internação. Entrega-me Giovanna dentro deste prazo, nas proximidades do Convento das Clarissas, que lá ficarei à vossa espera. Agora, ide, com as bênçãos de Nosso Senhor!

Sem esperar mais, Marcello ouviu; e, arrebatando a desfalecente Giovanna pela mão, puxou-a, decidido, sem deixar-lhe chance a resistências; cochichou-lhe com firmeza algumas recomendações a propósito, no sentido de recobrarem compostura de modo a não despertarem atenção, e depois, sob a observação supinamente preocupada do frei a distância, desapareceram, felizmente despercebidos, pelas dobras do reposteiro vermelho que lhes descerraria o caminho para a liberdade externa do ambiente lotado e opressivo do imponente Monastério de Palermo.

Capítulo XII

O reencontro

Depois das dificuldades enfrentadas no vagar com que se afastaram, tendo que respeitar os limites naturais impostos pelas condições de saúde nas quais Giovanna se achava, e uma vez e enfim longe do monastério e de suas adjacências lotadas de povo em circulação pelas avenidas poeirentas, esbatidas de terra e atulhadas de moradias, em sua maioria de aspectos miseráveis, de Palermo, Marcello atraiu a si a jovem gestante, incontidamente, em abraço estreito e apaixonado, tão logo se viram a salvo de maiores indiscrições por trás de arvoredo compacto, sobre um elevado campesino das colinas periféricas e perfumadas da movimentada cidade siciliana.

Perturbada, ofegante da corrida que a penalizara acima quase do que se via em condições de suportar, a moça o arredou ligeiramente, sem forças suficientes que correspondessem ao seu impulso de expressar o imenso dilema íntimo no qual, quanto a ele, ainda se debatia.

— Per favore, Marcello... Per Dio! — balbuciou. — Cuida do que fazes, por conta das vestes que trajamos. De modo algum uma coisa dessas será compreendida por algum eventual circunstante que nos surpreenda nesta atitude, e algo assim, uma vez denunciado ao clero local, pode decretar-nos nada menos do que excomunhão e morte — suplicou.

Ele a mediu por breve momento, notando-lhe, enfim, em toda a extensão, a flagrante fragilidade física e emocional. Deu uma pausa, contendo-se no próprio arrebatamento, para puxá-la com gentileza, assentando-se no abrigo das sombras acolhedoras do arvoredo.

— Vem, Gio. Senta aqui comigo, e descansa. Temos muito que nos dizer, e pouco tempo para tanto.

Ela consentiu de bom grado e se acomodaram.

Durante alguns instantes, tudo o que fizeram foi se entreolharem irresistivelmente, mergulhados numa mistura de sensações difíceis de se definir.

Giovanna, mesmo de dentro de seu estado precário de corpo e de espírito, examinava Marcello, admirando-se da seriedade inédita no brilho do olhar que lhe dirigia, e no todo de seu aspecto, indiciando um grau de maturidade até havia pouco tempo inexistente no rapaz antes temerário até a audácia, tanto em iniciativas quanto no seu modo de considerar a vida. E ele, de seu lado, procurava disfarçar o avultado susto, combinado à admiração, que lhe provocava a aparência fragilizada da jovem no nível já adiantado de gestação no qual se achava — bela, sem dúvida, ponderava, sentindo reavivar-se, dominando-lhe o íntimo, imperiosa, toda a paixão amorosa intensa que outrora motivara a aproximação entre ambos; algo mais robusta, e, similarmente, amadurecida, a pulso do sofrimento experimentado desde que deixara seu lar, meses antes.

Mas, paralelo a isto, uma palidez acentuada nas faces, sobressaindo olheiras profundas, e a falta de fôlego inclemente que a flagelava saltando às vistas, para além de toda a boa vontade demonstrada em resistir com coragem à contingência emergencial na qual se viam, preocuparam de pronto o jovem, emudecendo-o por vários momentos durante os quais respeitou-lhe a necessidade de descanso, aproveitando para imaginar uma saída qualquer eficiente, que lhes viesse de encontro para sanar a contento a inaudita situação.

Da invisibilidade, todavia, e atentos a estas mesmas nuances, Joyce, Marcílio e Lúcio, médico experiente das paragens etéreas da vida, velavam pelos dois desde o começo daquele inesquecível reencontro, envidando providências de ordem fluídica no sentido de amenizar o quanto possível em Giovanna o mal-estar acentuado que, contra todo o seu estoicismo, a avassalava, enquanto, de outro lado, longe dali, na residência dos Tomazzo, Hiram fazia por onde reter e inspirar seu problemático tutelado a demorar a atenção em problemas e interesses outros, ao menos durante algum tempo, de modo a proporcionar que se visse o jovem Lorenzzo isentado de sua influência nociva na duração do seu encontro com a moça.

Em notando-a afinal mais calma a despeito da forte comoção ainda visível nas suas feições quase infantis e no olhar marejado que lhe dirigia, contemplando-o sem poder desviar-se, como se presa de um misto inextricável de enlevo e de angústia, Marcello se lhe acercou, assentando-se mais próximo sob o frescor repousante e perfumado das sombras do arvoredo.

Enlaçou-a, segurando-lhe com gentileza o rostinho agora tomado de leve rubor pela sua proximidade, e, achegando-se-lhe, depositou-lhe terno e demorado beijo nos lábios, a que ela não resistiu, apenas olhando-o, algo confusa e silenciosa.

Quando se distanciaram, para introduzir um diálogo que demorava a se encetar em decorrência do óbvio constrangimento perturbado entre ambos, depois de todo aquele tempo sem se avistarem, Marcello enfim fez alusão à situação ímpar que doravante teriam que tentar solucionar a contento — para claro alívio de Giovanna, revelando evidente quanto sincera satisfação no que lhe dizia.

— Giovanna mia... — murmurou, enfim sorrindo e buscando descontraí-la, os olhos de um azul intenso, de onde se refletia um brilho inédito de orgulho e de felicidade, mergulhados nos dela, cativantes, amorosos. — Esperas um figlio mio, bambina! Cristo! E não pudeste me contar a tempo, naquela tarde infeliz, porque io, o estúpido, andava perdido como um tolo no meu modo de considerar as coisas, amore. — E, juntando-lhe entre as mãos firmes e carinhosas as faces agora ruborizadas, onde um sorriso insinuava-se-lhe, incerto, e depois de tantos dias de dramas e de lágrimas, nos seus lábios delicados, prosseguiu: — Fala, Gio, que tu me perdoas. Preciso ouvir de ti, logo, em primeiro lugar, porque é o que mais me importa, para depois te explicar umas tantas coisas, que, vá lá, não justificam as minhas atitudes, mas que te ajudarão a entender o que se passava comigo durante aqueles dias do nosso afastamento. E depois, enfim, combinaremos o que será da nossa vida de agora para diante. Juntos, resolveremos tudo; mas primeiro, amore mio, diz que me perdoa.

— Marcello — ela enfim desabafou, em ouvindo aquelas palavras repletas de emotividade que lhe caíam como inaudito bálsamo na alma ultimamente atormentada por dúvidas, temores e sofrimentos desconhecidos, cuja carga inclemente lhe comparecia como muito além do que, na sua idade incipiente, conseguiria suportar —, diz que não é sonho estarmos juntos, aqui, e tu a me dizeres estas coisas. Já tinha te dado por perdido, Marcello! Claro que te perdoo, mas tu, de teu lado, me assegures que não se trata somente de um sonho bom. Garante-me, de algum modo, que não haverás mais de te apartares de mim.

— Tu sabes que eu te amo, Giovanna. Sempre o soubeste — ele confirmou, enfático, dispensando-lhe intensa convicção no modo como falava e a fixava. — Mesmo naquela tarde, Gio, em que não conseguimos dizer um ao outro tudo que deveríamos, depois do que se desencadeou todo o teu sofrimento. Mesmo ali, na forma como te olhei, de algum modo tu deves ter percebido que nunca, de boa mente, te retirei do meu coração e dos meus pensamentos. Tu deves ter sentido que era falso o que as minhas atitudes sugeriram naquele momento. Perdoa, Giovanna — repetiu, emocionado.

Tinha agora os olhos rasos d'água, a voz embargada, contra todos os seus esforços em conservar-se equilibrado para transmitir à jovem reconforto e segurança. Mas aquilo devolveu a ela a certeza de que podia confiar nos seus sentimentos, como fizera outrora. Conhecia-o o suficiente.

Sabia que, naquele instante, era sincero — mais do que jamais, disso, detivera a convicção anteriormente.

Lágrimas, agora de felicidade inédita, escorriam-lhe dos olhos.

Achegaram-se mais, abraçando-se; e beijaram-se, prolongada e apaixonadamente.

Correram as horas.

Findo o solene conclave, frei Silvestro, o mais esquivamente que pôde, e buscando se pôr a salvo em particular de qualquer eventual atenção do prior do mosteiro onde residia, dirigiu-se ao local previamente acertado com Marcello a fim de aguardar o retorno breve dos jovens, para saber do resultado da entrevista e, após delinearem novos planos de ação, encaminhar devidamente Giovanna de volta ao Convento das Irmãs Pobres e aos zelos caridosos de Grazzia.

Mas as ruas por onde transitara e que antes regurgitavam da multidão presente à imponente cerimônia foram se esvaziando. E frei Silvestro, uma vez no ponto de encontro, foi-se afligindo progressivamente, ao constatar o declínio preocupante da tarde sem o retorno dos seus assistidos, deduzindo na mudança gradativa das claridades do dia um avanço do tempo já para além do que programara com Marcello para a sua volta, quando de sua saída do Monastério de Palermo na companhia da jovem Giovanna.

Torcia as mãos, olhando em torno, metido em franca agonia, andando de um lado para o outro enquanto tecia considerações. Que poderia ter acontecido? Nada sério, esperava, deprecando, angustiado, a Jesus.

— Jovens tolos! Valei-me, Cristo! Algo me dizia que não podia confiar, per Dio, mas... com o que os meti nesta situação impossível? — recriminava-se. — Certo, perderam-se em idílios e se esqueceram de tudo o mais, madonna mia! E como me aviarei agora para encontrá-los e dar contas às irmãs que acolhem a moça? E a Mattia, o prior?

Não imaginaria o bondoso homem que os seus problemas, naquele dia, apenas principiavam.

De fato, o casal atenderia satisfatoriamente aos planos delineados de retorno se um entrave grave não os tivesse retido, de forma involuntária, no seu esconderijo das colinas, justo quando, já entendidos entre si, e depois de demorada troca de confidências importantes e combinados em detalhes os seus passos em comum para os próximos dias, a jovem gestante, de súbito, passou mal, demonstrando de inopino e sem causa aparente uma piora do mal-estar que sistematicamente a vinha molestando nas últimas semanas.

Aquilo fez Marcello repentinamente despencar das nuvens num momento de iniludível felicidade em seguida a um extenso período tenso, mergulhado nas obrigações e atividades do monastério, autoimpostas num instante de insensatez e sob o peso da pressão de Filippo, do tio e de sua família.

Agora, no decorrer daquela tarde em que tudo era rejúbilo, ao afinal reencontrar-se com aquela que — e nunca pudera mentir para si mesmo! — em todos os instantes daquela separação nunca saíra dos seus pensamentos e sentimentos...; ao reencontrá-la, e quando enfim a julgava mais apaziguada e também mais feliz, após aquelas poucas horas em que o seu aspecto fragilizado e entristecido o preocupara sobremaneira, colhe-o, de improviso, a difícil emergência, sem saber ao certo o que fazer num primeiro momento para saná-la a contento, de vez que demorava-se incerto entre deixá-la no abrigo sob as árvores para buscar auxílio, ou levá-la consigo, para este mesmo fim.

Terminou prevalecendo nas suas resoluções, ademais inspiradas pelos mentores devotados da invisibilidade que os assistiam com diligência, a última opção, julgando com acerto que frei Silvestro não se arredaria do seu posto de espera antes da sua chegada, compelido pela preocupação justa com a jovem, e que melhor seria tê-la consigo naquela emergência, conduzindo-a com cautela e com o indispensável vagar, e proporcionando-lhe, com isto, o reconforto contínuo da sua presença, do que deixá-la entregue à sorte na solidão das colinas, ademais com o declínio franco da tarde, e presa do estado crítico de saúde que a flagelava somado às incertezas que a sua ausência, por mais breve fosse, acarretariam ao seu ânimo ainda mal refeito dos sustos e dos sofrimentos recém-experimentados.

Destarte, sentindo-se bastante endividado para com a jovem mãe, a quem amava de fato e enternecidamente, Marcello não se sentia mais encorajado nem autorizado a desapartar-se dela, por um momento que fosse, e quanto mais naquelas singulares circunstâncias.

Foi assim que, para mais de uma hora depois do estabelecido para o reencontro com Silvestro, eis que este último, quase enlouquecido de aflição, e com as primeiras sombras do crepúsculo, afinal avista a aproximação a distância do rapaz, mas em situação que — o estômago do frei baqueou, gélido, ante a visão incompreensível — num primeiro momento causou-lhe profundo estupor.

Robusto, ainda e sempre, por conta da compleição física outrora adestrada no ofício da caça e do eventual lavor nos campos ao lado do pai e do irmão, Marcello andava o mais rápido que podia, carregando nos braços a jovem que, assim, de longe, dava a clara impressão de estar desacordada.

Frei Silvestro quase se pôs de joelhos, sobressaltado, as mãos juntas em prece emergencial aos prepostos do Cristo, antevendo algum acontecimento funesto:

— Valhei-me, Jesus! Que se passa com a bambina? Nunca haverei de me perdoar se...

Mas agora o sôfrego e exaurido Marcello já o alcançava, sem deixar-lhe tempo para concluir a contento o seu rogo, porque confirmando de pronto que o caso se revelava mais grave do que supunha e torcia em contrário.

Sem fôlego, sem poder articular uma palavra que fosse, tamanho o desgoverno íntimo que o assenhoreava, o jovem apresentou a Silvestro a moça em seu colo, de fato desacordada, em não tendo resistido consciente às dores súbitas e ao inaudito incidente que a acometera de improviso, quando tudo lhes ocorria da melhor maneira possível.

De resto, nas vestes largas, para grande transtorno do jovem Lorenzzo, viam-se manchas de sangue, que, uma vez notadas, quase levaram o frei ao desatino.

— Dio! Presto, Marcello! Presto! Acompanha-me; e roga ao Cristo pela vida da tua Giovanna...

E, assim exclamando, sendo seguido de perto pelo rapaz, em cujo rosto descomposto escorriam lágrimas francas de desorientação e de tristeza, buscou o religioso arrancar de si os restos de inspiração que lhe sobravam, robustecida, destarte, pelos acompanhantes invisíveis que os valiam naquela emergência, para aconselhar Marcello, improvisar medidas e buscar pessoas-chave de seu conhecimento, com quem contava poder apelar ao concurso eficaz para, e se fosse o caso, impedir a tempo o pior e mais temido desfecho.

Não obstante, qualquer providência possível só poderia ser efetivada a contento depois de conduzida a moça ao ambiente acolhedor e seguro do lar das Irmãs Pobres, onde contariam, com a necessária presteza, com as precisadas condições de repouso de corpo e de espírito para a gestante em condição crítica nos seus cinco meses de gestação.

Capítulo XIII

A perda de um sonho

Por um golpe de sorte o ambiente do convento se achava mais vazio que o habitual àquelas horas, porque suas principais representantes haviam se dirigido a um desdobramento do conclave realizado em Palermo, realizado com representantes religiosos envolvidos em trabalhos assistenciais daquelas regiões da Sicília, que eram beneficiados pela sua bondosa intercessão.

Não obstante o enorme sobressalto de irmã Grazzia ao ter que se haver com rapidez para receber frei Silvestro, que acompanhava seus protegidos naquelas condições críticas, as primeiras sombras do crepúsculo vieram beneficiar a que os acolhesse com discrição e presteza, encaminhando a jovem inconsciente, ainda trazida nos braços do jovem Lorenzzo, ao seu acanhado cômodo, felizmente isolado de maior movimento dos circunstantes.

Apesar disso, grande era o transtorno visível nos ali reunidos. E foi sempre o frei quem, inspirado, determinou a Marcello, enquanto ajudava a aflita Grazzia a acomodar Giovanna, em meio a esforços inúteis para fazê-la recobrar os sentidos:

— Figlio, não te detenhas aí, nesta inércia improdutiva, e acorre a buscar o facultativo do vosso conhecimento, que com certeza tem atendido a vossa família. Não há tempo a perder; a situação da moça é grave e, não sabemos até que ponto, fatal à sua saúde.

— Dio! — Marcello meneou, hesitando durante um instante, como se concatenando alguma orientação a contento sobre a direção a tomar. — Demorarei não menos que uma hora para retornar com ele, frei. E isto se der a sorte de achá-lo onde habitualmente o buscávamos nas nossas necessidades.

— Há três alternativas, e, se não te aviares a contento para encontrá-lo, contas ainda com o recorreres ao signore Donato Prisco, a quem em várias ocasiões apelou a família de Giovanna, ou então, e ainda, ao abade Sartório, que, no nosso mosteiro, atende satisfatoriamente às emergências deste jaez. Mas, agora, vai! Não perde mais tempo em especulações — incitou o monge, disfarçando com dificuldade a própria angústia.

Marcello correu porta afora, desaparecendo na obscuridade do anoitecer do convento. A isto, e para agravar os receios de Silvestro, Grazzia, deixando entrever as lágrimas contidas a custo em seus olhos, arriscou um comentário sombrio, como se inspirada por algum tipo de percepção interior:

— Debalde, frei Silvestro! Algo em meu coração prenuncia um desfecho lúgubre para todo este drama. A bambina é pálida feito mármore; respira... — anotou, apondo a mão carinhosa na altura do coração da jovem desfalecida. — Todavia, sangra muito, e creio podermos apenas orar ao Cristo para que não suceda a ela o pior. Afinal, devemos à família satisfações concernentes ao nosso compromisso de velar por ela e, na medida do possível, preservar-lhe o bem-estar.

O frei assentiu com tristeza. Experimentava em seu íntimo as mesmas premonições desanimadoras, analisando o todo do aspecto fragilizado da jovem mergulhada em profunda inconsciência.

— Tão logo passe isto tudo, e se ouvidas as nossas preces, irmã, de qualquer modo, deveremos devolver esta jovem aos cuidados de sua família. A situação, aí, haverá de ser outra; e conto deparar com novos embates junto às devidas justificativas aos Lorenzzo e também aos Braccio; por certo me verei às voltas com sérios desdobramentos no esforço de apaziguar as consequências desses acontecimentos lastimáveis no seio dessas famílias, mas, valha-me Jesus — Silvestro encolheu os ombros, também ele com os olhos umedecidos de compaixão examinando a moça. — Tudo isto é consequência das próprias atitudes impensadas deles, ao deixarem prevalecer nas decisões as antigas animosidades, que não deveriam necessariamente determinar os destinos destes dois jovens.

Decorreram duas horas, até que enfim o esbaforido Marcello retornasse acompanhado do facultativo do mosteiro que, prestimoso como sempre, não vacilou em acompanhá-lo para sanar a emergência, porque o primeiro, a quem buscou, não foi encontrado no local onde residia e foi achado em várias outras vezes.

Em vão, todavia, e decorrido aquele intervalo por demais extenso, envidou o abnegado monge os cuidados devidos na tentativa baldada de salvar a vida da criança. Secundado por Grazzia, Silvestro e mais duas outras irmãs, noviças na instituição modesta ligada às diretrizes da vida legadas por Francisco e Santa Clara, o abade Sartório, banhado em suor, enfim ergueu-se, gesticulando e instruindo, depois de quase uma hora de luta intensa contra o inevitável:

— Irmão, vai e avisa ao desditado pai. A jovem Giovanna perdeu a criança; é natimorta. Perdeu a vida ainda no ventre, provavelmente já há mais de cinco horas; eis a razão de todo o mal-estar experimentado pela jovem nos últimos dias, irmã Grazzia. A criança vinha morrendo aos poucos; ao que me parece — anotou o abade, prosseguindo, com tristeza —, porque o organismo, combalido por condições extremas, adversas a esta gravidez, e ademais ainda mal preparado para uma gestação a contento dentro de conjuntura tão ingrata, não se aviou para concluí-la de modo satisfatório — suspirou, enxugando o rosto úmido e abatido pelo cansaço. — A mãe, todavia, sobreviverá. Mas deve observar repouso, severo e absoluto, pelos próximos vinte dias.

Silvestro e Grazzia se entreolharam. Lágrimas escorriam-lhes dos olhos, pois, somado ao fato de o frei estimar Giovanna desde a meninice à conta de comparecer junto à sua família como confessor e mentor espiritual, Grazzia e as demais confreiras também a ela já se haviam afeiçoado como a uma querida irmã, depois de decorridas aquelas semanas de convivência com os seus dramas, confidências e história de vida.

— Vou buscar Marcello. A moça deverá ser devolvida à família — replicou Silvestro, desolado com aquele desfecho lamentável, nada obstante aliviado pelo que dizia respeito à preservação da vida de sua tutelada. — Grazie, Sartório... Grazie.

— Devolvida a Paolo Braccio? Mas... como? — Marcello, rubro, quase desesperado de indignação, ouviu do frei aquele aviso, antes que pudesse voltar para junto da moça ainda desmaiada no ambiente acanhado de sua cela. — Por que, frei Silvestro? Se a criança contava com um pai?! Se meus planos junto a Giovanna já haviam sido delineados no sentido de construir com ela nossa vida em comum, em outro lugar, longe daqui, a custo do meu lavor?...

Estremecia, rancoroso, quase convulso. Como sempre, todavia, detinha o frei a capacidade de, mesmo nos piores momentos, aplacar naquele jovem intempestivo os seus acessos emocionais descontrolados, para induzi-lo à devida reflexão.

— Justo, muito justo e sensato da tua parte, ragazzo. Porém, deixa de lado o desarvoramento deste momento, compreensível, bem o reconheço; mas inoportuno ao que vos possa valer para o futuro. Pensa! — Silvestro o atraiu momentaneamente a um assento próximo, incitando-o, em tom seguro e firme. — Viveriam do teu lavor, muito natural; mas, neste primeiro momento em que a bambina se vê abatida, fragilizada, lavor em quê? —enfatizou. — Como te aviarias com ela, Marcello? — aludiu, oportuno. — Para onde, per Dio, a levarias? Para a casa da tua família, que deplora desde sempre a vossa união? Como, e onde, viveriam, explica-me, por tua vez. A jovem precisa de repouso absoluto, durante pelo menos vinte dias, conforme instruiu Sartório há pouco, sob o risco de comprometimento de sua própria vida. Giovanna tem apenas dezesseis anos, figlio! Não poderias jamais, após tais contratempos, te aviares com ela para destinos desconhecidos, pois o irmão, Paolo, tomado de revolta e de ira já por conta do acontecido convosco até aqui, não sossegaria até encontrar-vos. Apelaria para a guarda do reino da Sicília, através de Agnelli, que detém vínculos com pessoas importantes dentro da nobreza e do clero — ofegou, aflito, apelando para a lucidez do rapaz que, de tão desatinado, mal se aviava para deter nele, e no que dizia, a atenção conturbada. — Para e pondera, portanto. Não te abandones a nenhuma atitude ditada pelo destempero e pela irreflexão, que vos venham a perder de vez.

Todavia, enredado pelo calor do desatino momentâneo que irresistivelmente o assenhoreava, quase cegando-o para as luzes do bom-senso, Marcello só conseguia enxergar o todo da situação do prisma das velhas animosidades nutridas contra os Braccio — mormente contra Paolo — sobrepondo-as nas considerações às necessidades prementes de refazimento da jovem, e às oportunas considerações de Silvestro, que, de seu lado, arrematando daquele modo a sua advertência, demorou-se a observar-lhe, durante uma breve pausa, os modos inquietos, preocupantes.

O rapaz gastou um instante preso daquele transtorno íntimo que quase lhe roubava a lucidez. Revoltado, indagava de si, da vida, o que, afinal, contribuía para sempre ver roubadas as suas chances de felicidade, sempre que se prenunciava, iminente; quando delineava para o seu futuro projetos à primeira vista alvissareiros, de um jeito ou de outro.

Era por isso, em encarando o problema daquela ótica saturada de ressentimentos e de mágoas, que relutava tanto em acatar os avisos, de implicações indispensáveis para o seu futuro, que lhe endereçava o frei, zeloso dos seus rumos vindouros.

Arfante, encurvado e com os cotovelos fincados nos joelhos enquanto a mente trabalhava febril, o olhar desarvorado perdido na obscuridade do cair da noite no ambiente ao redor, ele agora falava quase que mais para si mesmo, alheio da presença bondosa do religioso também e ainda conturbado assentado a seu lado.

— Se Giovanna volta para aquela casa, nunca mais haverei de vê-la, frei Silvestro. Não jogarei em vão por terra tudo que nos últimos tempos envidei para a minha vida. É certo que Paolo Braccio a aprisionará de novo. E que direito detém ele, a esta altura, de entravar a nossa união?

— De outro lado, que consistência possuiu este gênero de fuga de ti mesmo que te impuseram os de sua família, figlio, e que, num instante impensado de profundo desgosto do curso da tua trajetória, acataste, sem maiores reflexões? — devolveu o frei, sempre lúcido. — A duração da tua permanência nesta opção equivocada a que te devotaste já expirou, Marcello! A vida dedicada ao Cristo precisa de apóstolos devotados, e não de desertores desiludidos e acovardados do aprendizado árduo da existência.

Perdido, após outra pausa, Marcello afinal olhou para ele, o semblante espelhando clara mistura de revolta e angústia.

— Que pretendes fazer, frei Silvestro?

O outro suspirou.

— Tenho para com a família da moça minha palavra empenhada no sentido de velar pelo seu bem-estar. Isto é compromisso que se reveste de caráter sagrado para mim, figlio, e é por isto também que te rogo: não o entraves. Pelo bem da tua Giovanna mesmo, controla-te o mais que o conseguires, e ajuda-me, por tua vez, a assegurar a ela a saúde de corpo e de alma. Paolo Braccio a baniu do lar, dadas as circunstâncias anteriores, mas não, por certo, e apesar de tudo, do coração. Entenda, Marcello — rogou, apondo-lhe agora, paternal, a mão no ombro ante a sua atitude derrotada —, que é um direito que lhes cabe o tomar conhecimento do sucedido. Respondendo a tua pergunta, pretendo atrair até aqui a senhora Martina e o figlio mais velho, atualmente respondendo junto àquela família na posição do finado pai. E o que existir de mais forte nos seus corações ditará, doravante, o próximo destino da jovem.

— O que lhes ditará o coração será suprimir-nos, permanentemente, qualquer chance de reaproximação, frei Silvestro.

— É uma possibilidade — o frei admitiu. — Contudo, ainda assim apelo a que não descreias dos desígnios divinos, que invariavelmente nos surpreendem, ditando ao curso dos acontecimentos coisa bem diversa do que a fátua vaidade humana, toda presa a preconceitos e limitações de visão, tenta impor ao desenrolar de todas as situações. — E, observando o flagrante esmorecimento de dentro do qual o rapaz, audaz e inconformado por natureza, escutava-lhe aquelas anotações cheias de verdade e de sabedoria, murmurou-lhe, compassivo: — Confia, figlio. Confia! Não percas a tua fé, não desanimes. Tu precisas voltar mais os teus pensamentos e dilemas à providência sempre exata de Nosso Senhor Jesus Cristo...

PARTE III

O FIO DO DESTINO

Capítulo I

Retorno ao lar

Paolo e Martina nem suspeitariam do assunto que trazia frei Silvestro em visita inesperada, naquela tarde nebulosa de um domingo.

Quem o recebeu cordialmente, como de costume, foi a própria Sofia, em estágio já adiantado de gravidez quanto até há pouco também estava Giovanna. Um pouco melhor do mal-estar que a molestava nas últimas semanas e deduzindo da razão da presença de Silvestro o, para ela, aborrecido relatório quinzenal que costumava promover sobre a tutelada da família Braccio entregue a seus cuidados, fê-lo se acomodar à vontade, oferecendo-lhe o assento na sala; e, após receber-lhe a bondosa benção habitual, retirou-se de bom grado, avisando-o que preveniria o marido e demais familiares da sua presença, todos àquelas horas ocupados com atividades várias que lhes absorviam a atenção no interior da moradia.

Enquanto aguardava, desassossegado e profundamente metido em cismas, o robusto frei levantou-se e, mãos cruzadas atrás das costas, encaminhou-se devagar para a janela larga que dava ampla visão dos vastos prados verdejantes colina abaixo, naquele dia imersos em neblinas que os faziam se assemelhar a paisagens irreais, e de onde se evolavam, colhendo em cheio a residência familiar campestre as perfumadas brisas que os varriam em ondas e enchiam o cômodo dos agradáveis aromas silvestres.

Como expor a Paolo e à sua genitora o sucedido? E como reagiriam? Sentia-se em certa medida culpado, por talvez não ter zelado pela pupila conforme o prometido, e com o rigor necessário. Afinal, suas intenções de promover-lhe melhoras significativas no estado geral da saúde debilitada, quando decidiu-se a atender-lhe aos rogos, e através da alegria que — deduzira — lhe propiciaria o reencontro com o pai do nascituro, no fim, reverteram exatamente no contrário, vindo provar o ditado antigo e exato que diz que o homem põe e Deus dispõe, acerca dos desígnios percorridos por todos nas trajetórias deste mundo.

O rumor de passos entreouvido a partir do corredor de acesso aos demais cômodos da casa interrompeu-lhe as conjecturas, fazendo-o voltar-se.

Eram Martina e o filho mais velho. Entreolhando-se com o recém-vindo por apenas alguns segundos iniciais, restou claro a ambos na fisionomia do confessor que nada de alvissareiro os aguardaria no diálogo que manteriam nos momentos seguintes.

Não obstante, Silvestro foi recebido com as demonstrações reverentes de respeito e consideração de sempre. Paolo o convidou a sentar-se de novo, e ele e a mãe, imersa em visível estado de expectativa, acompanharam-no, acomodando-se nas proximidades.

— Buon pommerigio, signora!* — Silvestro se dirigiu primeiro a Martina, na habitual entonação bondosa, enquanto tomava assento pensando nas palavras com que introduziria o assunto. — Come stai, Paolo?*

A matrona o saudou com leve aceno de cabeça, enquanto Paolo, com a desenvoltura habitual, começou logo por introduzir a conversa de maneira própria ao rumo que tomava a cada visita do frei para saber do passadio da família e transmitir-lhes os informes a respeito da jovem sob os seus cuidados.

— Bene, frei, bene! Ultimamente ocupamo-nos, durante a maior parte do tempo, dos incômodos derradeiros da gravidez de minha esposa, já a termo; mas, de teu lado, começa por contar-nos: que coisa visivelmente te preocupa, já que existe com clareza no teu ar e semblante um algo de sombrio que nos prenuncia notícias talvez que desalentadoras?

Silvestro suspirou. Fosse o encontro apenas com Paolo Braccio e se sentiria encorajado para pô-lo logo a par, cedendo ao seu maior desejo, e sem floreios, das piores notícias e, a partir delas, de suas maiores inquietações e temores. Mas a presença da fragilizada senhora lhe impunha comedimento e freios. Deveria escolher os termos para que, ainda de uma segunda vez, não errasse por precipitação e acabasse desencadeando um mal imprevisto nas reações da boa mulher, em lugar do pretendido, que era pleitear deles um salvo-conduto à jovem para o seu retorno ao convívio familiar, dando-lhes notícias de seus últimos e ríspidos sofrimentos.

*Em italiano: "Boa tarde, senhora". (N. da médium)
*Em italiano: "Como está, Paolo?". (N. da médium)

Para tanto, desde o percurso extenso através dos caminhos sinuosos das colinas até aquele momento, indagara-se se seria coisa acertada mencionar, do episódio, a participação forçosa de Marcello, despertando principalmente na têmpera irascível de Paolo uma propensão de antemão adversa à boa vontade para o perdão à jovem irmã; ou, por outro lado, ocultar deles, naquele primeiro momento, que fora justo o reencontro extemporâneo com ele que precipitara na moça o desfecho lastimável ao decurso já de si dificultoso daquela gravidez interrompida de forma súbita e prematura.

Talvez que excluindo preliminarmente o nome aziago do rapaz do teor do assunto, justificando a perda da criança de modo exclusivo por conta dos males incontornáveis daquela constituição orgânica ainda por demais débil e jovem, eximisse Giovanna de uma segunda ordem de represálias suscitadas pela sua reaproximação do filho de Filippo Lorenzzo — tanto mais instigada pela sua intercessão direta no caso —, ponderou o astuto Silvestro, pressuroso.

De uma maneira ou de outra, não lhe restava mais tempo para ponderar o assunto de forma a agir com plena segurança de resultados. Diante da pergunta de Paolo, cabia-lhe, agora, agir por instinto; e rezar para que a inspiração do Alto o conduzisse ao mais acertado. Afinal, já gastara a última madrugada imerso em preces ao Cristo para se remir do que considerava o último pecado que a si mesmo admitia, no que se referia à sua participação na história sofrida e cheia de percalços da jovem sob os seus cuidados. Não queria de jeito nenhum incorrer em novos erros que maiores males, antes de benesses, trouxessem aos desdobramentos daquele triste drama familiar.

— O que me traz são notícias difíceis acerca de tua figlia, signora! — Meio desajeitado, e ainda mergulhado nas hesitações íntimas que o absorviam, o religioso afinal ensejou o assunto, cauteloso.

Mas o primeiro enunciado de si agourento despertou em ambos os ouvintes reações prontas, e nos seus semblantes espelhou-se aflição instantânea e indisfarçável.

— Giovanna! — foi Paolo quem antecipou o primeiro comentário. — Que aconteceu com ela, frei Silvestro? — cobrou, o tom da voz brusco, quase ríspido, o que contribuiu em definitivo para roubar do frei a coragem de expor o acontecido de modo diverso do que a sua mente já delineara nas cismas anteriores.

Acabou, desta feita, decidindo-se a manifestar uma versão mais suave da situação, embora de veracidade incompleta, intentando entender-se com Marcello a respeito disso em outra oportunidade.

Agora, intuiu — sem nem suspeitar que estivesse sendo assessorado, ainda daquela feita, pelos mentores da invisibilidade que o vinham acompanhando com frequência, de tempos àquela parte —, cabia-lhe assegurar, segundo ditava-lhe a consciência e os seus temores, aliás bem fundamentados, o bem-estar da jovem pupila através do seu retorno ao carinho e à intimidade dos seus, em seu lar, depois dos longos e difíceis meses de exílio sob os diligentes cuidados das irmãs clarissas.

Erguendo ambas as mãos num gesto apaziguador, para aplacar os efeitos do sobressalto repentino refletidos nitidamente na palidez marmórea que já se assenhoreara das feições da mãe aflita, Silvestro interpelou:

— Acalma-te, figlio! Deixe-me reiniciar o assunto de modo mais sábio; a bambina acha-se bem neste momento. Descansa, sob os cuidados das irmãs que a tratam com desvelo maternal. Mas é que se recupera de incidentes difíceis que lhe fragilizaram a saúde, porém não indefinidamente.

A isto, tanto o coração materno quanto o do irmão imobilizado em tensa expectativa pressentiram com algum acerto o que ouviriam em seguida. Paolo empertigou-se, esperando, o semblante grave mal ocultando a ansiedade pelo que ouviria, e Martina levou devagar as mãos ao rosto, o olhar marejado preso na figura do religioso assentado à sua frente.

— Per Dio, frei Silvestro, conta logo, e não nos atormente com as dúvidas. Que aconteceu à Gio... e à criança? — o rapaz insistiu, num murmúrio mais baixo.

Suspirando profundamente, olhando de um para outro, o frei atendeu-lhe ao apelo:

— Fratellos... a vossa Giovanna perdeu a criança, por acidente do seu estado de fragilidade extrema, impróprio para levar a termo a gravidez.

Interrompeu-se, erguendo-se de pronto, num impulso, junto com Paolo Braccio, que mal dispôs de tempo para abandonar-se ao profundo estupor que se lhe assenhoreou do espírito confuso.

Martina, largando um grito lúgubre, as lágrimas agora descendo, irrefreáveis, pelo rosto castigado pelos rigores das últimas e mais sofridas vivências, baqueou-se de encontro ao encosto do assento, afrouxando os membros, debilmente, subjugada por incontida vertigem.

Uma vez acomodada a senhora no abrigo confortável do leito de seu quarto, cercada dos cuidados da nora e demais filhas, Paolo, enquanto enfim encaminhava frei Silvestro até a saída, com as primeiras sombras do crepúsculo, cismava para si mesmo, ao passo que fazia por onde ouvir, apesar do invencível alheamento íntimo, as últimas explicações e instruções do diligente benedictino.

Recordava-se das cenas dos meses anteriores, logo após a saída dolorosa da irmã do ambiente do lar, quando, após madura reflexão, mudou seus pareceres e, na companhia de Bruno e de Luca, e tendo a mãe adoentada queda invencivelmente no leito, vitimizada pela dor aguda do desgosto, foi de novo à residência dos Lorenzzo em ocasião crítica, para participar à família os últimos acontecimentos, bem como as suas inapeláveis decisões.

Aquela fora uma tarde horrenda!

Após acalorada e violenta discussão que envolveu todos os membros da família de Marcello, e ainda tendo que se ver às voltas com os desfalecimentos sucessivos de Giulia, também impossibilitada de se manter ilesa ante os efeitos devastadores do inopinado desgosto, desfechara o férreo Paolo suas inapeláveis deliberações ante o inevitável contratempo.

Dispunha-se, ele, o atual chefe de família dos Braccio depois do passamento recente de Tomazzo, a acolher a criança, que, tão logo nascida, e bem ou mal merecedora, como consanguínea, do amparo cristão que lhes assegurasse a salvo da pecha de pecadores ante o testemunho do Cristo, seria recebida por ele, pela esposa e demais familiares, e criada em condições dignas. De outra feita — e nisto mostrava disposição inapelável quanto definitiva —, Giovanna estaria fadada à vida religiosa, que lhe remisse dos graves pecados nos quais incorrera tão precocemente, seduzida pela irresponsabilidade, a seu ver, criminosa de Marcello Lorenzzo. E era justo para este último, que ficasse suficientemente claro, que esperava de Filippo, sob palavra de honra, a garantia de sigilo e distanciamento definitivo e severo, tanto da irmã exilada como da família Braccio, e em particular do nascituro.

Não admitiria receber no seio de sua família nenhum representante dos Lorenzzo. A honra à memória venerada do pai, e a todos os sofrimentos experimentados no passado nas dissensões entre as duas famílias, exigia-lhe isso. Menos ainda em tais circunstâncias escabrosas, de prevaricação franca, depois de todos os conflitos graves havidos e proibições impostas aos dois jovens, envolvidos um com o outro mesmo disso tudo sabedores e à revelia da aprovação das famílias.

Após horas de truculenta discussão, portanto, e a contragosto de Filippo no que se referia ao destino dado à criança, que, no entendimento de Giulia, deveria ser encaminhada ao convívio e criação de sua família, todavia, em sendo ameaçados com a renovação de confronto em fontes judiciais da época que viria reavivar toda a sorte de embates sérios já quase sepultados sob as cinzas de um passado dramático, em razão do qual ainda naqueles dias dividiam convivência e vizinhança difícil naquelas terras — depois de revolvido todo este repertório convulso de opiniões e apartes absolutamente contrários no tocante a tudo que discutiram, ficou assentado segundo as diretrizes taxativas que o enérgico Paolo impunha à questão, levando-se em conta a pouca idade de Giovanna, não obstante a alegada falta de juízo oriunda da imaturidade, e os indiscutíveis inconvenientes do próprio nascimento da criança em si, uma vez vinda para aquela casa — em razão do que Filippo, de seu lado, assentou entre os seus, ali, em caráter inapelável, que tais circunstâncias reverteriam, a partir daquele instante, em segredo de família inatacável, já que, pelo visto e ouvido do irascível Paolo Braccio e de seus irmãos, o próprio Marcello, até aquele instante, desconhecia os detalhes críticos do acontecimento.

Com efeito, Filippo impôs a todos os presentes naquela reunião difícil que calassem a notícia, mesmo ante Mattia, nas eventuais visitas havidas a partir daquele dia.

Era sob o efeito avassalador dessas recordações, de mistura com o peso da comoção com as últimas notícias trazidas sobre a irmã, que Paolo escutava, ainda um tanto confuso e perdido nas iniciativas para decidir com acerto sobre o que lhe rogava o bondoso frei, arrematando, daquele modo, a finalidade principal da sua visita à família campesina desde sempre sob o seu aconselhamento religioso e tutela espiritual:

— Figlio, és demasiado apegado às tuas sentenças acerca dos destinos da tua família; bem-intencionado sempre, isto é fato. Mas precisas de algum modo perceber, a partir dessas experiências que te contrariam os desígnios e te apanham eventualmente desprevenido interiormente, que dos rumos melhores para cada ser em jornada neste mundo conhece apenas o Pai, cuja Vontade é soberana e destituída de mesquinhez, e anula as nossas escolhas, todas calcadas, por vezes, em pareceres enganosos e transitórios das situações, que se esvaem ao sabor dos rumos naturais com os quais fluem a vida — suspirou, parando ante a porta e olhando o rapaz de forma paternal, apondo-lhe a mão no ombro. — Nestes momentos, o que se espera de cada um de nós é agir em acordo com os preceitos misericordiosos de Nosso Senhor para com os que nos acompanham e, principalmente, para com aqueles que residem no nosso coração, como, bem o sei, acontece em relação à tua jovem irmã, no que a ti diz respeito. Assim, ouso rogar-te neste minuto difícil: perdoa, figlio — enfatizou, em nota súplice quanto bondosa. — Em nome do amor que nutres pela irmãzinha mergulhada nos sofrimentos de ordem física e espiritual, perdoa. Esquece! E a acolhe de volta ao lar, com o coração aberto, inaugurando para todos os seus uma nova fase, cheia de possibilidades de regozijo para o futuro. Não precisará, ela, de nada mais para o franco restabelecimento que a devolva ao viço e à plenitude da saúde de corpo e de alma. É do vosso amor e do vosso franco perdão que ela mais necessita, Paolo.

O apesar de tudo probo e generoso Paolo Braccio escutava-o, em meio a conflitos de intensa perturbação íntima, mais com os sentimentos do que com os raciocínios, naquele minuto em que o apelo era tanto mais acolhido pela sua sensibilidade quanto dirigido a ela, e às emoções a ela relacionadas, no que se referia ao sentimento dolorido de remorso que o flagelava — para si próprio nunca pudera negar! — desde que impusera à moça o exílio do lar, obediente aos princípios rígidos que, estava certo, seriam os mesmos que orientariam Tomazzo na ocasião, se ainda vivo e privando das circunstâncias críticas às quais, sem aviso, foram atirados.

Todavia, naquele instante conseguiu responder ao frei quase apenas com leve meneio, prometendo-lhe, não obstante, oferecer-lhe resposta breve ao que lhe propunha, de vez que o sabia já para além das medidas envolvido, a seu pedido mais que por qualquer outro motivo, nas consequências delicadas dos dramas inauditos acontecidos no histórico de vida recente da jovem irmã.

Reconhecia com clareza como de sua exclusiva responsabilidade os próximos rumos a serem adotados no concernente ao destino de Giovanna. Reto como sempre o fora, jamais o negaria para si mesmo. E tão somente essa certeza já havia selado em seu íntimo a decisão diante do impasse, obedecendo, de resto, à inteireza do que lhe apelava em segredo o coração, compatível com os rogos altruístas que acabava de lhe dirigir o frei.

Foi desta forma que, decorridos dois dias daquela importante entrevista, era encaminhada de volta ao acolhimento amoroso da mãe e dos irmãos emocionados, a àquela altura ainda completamente abatida Giovanna, após a demorada e tocante despedida das irmãs que, durante aquele dilatado tempo, valeram-na e a ampararam com carinho, desprendimento e autêntico desvelo cristão.

Capítulo II

Sem um norte

Aqueles seriam tempos estranhos, de readaptação ao ambiente ao qual outrora fora afinizada de corpo e alma; tempos de refazimento gradativo, perplexidades ocultas, surpresas e descobertas.

Um reencontro consigo mesma.

Não obstante doessem-lhe na alma, qual vergastadas impiedosas do destino à sensibilidade exasperada pelos últimos sucessos críticos que a haviam a pulso amadurecido e experimentado para além do que sua resistência íntima lhe segredava capaz, as incertezas relacionadas à sua recente reaproximação de Marcello, e, em consequência, ao que lhes reservaria o futuro em relação ao sentimento único que irresistivelmente os jungia, aos poucos, Giovanna se via compelida pelos movimentos e acontecimentos cotidianos à sua volta a arrancar-se, de tempos em tempos, daquelas cismas e fundas divagações, para voltar-se ao apelo poderoso com que os lances e incidentes da vida familiar lhe acenavam ao espírito, apesar de tudo, de si vivaz e profundamente vinculado aos que a rodeavam pelos laços poderosos da afetividade, que de modo inevitável cobrariam a sua cota de participação e de envolvimento.

Efetivamente, à exceção de Sofia, todos os componentes da família siciliana a acolheram no seu retorno dando mostras tocantes de comovida emotividade; a um só tempo, a envolveram calorosamente, num único e intenso abraço, por entre exclamações felizes e gritos de alegria, todos os irmãos – Bruno, Fabrizzio e Luca, Matteo e Chiara; e mesmo Elena e Beatrice.

Destarte, o acolhimento de Paolo Braccio e da genitora, tomada de um grau de emoção que de muito transbordava o que se julgava capaz de suportar, fora capítulo à parte.

Embora de início sem conseguir dizer uma única palavra, quando afinal Giovanna viu-se um pouco liberta dos demais, Paolo, ladeando a mãe ainda dominada quase por vertigens, demorou-se apenas breve segundo entreolhando-se de maneira inesquecível com a assustadiça jovenzinha, antes de afinal a atrair demoradamente ao regaço forte de seus braços adestrados na rudeza implacável do trabalho do arado e da colheita nos campos.

Morria-lhe a voz na garganta, e somente as lágrimas quentes não puderam ser contidas naquela têmpera enérgica de filho primogênito e habituado, de resto, pelos rigores quase despóticos da educação recebida do vigoroso Tomazzo, a não demonstrar jamais fraquezas nem excessos de emotividade em detrimento da férrea autoridade e firmeza necessárias à liderança e administração adequada da família numerosa.

Martina, de seu lado, somou ao seu, por entre as lágrimas ardentes, o caloroso abraço, maternal, mas mudo. E, junto aos demais irmãos com os rostos lavados em lágrimas, ainda sob os efeitos da forte emoção que a todos assenhoreava, reuniram-se assim, sob a assistência muda e reverente dos empregados presentes e do agora satisfeito frei Silvestro, presenciando tudo de um ângulo mais distanciado da sala, entre contrito e respeitoso.

O benedictino, daquele modo, suspirava aliviado; e, em seu íntimo, deprecava a Jesus, preso de insuspeitada emotividade, agradecido por afinal ter concluído a contento aquele período de difíceis incumbências cristãs junto à jovem atingida pelos duros resultados das complicações dos seus desvarios de juventude, bem como para com a respectiva família, cuja rotina fora tumultuada, dentre outras razões, também por aqueles acontecimentos.

Passaram-se os dias, assim, com a gradativa retomada da rotina da família campesina. Todos faziam por onde esquecer o passado a fim de proporcionar à recém-vinda, segundo mesmo a inspirada orientação espiritual do frei bondoso, um clima de tranquilidade inédita no qual lograsse se refazer devidamente com vista a planos vindouros e alternativos ao seu destino marcado de maneira drástica por aqueles fatos infelizes.

No que se referia a estes esforços bem-intencionados de seus consanguíneos, contudo, a única nota em falso, ainda e sempre, era Sofia, a ressentida esposa de Paolo Braccio, que se enervava variadas vezes com o avançar do tempo por mais de uma razão — dentre elas, e sem que tivesse a coragem de expô-lo com franqueza ao marido, com o retorno definitivo da jovem cunhada ao convívio da família, que a afligia e incomodava para além do que conseguia disfarçar. Temia nela a argúcia assombrosa de que — sabia com convicção! — se fazia portadora, quando os assuntos e querelas giravam em torno de Paolo e de tudo que lhe dizia respeito.

Sem embargo, desta feita — Giovanna logo pôde reparar, conforme retomava sua intimidade preferencial com Chiara e com os assuntos da casa —, todas as atenções se voltavam para o arremate cheio de incômodos de sua gravidez, com muitas visitas de Francesca acompanhada da filha. E, a despeito dos cuidados intensos com que os circunstantes e o marido a cercavam, não escapou também à percepção aguçada da moça que algo mais existia, como sombrio pano de fundo de um cenário que, em situação normal e corriqueira, deveria transparecer só alegria, clareza, efusão e entusiasmo.

Mas não era o que via; e, disso, deduzia as razões, a partir do que lhe confidenciara Chiara em visita com Fabrizzio à sua estadia de exílio, meses antes. Era com base nessas lembranças inquietantes e já distanciadas no tempo, portanto, que especulava com grande margem de acerto acerca das causas da atmosfera estranha reinante no ambiente do lar, e entrevista nos modos de alguns dos irmãos, na postura contrafeita e sofrivelmente disfarçada em Francesca, bem como, e principalmente, na excessiva seriedade inconfundível no todo do estado de espírito do irmão mais velho, de quem lograva enxergar nuances de gênio e de ânimo que, dos outros, e mesmo de Martina, escapavam com facilidade à percepção, tamanha a empatia íntima que, apenas entre eles, desde sempre existira.

E aquela ordem de circunstâncias, aos poucos, acirrava-lhe as preocupações e a antiga prevenção hostil alimentada contra a cunhada desde o começo de sua convivência, cheio de incidentes desagradáveis, ao passo que ia lhe desviando o curso obsessivo dos pensamentos até então focalizados no doloroso drama vivido há pouco, bem como em Marcello Lorenzzo, de cujo paradeiro, então, mal podia suspeitar.

Mergulhava-se voluntariamente, em virtude disso, num rosário de amarguras e de cogitações lacrimosas, todas girando em torno daquele amor malogrado na nascente e aparentemente fadado a sucumbir sob o peso das adversidades contrárias que não cessavam de arruinar-lhes os planos.

Envolvida pela nova rede de pensamentos e companhias que lhe povoavam as horas todas do dia, Giovanna não imaginaria, naqueles primeiros dias depois de seu retorno ao convívio familiar, que Marcello, por sua vez, enfrentava dilemas não menos ríspidos que lhe punham à prova o equilíbrio interior e a capacidade de reordenar o percurso de sua vida, profundamente abalado com os últimos sucessos e, ao mesmo tempo, com a separação renovada da jovem caçula dos Braccio. Porque no fim das contas de nada adiantara a preocupação anterior de Filippo de ocultar-lhe o conhecimento da gestação da jovem, já que de qualquer modo o saberia pela intervenção de Silvestro no caso, o que ocasionou todo o curso de lances dramáticos que culminaram com a dolorosa perda prematura de seu filho.

O rapaz julgou ensandecer ao ouvir do frei a narração das decisões a que fora arrastado precipitadamente, com a intenção única de proporcionar a Giovanna o necessário reconforto e alguma chance de presta recuperação da saúde e do bem-estar de espírito.

De fato, Marcello conhecera o paradeiro da jovem, devolvida ao ambiente familiar dos seus, e concordara com a providência de má vontade, compelido unicamente pelos argumentos firmes e irrefutáveis de Silvestro objetivando a recuperação satisfatória da saúde fragilizada da moça. Mas, somente depois, privando com o diligente frei ainda no ambiente do mosteiro, onde fora recomendado a aguardar notícias contendo o mais possível a indômita ansiedade, fora ele cientificado da versão atenuada que o benedictino houve por bem apresentar a Paolo e aos demais familiares acerca das circunstâncias nas quais a jovem perdera a criança.

Não se conformava de modo algum com o ver o seu nome suprimido de maneira intencional dos lances sofridos relacionados à délivrance falida. Alegava-se taxativamente como o consorte da jovem, em vista do que detentor de direitos para com ela, embora de modo oficioso, e não segundo os dogmas rigorosos da Igreja, que apenas sob tais requisitos reconhecer-lhes-ia como válida a união, e também duramente atingido por aqueles últimos infortúnios.

Assim, naquele encontro furtivo havido num começo de manhã, alguns dias após o retorno da jovem ao distanciado lar situado nas perfumadas colinas sicilianas, o desatinado filho mais novo de Filippo Lorenzzo desandou, no seu desatino, a praguejar contra o frei, notoriamente desorientado e perdido.

Apreensivo, num recanto a salvo de indiscrições do mosteiro àquelas horas silencioso, Silvestro observava o rapaz se deslocando de um a outro lado do cômodo, rubro, enfurecido como touro bravio, entremeando reclamações com ditames agressivos e saturados de amargura dirigidos a ninguém em particular; ao final do que, vencido pelo transtorno supremo da explosão que terminou por baqueá-lo num assento próximo, segurou entre as mãos a cabeça fervente e banhada em suor, arrematando a crise com um voto sombrio:

— Hei de deixar este lugar, que se me confirmou como o maior erro da minha vida, frei Silvestro. E largar-me ao mundo, e fazer o que bem me der na telha! E... oh, per Dio! — vociferou surdamente, cerrando os punhos, os olhos congestos focados de modo estranho no espaço vazio à sua frente, no qual, todavia, despercebido, se fez repentinamente presente o nosso já conhecido Mizael, esquadrinhando, preocupado, de certo ponto da deprimente cena em diante, o seu afeiçoado dos séculos longínquos, que assim arrematava o seu juramento lúgubre, bem a propósito: — Hei de me vingar daquele maledetto Braccio! Se houver que voltar à casa de minha família, não será por outro objetivo, frei, porque não me engano. Doravante, Giovanna me é perdida para sempre. Aquele disgrazziato não permitirá que me aproxime mais dela.

— Resguarda-te de blasfêmias, figlio — Silvestro advertiu, entristecido, e gesticulou, ainda tentando contemporizar —, porque somente Dio conhece as causas maiores dos nossos sofrimentos neste mundo. Além do que, devo lembrar-te: ainda te resta o entendimento difícil com o teu tio, o prior Mattia. Que alegarás a ele, para retirar-te tão intempestivamente do lugar que te acolheu antes em virtude das tuas próprias escolhas? Consideras, acaso, que o recinto religioso é de feição a acatar postulantes que desertam em função dos mais disparatados caprichos? Incorres em risco de ser severamente punido como herege se por algum infortúnio entrar no conhecimento do prior a tua participação inconcebível nos últimos dramas atrozes da vida daquela bambina, e já depois de iniciado na vida monástica. Talvez, Marcello, melhor seria para ti, e por enquanto, o refúgio na paz e no silêncio deste local consagrado pela religião do Cristo, a fim de que acalmes este inaudito transtorno e ideias malsãs, em teu benefício mesmo, livrando-te, de resto, de maiores desvarios no futuro, porque é certo: ninguém age com proveito compelido por tais sentimentos tumultuosos, que neste momento te põem a perder o tino deste jeito.

— É exatamente pelo que me dizes, e porque o ambiente do mosteiro não é apropriado a postulantes com as minhas características, que devo deixar este lugar, frei, que não me diz mais nada, e nada mais me evoca ultimamente que não inquietude e grande desassossego íntimo. Minha presença aqui por mais tempo macularia tudo aquilo que este monastério representa, e pelo que quem aqui se encontra se sacrifica e se dedica com honestidade e inteireza. Hei de me entender com meu tio. E não te preocupes! Ser-te-ei sempre grato pelo auxílio à Giovanna e pelo teu concurso no meu caso, e na hora da necessidade. Não te comprometerei perante as autoridades do monastério. Mas devo ir! — Levantou-se devagar, tendo a custo aplacado o fervor intenso do entrechoque emocional que lhe requeimava a mente escaldante. Tentou amainar o tom da voz para se aproximar do desassombrado Silvestro, que agora o fixava, metido em receios e presságios sombrios. — Rogo, contudo, a tua benção, frei Silvestro.

Pendeu ligeiramente a fronte diante do benedictino, perturbado, mas contrito e respeitoso, apesar de tudo. Após o que o frei, por fim, limitou-se a suspirar, derrotado, impondo-lhe as mãos fraternalmente e deprecando a Jesus que encaminhasse aquele jovem atormentado a largo dos caminhos dos pecados e da perdição de sua alma, dali por diante.

Capítulo III

Diante de Mattia

Não havia possibilidade de Marcello deixar o monastério como quem simplesmente abandona o lar, a exemplo do que fizera tempos antes, arrumando alguns esparsos pertences e rumando para a escolha aleatória de uma nova vida. Menos ainda sendo sobrinho daquele que lhe promovera o ingresso naquela casa religiosa, o prior. Porque, ali, havia que se cumprir preceitos e severos regulamentos cotidianos, devendo-se respeito e satisfações a um modelo de hierarquia monástica já bastante rígido e bem sedimentado na Igreja desde há alguns séculos, quando do édito de Constantino*.

Assim, o filho de Filippo Lorenzzo sabia que teria pela frente momentos difíceis diante do prior, um homem que, não obstante sob o apanágio do parentesco consanguíneo,

* Constantino, primeiro imperador romano cristão, publicou após 312 o Édito de Tolerância. Foi batizado cristão em seu leito de morte. (N. da médium)

carregava por toda a parte a alcunha de severidade para com as regras do monastério e os aspectos todos da vida, de um modo generalizado, que sempre lhe compareciam ao julgamento revestidos das imposições morais obrigatórias cobradas pelo que já existia naquela época como o dogma institucionalizado dos preceitos da Igreja dita do Cristo.

Destarte, de princípios simplórios no seu modo de abordar quaisquer circunstâncias da vida, o rapaz não conseguia conter a impaciência para resolver de uma vez aquele impasse incômodo. Não tolerava mais o ambiente do mosteiro, com todas as obrigações diárias cujo cumprimento já arrastava com grande sacrifício íntimo. Ainda assim, houve que solicitar, como o costume, a entrevista com Mattia em dia e hora propícios — de resto, adiados o mais possível, de vez que o prior, de algum modo, suspeitou naquele pedido extemporâneo algum tipo de entendimento difícil com o sobrinho.

Não se enganara.

A fina argúcia do religioso captou algo inusitado, tão só ao deparar o todo destoante dos modos do rapaz, diverso do que habitualmente entremostrava desde que dera entrada naquele recinto austero, ante o que se viu na necessidade de se prevenir de antemão, incerto e temeroso do que ouviria e que o colocaria inesperadamente, e em primeiro lugar, em conflito com o que acertara meses antes com o irmão, residindo distante dali, nas montanhas de outra cidade siciliana.

As inconstâncias tumultuadas no temperamento daquele jovem — Mattia mordiscou imperceptivelmente os lábios, considerando para si — sempre desencadearam contratempos e roubaram o sossego da estabilidade daquela família. Desde há muito, quando quase imberbe — rememorou, de relance, cruzando as mãos em expectativa por sobre o colo, enquanto sentava-se na sua cadeira escura de espaldar alto com estofados de seda vermelha, e convidando o ressabiado Marcello a se acomodar à sua frente —, ele ostensivamente fugia do lavor nos campos e dos interesses dos negócios de seu pai, ao contrário de Alessio, e de resto apegando-se às artes de menestrel, ao ser presenteado por um parente distanciado, das rodas da nobreza, com um alaúde, cedo descobrindo, para infortúnio de Filippo, a rara habilidade no trato do instrumento.

Enquanto gastava breve momento esquadrinhando o rapaz acomodando-se diante de si, Mattia cofiava de leve a barba rala e grisalha que lhe emoldurava o rosto um tanto descarnado, os olhos azuis pequenos e estreitos demorando-se de maneira pensativa no sobrinho. Pobre Filippo! — considerou para si. — Bem que tentara durante algum tempo explorar no rapaz um viés qualquer percebido e apropriado para os estudos religiosos. A par da música, desde menino Marcello fora receptivo e sempre apreciara as conversas e leituras eventualmente mantidas em família sobre a vida santa de São Francisco de Assis, à qual se fizera afeito, mais tarde, o modelo de apostolado de Benedicto, o mouro.

Mas, ao que percebia, não fora essa vocação tênue forte o suficiente para arrancar o moço das garras da vida pagã, tão temida pelo irmão zeloso dos rumos dos negócios familiares que contava lograrem continuidade na soma dos esforços dos filhos, e também condenada por ele mesmo, Mattia, em acordo com as diretrizes que entendia sábias se adotadas pelo sobrinho em assumindo com ardor os postulados e ideais da fé cristã.

Cedo, constataria o prior que inexistia, em absoluto, esse ardor vocacional no gênio intrinsecamente inquieto, romanesco e desbravador de Marcello. E a certeza definitiva dessa percepção se daria no decorrer daquela entrevista.

O jovem não era ingênuo. Assim como deliberou Silvestro poupar Paolo dos detalhes do havido com Giovanna no intento de assegurar à moça um retorno tranquilo ao lar e uma reconciliação viável com os membros de sua família, Marcello conhecia, e disso fora prevenido pelo mesmo Silvestro, que inteirar Mattia das determinantes todas daquela decisão imprevista, ainda que sendo ele um aparentado por quem nutria algum grau de afeição, poderia provocar naquela têmpera rígida para com os princípios da vida monástica da qual lhe descerrara de modo generoso as portas algum tipo de reação dramática, dada a feição francamente herética das particularidades do que se dera dias antes e que degenerara na perda prematura de uma criança — de resto, e para completar o quadro desfavorável, seu filho! — de cuja existência demorara a tomar conhecimento, o que só acontecera da forma mais trágica e insólita.

Temia, com razão, que a feição desastrada e irresponsável que tisnava de cores fortes aqueles acontecimentos provocasse no prior, mesmo sendo seu tio, algum tipo de reação drástica, funesta, que o compelisse a puni-lo exemplarmente de pecados intoleráveis para o passado recente de um postulante do monastério.

Além disso, cabia-lhe, por dever de lealdade, preservar o frei que tanto lhe valera e a Giovanna, colocando, para tal, a si mesmo, como às bondosas Irmãs Pobres, em situação delicada e irregular para com os preceitos da Igreja.

— Fala, figlio — intimou Mattia, após aquela rápida digressão íntima, num tom de voz altivo no qual se percebiam notas ligeiras de sincera e altruísta cordialidade de mistura ao caráter solene e austero que sempre permeava-lhe o modo pouco prolixo de se expressar. — Algo te preocupa, está visto! O que é?

Apenas uns poucos segundos antecederam a declaração firme, e isenta da mais leve hesitação, como era próprio da personalidade arrebatada de Marcello:

— Preciso me retirar do monastério, tio Mattia.

— No ambiente monástico, trata-me como prior, per favore... — corrigiu na mesma hora o outro, embora o fazendo na entonação branda rigidamente educada pelos princípios de elocução das autoridades religiosas de todos os tempos. E, mudando ligeiramente a posição externa e interna para algo mais formal, prosseguiu, observando que, a despeito da convicção óbvia, o sobrinho não conseguia sustentar de modo contínuo, nele, o seu olhar. Sabia que isso se devia ao evidente aborrecimento que representava àquela índole imediatista, irreverente, o ainda ter que se demorar em justificativas e explicações, quando o que ansiava era pela pronta liberdade que funcionaria como indispensável corrigenda do que a ele comparecia como um clamoroso engano de percurso nas suas escolhas. — É certo que a vocação religiosa, como já diz o nome, manifesta-se a partir da inclinação invencível do candidato ao apostolado para seguir decididamente a orientação de vida deixada ao mundo por Nosso Senhor Jesus Cristo e seus mais dignos representantes. Isto não existe em temperamentos vacilantes, bem o reconheço, nem convém à Igreja a presença de tais servos indecisos. Por outro lado, figlio, todavia, desejaria ouvir de ti as tuas razões. Talvez que te vejas, por alguma razão que te escape, equivocado neste teu impulso de momento.

— Não é impulso de momento, ti... — e ele se corrigiu a tempo — ... prior. Impulso de momento, agora detenho a convicção, foi o que me arredou da vida anterior para esta decisão infeliz, tomada pressionado por meu pai e em ocasião de profunda desorientação em razão de decepções e frustrações de ordem pessoal, naquela época. Não sinto, definitivamente, nenhuma identificação pelo modelo de vida que aqui observo. Aliás —arriscou, provocando no semblante do prior, a isto, um leve alçar de sobrancelhas que, nele, denunciava, até certo ponto, acentuado desagrado misto à surpresa do que ouvia —, não encontrei de modo algum neste lugar o que reputava erroneamente como o estilo de vida monástica mais afeito à orientação deixada pelo Cristo a que aludes, e que, a meu ver, reveste-se de maior simplicidade e identificação com as rotinas simples do povo. — E, em notando no tio um algo qualquer que deixava entrever o que lhe ia ao íntimo ao ouvir estas palavras, que, com certeza, previu, receoso, eram quase heréticas, ponderou: — Perdoa a sinceridade do meu comentário, prior, que se deve, é evidente, à minha simploriedade e pouca compreensão desses assuntos, que ultrapassam os limites do meu entendimento.

Encurvou um pouco a fronte, cabisbaixo, pausando, e durante um instante sem saber mais o que dizer. Era que a presença de Mattia o acuava e intimidava profundamente, e fora exatamente, antes, a esse ascendente poderoso que não pudera resistir naquela tarde já distante, quando, em inesquecível reunião de caráter familiar, dobrara-se aos argumentos fortes daquele tio em visita requisitada em regime de urgência pelo seu pai, logo após os últimos sucessos dramáticos havidos no violento conflito entre ele e os irmãos da jovem Giovanna.

— Ultrapassam o teu entendimento, de fato, e de muito, Marcello — a voz do prior agora timbrava firme, fria, quase metálica, e talvez que perpassada de ligeira e irônica nota de oclusa piedade. — As circunstâncias da vinda do Cristo ao mundo se revestiram de características únicas observadas no curso de sua missão junto aos que com Ele privaram daqueles tempos; mas Jesus nunca deixou de admoestar os hipócritas e os indolentes de espírito, com severidade no que se relacionava aos primeiros, com seriedade aos segundos, lembrando a todos as oportunidades de redenção dos pecados ante o Pai, que não devem nunca ser adiadas nem negligenciadas. Se, portanto, e de fato, te apraz em definitivo optar pelo gênero de vida cheio de riscos e incertezas do passado, somente a ti caberá a colheita árdua do aprendizado que te espera. De sorte que, na qualidade de teu parente — Mattia tornou a modificar ligeiramente a postura no assento onde se recostava à vontade, enquanto o rapaz, de seu lado, sentia o corpo retesado pela ansiedade na cadeira em que se acomodava em frente ao tio —, gostaria, de fato, de conhecer o que realmente o compeliu a esta resolução taxativa quanto repentina, de vez que pela ocasião das nossas últimas entrevistas te notei ainda francamente comprometido com os votos empenhados nesta Casa de Deus, que de maneira tão generosa o acolheu.

Havia astúcia na pergunta. Isto era claro à perspicácia aguçada no antigo caçador, e durante alguns segundos ele apenas mediu o outro, pensando no que responder, o que ensejou que Mattia se alongasse nas suas especulações.

— Rogo que medites neste momento, com seriedade, no que te aguardará de agora para diante, figlio. Se o retorno ao lar é o que ocupa teus principais planos, bom que reflitas que teu pai não te receberá de bom grado para ver-te regressar ao antigo estilo de vida errante, boêmio, cheio de episódios deprimentes envolvendo cortesãs e vagabundos da sociedade de Ragusa, bem como aquele teu antigo e malogrado envolvimento com uma descendente dos detestados Braccio; estilo de vida, além do mais, e para pesar mais desfavoravelmente a teu favor, dissociado por completo dos interesses e negócios da nossa família.

Marcello não pôde evitar um sorriso amargo, resvalando no tio o olhar agora sombrio e velado pelo efeito das recordações desagradáveis daqueles lances difíceis do passado.

— Detestados Braccio? — repetiu num murmúrio cavo. — Por mais saiba do que determina as antigas diferenças entre meu pai e o finado Tomazzo, prior, não consigo aceitar que estes fatos antigos venham selar a impossibilidade ao meu envolvimento com Giovanna, já que nos estimamos com sinceridade.

— Estimamos? — notou Mattia, um brilho inquisitivo relampejando fugidiamente no seu olhar arguto. — Existe, então, e ainda agora, algum remanescente desse sentimento malsão? E é com certeza, talvez, com base nisto que optas pela deserção do caminho sagrado que há pouco tempo escolheste?

A isto, Marcello desviou-se, e calou. Não era fácil para ele lidar com aquele assédio profundamente insidioso do prior ao seu universo íntimo, uma vez que o encontro se dava revestido do caráter oficial do seu pedido de desligamento de algo sério, como era a opção pelo postulado ao sacerdócio solenemente assentada antes. Estava decidido a renunciar; mas antevira que aquele momento correria complicado e talvez que ameaçado de consequências mais sérias.

A despeito disso, soube esquivar-se, instigado pelo instinto de preservação e de oportunidade não apenas para o que o afetava diretamente, mas em particular intentando resguardar Giovanna.

— Não vou negar que um sentimento forte não é extirpado assim, a pulso, dependendo apenas de vontade, prior. De outro lado, todavia, não reputo mais Giovanna, a esta altura, ligada a mim por qualquer tipo de vínculo afetivo possível. Muito tempo decorreu desde a última vez em que nos avistamos, nas piores circunstâncias possíveis. Ela perdia o pai naquela mesma época, e julgo pouco provável que, depois disso, a família não tenha enfim conseguido desviar-lhe a atenção e os interesses do nosso envolvimento para rumos outros de vida — baixou o tom de voz para um murmúrio quase imperceptível, evitando encarar de frente o olhar invasivo com que discricionalmente o aparentado mais velho e sumamente sagaz o esquadrinhava.

— Que escolhas pretendes, então, doravante, para o teu futuro, figlio?

Marcello empertigou-se, incomodado. Suspirou. A verdade é que quase a metade de uma hora já se escoara naquela sabatina exaustiva, e não conseguia, de seu lado, disfarçar por completo para o outro o profundo aborrecimento que lhe evocava aquela situação tensa. Decidiu-se, num impulso, a usar de algum argumento taxativo — o primeiro que lhe ocorreu — visando encerrar sem apelação aquele impasse de maneira favorável aos seus interesses mais íntimos.

A verdade é que não fazia a menor ideia do que o aguardava para fora dos muros do Monastério de Palermo, bem como de suas reações com o que depararia em relação a circunstâncias e posicionamentos desconhecidos daqueles que participavam da história de sua vida. Mas se viu na necessidade de mentir, ou de pelo menos encenar uma resposta de molde a saciar, naquele velho incansável, os seus intuitos perspicazes e cheios de subterfúgios, entrevistos no modo meticuloso como conduzia a entrevista.

— Pretendo voltar, de fato, para casa, prior. Mas minhas pretensões doravante são modestas. Reconheço enfim a necessidade de somar os meus esforços à economia doméstica. Minha mãe e irmãs, em particular, necessitam de mim, e me ressinto do convívio delas e dos meus. — E, percebendo nítida na fisionomia de Mattia alguma satisfação com o que ouvia, arrematou, forjando maior convicção no que declarava: —Planejo trabalhar com meu pai e meu irmão no cultivo de nossas terras. A vida campesina, doravante, e na intenção de me acalmar definitivamente das lembranças dos sobressaltos infelizes do passado, comparece-me agora com maior atrativo do que o que antes definia-me a vida aventureira de menestrel, frequentando festas da nobreza cheias de tumultos, viciações e hipocrisias. Aquilo não me atrai mais...

Mas Mattia não se satisfizera plenamente quanto a um pormenor crítico, e que, bem o sabia, era o calcanhar de aquiles do que importava mais de perto à tranquilidade de Filippo e dos seus, no que a Marcello dizia respeito.

— Humm... — ponderou, ainda desta feita, cobrando do rapaz uma dose final a mais de paciência. — E que me dizes deste sentimento que, tu mesmo o confessaste há pouco, ainda não conseguiste arrancar, a pulso da vontade, do teu íntimo, e que sérios dissabores ainda pode vir a desencadear à nossa família caso insistas no futuro, por fraqueza, no assédio àquela moça, Marcello?

— Não a assediarei mais, prior — o jovem assegurou, suspirando e respondendo o que na hora lhe compareceu como o mais conveniente para esquivar-se de uma vez, tentando imprimir maior convicção ainda à entonação com que se pronunciava, e ansioso por dar fim àquele diálogo que já o molestava à guisa de intolerável tormento. — Cansei-me, também, de bater-me inutilmente num envolvimento destinado ao fracasso, com ela ou com qualquer outra da família Braccio. Há de surgir-me, de futuro, opção mais conveniente para a formação de uma família.

Mentia, de fato. O que ocupava seus pensamentos acima de qualquer outra consideração nos últimos dias era fazer-se de volta à liberdade indômita mais afim aos seus propósitos e temperamento, com o intuito de obter notícias da jovem, em quem se fixava obcecadamente desde os lances dolorosos da perda de seu filho. Todavia, àquela resposta pronunciada em tom convicto impuseram-se pausa e silêncio.

Entreolharam-se brevemente, Mattia e seu sobrinho, ambos dominados por pensamentos e sensações díspares girando em torno do que haviam tratado naqueles instantes decisivos no silêncio da ampla sala de conferências do prior.

Tempos novos e cheios de surpresas, não obstante, esperariam o jovem Lorenzzo dali para diante, quando do seu pretendido retorno ao lar paterno mergulhado em mais dúvidas sobre o futuro do que propriamente em certezas do que o aguardaria no decorrer dos próximos dias e acontecimentos.

Capítulo IV

Entrelaces cármicos

Matteo se aproximou do poço, onde Giovanna erguia com alguma dificuldade um balde cheio com água, aguardado pela mãe nos fundos da casa.

— Espera. Te ajudo — ele lhe sorriu, atencioso, notando: — Como te sentes, bambina? Não estás ainda em condições de te esforçares deste jeito.

A jovem devolveu-lhe o sorriso, reconfortada com as demonstrações afetuosas com que volta e meia era distinguida pelos familiares, fazendo com que se sentisse bem e acolhida, apesar de tudo.

— Mas... quê? E eu lá tenho estas bobagens?

Mas Matteo tomou-lhe o balde, apesar da recusa. E adiantou-se para dentro de casa, sem perceber que, mais atrás, a jovem o seguia de perto, inalando profundamente e apreciando o perfume fresco e intenso dos campos ao redor em mais aquele início ensolarado de manhã; mas dominada, de outro lado, por pensamentos inquietantes.

Olhava aquele irmão sempre tão gentil para consigo e especulava para si mesma se seria ele capaz dos aviltamentos que ultimamente lhe imputavam à conduta.

As lamúrias esporádicas de Sofia, entreouvidas no interior da casa, acirravam-lhe aquelas conjecturas. Desde o seu retorno, não lhe escapara a contrariedade flagrante da cunhada por conta da sua presença. Entretanto, também precisada, de seu lado, de paz de espírito e de quietude, visando se refazer dos últimos dramas aspérrimos vividos, abstinha-se de possíveis altercações, em parte pela invencível necessidade de isolamento ainda experimentada, na medida em que ia aos poucos se readaptando aos assuntos e à atmosfera familiar grandemente modificada desde que com ela privara pela última vez; e em parte por, com sinceridade, não se encorajar a molestar de caso pensado a cunhada, prejudicando-lhe o arremate de uma gravidez que, sob todos os aspectos possíveis, revelava-se sofrida e difícil. Talvez por ter experimentado há pouco, na própria pele, as exasperações próprias de um período crítico de gestação. Não desejaria, conscientemente, em decorrência disso, impor à vinda de um sobrinho à luz, mais ainda em se tratando de um filho de Paolo — fosse este o caso, considerava, pressurosa —, quaisquer transtornos advindos da sua intervenção perturbadora na disposição de si claramente tormentosa no íntimo daquela enervada mãe.

Mas imaginava, durante as suas conjecturas íntimas, as razões daquilo. Afinal, a sobre-excitação nervosa de Sofia se denunciava impressionante, inédita e muito acima do esperado, em se considerando o comum nas gestantes de último mês. Entremeando dores ocasionais e sensibilidade extremada, efetivamente a moça dava mostras constantes de mau humor, de descontrole emocional e de uma irritabilidade com que o irmão — Giovanna o notava com clareza, buscando disfarçar a preocupação que acerca daquilo a afligia — não conseguia conviver pacificamente, e de dentro da firmeza altiva de que sempre dava mostras em ocasiões tensas.

Em dada noite, logo após o seu retorno — recordava ainda uma vez, antes de ganhar o interior da vivenda em busca das atividades domésticas que a aguardavam —, foi-lhe dado surpreender, das cercanias do cômodo do casal, onde Sofia repousava, grave altercação mantida entre os esposos na qual a tônica, dentre a troca de outras acusações mútuas, e para seu profundo desagrado, fora a menção reiterada de seu nome e das contingências nas quais ocorrera o seu retorno para o convívio familiar.

— Não sei mais o que mobilizar para te agradar, Sofia. Deves reconhecer que venho me empenhando, conhecendo os teus incômodos! Por mais que eu faça, todavia, tua má disposição recrudesce... principalmente depois das visitas da tua mãe! — frisava Paolo, andando impaciente de um lado para outro do quarto. E atacava, perdendo momentaneamente as estribeiras: — Trabalho de sol a sol para manter o padrão do nosso sustento. Julgas fácil o lavor dos campos, para que todos os dias, ao meu retorno, venhas me molestar com as tuas reclamações infindas?

— Não reclames da presença dos meus parentes, antes que eu faça as minhas queixas, de meu lado, para papai, Paolo, e aí, sim, tu te verás em maus lençóis.

— Tua mãe só comparece a esta casa para me lançar olhares de soslaio, cáspita! — ele rebateu, gesticulando. — De que exatamente ela me acusa? De mal atender aos teus caprichos sem cabimento?

Neste ponto, Sofia ergueu-se do leito, rubra, trêmula, um suor frio principiando a perolar-lhe as têmporas empalidecidas com gotículas que lhe escorriam pelo semblante angustiado e marcado por profunda amargura.

— Olhares de soslaio, o dizes? Per Dio! E o que nunca enxergas, quando vindo da tua preciosa Giovanna, de volta a esta casa para dar arremate a todas as minhas aflições? — exclamou alto, as lágrimas descendo, grossas, pelo rosto contorcido pela ingrata alteração nervosa. — Tu bem sabes das diferenças sempre havidas entre nós duas desde o começo do nosso convívio, Paolo. Tua irmã é uma pantera feroz, ciumenta e traiçoeira. E, apesar disso, e mesmo debaixo da infâmia a que submeteu toda a tua família o seu comportamento libertino, te dispuseste, primeiro, a receber no lar, à conta de filho postiço, o fruto vergonhoso dos seus desvarios — acusou duramente. — Mesmo contra a minha vontade, da qual dei firme testemunho naquela ocasião! E agora, que, pela intervenção do Altíssimo, foi tudo malogrado, para alívio maior de todos nós, em vez de conservar a doidivanas no claustro da vida religiosa, que a manteria a salvo de provocar-nos desgostos outros, o que tu fazes? Aceita de frei Silvestro a sugestão malsã de recebê-la de volta de braços abertos, à conta de um perdão que, mais a ele mesmo, que o Cristo me perdoe, do que a nós outros, convém, de vez que o livra definitivamente do encargo difícil junto àquela harpia peçonhenta!

— Cala-te, Sofia! — Paolo esbravejara, voltando-se e não se contendo, perdendo momentaneamente todo o autocontrole. — Resguarda a tua língua de infamares por esta forma intolerável a minha irmã, que sei arrebatada e presa das consequências do próprio desatino, é certo, mas que na sua pouca idade não merece ser assim incriminada nestes termos aviltantes — avançou em direção ao leito, fazendo a consorte, assustadiça, de seu lado, encolher-se, intimidada, os olhos rebrilhando, febris. — Mamma entendeu isto, perdoou-a, e a quisemos, todos, de volta — enfatizou energicamente. — Marcello Lorenzzo foi, em maior medida, o responsável por ter ela perdido todo o tino! Ele, um homem feito, aquele bastardo, sim, é digno de impropérios e do devido acerto de contas a se dar no momento oportuno; mas ela, não! Que eu não ouça mais dos teus lábios, portanto, tais menções e acusações intoleráveis.

Respirou fundo, pausando, enquanto se entreolhavam, perturbados. Depois, passando as mãos, num incontido assomo de ansiedade, nos cabelos alourados em desalinho, abrandou um tanto o tom, o mais que pôde, em notando-lhe o aspecto fragilizado e assustadiço, que a deixava quase presa de vertigens.

Aproximou-se mais, devagar. E, sentando-se a seu lado no leito, tomou-lhe afavelmente as mãos delicadas e úmidas.

— Ajuda-me, ragazza, a preservar-te de maiores aborrecimentos neste período difícil que bem sei que atravessas, mas que, a meu ver, não explica o teu incompreensível e constante descontrole dos nervos. Um filho nosso está para vir ao mundo! Que seja, então, em clima de paz e de tranquilidade, o mais possível, em vista do que te rogo: esquece Giovanna e te detenhas em ti mesma, no teu bem-estar e no do nosso bambino, e tudo haverá de acabar bem...

Da porta entreaberta, na penumbra noturna do corredor fronteiriço ao quarto, Giovanna, pois, assistira e ouvira tudo até aquele ponto. E, esquiva, arredou-se com rapidez para o interior da moradia, juntando-se às irmãs e à mãe nas atividades de preparo da janta. Via-se intimamente satisfeita, apesar do choque da cena presenciada, das reações do irmão a seu favor.

Todavia, com o passar dos dias, acompanhava o desdobramento dos acontecimentos dominada por reflexões. Mais silenciosa do que efetivamente lhe era usual, dedicava-se às atividades domésticas com empenho e espírito de serviço, para evidente satisfação de Martina, bem impressionada com o que lhe comparecia nas atitudes inéditas da filha como um inesperado amadurecimento, atribuído aos sucessos difíceis que há pouco ela viera de atravessar.

Não obstante, sem que ninguém o supusesse, a jovem observava muito; e fazia por onde não exasperar a gestante com qualquer proximidade que, de resto, às duas, sem nenhuma dúvida, reverteria em maus momentos. De outro lado, contudo, ansiava por abordar alguém apropriado para dividir impressões e confidências acerca do que presenciava; e, é natural, quem acabaria se revelando a mais indicada para tais intentos seria Chiara, a irmã que sempre lhe fora confidente e que anteriormente já introduzira, de certo modo, o assunto delicado que queria tratar.

Com a sua volta para casa, do outro lado da vida, os amáveis tutores desta personagem acompanhavam mais assiduamente os capítulos sucessivos do seu cotidiano, dividindo-se entre isto e o acompanhamento incansável, da parte de Hiram, do melífluo Mizael. Este último, com a última cena do desligamento de Marcello do monastério, desde então de novo se aferrara a acompanhar seus passos de modo a inspirar-lhe um retorno bem urdido à sua distante moradia familiar, situada nas colinas de Ragusa, vizinhas às terras dos Braccio. Tanto este mentor das paragens invisíveis, portanto, quanto os diligentes Marcílio, Joyce e Lúcio conheciam as razões genuínas daquele quadro familiar na materialidade, situadas em acontecimentos já de há séculos sepultados num passado vivido em comum por vários daqueles personagens. Não era em vão, portanto, e sim em decorrência de esmiuçado planejamento anterior à volta à matéria, tecido entre todos os envolvidos, que no momento se davam os dilemas cujas raízes a insciente Giovanna, por exemplo, não haveria de atribuir a nada além do que a uma conjuntura conjugal crítica na vida de seu irmão dileto. Pois, em verdade, não apenas o que dizia respeito a isto mas também ao que a ela mesma se referia encontravam suas determinantes em fatos longínquos, perdidos por breve momento de suas recordações mais imediatas nas névoas dos tempos vividos naquela mesma Itália milenar, de conjunto a vários compromissos firmados não apenas da parte de Paolo Braccio antes de seu retorno à matéria, e consoante ao que, com ele, ela mesma objetivava em termos de aprendizado e de ideais de felicidade plena num futuro mais ou menos próximo.

Para tal, todavia, com os destinos entrelaçados por participações mútuas no desenrolar daquela trama milenar comum, tudo dependeria das iniciativas conjuntas de personagens-chave como Marcello Lorenzzo; Mizael, atuando a partir das esferas invisíveis e orbitando-lhes os destinos em decorrência da magnetização cármica invencível para com cada um deles; e mesmo de Matteo, Sofia ou Chiara, que não poderiam jamais seguir à parte de tais projetos evolutivos visando o avanço de todos rumo a escolhas mais sábias e acertadas; a realizações mais plenas e destituídas da faceta passional e prejudicial existente nos excessos cometidos outrora pelos desvios e invigilâncias no território da afetividade*.

Após desobrigar-se melhor das primeiras atividades matutinas, no intervalo entre o desjejum e o almoço, e com os homens enfim afastados no lavor diário dos campos, eis que, compenetrados e afáveis, Joyce e Lúcio se acercam de Giovanna e de sua irmã mais velha no momento em que, de comum acordo, aproveitaram-se de oportunidade propícia para privar em breve passeio pelas colinas floridas e ensolaradas das proximidades da moradia.

De mãos dadas, às risadas, ambas correram por uma estradinha sinuosa e esbatida de terra, as faces coradas saudavelmente pelo calor brando do sol do início da manhã. Então, em se afastando o suficiente para se colocarem a salvo de indiscrições, Giovanna puxou a outra, e se assentaram no relvado ainda encoberto pelo fresco orvalho noturno.

Durante um momento breve Giovanna inspirou profundamente, enfim prazerosa, o perfume campestre abundante a se evolar das cercanias sob a observação entre afetuosa e satisfeita de Chiara.

— Arre! Enfim conseguimos privar com mais liberdade, e ao nosso gosto — esta última comentou, logo de início, também espraiando o olhar reluzente de gosto pela vida em volta.

---

* Todos os participantes dos cenários descritos nesta narrativa se acham vinculados por fortes laços cármicos forjados pelas nascentes de fatos grandemente favoráveis ou desfavoráveis, no que se refere às repercussões a episódios anteriores de convivência nos quais a tônica fora de feição inteiramente passional. Assim, se agora o austero Paolo Braccio sofrerá certos reveses ríspidos no capítulo conjugal, em circunstâncias forçosas nas quais a esposa, irmãos, vizinho e um eventual e infatigável inimigo desencarnado tomam participação ativa, evidencia-se, aí, como será explicitado nos capítulos posteriores, o fio inexorável do destino atraindo aos destinos de cada um dos envolvidos, e ainda que com uma defasagem de séculos, a colheita exata para cada plantio bem ou mal calculado de um passado esquecido e compartilhado por todos, nos idos da Antiguidade romana. (N. do autor espiritual)

E, inclinando-se, tomou as mãos da irmã: — Va bene, Gio. Que fortuna tu, aqui, de novo conosco — exclamou, esfuziante.

A outra confirmou, sorrindo-lhe, e enfim a Giovanna das épocas anteriores de convivência descontraída e feliz, a que Chiara se via acostumada, ressurgia — embora agora, nos seus modos, a nuance nítida de um comedimento e amadurecimento a mais, inevitáveis, evidenciava-se a quem quer que já a conhecesse daqueles outros tempos.

— Que disponhamos bastante, então, do nosso tempo, Chiara; porque não demora muito e mamma nos requisita a ajuda para o preparo da janta, ou para alguma outra coisa. Presto! — A jovem loura e voluntariosa também inclinou-se com vivacidade, sem querer perder um minuto. — Conta-me tudo, Chiara. Pois aquela história impossível que referiste no lar das irmãs até agora me lateja na cabeça, sem explicação. E agora, aqui, assistindo a tudo e sem poder entender muitas coisas, preciso conhecer a verdade por trás daquelas insinuações.

De boa mente Chiara atendeu; perto dali, observando-as, os despercebidos Lúcio e Joyce entreolhavam-se, trocando entre si um bondoso entendimento mútuo no qual se lia um misto de compreensão com tolerância para com os arrebatamentos e irreverências próprias da pouca idade das duas irmãs imersas nos assuntos da jornada corpórea.

— Como é interessante que, do ângulo de percepção delas, não se arrepanhe de maneira alguma a visão clara das causas maiores dos acontecimentos que as colhem e que as preocupam, julgando-os a partir desse tipo de compreensão esfacelada destas questões todas, que em verdade se interligam, tanto entre si quanto às outras todas de um passado do qual, de momento, nem desconfiam da existência, nem de que é este passado o fio condutor dos vários dilemas que as absorvem no presente.

Lúcio consentiu, sorrindo-lhe de leve, pensativo, e dirigindo-lhe cordial olhar.

— Mas não poderia ser de outro modo, não é mesmo? Do contrário, como lidaria a de momento imatura Giovanna com as realidades maiores que a entrelaçam tão estreitamente a este irmão e aos acontecimentos todos que lhe dizem respeito? De outra feita, também no que se refere ao próprio e indômito Marcello, e a esta irmãzinha, de cuja empatia que hoje compartilham não suspeita ela das origens antigas, situadas no passado remoto... Assim como o próprio Paolo — acresceu, voltando os olhos para as irmãs agora entretidas em palestra absorvente e discreta, sentadas em meio à profusão de flores dos campos daquele trecho das colinas. — Fico me perguntando do tanto que intui, em meio aos embates enfrentados no presente momento, do que lhe coube por parcela de compromisso para com o quadro familiar preocupante do minuto que atravessa, bem como em relação à sua fragilizada cônjuge, imersa em ríspidos dilemas de consciência por ora ignorados de todos, aos quais se prende, de outra feita, sem que nem o suspeite este meu amigo, um dos seus irmãos mais próximos?

Joyce anuiu, compartilhando as considerações do parceiro de missão na esfera da invisibilidade terrena.

— O que nos interessa mais de perto, nestes episódios, Lúcio, também compreende as reações de Sofia num futuro muito breve. Confinada de momento nos incômodos do arremate de sua gravidez, todavia, sabes que, com a retomada inevitável das rotinas cotidianas, logo haveremos de testemunhar como se aviará ela com as costumeiras insatisfações conjugais...

— Sim — Lúcio anotou, meneando. — E, no que se relaciona a isto, protesto francamente pelo sucesso de Hiram nas iniciativas junto ao seu principal tutelado. Porque, Joyce, temo sinceramente pelas atitudes de Marcello num futuro bem próximo.

Finda essa troca de impressões entre os dois desvelados amigos das esferas espirituais, ambos pausaram e voltaram de novo as atenções para o vivo diálogo mantido pelas duas irmãs, que, de mãos entrelaçadas, abordavam, empolgadíssimas, aspectos melindrosos do tema discutido, todo girando em torno da convivência difícil entre Paolo Braccio, sua esposa e seus familiares.

— Mas... como poderia meu irmão nutrir qualquer sentimento mais profundo por aquela bestia, cheia de choramingos e caprichos absurdos, e que, para arremate, e a troco de nada, ainda me odeia? — a impulsiva Giovanna tecia os seus comentários, todos eivados de acentuados melindres pessoais. Ao que Chiara, de seu lado, tentou conter um sorriso irônico, apesar de compreensivo.

— Concordo com os amuos e caprichos, Gio; mas, no que se refere ao ódio para contigo, bem... concordas que é recíproco — insinuou, zombeteira. — Sempre foi! Desde o início, e por certo que a troco de nada...

Giovanna deu um muxoxo, desprendendo-se de Chiara e remexendo-se no relvado, enquanto desviava o olhar inquieto para as paisagens das cercanias.

— Sofia sempre morreu de ciúmes do amor de Paolo por mim.

— E tu do que ele tem, ou tinha, por ela*. — A isto, a jovenzinha descaiu para trás, rindo-se às gargalhadas, incontidamente.

---

* Houve uma certa Valéria no conteúdo das narrativas anteriores — vide a obra *Sob o poder da águia*, de mesma autoria espiritual —, personagem que, em mais de uma jornada corpórea, compareceu ao lado do atual Paolo, a ele vinculada afetivamente, em virtude do que contendendo com a Giovanna da presente narrativa. (N. do autor espiritual)

— Oh, Giovanna, temo que por trás das desavenças tu e Sofia muito se assemelhem, com chances desconhecidas de se tornarem grandes amigas. Padeceis do mesmo mal, minha irmã!

A isto, contudo, os olhos azuis de Giovanna rebrilharam, e ela, revoltada, atacou com gestos enfáticos:

— Mas... que dizes, Chiara? Ensandeceste? Olha que, se proferes estas mostras de desatino perto de pessoas erradas, criarás para mim e Paolo sério comprometimento. Qualquer padre ou outro, mal-intencionado, suspeitaria nestes teus desvarios insinuações graves de incesto. Queres equiparar o nobre sentimento existente entre irmãos ao que existe, ademais frouxo e destituído de consistência, entre ele e aquela serpente sonsa? Impossível!

A este assomo de revolta, Chiara recobrou compostura e esquivou-se. Até porque naquele instante a conversa girava em torno de coisas de implicações perigosas, que iam bem além das meras dissensões pueris entre cunhadas, a que se referiam.

— Está bem... Escusa! Não queria te ver assim, enraivecida — replicou Chiara, mas Giovanna não quis mais perder tempo com aquelas querelas e logo em seguida cobrou, indócil de curiosidade:

— Mas então diga, Chiara! Cabe mesmo ao tonto Matteo a culpa que lhe imputam, tu e Fabrizzio? Olha que custo a crer da parte dele tamanha mostra de desvario.

A outra jovenzinha meneou, sentidamente, e a expressão até então desanuviada e dominada pela hilaridade anterior desvaneceu-se de seu semblante, dando lugar a franca quanto agoniada preocupação.

— Ah, Gio, temo que sim! Matteo mal consegue disfarçar a enorme atração que Sofia lhe exerce ao espírito. O olhar denuncia que está fascinado por ela, e me admira que mamma e os outros ainda não o tenham percebido com clareza. Talvez que sim... — ela hesitou, cogitando e dando de ombros, incerta. — Talvez disfarcem... Mas sabes que ele sempre foi arrebatado nestes assuntos amorosos. De outro lado, todavia, percebemos que ele mesmo se perturba horrivelmente com isto, e tenta disfarçar o mais que pode o que se passa, mas em vão. De resto, e como pude comentar contigo, porque Sofia também, de seu lado, até certo ponto não opõe-lhe resistência aos sentimentos e intenções.

Ouvindo aquilo, Giovanna sentiu o rosto rubro de indignação. Os olhos azuis vívidos despenderam faíscas erráticas na direção da irmã, agora admirada quanto temerosa das suas reações.

— Mas... com o que a sonsa, doidivanas, de outra feita se atreveu a julgar-me, conduzindo-se de tal forma desonrada na intimidade mesma do nosso lar? Oh! — exclamou ela, sob os efeitos deprimentes de drástico esmorecimento íntimo que a molestava sincera e sofridamente. — Oh, pobre Paolo! Hei de colocar-te a par destas infâmias, dando-se em nossa casa enquanto tu lavoras de sol a sol. Olha no que deu o te submeteres aos ideais puramente interesseiros de papai — ela se punha a ruminar consigo mesma, sob a observação entre aflita e angustiada da irmã mais velha, que, em ouvindo aquilo, interrompeu-a de abrupto.

— Per Dio, Giovanna! Não haverás de me comprometer por esta forma. Agora és tu que ensandeces? Queres dizer destas coisas a Paolo, das quais ainda não adquirimos nada além de suspeitas, fortes e bem fundamentadas, é verdade, mas sem um testemunho digno que nos permitisse comprometer por esta maneira a vida do nosso irmão, de resto prestes a receber nos braços o seu primogênito? — E a jovem meneou, desassossegada, segurando a outra e balançando-a de leve, buscando o seu olhar, como se intentando despertá-la de um sonho malsão. — Diga, Giovanna. Exijo! Tu hás de empenhar, agora mesmo, a tua palavra de que não haverás de desencadear uma tragédia dessas na nossa vida familiar, cujos possíveis benefícios ficarão bem aquém dos prejuízos a nós e a todos os envolvidos. Agora mesmo, Gio. Vamos — insistiu, súplice, fixando-a doloridamente.

Mas Giovanna se via transtornada. Fitou-a, perdida no tumulto íntimo das suas cogitações irrefreáveis.

— E quem te assegura, Chiara, que este primogênito é mesmo do nosso irmão? Desperta, cáspita!

E, como agora a outra se detivesse, inerte e chocada com as implicações graves daquela nova possibilidade aludida por Giovanna, esta prosseguiu no curso de suas especulações:

— Dize-me: tu, ou Fabrizzio, ou outro qualquer em nossa casa flagraram algo suspeito ou espúrio entre os dois? Se sim, não me escondas nada — intimou. — Porque, Chiara, de fato hei de te prometer, para o momento, não tomar nenhuma medida precipitada somente no intuito de não mergulhar Paolo num rodamoinho de desatinos, nem Matteo, a quem amo tanto quanto a vós, nas consequências talvez que funestas de toda esta infâmia. Não obstante, não quero ignorar nada; de vez que, se sabes, ou viu alguma coisa a mais, que me diga agora, neste momento. Porque isto, de outra feita, é trunfo que hei de guardar para uso na hora certa contra aquela harpia que se abriga lá, debaixo do nosso teto!

Chiara voltou a menear, grandemente receosa do que ouvia. Conhecia a impetuosidade temerária daquela irmã, e agora já temia, por antecipação, o que na certa os aguardaria num futuro mais ou menos próximo.

— Oh, Gio, peço-te: prudência, cautela, minha irmã! O signore Giacomo Agnelli mantém relações comerciais importantes para com a nossa família, das quais agora o próprio Paolo toma a frente após o passamento de papai; além do que desempenhou papel importante em nossa defesa na contenda das terras havidas entre a nossa família e a de Marcello, anos atrás. Até hoje, Paolo em outro dia mesmo mencionava para nós durante o desjejum, assegura-nos que a perda daqueles feudos não resta definitiva, porque se deu pela ingerência escusa do prior Mattia no caso, reivindicando, na época, uma posse duvidosa de terrenos alegando interesses da Igreja. Há, portanto, consequências de implicações graves demais nesta história, para que de caso pensado afrontes a filha deste homem.

Naquele ponto, interromperam-se ao ouvir a voz distanciada de Martina chamando-as, elevando-se para além do cume onde se assentavam em palestra, sob os ventos frescos do ensolarado final de manhã dos campos. E Giovanna ergueu-se, puxando Chiara pela mão e encerrando, por ora, o assunto:

— O que anda errado, ademais desde o princípio, não há de acabar bem, e isto independe das promessas que venha a te fazer agora, Chiara. Claro, hei de preservar Matteo e Paolo até onde possa, bem como a estabilidade de nossa família. Mas a união de Paolo com esta Sofia, por outro lado, está visto que foi coisa malfeita. Suspeito que não tenho muito com que me preocupar, e que, na certa, com o passar do tempo nos caberá apenas sentarmos e assistirmos ao infeliz desfecho disto tudo. Veremos...

E tentou, por fim, dirigir a agora assustada irmãzinha um sorriso mais desanuviado.

— Mas agora vamos, antes que mamma se enraiveça da nossa demora. Sabes que deplora ter que nos chamar mais de uma vez.

Capítulo V

Palestra entre cunhadas

O primogênito de Paolo recebeu o nome Vincenzo Braccio, e nasceu-lhe uma cópia fiel, com seus olhos azul-céu e tênue penugem louro-acinzentada encobrindo--lhe a cabecinha tenra — o que, a partir desta conjuntura, converteu-se em razão de orgulho imediato para o mais velho dos irmãos sicilianos, contribuindo favoravelmente para arredar para longe, ao menos de forma transitória, determinadas desconfianças pressurosas nutridas pelos que, naquela família, conheciam o drama ainda mantido sob completo sigilo, durante os episódios do cotidiano, da percepção dos demais.

Celebrou-se um período de paz entre os esposos, embora enganador, como brasas recobertas por cinzas. E, não obstante o alívio do clima mais desanuviado e feliz que se assenhoreou dos ânimos do casal e de seus respectivos familiares — inclusive do de Francesca, cuja má disposição para com Paolo já se via em iminência de provocar complicações de convivência entre ele mesmo e o sogro —, tendo o menino completado poucos meses de nascido, eis que Sofia se descobriu de novo em estado de gestação do seu segundo rebento, inaugurando para ela e o marido nova fase de cuidados e de extremos emocionais ainda maiores do que os verificados anteriormente no seu dia a dia.

Destarte, estreitavam-se os laços familiares entre os Agnelli e os Braccio pela contingência que terminou se verificando inevitável com o passar dos dias, do sério envolvimento entre Luca e Giorgia, irmã mais nova de Sofia, o que contribuiu para que cotidianamente a convivência entre todos se revertesse íntima, porque, se Francesca agora era presença obrigatória na casa, somando esforços aos da filha outra vez gestante e de sua sogra, ainda um tanto combalida, na dianteira dos cuidados à casa e ao recém-nascido, também Giorgia, agora, via-se estimulada a acompanhar a mãe nestas visitas diárias, para privar em todas as possíveis ocasiões com o irmão de seu cunhado, ensejando um compromisso que prometia novo enlace entre as famílias, para um futuro próximo.

Assim, foi dado à irmã de Sofia presenciar, também, e mais de perto, os lances rotineiros das vidas de todos os familiares de Luca. Via a saída dos homens para o trabalho nas vezes em que compartilhava com a mãe dos desjejuns, após pernoitar na residência dos Braccio; observava o apego carinhoso de Giovanna para com o sobrinho recém-nato, a quem passou a dedicar uma quase veneração — metade pela sensibilidade ainda exasperada pelo episódio de aborto recente, metade por afetividade forte e natural nutrida para com o primogênito de seu irmão dileto —, que lhe desviou um pouco, e pelo menos durante algum tempo, as ideias fixas alimentadas noite e dia, logo após o seu retorno para casa, acerca do paradeiro de Marcello Lorenzzo.

Via também como era sincera a afeição das cunhadas para com o lindo menino, bem como as diferenças notórias existentes entre sua irmã e a mais nova das irmãs Braccio, que, dentre as quatro filhas de Tomazzo, sobressaía-se, sem dúvida, como a que preferencialmente ocupava as preocupações de Paolo e de Martina.

E também, com o passar do tempo, evidenciou-se, um tanto indistintamente à percepção de Giorgia, a nuance escusa, volta e meia entrevista, do convívio de Sofia e um dos irmãos de Paolo, Matteo.

Intrigada, pressurosa, indagava-se ela se o que lhe chegava às impressões íntimas era exato, e também compartilhado pela mãe, que, de estar inteirada disso tudo, ainda não dera sinais claros. Mas Giorgia era feita de matéria substancialmente diversa da que compunha a índole caprichosa da irmã mais velha; assim, jamais cometeria com facilidade a imprudência de abordar um assunto tão melindroso com quem quer que fosse, menos ainda com ela mesma, Sofia — a não ser que se apresentasse alguma oportunidade confiável e útil.

De outra feita, e como Giovanna ultimamente não se desgarrasse do sobrinho, com quem soube com rapidez sedimentar forte empatia, de vez que sempre que podia o trazia ao colo, secundando a mãe ou Francesca nos seus cuidados, alinhavou-se, assim, uma fase mais apaziguada em seu convívio com Sofia, que, em notando-lhe os mimos e os cuidados extremos e constantes para com Vincenzo, se de um lado nutria quanto àquilo certa cota de ciúmes, de outro, não queria manifestar ostensivo desagrado para com as circunstâncias, a fim de não comprometer a calmaria bem-vinda na convivência com o marido, ademais necessária aos incômodos de sua segunda gestação, já sentidos vivamente.

Vai um mês com este quadro inalterado nas vidas dos nossos personagens quando, em certa tarde morna e agradável, Giorgia se entretém em conversa demorada com duas de suas cunhadas, Elena e Giovanna, a cercarem, como de hábito nos últimos tempos, o risonho menininho de atenções e de mimos, assentadas no relvado florido dos campos das cercanias.

— Vês? Olha como, em tudo, se parece com Paolo! Mesmo nesta expressão enfezada que ensaiou ainda há pouco, ao proibirmos que tocasse aquela flor com espinhos — ria-se Giovanna para as duas, com puerilidade.

Elena também, com sinceridade, apreciava o convívio e a bajulação com o primeiro sobrinho, e, junto da irmã, deitava-lhe brincadeiras e carícias, quando a pergunta de Giorgia veio desviá-las de seu embevecimento.

— E tu, Elena? Não te decidiste ainda por nenhum pretendente? Olha que o meu irmão, Otávio, anda desgostoso por não conseguir se acercar de ti. Outro dia disse que não compreende a razão pela qual, sempre que o tenta, tu te esquivas com subterfúgios. — Giorgia sorria afavelmente ao tecer aqueles comentários, porque de um modo geral agradava tanto a ela e aos irmãos, quanto aos pais, o estreitamento dos vínculos familiares entre ambas as famílias.

Àquilo, porém, Elena de início apenas enrubesceu um tanto e não ofereceu resposta, pensativa.

Como confessar a quem quer que fosse, e depois de todo o drama trágico havido na vida da irmã, que o seu coração, de há muito, achava-se apático e avesso a envolvimentos amorosos em razão de se ver irresistivelmente ligado ao de um homem que se confirmava como a única possibilidade inviável naquele sentido — ao de Alessio, o irmão de Marcello Lorenzzo, que, de tempos àquela parte, se por um lado, nas ocasiões esporádicas em que com ele se avistara, não disfarçara no olhar o interesse vívido nutrido pela sua pessoa, de outro, por certo, disso visivelmente se esquivava, em parte, e noutro tanto tolhido pelas circunstâncias desfavoráveis a quaisquer possibilidades de aproximação que lhes favorecesse o indisfarçável interesse mútuo?

Somava-se, àquilo, o quase pavor nutrido pela autoridade do irmão mais velho, que, este mais que tudo, por último, roubava-lhe em definitivo a chance de sequer eleger uma confidente a quem segredasse todos aqueles difíceis dilemas de alma.

Não suspeitaria que num futuro muito próximo, pelas forças das circunstâncias, aquela mesma Giovanna, de quem por vezes tanto troçara no passado por conta de seu envolvimento com um Lorenzzo e dos contratempos terríveis disso advindos, viria a ser esta confidente, a melhor de todas, pela conjuntura natural de se situar, a jovem, como a mais capacitada de compreender-lhe aqueles conflitos íntimos que dela gradativamente se assenhorearam com o passar do tempo, e contra os quais não pôde e não soube opor resistência.

Como, pois, num primeiro momento apenas o silêncio respondesse aos comentários de Giorgia, Giovanna, sempre vivaz interiormente, reverteu o sentido do assunto para a cunhada; e, de seu lado, travessa, indagou:

— Quanto a ti, apraz-me que tu e Luca vos decidais de uma vez pela consolidação do vosso compromisso, para que vos caseis e me presenteeis com mais sobrinhos. — Riu-se, fazendo a outra corar, por sua vez, de novo embevecida com Vincenzo, que agora agarrara-lhe com ambas as mãozinhas os longos cabelos rebeldes, a risadinhas e gritos: — Oh, olhem, olhem para ele! Um anjo descido dos céus não seria tão adorável...

Mas Giorgia não fugiu do assunto como o fizera Elena, que agora apenas as contemplava, pensativa.

— Folgo que a relação de Paolo com minha irmã se tenha apaziguado nos últimos tempos, Gio, porque isto veio ao encontro da melhoria de ânimo de meus pais para com o meu compromisso com Luca. Na época dos desentendimentos entre eles — ela confidenciou —, mamma chegou a me proibir a continuidade do flerte que, na época, já sustentávamos. Se bem que papai nunca se tenha oposto, pois preza com sinceridade a vossa família.

Àquela declaração, Giovanna se interrompeu um pouco, demorando o olhar na cunhada com ambiguidade e levando-a, com isto, a experimentar certo mal-estar.

— Que foi, Giovanna? — ela não se aguentou, notando o ar indecifrável da outra.

— Giorgia... se te perguntar algo, juras que serás sincera? É sobre Sofia...

A cunhada de imediato colocou-se de sobreaviso, serenizando. De índole mais dócil que Sofia, no entanto, e ante a estranheza da situação, jamais consentiria em envolver-se em diálogos dúbios sobre a vida da irmã. Temeu por breve momento que o que viria em seguida se prendesse às coisas que o passar do tempo já lhe desvelara, para seu grande dilema, na intimidade da rotina daquela casa. Se fosse algo relativo àquilo — considerou logo, para si —, recusaria-se terminantemente a expor qualquer opinião que fosse.

Mas o que Giovanna tinha em mente era outra coisa.

— Costumo ser sempre sincera, Giovanna. Mas, de teu lado, olha lá o que irás me perguntar! Não gosto de me imiscuir nos assuntos da vida da minha irmã.

Meio desconcertada e freando um tanto seu ímpeto, em notando o constrangimento defensivo evidente no modo como a cunhada se expressou, não obstante a astuta Giovanna mudou o tom, buscando transparecer puerilidade na maneira como conversava.

— Ora, acalma-te! Tu bem sabes que não divido exatamente empatia com Sofia, mas conseguimos conviver... principalmente depois do nascimento de Vincenzo. É só uma curiosidade, Giorgia... — E, desviando para o menininho agora sonolento em seu colo o olhar que quis momentaneamente casual, acrescentou, enquanto uma ideia vaga, nebulosa, brotava com vivacidade de sua mente agitada por cogitações de procedências variadas: — Uma vez Marcello andou me contando bazófias, dizendo já ter se interessado por Sofia, em vão. Tinha vontade de conhecer a veracidade disso, para entender se de fato aconteceu, ou se não passou aquilo de bravata de um conquistador. Só isto... — E, fitando a agora curiosa Giorgia: — Eles chegaram a ter algum envolvimento? Marcello de fato se aproximou dela?

Não escapou, porém, à irmã mais nova de Sofia a fachada melíflua de Giovanna ao lhe dirigir aquela indagação. E, de maneira instintiva, cuidou do que iria responder. Porque sabia estar a cunhada, até o presente momento, envolvida de toda a alma com o filho de Filippo Lorenzzo, apesar do momentâneo afastamento entre ambos e de todas as adversidades por eles enfrentadas. Deduzia, a partir disso, os desdobramentos desagradáveis que poderiam advir à convivência já tumultuada entre Giovanna e sua irmã, a partir do simples modo como viesse a responder àquela, antes, sondagem capciosa.

— Bem... — ela enfim começou, hesitante, olhando muito Giovanna entretida a embalar o menino sem encará-la diretamente. Aquilo, de si, inspirou-lhe uma nota qualquer em falso, cujo sentido não saberia detectar com precisão. Mas foi o suficiente para, precavida, e agora sob a atenção curiosa de Elena, comentar evasivamente, e pouco disposta a incrementar o assunto: — Devo ter, certa vez, e há muito tempo atrás, percebido não algum envolvimento entre a minha irmã e Marcello, mas olhares significativos dele para com ela em ocasiões em que se avistavam ligeiramente — disse, até certo ponto com alguma nota de malícia.

De outra sorte, também mentia. E a perspicaz Giovanna era astuta demais para, de si, não deduzir isto; primeiro por, a despeito do seu bom convívio com Giorgia, reconhecer nela, primeiro e acima de quaisquer outras considerações, mais que uma irmã, uma amiga e cúmplice de Sofia; e, ainda, porque aquela resposta esquiva não combinava com o teor dos comentários tecidos outrora por Marcello com bastante sinceridade, no intuito único de espicaçar-lhe o ciúme.

— Ahn... E ele, em absoluto, não interessava a Sofia? Ela tomou-se desde o início de amores pelo meu irmão?

Não fora assim; e, no passado, Giorgia bem sabia, chegara a romântica Sofia a se impressionar com o belo porte do moço e cogitar de um envolvimento com Marcello, com quem, nos relvados ensolarados das colinas, mantivera, outrora, muito mais do que mera troca de olhares. Dividiram, efetivamente, alguns colóquios e flertes. Mas, ali, naquele momento, travava-se entre elas uma troca interessante de pareceres astuciosos que prometiam não levar a nada além de desavenças, e, por causa disso — e ademais envolvida de corpo e alma com Luca —, a irmã mais nova de Sofia houve por bem responder taxativamente, de modo a encerrar de vez aquele diálogo incômodo e, a seu ver, fora de propósito:

— Nunca interessou, de fato — e Giorgia agora brincava, forjando casualidade na entonação e na fisionomia, desviando-se e arrancando do solo algumas pequeninas flores silvestres —; por conta das desavenças sérias existentes entre a tua família e a do signore Filippo, Giovanna, nossos pais deploram, solidários, maiores aproximações nossas com os Lorenzzo.

Calou-se. E foi Elena, de seu lado, quem interveio em socorro da cunhada, de resto por reconhecer o assunto aborrecido para a ocasião.

— Dio, Giovanna! E o que, a esta altura, te podem interessar estas coisas? Tira de vez este Marcello da tua mente. Concentra-te na tua vida aqui, e agora, com a tua família, que assim tornarás a ser feliz e só terás a lucrar. — E, encurvando-se, segurou-lhe, afetuosa, a mão que afagava, agora, a cabecinha do menino adormecido. — Só te fará mal se ficares evocando a toda hora este passado, cara mia...

Giovanna apenas levantou levemente para as duas os olhos muito claros, reflexiva; depois voltou a olhar o neném aconchegado em seu colo, alinhavando, a partir da visão do lindo menino, ideias e planos de cujo teor a irmã e a cunhada, agora encetando palestra mais alegre e desanuviada, por entre risos, jamais poderiam sequer suspeitar.

O que a Giovanna ocorreu, de improviso, e a partir daquela sondagem em princípio destituída de maiores intenções com

Giorgia, foi uma ideia que lhe relampejou com irresistível fascínio, em se dando conta de que os seus passeios constantes com o sobrinho, pela manhã ou à tarde, ao poente, eram os únicos momentos nos quais provavelmente se via de fato mais liberta de vigilâncias e à vontade para se dirigir aonde quisesse nas colinas aromáticas e floridas daquele trecho da Sicília.

Por que não se valer de uma destas ocasiões para tentar obter notícias de Marcello?

Dissera-lhe o rapaz, na tarde inesquecível e triste de seu último encontro, da sua firme determinação de deixar o monastério de imediato, para assumir com ela outro rumo de vida. Mas o curso dramático que tomaram os acontecimentos de então, culminando com a desafortunada perda de seu filho, frustrara-lhes os planos. E agora, não obstante o longo aconselhamento recebido de frei Silvestro quando da época do seu retorno para o lar, sendo, apesar de tudo, acolhida amorosamente pelos seus, não conseguia ainda arrancar de si a ânsia dolorida para, de algum modo, saber do paradeiro do impetuoso filho de Filippo.

Teria deixado o monastério, decerto; tempo para tal cometimento já decorrera, mais do que o suficiente, mas... e desde então? Por onde andaria? Retornara ao lar, como acontecera com ela mesma? Fora recebido pelos seus com a mesma boa vontade?

E quanto aos seus planos em conjunto, tão tristemente malogrados, antes mesmo de sua realização?

Será que, de algum modo, os Lorenzzo haviam tomado conhecimento do que acontecera? De sua gravidez, e da participação de Marcello no caso?

Guardava firme convicção de que o amor protestado pelo jovem a seu respeito ainda se mantinha, incólume, e a despeito de todas as adversidades. Não; conhecia Marcello o suficiente!, ela refletia, naqueles breves momentos em que embalava o menininho adormecido, passeando o olhar distraído nos arredores, profundamente absorta e alheia dos assuntos agora triviais tratados entre a irmã e a cunhada. E, principalmente durante os últimos lances havidos naquela tarde já afastada do seu último reencontro, obteve a certeza de que o que o rapaz nutria por ela era consistente. Um sentimento forte e verdadeiro!

Se resistira, inabalável, até aquele momento de revelações importantes, em que se reavistaram após tanto tempo e tantas mudanças nas vidas de ambos, era porque, ainda agora, deveria sobre-existir. Daquilo, não nutria a menor dúvida. Daí, desta certeza, então, advinha a necessidade invencível e crescente, de dia para dia, de valer-se de um subterfúgio qualquer, na medida em que os ânimos a seu respeito se desanuviassem na intimidade de seu lar, diminuindo a constante vigilância do princípio em torno de seus passos, para que, de algum modo, buscasse informes sobre o moço.

Se não fosse possível ter com ele pessoalmente, num primeiro momento, talvez que alguma sondagem. Abordaria Alessio, ou alguma das irmãs de Marcello, ou mesmo algum empregado da casa dos Lorenzzo, em instante propício, em que se distanciassem um pouco da vivenda por qualquer motivo.

Perdida naquelas elucubrações, o vento leve e fresco agitando-lhe os longos cabelos e soprando de maneira agradável sobre o trio acomodado no extenso relvado florido, dirigindo ao neném profundamente adormecido o olhar entre carinhoso e distante, Giovanna só foi acordar de seus devaneios quando Elena tocou-lhe no braço de leve, chamando-a de volta à realidade:

— Ei! Divagas? — ria-se, junto com Giorgia. E a irmã, surpresa, afinal dirigiu-lhes os olhos agora acesos e surpreendidos.

— Hã? Que foi, Elena?

— Pedimos duas vezes tua opinião para o que falávamos e eis-te aí, a olhar Vincenzo como que flutuando nas nuvens, longe daqui.

Ao que Giorgia acrescentou, bem-disposta:

— Sabemos o quanto aprecias ficar com o menino, mas devemos retornar agora, Gio. É hora de amamentá-lo, e, se não nos apressarmos, Sofia ficará aflita.

A isto, a outra despertou de vez. E ergueu-se com elas.

— Sim. Claro... — concordou de pronto, embora ainda aérea, dispersiva.

E distanciaram-se colina abaixo, apressando-se pelo caminho estreito que as conduzia de volta à moradia dos Braccio.

Capítulo VI

Um novo Marcello Lorenzzo

Marcello sentava-se solitário na antiga enxerga de sua cabana dos fundos da residência paterna. Meditativo, estava algo mudado daquele antigo caçador audaz, de cujo temperamento indomável demos conta ao leitor no início desta narrativa.

Algo sombrio e ocluso ultimamente dormitava, constante, no seu íntimo, sem que desse ele voz ao que habitava-lhe os pensamentos, desde que lograra, apesar de tudo, retomar o convívio de seus familiares.

Como sempre, não imaginaria que suas reflexões mais recônditas eram claramente acessadas por um seu antigo cúmplice do passado milenar, que permanecia mais próximo do que nunca, cercando-lhe os passos e vigiando-lhe conjecturas, inspirando iniciativas, apoiando umas, desaconselhando outras.

Era este mesmo personagem que, na invisibilidade, assentado a seu lado na enxerga com as primeiras claridades da manhã, também como que ponderava, ensimesmado, e influenciando com isso, e em grande medida, o que agitava as conjecturas do moço.

— Não parece que, em se tratando daquilo que nos interessa mais de perto, permanecemos sempre dando voltas inúteis, sem atingirmos os nossos maiores objetivos? — cismava o misantropo Mizael, como de costume mergulhado em ingrato estado d'alma que nunca lhe permitia desvencilhar-se da faixa sombria do astral circundante à qual, por sintonia plena, voluntariamente se prendia.

Como em ressonância inequívoca para com o que o ouvido interno auscultava daquele seu antiquíssimo pai terreno, Marcello, de seu lado, torcia ligeiramente as mãos. Profundamente reflexivo, rememorava, ruminando ideias.

Com a sua saída do Monastério de São Benedicto, e sob a patente contrariedade de seu tio, Marcello lograra retornar ao lar. Mas foi preciso usar das habilidades em parte já utilizadas no passado nas artes de músico para se aviar também como competente ator no momento de improvisar o melhor possível diante do pai e da mãe, na ocasião abatida pelo impacto imprevisto da novidade do seu retorno, um novo Marcello Lorenzzo, que por alguma boa razão haveria de fazer por merecer uma segunda chance e a retomada da confiança paterna.

Pouco tempo após a entrevista delicada com o tio, que só não revertera maiores empecilhos e tropeços aos seus planos porque, convocado às pressas a Roma para compromisso de ordem religiosa inadiável, houve o prior que se aviar sem maiores reflexões para endossar ou entravar a saída do sobrinho; problema que, por conveniência, terminou considerando de importância secundária para o momento, farto que já se achava dos contratempos renitentes que sempre tumultuaram a vida daquele rapaz e do seu irmão, habitante das colinas distantes de Ragusa — e, com o seu retorno repentino para casa, do qual não foram, assim, os seus familiares devidamente prevenidos, em vista da partida precipitada de Mattia para Roma, houve Marcello que extrair de si próprio talento desconhecido para lidar sabiamente com a tormenta desencadeada de inopino no lar paterno, bem como explicações que teve que forjar de supetão à família sobre as causas daquele acontecimento extemporâneo quanto inesperado.

Como estivessem eles a par do drama da gravidez da jovem, havia que se oferecer a respeito, de saída, uma explicação. E foi justo isto que, surpreendentemente, e embora o aspecto dramático e triste do ocorrido, terminou funcionando como o que mais contribuiu para influenciar a disposição de Filippo e Giulia no sentido de perdoá-lo e de recebê-lo com maior boa vontade.

De resto, para sedimentar a boa virada de maré a seu favor, improvisou o talentoso menestrel um perfil renovado em sua personalidade, disposto a comparecer ao cotidiano familiar mais compenetrado daquilo que Filippo esperava de suas iniciativas. Sério e ponderado, portanto, e causando a partir disso profunda estranheza mista a admiração, principalmente no espírito materno, Marcello revelou-se cônscio das obrigações que lhe cabiam daquele momento para diante. Se de um lado os contrariava e entristecia com a empresa frustrada na vida religiosa, rogando-lhes entendimento para com aquilo de vez que não reconhecia de fato em si pendores para o confinamento monástico, de outro estava disposto a imprimir novo ânimo e curso aos seus dias, mais responsável, distanciado do perfil aventureiro e irreverente anterior que culminara em todo o desgosto e drama de ordem familiar que infligira aos seus.

Àquilo, Giulia e Alessio logo capitularam, dominados pela voz da afeição consanguínea que lhes falava alto ao íntimo para com o parente até então exilado de quem francamente se ressentiram da presença, apesar de tudo turbulenta, no decorrer daqueles meses; mas Filippo, em particular, e uma das irmãs, a mais avisada entre eles, Giada, e ao contrário da dócil Maria, ouviram aquele extenso discurso com ostensiva desconfiança na parte do encontro que se seguiu à gritaria desesperada do início, quando, no começo de uma manhã ensolarada, ao desjejum, e em ouvindo estranha batida e abrindo a porta, Giulia quase desfaleceu ao dar com o filho mais novo de volta, como se fosse uma inacreditável aparição.

— E que estranha coincidência te faz chegar a todas essas conclusões e te traz de volta, logo após o infortúnio do aborto daquela infelice? — indagou dele Filippo, de pronto, mal acabou de falar, quando, mais calmos, todos se reuniam assentados em torno da mesa. — E que papel desastroso desempenhou aquele frei maledetto, colocando-te ao corrente dos fatos e em contato com esta Giovanna, quando, de nosso lado, empenhamo-nos em preservar até mesmo Mattia do conhecimento dessas infâmias, quando o famigerado Paolo aqui retornou qual touro enfurecido, informando-nos de toda esta miséria e impondo-nos suas inapeláveis condições pelo estrago causado na vida da irmã: dentre outros absurdos, o teu definitivo distanciamento dela, e mesmo do teu figlio, de quem reivindicou a guarda e protestou direitos exclusivos, desconhecendo-te como parente legítimo dos Braccio?

— Bastardo... — Marcello devolveu, em resposta, perdendo-se um pouco em conjecturas. — Eu já conhecia, em parte, estas coisas, trazidas ao meu conhecimento pelo frei. Mas, de teu lado, não o condenes, pois buscou apenas atender ao dito dever que reputa cristão, ao tentar aproximar do pai a gestante desvalida, assegurando à criança, assim, um possível futuro mais digno — rogou de Filippo, sem fitá-lo muito, não conseguindo sustentar-lhe a contento o olhar severo, mas preservando, estoicamente, a contrição que se autoimpunha aos modos e palavras.

E era necessário, pois, depois de todo o volume de contrariedades relacionadas àqueles problemas, dos quais a família ainda se via longe de se dizer refeita, o astuto lavrador necessitava patentear garantias no acolhimento daquele filho cuja índole sempre lhe comparecera enigmática, turbulenta, propícia a desencadear contratempos em relação aos quais não se aviava para lidar de um modo satisfatório, sem ocasionar brigas e as tormentas usuais dentro de casa havidas nos tempos anteriores, desde os seus primeiros anos de ingresso na juventude até ao ponto crítico em que houve, por medida emergencial, de encaminhá-lo ao monastério.

Filippo, portanto, deteve-se naquele ponto, profundamente reflexivo. Ladeando Marcello na mesa, a emocionada Giulia enxugava discretamente uma lágrima; entrelaçava a mão do filho afetuosamente, e este agora a reconfortava com palavras carinhosas, sob a atenção dos irmãos, que, se de um lado não ousavam dizer o que quer que fosse, perdidos em pensamentos desencontrados ante o inusitado daquela novidade, de outro, contemplavam Marcello com certa perplexidade disfarçada na fisionomia, admirados com as acentuadas mudanças externas e internas no rapaz, verificadas não tanto tempo decorrido assim da sua saída do lar.

Mas foi a voluntariosa Giada quem terminou dando voz à parte das especulações que habitavam o íntimo desassossegado do velho pai.

— Diz-nos, per favore, Marcello... pois ainda aparentas estar um tanto perdido em atitudes e em pensamentos... — E apoiava o rosto alvo e sardento na mão, casualmente, enquanto um brilho insidioso relampejava, fugaz, nos seus olhos esverdeados, ao fitar o outro detidamente. — Que pretendes, pois, doravante? Acabas de demonstrar claramente, no teu comentário anterior, que se mantém intacto o teu ódio por Paolo; mas sabes que este ódio, outrora, enraizou-se, na sua totalidade, no empecilho intransponível que ele representava à tua união com Giovanna. Sabes, são eles nossos vizinhos próximos; a ragazza voltou para casa, e é ingênuo supor que em algum momento não te avistarás com ela. Que, pois, planejas quanto a isto? Porque é preciso que entendas que mamma não haverá mais de tolerar sofrimentos advindos do tumulto que representou a tua insistência em envolver-se com aquela filha do Tomazzo Braccio.

A isso, a sala quedou-se, tensa, em silêncio e expectativa, e Marcello deitou à astuciosa irmã mais nova o olhar carregado de um enfado que buscou habilmente dissimular. Ela tocara justo no ponto crítico de toda a discussão, e tanto ele quanto Filippo sabiam disso. Tanto que agora o pai encarava-o de frente, mudo, altivo, como que também cobrando uma resposta pronta e a contento para o questionamento ousado que Giada lhe dirigira, e que também era o seu, e o principal.

Todavia, o instinto de preservação acentuado do antigo caçador fez com que improvisasse subterfúgios e se saísse bem. Ademais porque, sem que ninguém ali o supusesse, nem ele mesmo, via-se assessorado, das dimensões invisíveis, pelo incansável aparentado dos séculos findos, que assistia, atento e despercebido, o desenrolar daquelas negociações familiares, inspirando-o e fazendo por onde reforçar-lhe o gênio intrépido para que usasse com desenvoltura e acerto o verbo ante personalidades robustas como a de Filippo e a daquela jovem, que, não obstante a pouca idade, era de compleição psicológica lúcida e perspicaz.

— A bambina perdeu a criança, Giada! Foi um fato triste e doloroso. Não te parece o suficiente, para desfecho desta história? Arruinei-lhe, impensadamente, parte da vida e dos sonhos da juventude, e não quero, de resto, causar mais contratempos; trata-se de princípio mínimo de caridade cristã, e de necessidade inadiável e pessoal, para que também eu me redima perante a minha consciência.

Calou-se depois desta declaração quase murmurada, em tom pesaroso e aparentemente franco. Os familiares trocaram olhares entre si, de significados diversificados. E aquele pesar genuíno na entonação e no semblante do jovem, sincero, mas antes originado nas lembranças tristes que trazia do episódio sofrido compartilhado com aquela por quem ainda nutria amor profundo e tenaz, para sua felicidade compareceu ao entendimento dos seus antes como remorso franco, e como demonstrativo inquestionável de sua sinceridade ao se propor imprimir um novo curso à sua vida daquele momento em diante.

Àquela resposta, Giada silenciou, reflexiva, observando muito o irmão e incerta quanto ao que pensar. Mas foi Giulia quem, como sempre acontecia, intercedeu de maneira definitiva em favor de um desfecho favorável às intenções do filho mais novo. Não admitiria nem suportaria, de resto, vê-lo de volta de dentro daquela disposição conciliatória para de novo evadir-se, escorraçado por algum remanescente de intolerância no espírito irascível do marido.

— Filippo, se te custa, por ora, acatar Marcello, de quem guardas justos ressentimentos, é certo, faze-o também por mim — rogou dele, súplice, e agora ante os olhares compadecidos de Maria, a seu lado, e de seus outros filhos. E, observando o rapaz a seu lado a endereçar-lhe o olhar francamente grato e amoroso, continuou: — Porque ele há de empenhar agora, aqui, e neste momento, e a sua mamma — enfatizou, em tom misto de ternura e autoridade —, a sua palavra de honra de que não capitulará na dignidade e arrependimento de que agora nos dá mostras, para reincidir em mais infâmias.

No seu silêncio grave, Filippo afinal rendeu-se, suspirando, embora ainda incerto e reflexivo. E tinha razão em temer — o futuro o confirmaria.

Giulia apertou a mão do filho; e ele lhe devolveu o olhar acolhedor e a pressão carinhosa, endereçando à boa mulher, a despeito de tudo, sua gratidão e sua promessa, aliviada e muda.

Horas mais tarde daquela marcante reunião familiar, os dois filhos de Lorenzzo encontravam-se no mesmo cômodo acanhado da cabaninha situada num ângulo afastado da moradia da família.

Marcello recolhera-se para afinal descansar um pouco, profundamente aliviado com o desfecho de suas iniciativas mais recentes, após longo período confinado em desassossego, tensão e expectativas nutridas na longa trajetória de retorno de Palermo para Ragusa.

Sem embargo, achava-se abatido e combalido, de corpo e de espírito. E Alessio, em notando isto, e arrastado em parte pela satisfação com o retorno do irmão, em parte por preocupação para com o seu estado, seguiu-o até o seu abrigo, batendo de leve na porta tão logo a cerrara, com um suspiro de alívio, por trás de si.

Abrindo, e dando com o irmão mais velho exibindo semblante desanuviado e claramente satisfeito, devolveu-lhe o sorriso e aceitou-lhe o abraço largo e estreito com que o outro o atraiu, entusiasta, com vários tapas nas costas.

— Maledetto mio! Queres matar-nos de susto, disgraziato? — troçou o rapaz, que em verdade nunca concordara com a saída intempestiva e mal refletida de Marcello do lar, rumo àquele estilo de vida que sabia de antemão representar antes infortúnio do que uma saída satisfatória para as instabilidades que lhe governavam os dias até então.

Marcello, de começo silencioso, apenas sorria. E Alessio sentiu-se à vontade para encetar uma conversa mais desanuviada do que a havida há poucos momentos na presença dos outros familiares. Aceitou o convite de Marcello para sentar-se, próximo de onde se movimentava de um lado para outro arrumando suas coisas, e entregou-lhe o embrulho com as primeiras providências do zelo materno, contendo bebida e alimentos para o decorrer da noite: vinho de boa qualidade, frutas, guloseimas, um agasalho para a friagem da madrugada.

— Dio... que presente! — ele murmurou, prazeroso, em dando com os objetos. — Mamma continua a mesma — riu-se.

— Sentiu a tua falta, caro! — Alessio confirmou com leve meneio. — Sofreu, madonna mia! Como sofreu com a tua ausência!

E, como o outro, refletindo certo pesar no olhar agora meio ausente e pensativo, nada respondesse num primeiro momento, o irmão mudou o rumo do assunto, tentando não molestá-lo com lembranças ingratas.

— Bene... e tu? Que contas acerca de ti mesmo? Estás mesmo decidido a lavorar conosco no campo?

— Sim — Marcello confirmou, reticente, arrumando em gavetas e na dispensa os itens enviados por Giulia.

Houve uma pausa incômoda, que desconcertou Alessio, de certa forma. Percebia o irmão diferente do que fora no passado, em alguma coisa que ainda não saberia definir com exatidão, e aquilo apunha-lhe rédeas nas palavras, metendo-o em dúvidas sobre o que poderia ou não falar com ele.

Ressentia-se da liberdade plena de que desfrutavam antes da sua partida, na época em que eram como confidentes, apesar das eventuais rusgas destituídas de maior seriedade.

Marcello abriu a garrafa de vinho, tomou do pão fresco e dividiu com ele, oferecendo-lhe também a bebida, que o outro aceitou com um meneio grato. Comeram em silêncio durante algum tempo, até que Alessio sentiu-se encorajado para tocar num assunto que sabia melindroso.

— E de Giovanna, fratello? Não tiveste mais notícias? Lamento francamente o que aconteceu entre vós — apressou-se a acrescentar, no intuito de mostrar-se despojado de hostilidade ao abordar o caso.

Mas, a isso, para a sua surpresa, Marcello dirigiu-lhe um olhar invasivo como o de uma ave de rapina, no qual relampejou, fugaz, um clarão lúgubre — o que quase fez Alessio arrepender-se da ideia infeliz de tocar naquela ferida ainda mal fechada. Rogou logo dele desculpas pela inconveniência, mas, antes que pudesse fazê-lo de todo, Marcello devolveu-

-lhe uma resposta que serviu para confirmar que, pelo menos quanto a algumas coisas, como o seu estilo direto e firme de encarar tudo na vida, continuava o mesmo:

— Alessio, escusa-me; mas não sei até que ponto posso confiar e aceitar falar contigo destes acontecimentos — exclamou. — Tudo foi triste, insatisfatório, exaustivo! Ainda estou me refazendo desta história, e a última coisa que quero agora é mais aborrecimentos com o nosso pai, por conta dela. Portanto, se vieste até aqui para realizares sondagens, peço-te: poupa-me! Não apenas porque não há nada a dizer sobre o que me perguntas; é que, mesmo que houvesse mais pormenores do acontecido, reservaria-me o direito de calar, por ora.

O outro notou, impressionado, o tanto de amargura que jazia impregnada nas entrelinhas daqueles comentários, desfechados assim, de supetão, a uma simples pergunta sua que, aliás, nada tinha de sondagem. Ao contrário.

Mas Marcello ainda não entrara no conhecimento das grandes novidades e mudanças havidas durante os meses de sua ausência, e que diziam respeito a uma personagem sobre quem jamais suspeitaria de andar o irmão às voltas, vivendo dilemas bem parecidos aos que enfrentara recentemente.

E a intenção de Alessio, em parte, e evocando a figura de Giovanna na conversa, era trazer à tona o caso, disposto e ansioso como estava para resgatar junto ao irmão a posição de confidente, porque sabia ser ele o único em toda a sua família em condições de entender e de, talvez, orientá-lo quanto ao que se passava.

Mas aquela resposta dura, e de antemão defensiva, surpreendeu-o e o lançou em hesitações.

Não obstante, fez por onde apaziguar o espírito inquieto do irmão.

— Acalma-te, ragazzo! Que coisa é esta de sondagem? Não há nenhuma! —assegurou, gesticulando, enquanto comia o pão. — A intenção é boa. Sabe tu, de teu lado, que em hora nenhuma aprovei a solução desastrada que nosso pai e tio Mattia te impuseram para o teu caso. Mas quem haveria de me ouvir naquele momento de histeria e de desespero? Mais ainda depois da visita de Paolo Braccio, trazendo-nos a novidade surpreendente da gravidez da moça. Por mamma, teríamos acolhido o menino. Mas qual? Paolo logo nos ameaçou com aquela velha carta na manga, que guarda a sete chaves, alegando ter meios de reacender toda a contenda da posse das terras com trunfos a seu favor. — Pausou novamente, hesitando. Mas terminou não conseguindo conter o ímpeto, e deixou escapar o comentário dúbio, que logo atiçou a curiosidade do outro: — E há mais coisas...

— Há? O quê? Solta a língua, anda! — intimou Marcello na mesma hora, de resto satisfeito com a declaração anterior de Alessio que, de seu lado, agora lançava-lhe olhares de soslaio, sem saber o que esperar de suas reações ao que lhe revelaria em seguida, sobre uma sucessão de coisas desencadeadas a partir de um encontro fortuito que tivera com a irmã mais velha de Giovanna havia uns meses.

Eram de novo os dois irmãos conversando. A empatia mútua pouco a pouco se impunha, favorecendo-lhes rápido entrosamento e a cumplicidade anterior.

Entreolhando-se brevemente, Alessio ainda preveniu:

— Escuta, Marcello; preciso te contar uma coisa. Sei que és o único em casa em condições de entender-me... ou era... Mas, per Dio! De outro lado, te noto muito modificado. Se por acaso tiveres mudado também quanto a determinadas questões, como temo, esqueças o que te direi em seguida e não me enrasques perante a nossa família. Não haverás de querer me ver passando pelo mesmo infortúnio que viveste recentemente.

Marcello fixava-o, insistente. Chegou a esquecer o pão que segurava, meio mordido, sobre o prato à sua frente, postado sobre uma mesinha tosca.

— Mas... a que aludes, tonto? — cobrou, meneando. Ardia de curiosidade àquela altura.

— Trata-se de um fato imprevisto acontecido comigo depois da tua saída de casa. — Nova pausa, na qual o filho mais velho de Filippo ainda hesitou, todavia durante apenas um instante a mais, porque logo depois tomou coragem e soltou de supetão: — Durante uma tarde na qual, por acaso, dei com Elena, a irmã da tua Giovanna, estranhamente solitária nos bosques próximos da casa dos Tomazzo.

Parou um pouco, bebeu do vinho, revestindo-se de coragem para continuar. O outro, agora, encarava-o, refletindo no olhar um interesse agudo; algo vago insinuou-se-lhe de modo intuitivo à mente, mas, de início, ele não podia sequer considerar aquela hipótese. Assim, permaneceu em expectativa, o lanche agora largado no prato, completamente esquecido.

— Que tem Elena? Vamos... — instigou, não se contendo.

— Calma. Vou te contar. A ragazza, naquela tarde, estava abatida. Eu passava por aquelas bandas pensando em cortar caminho para o vilarejo aqui perto, mas, em dando com a moça daquele jeito, encolhida num canto, sentada sobre um tronco de árvore caído com lágrimas descendo dos olhos, meu primeiro impulso foi me aproximar e tentar me inteirar do que acontecia, para, quem sabe, ajudá-la. — Alessio deu de ombros. — Todavia, hesitei. Toda a confusão contigo ainda era bem recente, e não queria meter-me, de meu lado, em complicações com aquela família.

— Sim... — Marcello gesticulou, atento. — Continue!

Alessio gastou um instante a mais examinando o irmão; mas agora, em reconhecendo nele algo mais próximo daquele Marcello que outrora lhe fora familiar e confidente, revestiu-se de novo ânimo e prosseguiu:

— Imagino se deduzes o que irás ouvir... Temo a tua reação, Marcello. E a tua ironia — confessou, franco. — Não é assunto para pilhérias; previno-te. Tua volta representou para mim motivo de grande satisfação, também por causa disto: conto com o teu conselho, auxílio e sigilo quanto ao que vou relatar. Não quero ser esfolado vivo por nosso pai, nem vivenciar o inferno do qual há pouco saíste.

A isso, porém, o outro, mordido de curiosidade, impacientou-se. Alteou a voz, ansioso:

— Mas... o que é tão grave? Madonna mia, fala! Juro-te que este quarto será o féretro do que me contarás.

— Bem... aproximei-me dela, provocando-lhe, de início, grande consternação — ele abanou a cabeça, atrapalhado com as palavras, sem jeito e sem saber direito como se expressar.

— Imagino — Marcello riu-se. — Não é para menos...

— Não comeces! — Alessio censurou logo, aborrecendo-se com a ameaça de humor iminente no semblante do outro, que recobrou compostura.

— Está bem, está bem, escusa! Mas por causa de que, afinal, encontrou-a neste estado? Ela se abriu contigo?

Alessio deu de ombros.

— Indaguei dela se havia acontecido algum contratempo, se necessitava da minha ajuda; no começo, me repeliu, assustada. Mas, preocupado, insisti; ousei acomodar-me próximo a ela e disse que não podia deixá-la ali, naquele estado fragilizado. A moça chorava tanto que passava a ideia de ter sido agredida ou molestada por alguém. Depois de um tempo em que procurei fazer ver que não pretendia fazer-lhe mal e somente ajudá-la, olhando-me, grandemente temerosa, aos poucos acabou aceitando dizer uma coisa ou outra; mas longe de ser clara. Alegou, confusamente, que apenas se ressentia da falta da irmã, e de todo o trágico drama que se apoderou de seu destino. Revelou sentir-se, quanto a isto, do ponto de vista familiar, e até certo ponto, culpada. Quando perguntei a razão, parou um pouco, hesitando; mas declarou, como se compelida por grande necessidade de desabafo, não importando com quem, nunca ter se entendido bem com Giovanna em casa. E que a atormentara incessantemente com ironias e comentários prejudiciais ao teu caso com ela, junto aos pais, em lugar de mostrar-se amiga. Temia que isto tivesse contribuído para perdê-la e para o desfecho lúgubre da situação.

Marcello ria para si mesmo, contido. Não podia acreditar no que ouvia; mas freou suas expansões irreverentes para saber mais.

— Sim... — instigou. — E...?

— Bem — Alessio suspirou —, este pouco que ela me confiou suscitou que encetássemos confidências. Argumentei para ela que também não fiz por onde te ajudar muito naquela conjuntura difícil, mas que não via mal, de fato, no teu envolvimento com a ragazza, apenas pelas intrigas familiares antigas apresentadas por nossas famílias como razões para justificar toda a série de embates desgastantes que vínheis vivenciando, tu e a moça.

— E o que ela respondeu a isto?

— Concordou comigo, mas alegou que, na casa de Tomazzo, ninguém podia com o assédio incessante de Paolo, do pai e de alguns dos irmãos para incendiar uma situação de si complicada. E disse que Giovanna era atrevida! Enquanto todos buscavam preservar a mãe de mais desgostos relacionados à questão, ela protestava o amor para contigo a altos brados e para qualquer um que quisesse ver ou ouvir. Elena preservava também a signora Martina! Mas Giovanna era impiedosa com Paolo Braccio, principalmente depois que ele se envolveu com seriedade com Sofia Agnelli, a quem ela detestou desde o início.

— Há! — a risadinha galhofeira escapou, incontida, dos lábios do temerário Marcello; mas ele logo escusou-se.

No fundo, deliciava-se com a novidade, porque já adivinhava qual seria o desfecho.

— E que adveio dessa surpreendente troca de confidências, Alessio? Ora, ora... Veja como o passar do tempo nos reserva surpresas. Quando iria imaginar, ao voltar para casa, que encontraria estas notícias?

Alessio debruçou os cotovelos nos joelhos. Agoniado ao relembrar o ocorrido, passou as mãos pelo rosto, tentando limpar a aflição que aquelas lembranças lhe provocavam, ainda sem conseguir lidar a contento, nele mesmo, com o inusitado da situação.

— Adveio que despertamos, sem querer, de um para com o outro, e creio que para o nosso mesmo susto, e à nossa revelia, estranho sentimento, Marcello. Nossa conversa foi longa, e cheia de revelações e de descobertas. Dentre todas, a de que nos sentimos verdadeiramente identificados. E, no meu caso, atraídos...

— Por que somente no teu caso? Não te compreendo...

Alessio voltou a menear.

— Teu caso me serviu de lição inesquecível. Não quero falar por Elena. Estou quase certo de que o que sente por mim é semelhante ao que acontece comigo em relação a ela. Mas não quero antecipar nada... Na verdade, me sinto perdido com esta história.

Vacilou. Calou-se, baixou a vista num ângulo, de fato perdido em pensamentos, e durante um momento sem saber o que mais dizer.

Observando aquilo, enquanto voltava ao seu lanche, Marcello puxou mais por ele, na ânsia de saber.

— Mas reputas este sentimento assim, forte, em decorrência apenas de um encontro? Não estás enganado quanto a ti mesmo? Impressiona-me, verdadeiramente, este caso, de vez que há algum tempo atrás apenas eras tu a me deitar conselhos no sentido de me apartares do meu envolvimento com Giovanna — argumentou, gesticulando.

Mas, àquilo, Alessio levantou para ele os olhos; e o que disse em seguida tomou-o de admiração e, a partir daquilo, de preocupações francas para com a situação que o outro vivia e que, estava claro, tanto o afligia.

Entendeu com maior acerto a intensa necessidade do irmão mais velho de um camarada, de um confidente e parceiro com quem pudesse dividir aquelas coisas. E, estava visto, tal pessoa só poderia ser ele mesmo.

— Não foi um encontro só, Marcello. Houve mais... porém, às escondidas. O segundo foi de novo quase fortuito, em ocasião em que ela saía a sós com Beatrice de uma visita à Igreja, numa das ruas de Ragusa. Conquanto a irmã ainda se demorasse na soleira conversando com o padre, trocamos breves palavras; não pudemos evitar a satisfação mútua do reencontro. Ela já se achava melhor de disposição, mas, como não conseguíssemos concluir o assunto, com a proximidade incômoda de Beatrice, sugeri que nos avistássemos em situação mais propícia, a certa hora disponível do dia seguinte, um domingo. Ela aquiesceu e, mais que isto, compareceu ao encontro! — E, como Marcello agora o ouvisse apenas, silencioso, reflexivo, concluiu: — A vida é irônica, fratello. Tenho até agora a nítida sensação de que nos empurrou, aos dois, a isto. Talvez para que aprendamos algo de útil, olhando com outros olhos, por exemplo, para o teu próprio caso.

O outro riu-se; mas agora com outra entonação, verdadeiramente tomada de surpresa e de certa perplexidade.

— Vero — admitiu num gesto incisivo. — Mas... e agora? Que tens em mente? Comprarás o mesmo tipo de barulho no qual eu me meti, até há pouco tempo? Viste no que deu; terás, de teu lado, fibra para enfrentares a borrasca e a ira do velho Filippo? — E agora havia, de fato, humor cáustico no modo como se expressava. — Porque, se tu, o sempre ajuizado Alessio, o faz, olha que ficarei de minha parte propenso a uma recaída. — Não se aguentou; caiu numa risada franca, incontida, arrematando: — E casamos, os dois, com duas das filhas do maior inimigo de nosso pai. Madonna mia! Há, há...

Eram de novo dois irmãos conversando, à moda antiga, mas Alessio não se mostrou exatamente disposto a compartilhar da hilaridade álacre com que Marcello encarava o assunto, mais necessitado, naquele primeiro momento, de conselhos. Assim, apenas abanou a cabeça.

— Brincas com coisas sérias? Logo tu, que acabaste de sair desta fase indizível de transtornos e de infortúnios, ragazzo? — notou, encarando-o sério e agora acabrunhado. — Dio, preciso que me apoies nesta confusão toda, e não que prenuncies desgraças. Uma situação dessas, a que aludes com toda essa irreverência, pode se converter no féretro de nossa mamma.

Mas o irmão, àquela altura e ao contrário do que pudesse aparentar a Alessio, via-se bem pouco disposto a, por ora, chamar à sua vida qualquer nova espécie de tumulto. Assim, recostou-se em seu assento, limpando com rudeza a boca manchada de vinho na manga de sua camisa larga. Mediu o irmão mais velho durante breve momento, analiticamente, e com uma ponta qualquer de malícia íntima que não chegava a transparecer em sua fisionomia, para, enfim, declarar, abandonando o tom jocoso anterior:

— Escuta, Alessio! Claro que não me interessa mais arranjar transtornos. Estou exausto! Acabo de chegar, e anseio por um período de calma e de tranquilidade. Mas sou teu irmão, e claro que compreendo o que se passa contigo, e que, de outra, e de fato, te é uma amostra exata do que enfrentei nos últimos tempos. No entanto, te meteste nessa situação um tanto irrefletidamente, o que me admira, em razão mesmo do que presenciaste no meu caso. — Cruzou os braços, pausando, sob a atenção um tanto perdida do outro, que o escutava, sem saber o que pensar. — Todavia, te entendo... e, agora, entendes, provavelmente, porque também eu não pude me furtar à tempestade devastadora que o meu envolvimento com a Gio desencadeou no curso das nossas vidas. Vou te ajudar, fratello — assegurou, o que serviu para reconfortá-lo um pouco, embora apondo um comentário final e, de novo, revestido de certa pilhéria: — Alguma saída haverá para esta tua enrascada, mas não descreias. Porque, não sei por qual razão, algo nesta história me sugere que ela haverá de ser propícia a ti e a mim, de conjunto.

Capítulo VII

O propósito oculto

Em todas as épocas, como seria mais fácil, talvez, se todos pudessem intuir o que existe por trás de conflitos, dissensões, rivalidades, de todos os embates ferrenhos entre desafetos, indivíduos, grupos, nações, famílias... Ver sob os véus espessos que nos ocultam, misericordiosos, a nossa participação turbulenta na nascente de todos os tumultos de convivência que vieram a gerar as sementes amargas das quais, em tempos posteriores, colhemos os frutos, desta vez em estado de desnorteamento e sentindo-lhes duramente os efeitos pungentes, muitas vezes questionando das razões; atribuindo, em meio às mais amargas lamúrias, pretensões de caos ao que antes reflete fio da meada — mera obediência à ordem indefectível com que as leis maiores da vida nos conduzem às consequências dos nossos atos e, a partir delas, ao preciso reajuste próprio, de molde a conquistarmos, paulatinamente, condições mais adequadas para as experiências tão ansiadas da felicidade.

Requer-se, contudo, que nos transformemos; e, a partir desse aprendizado contínuo, que modifiquemos, em essência, esta concepção de felicidade antes tacanha, distorcida, egoica, transmutando-a, de molde a enfim compreendê-la de maneira mais aperfeiçoada.

E o entendimento vem — difícil, mas certo —: de que não há felicidade solitária possível; de que é na integridade de nossa solitude, na satisfação com as nossas conquistas e decorrente plenitude, a partir das nossas melhorias íntimas, sim — e não na felicidade egoísta que vê e considera não mais que caprichos, excessos e objetivos próprios, em detrimento do próximo, sem levar em conta prejuízos alheios desencadeados pela nossa invigilância —, que, enfim, depararemos com felicidade digna daquilo que o Criador projetou, em gérmen, no imo de cada coisa e de cada uma de suas criaturas. Felicidade obediente às expressões máximas do belo, do amor e da harmonia: reflexos fidedignos daquele mesmo Amor maior que é, nada menos, do que a liga mestra, o fator supremo de coesão entre todos os componentes da infinita expressão da criação no universo!

Assim em cima como é embaixo, pois os episódios cotidianos de nossas várias romagens terrenas são também orientados por esta lei, objetivando o alcance, por mérito, de nossos melhores sonhos de felicidade. E o entendimento vem, difícil, porém inevitável, de que não conseguiremos a idealizada pacificação senão em primeiro realizando-a em nós mesmos; aparando arestas de animosidade; conduzindo os dias com sabedoria, em prol da harmonização com a vida e com o próximo, através do uso da paciência e da necessária compreensão e tolerância para com todos os pontos de vista e percepções.

Era esta, pois, e ainda daquela feita, a lição árdua vivenciada pelos componentes de duas famílias em tempos recuados de pouco entendimento, do ponto de vista espiritual, para com estas particularidades com que hoje, a cavaleiro da contribuição valiosa das revelações do Consolador Prometido, logram muitos seres humanos aproveitar melhor as oportunidades evolutivas — nada embora a voz intuitiva, atributo da alma em ascensão em qualquer época, mais realçada em uns que em outros, sempre comparecesse como o guia interno de valor inestimável, de cujos conselhos jamais deveríamos prescindir, pois que representa, a intuição avantajada, a linguagem da alma. O ponto de contato entre as dimensões, que, em qualquer ocasião, nos proporciona acessar palpites íntimos de insuspeitado valor. Conselhos e sugestões preciosas de nossos afetos, amigos e Amparadores situados em dimensões outras da vida, mais sutis, e transitoriamente despercebidas, localizadas na verdadeira pátria do espírito, destino de todos nós.

Tratava-se, pois, precisamente do que se passava com as duas famílias sicilianas, cujos desafios, vivenciados nos idos dos séculos findos, relatamos na presente narrativa.

Espíritos entrelaçados uns aos outros do ponto de vista cármico, tanto do prisma positivo quanto do negativo, não obstante, necessitavam avaliar de si o tanto que já ofereciam em termos de capacidade de conciliação de diferenças. Quiçá, de atingirem o objetivo almejado e ideal, aparando arestas ao ponto de uma convivência pacífica, pautada em afeto, e resolvendo, com sabedoria, pendências ríspidas, como as havidas no episódio então distanciado das questões relacionadas às posses de terras — o maior desafio defrontado por ambos os agrupamentos familiares —, mas com as quais, surpreendentemente, os representantes das últimas gerações, de ambos os lados, vinham lidando de maneira contrária às expectativas saturadas de rivalidades e de anseios de vindita alegadas pelos participantes mais velhos da contenda.

Eram estes, pois, os propósitos ocultos quanto insuspeitados existentes por trás dos embates havidos e dos detalhes aparentemente simples dos cotidianos que envolviam três famílias: dentre fatores circunstanciais de igual importância, relacionados ao destino de personagens de ambos os lados da vida, não era ao acaso que quatro jovens confrontavam preconceitos antigos por intermédio das manifestações inusitadas de afetividade de um para com o outro; não por coincidência comungavam não apenas o sentimento amoroso, mas a igual compreensão de que não se justificavam os ferrenhos embates entre famílias a pretexto de questões materiais que nem mais vigiam para o dia a dia das famílias em questão, como pretexto para que não prevalecesse entre eles o impulso sincero da afetividade nutrida em comum, de modo a arrematar de maneira feliz décadas de lances ríspidos e infelizes de vizinhança difícil nas colinas perfumadas de Ragusa.

Jaziam, como pano de fundo de todo o cenário aparentemente destituído de maior sentido, as necessidades de reconciliação e de pacificação entre habitantes de uma mesma região da antiga Sicília; restavam, insuspeitados, planos espirituais evolutivos de reajuste emocional, tanto entre irmãos consanguíneos* ligados milenarmente por extremos prejudiciais de afetividade quanto deles para com participantes outros da tra-

* A alusão é a Giovanna e seu irmão, Paolo Braccio, cujo elo afetivo remonta às névoas longínquas do passado eivado de episódios a um só tempo edificantes quanto lastimáveis, por conta dos excessos passionais cometidos por ambos devido a esse sentimento. Nas páginas seguintes, restarão claros os planos delineados por ambos na invisibilidade, objetivando aparar tais arestas e, no processo, minimizar as consequências indesejáveis a elas relacionadas e extensivas a vários dos personagens participantes da trama da presente narrativa. (N. do autor espiritual)

ma, que buscavam, coligados a estes personagens, aplainar ranços de ressentimentos oriundos de episódios mal vividos no passado milenar. Enfim, todo um repertório maior, e de implicações infinitamente mais significativas, dormitava por trás do pouco alcance e entendimento dos que ali dividiam acontecimentos, gostos e desgostos, contrariedades e oportunidades, atribuindo-lhes um caráter aleatório ou fortuito.

Decorreram, assim, algumas semanas com as vidas dos nossos protagonistas entregues a uma rotina de aspecto aparentemente normal, própria de tempos em que se revestira de maior tranquilidade.

O denodado frei Silvestro ainda retornara algumas vezes mais em visita ao lar do finado Tomazzo, pretextando os últimos cuidados à sua tutelada especial de tempos recentes. Mas aproveitando para se inteirar também do estado d'alma daqueles a quem intitulava ovelhas do aprisco divino sob sua responsabilidade de aconselhamento; assim, pois, acompanhava de tempos em tempos as novidades a respeito da nova gravidez da esposa de Paolo, do passadio dos demais irmãos, de Martina, bem como ainda de Francesca Agnelli e familiares, notando, de outra feita, experiente observador humano que era, os prenúncios de envolvimento entre Luca e a irmã mais nova de Sofia.

Destarte, quando de uma de suas últimas visitas, privando discricionalmente com Giovanna, a passeio pelos arredores da sua encantadora moradia, fora sem cerimônias atormentado pela mocinha acerca do desfecho do destino de Marcello, bem como a respeito do seu paradeiro. Queria, por força, a jovem conhecer com acerto se permanecera ele no monastério depois do seu retorno ao lar; se desistira em definitivo de tudo quanto haviam planejado quando do seu último encontro; se havia ele abandonado tudo quanto haviam combinado, ou desertado do que protestara em termos de sentimentos para com ela, antes, adotando outros rumos; e, principalmente, se conhecia, o frei, estar ela incluída nestes rumos.

— Que fez Marcello, frei Silvestro? Per favore! Não me escondas nada — ela insistia, súplice; e tantas foram as vezes em que o fez, pertinaz, que o religioso, derrotado na sua resistência ante as lágrimas sentidas da pupila, terminou considerando que aquilo, no final das contas, constituía-se-lhe num direito, gestante que fora há pouco do fruto frustrado do seu envolvimento com o rapaz, e que mal maior não haveria de colocá-la a par do regresso dele para o lar paterno.

Não obstante, e antes de tudo, asseverou, avisado:

— Que pretendes, tu, fazer dessas informações que solicitas com tanta insistência, figlia? Será que já não te bastaram os episódios lastimáveis vividos há pouco, por conta da vossa insistência neste caso infeliz? Que diferença pode fazer para a tua paz e para a tranquilidade dos teus dias atuais, junto aos teus, que entres no conhecimento do que fez ou deixou de fazer Marcello? — indagou dela, olhando-a nos olhos, altivo e em tom paternal, as mãos cruzadas atrás das costas enquanto avançavam a passeio sob a luz mágica de um esplendoroso pôr do sol espraiando-se pelo relvado extenso da colina varrida por brisas frescas e perfumadas.

Mas, amuada, as lágrimas enfim descendo, incontidas, pelas faces alvas e quase infantis, entrementes a temperamental Giovanna, não podendo consigo, terminou parando, e, quase indignada, bateu o pé, devolvendo:

— Frei, acaso julgas que não me foi suficiente o sofrimento? É justo em nome dele que te rogo pelo menos o consolo de saber por onde anda o homem que, o signore bem o sabe, e de ti nada posso esconder disso, ainda amo, apesar de tudo, embora o sacrifício de me ver fadada a esconder pelo resto da vida esta contingência dos meus familiares, o que, por si só, define insuportável tortura aos meus dias vividos, agora, sem nenhuma esperança para o futuro.

Parando também, Silvestro avaliou, impressionado, o tanto de amargura que transbordava daquela confissão inesperada, feita à feição de incontido desabafo. E, diante disso, capitulou, com um suspiro, deprecando ao Cristo não houvesse consequências desagradáveis para as palavras que proferiria em seguida, compelido pelo interrogatório implacável a que era submetido.

— Marcello voltou, afinal, para o lar paterno, Giovanna, figlia mia! Abandonou a vida monástica, para a qual, no final das contas, não apresentava um mínimo de comprometimento íntimo, por conta da predominância do seu perfil mundano...

— ... e do amor que ainda me sente — arrematou Giovanna, interrompendo-o, impetuosa, e completando a frase: — Não é isto, frei? — cobrou, o olhar incendido, o rostinho muito alvo esfogueado pela emoção. — Tu, um frei, não podes mentir. Diga! Que te disse ele a meu respeito nos últimos tempos? Esqueceu-me? Retirou-me dos planos e do seu coração? Porque não é isto o que o meu coração me segreda. Marcello, apesar de tudo, ainda me ama do mesmo jeito, não é?

A seu lado, longe de ser sequer intuída, uma presença espiritual solitária inspirava, sem ser percebida, e imbuída de intenções mais elevadas, o rumo do diálogo, em resposta aos rogos mudos do frei em busca de orientação espiritual para oferecer o lenitivo d'alma à inquieta irmã de Paolo Braccio.

Tratava-se de Marcílio.

— Diz a verdade, frei Silvestro. Salvo raras exceções, é ela a melhor escolha. Giovanna precisa desenvolver a afetividade sob a influência de vários outros matizes e escolhas, em benefício da universalidade de abrangência do sentimento amoroso que se pede de todos para com todos, segundo a mesma ótica cristã. É aprendizado valioso para ela, neste presente momento; assim, não lhe reprimas, nem cerceies dela, as vivências necessárias a este cometimento, que lhe proporcionará depurar o espectro de sua emotividade em direções novas e com renovadas implicações para com elos antigos, em relação aos quais cristalizou tendências de repercussões prejudiciais à sua trajetória evolutiva atual.

Assim, sob a forte influência daquela presença insuspeitada, enfim respondeu Silvestro, enquanto a moça o esquadrinhava tomada claramente por forte emoção e expectativa:

— Acalma-te, bambina! O jovem Lorenzzo te ama com a mesma intensidade de sempre. Todavia — apressou-se em elucidar, segurando-a afavelmente pela mãozinha delicada e algo trêmula —, é preciso que se diga que, mais amadurecido, guarda ele a noção exata do tanto que te prejudicou com o seu arrebatamento temerário de outrora. Portanto, e a partir dessa constatação, é que te rogo, figlia: não esperes da parte dele, doravante, as atitudes impulsivas e erráticas de outros tempos que já se foram, e cujo preço amargo te custaram as melhores promessas da tua juventude.

E, a isso, a moça o encarava, de início sem saber o que pensar do que ouvia; mas o bondoso monge continuou, atraindo-a para um assento rupestre próximo, sob o sombreado fresco de um aglomerado de coníferas:

— Existem ocasiões em que, em benefício de mais de uma criatura, se pede de outras o sacrifício do amor a distância,

Giovanna. O que te quero recomendar, então, e para ser mais claro, é que não esperes de Marcello, por ora, nenhuma reaproximação extemporânea. — E, apelando também para a natural tendência, nela, de preservar o alvo de seus sentimentos, de seu lado, de novos dissabores, aludiu: — Preciso que saiba que o retorno do teu Marcello ao convívio familiar não se deu da melhor forma, mais tranquila, como se pediria. Logo de começo, houve que se aviar para lidar com a resistência do tio, autoridade no monastério que o acolhera, o prior Mattia. E, quando por um acaso feliz, foi favorecido pela capitulação deste em retê-lo por mais tempo, foi a vez de defrontar Filippo, seu pai, que, ao que soube, só consentiu em acolhê-lo após terrível tormenta familiar, tendo em consideração, mais do que qualquer outra razão possível, os rogos quase desesperados de Giulia, sua esposa. A boa mulher sofreu demais com toda essa situação, qual tua mamma, porque também ama o figlio, bambina.

Como Giovanna permanecesse olhando-o, ruborizada e ainda perdida, sem proferir nenhum comentário, e pega de surpresa por aquelas revelações que enfim vinham de molde a satisfazer sua prolongada sede por notícias, um tanto penalizado, e abrandando a entonação em notando-lhe os bonitos olhos azulados banhados pelas lágrimas de provável e intensa decepção, avisou a mais, solícito, dirigindo-lhe um sorriso entre paternal e terno:

— Há muito pouco tempo, ainda, tu e ele ingressastes em nova chance de reconstruir a vossa felicidade, por caminhos que ainda desconheceis, figlia, mas que por certo se revelarão. Basta, para isso, que não vos precipiteis mais, colocando tudo a perder com iniciativas impulsivas, ditadas pela irreflexão. Estais em fase de readaptação a esta etapa renovada e cheia de possibilidades recompensadoras aos ríspidos sofrimentos que viestes de deixar há pouco, em vista do que te rogo, notando aqui, agora, o teu ainda evidente estado de perturbação íntima: aquieta-te por enquanto. Contenta-te com o convívio com os teus familiares, que bem ou mal te acolheram de volta com o coração aberto, a despeito de todas as possíveis resistências e mágoas nutridas a teu respeito anteriormente. És ainda muito nova, e a tua vida corre, queiras ou não, sob a responsabilidade de tua mãe e dos teus irmãos mais velhos; de Paolo, acima de todos os demais. Então, figlia... não traias a confiança que em ti depositaram, apostando, doravante, em mudanças de molde a uma convivência mais tranquila. Espera as transformações e novidades naturais trazidas pela passagem do tempo. É somente o que, e por ora, te peço!

Capítulo VIII

Dilemas de consciência

Findava o jantar na intimidade da família Braccio em noite morna, de perfumes intensos nas colinas.

Naquela ocasião, Giorgia privava do convívio doméstico. Dividira a refeição ao lado de Luca, e era visível a todos que o compromisso entre ambos tomava vulto, encaminhando-se, com naturalidade, para o desfecho esperado, qual o de enlace matrimonial entre a irmã mais nova de Sofia com mais um dos filhos de Tomazzo Braccio.

A atmosfera, talvez que de maneira inédita após longo período atravessado em meio a tensões e conflitos de procedências variadas, era cálida e aconchegante.

A pretexto de aliviar a irmã dos encargos exaustivos junto ao primogênito, nos seus primeiros meses de vida em que já se mostrava menino robusto e dado a manhas e caprichos, Giorgia o trazia ao colo, ainda à mesa, brincando com ele ao lado de Luca, que lhe agitava junto ao rostinho um brinquedo de cores vivas. Vincenzo, a isto, tentava agarrá-lo, aos gritos agudos e esperneios, atraindo todas as atenções, provocando enlevo e sorrisos.

Sofia, avançando a olhos vistos para as semanas finais de sua segunda gestação, observava a cena com o marido, que, enlaçando-a, compartilhava com ela o prazer da visão do filhinho assim, saudável e feliz, divertindo-se em meio aos familiares. Martina dividia diálogo vivo e entremeado de gestos entusiasmados com Beatrice e Chiara, que se lhe assentavam ao lado na mesa; os demais rapazes trocavam comentários animados acerca de algum assunto que lhes despertava acentuada hilaridade. Elena se encarregava de providenciar mais bebida na cozinha, e apenas Giovanna e Matteo, sentados próximos um do outro, pareciam contemplar, de dentro de alheamento semelhante, a agitação álacre da numerosa família com o cair das primeiras sombras da noite, olhando, sem ver, todos os detalhes do que ali se tratava e fazia, em meio a assuntos desencontrados e intensa movimentação.

Matteo, denotando certo cansaço, e algo sombrio, pensativo e silencioso, os braços cruzados sobre a mesa, já tendo findado sua refeição, contemplava, disfarçadamente, o modo harmonioso como seu irmão mais velho, Paolo, e a esposa se dirigiam um ao outro naquele momento, refletindo afetuosidade renovada na maneira como trocavam olhares e palavras ditadas por indiscutível estado grato de humor. Muitas coisas, insondáveis, povoavam-lhe o universo íntimo. E Giovanna, de seu lado, dividia-se entre a mesma cena e o bebê risonho, agora no colo de Luca, embora percebendo tudo de um ângulo diferente, a partir do qual tecia insuspeitadas elucubrações.

Distanciada em espírito, um sorriso no qual um observador mais arguto notaria diluída nota de amargura, ou de ironia, brincando-lhe nos lábios rosados, a jovem tinha o rosto apoiado em uma das mãos, o cotovelo sobre a mesa. Indagava de si, naquele minuto em que tudo parecia conciliação e harmonia, por qual acaso o destino apenas a ela reservara o enorme vazio emocional do qual se via refém.

Sem poder desviar-se muito de Paolo Braccio, cismava; e, aos poucos, acerba revolta foi tomando vulto em seu coração ainda secretamente ulcerado por conta dos acontecimentos marcantes atravessados meses antes, pois via a aparente felicidade do irmão junto à esposa, tendo junto a si o filhinho primogênito e adorado, sua cópia fiel nos olhinhos azuis vívidos e na réplica exata dos seus traços fisionômicos; e, a partir disso, forçosamente lembrava-se do fruto de seu amor com Marcello, tão tragicamente perdido — a criancinha cujos movimentos no ventre chegara a sentir e acalentar com cândida ternura, a despeito da situação ingrata na qual correra sua gestação e todo o período de seu envolvimento com o pai. E, a partir disso, angustiava-se; e acusava, muda, o curso desditoso que tomara a sua vida até então.

Com efeito, em ocasiões semelhantes àquela, vividas junto aos familiares então distraídos e atentos a seus assuntos unicamente, sem nem suspeitarem das inquietações que povoavam o seu mundo íntimo, bradava contra Deus; chorava interiormente, com inaudita intensidade, embora os olhos não mais denunciassem, por lágrimas, o seu estado de alma. Indagava de maneira incansável por qual razão se via condenada a sufocar em si seu amor irreprimível pelo homem que também a amava, com toda a sinceridade, mas de quem se via inapelavelmente distanciada pelo despotismo do irmão mais velho por conta de hostilidades entre famílias às quais nem ela nem Marcello — disso detinha a mais absoluta certeza! — atribuíam a menor importância.

E em todas essas ocasiões crescia dentro de si a convicção de que não resistiria ao apelo irresignado de seu coração, ao impulso do sentimento que ainda a dominava, a despeito de todo o aconselhamento de frei Silvestro no sentido de desencorajá-la a tal tentame, que a obcecava de modo irresistível, e cada vez com maior intensidade, com o passar dos dias.

Queria ver Marcello! Nem que ainda uma vez, apenas! Tinha que dar um jeito de reencontrá-lo; e, para isso, desta vez necessitaria ser engenhosa, apostar na autossuficiência, de vez que seria arriscar demais apelar ao concurso de qualquer irmã para o tentame, embora — mal suspeitasse ela — a ultimamente aérea e modificada Elena se denunciaria, em momento certo, como a melhor aliada para a execução a contento de seus propósitos.

Bastaria um momento propício de confidências, qual o que estava por acontecer. Porque a irmã mais velha, sem que jamais o imaginasse, também se debatia em dilemas não tão diferentes dos que a consumiam naquele instante de calmaria familiar. Nunca Giovanna poderia suspeitar que tivesse ela, no decorrer de um intervalo de tempo nem tão extenso assim, se modificado tanto nos seus pontos de vista antes carregados de ironias e de malícia, todos calcados nos preconceitos e prevenções vigentes nas diretrizes que os pais e irmãos impunham a certas questões delicadas do repertório de assuntos familiares.

Passadas algumas horas, com alguns já tendo se recolhido para o sono noturno por conta dos extremos do cansaço do trabalho diário, é ela agora, Giovanna, quem traz o menininho adormecido ao colo, valendo-se dos momentos em que Sofia auxiliava na acomodação da irmã para o pernoite.

Recostada, sozinha, no assento confortável de um cômodo próximo, viu Elena se aproximar e se deter durante um instante, silenciosa, olhando o neném e afagando-lhe, carinhosa, a cabecinha sedosa. Paolo, passando por ali e vendo a cena, também se aproximou das duas irmãs e, dirigindo a ambas um sorriso afável e reconhecido, deu em cada uma um beijo, avisando que logo viria desobrigá-las dos cuidados a Vincenzo, assim que ele e Sofia acabassem de acomodar a cunhada e de se arrumarem para o repouso.

Entrementes, tão logo, voltando-se, deixou momentaneamente o cômodo, para profunda surpresa de Giovanna, Elena, ainda demonstrando acentuado alheamento, soltou um comentário dúbio:

— Dio... por vezes me pergunto se Paolo não vê, de fato, ou se faz que não sabe do que acontece, para evitar mais sofrimentos...

Ela não dirigia o olhar à irmã, e a voz era quase um murmúrio, como se falasse mais consigo mesma do que propriamente com quem se lhe achasse próxima, pensando alto, inadvertidamente.

Mas a intenção não era bem aquela. E a sempre vivaz Giovanna jamais deixaria passar em branco tal nota em falso, inesperada, ininteligível.

— Hã? — cobrou logo, fixando-lhe o olhar incendido. — Que dizes, Elena? Paolo não vê o quê?

— Shhh! — a outra acordou um pouco, olhando em torno, apreensiva, e fazendo-lhe um gesto incontido. — Baixa a voz! O menino dorme, e os outros estão próximos.

— Está bem. Mas que coisa dizes, de Paolo não ver, ou fazer que não vê? — insistiu a caçula, desassossegada. — Faz tempo que fatos nesta casa escapolem de mim como camundongos desaparecendo toca adentro, Elena. Quero saber — cochichou.

Elena dirigiu-lhe, enfim, o olhar agora apreensivo.

— Não acredito que Chiara ainda não tenha destravado contigo a língua a respeito — cochichou em resposta.

— Destravou pela metade. E agora tu não vais fazer o mesmo! A que te referes? — devolveu, taxativa, voluntariosamente, levantando-se e embalando o neném, que ameaçou acordar com o diálogo iniciado de maneira intempestiva.

As duas irmãs entreolharam-se por breve momento.

E Elena decidiu-se.

Também não aguentava mais sufocar dentro de si dilemas e especulações graves, que de há vários meses habitavam apenas o seu íntimo, tirando-lhe o ânimo, o sono, modificando-lhe acentuadamente a disposição, suas certezas e opiniões acerca de variados aspectos da convivência familiar e da vida, como um todo.

Já de há muito ansiava compartilhar com alguém todo aquele volume de perplexidades e indagações. E agora, ali, por alguma razão que ainda não detectava com clareza, Giovanna lhe comparecia como a melhor opção, por uma conjunção de fatores que se alinhavam, na ocasião, a propósito, e de forma inesperadamente oportuna.

— Deixa Vincenzo com Paolo — instruiu, cautelosa. — Tão logo te recolhas para dormir, vou ao teu encontro.

Giovanna ardia de impaciência e curiosidade, andando de um lado para outro do quarto.

A casa já se quedara em silêncio, denunciando que ninguém mais, provavelmente, àquelas horas adiantadas da noite, se achava desperto na moradia.

Desistira Elena do que haviam combinado? Se assim fosse, não a deixaria escapulir. Tão logo raiasse o dia, a colheria de improviso em momento propício para as devidas explicações.

Fosse como fosse, caso ela não viesse, não conseguiria conciliar o sono. Conhecia-se o suficiente para saber. Havia uma correlação incômoda, gritante, no que ouvira há pouco com o que lhe dissera Chiara meses antes, sem, todavia, esmiuçar detalhes. Intuía, a partir daquilo, coisas sérias se dando nos bastidores do âmbito do lar, que não mais admitiria que lhe fossem suprimidas do conhecimento.

Todavia, não obstante o seu crescente desassossego, não havia decorrido uma hora e leve batida se fez ouvir à porta, que se entreabriu um pouco, vagarosa, dando passagem a leve claridade de uma lamparina que a irmã trazia, provavelmente à guisa de iluminação que a orientasse em meio ao escuro completo que já dominava na residência.

— Giovanna? — ela chamou, algo aflita. — Ainda estás acordada?

— Per Dio! Que pergunta! E como achas que conciliaria o sono depois do que me disseste? Entra — a outra gesticulou logo, aos cochichos, enfática, atraindo-a para o interior e cerrando hermeticamente a porta de madeira escura e maciça com tranca.

Depois sentaram no leito, uma diante da outra.

Fez-se um silêncio tenso. Giovanna tomou-lhe as mãos.

— Pronto, Elena; agora tens, aqui, situação e lugar próprios a que enfim me expliques sobre todos estes mistérios. Fala!

Contudo, e como que hesitando de início, desencorajada, Elena começou enveredando por subterfúgios:

— Não compreendo como Chiara não te puseste a par, depois de todo este tempo, daquilo a que me refiro, Giovanna, sendo tu, como sempre o foste, apegada a nosso irmão Paolo, de resto considerada por ele à conta de cristal intocado. Tudo que te aconteceu nos últimos tempos transtornou por completo a vida de nosso irmão; crê! Estou certa mesmo de que muito do que aconteceu na sua intimidade conjugal foi consequência indireta do supremo desgosto que se apoderou do seu estado de ânimo quando se viu forçado a te colocar porta afora de casa. — A moça meneou lentamente, encarando Giovanna de dentro de grande temor e hesitação.

— Gastei um tempo enorme horrivelmente agastada contra Paolo. Enviei uma carta a Chiara, na ocasião de meu exílio, rogando dela que lhe transmitisse o seu conteúdo, ao que reagiu de modo hediondo, enchendo-me de mágoas. Quando Chiara enfim me visitou com Fabrizzio, esteve a ponto de me contar alguma coisa, chegando mesmo a referir o envolvimento de Matteo no problema; mas não se estendeu muito, por certo zelosa do meu estado de saúde e dos meus ressentimentos para com ele. Então, agora, que enfim temos ocasião oportuna, Elena, tu, de tua parte, não me usurparás mais o que sabes a respeito.

Era antes uma intimação peremptória, cuja entonação imperiosa terminou de desfazer os últimos escrúpulos da irmã, aliás, presa de invencível necessidade de desafogar-se.

— Fui eu quem, no fim das contas, os surpreendi certa tarde, Giovanna. Mas... per Dio, dá-me a tua palavra de que isto não transpirará desta nossa conversa para quem quer que seja fora deste quarto, porque, em se tratando de Paolo, tu bem o sabes, isto se converterá em caso de morte entre irmãos. Uma tragédia se desencadeará a partir da tua indiscrição, e nunca haverás de perdoar a ti mesma...

— Mas... surpreendeu quem, criatura? — cobrou Giovanna, alarmada, em notando Elena agora trêmula, empalidecida, as mãos frias entre as suas.

— Matteo e Sofia, Gio — Elena enfim soltou, de abrupto, os olhos rasos d'água, em razão do que a agora paralisada Giovanna lhe deitava o olhar estático, transido de perplexidade. — Eles não me viram. Naquele tempo, uma tempestade doméstica se desencadeava na vida conjugal de Paolo, logo depois da tua saída, porque Sofia tomou-se de ira tigrina para com a sua decisão de acolher o teu filho, logo que nascesse. Mamma se achava de cama, adoentada, e de resto abatida com o desgosto que as brigas frequentes entre os dois lhe ocasionavam, somadas à tristeza do que já havia se passado contigo. Depois, depreendi que o que, por acaso, deparei nos fundos da casa, numa hora em que me acercava do dossel das plantações das vinícolas, não passava do coroamento de algo que teve a sua nascente num outro momento anterior, e que veio se desenvolvendo às ocultas na rotina da nossa família.

Giovanna inclinou-se, interrompendo-a, indócil, o olhar incendido mergulhado nas pupilas esverdeadas da irmã mais velha, agora visivelmente abalada pela intensa comoção íntima ao rememorar aqueles fatos angustiosos.

— O que você viu, ragazza? O quê?

— Se... se beijavam, Gio. Apaixonadamente! — Vacilou; depois meneou, enfática, repetindo: — Mas não me viram! Nem ao menos têm a noção, os dois, de que alguém na casa os flagrou naquela cena inacreditável, graças a Dio! Ou uma tragédia, talvez, já se tivesse desencadeado, logo em seguida ao teu próprio drama.

Giovanna a soltou e levou as mãos ao colo, sem ar. Alternando entre a palidez marmórea e o forte rubor nas faces juvenis, no primeiro momento a intensidade do susto e do desgosto roubou-lhe a capacidade de falar.

— Oh! É ainda pior, então, do que eu supunha. Mas... como pode isto ter acontecido? Ter chegado a este ponto? — gemeu, desnorteada, quase presa de vertigens após alguns momentos refém daquele torpor paralisante, o semblante contorcido pela angústia e pelo impacto da novidade; ao que Elena se encorajou para contar mais, até certo ponto aliviada por enfim, depois de muitas semanas, conseguir se desafogar com alguém mais além de Chiara e de Fabrizzio sobre o acontecido. Mas também temendo, em parte, a reação extremada que começava a se denunciar no ânimo exacerbado da irmã.

— Quando Vincenzo enfim veio ao mundo, e notamos-lhe de pronto a semelhança inquestionável com o nosso irmão, deprecamos ao Cristo por a situação não se fazer ainda pior do que já a conhecíamos. Mas, além de mim, Chiara e Fabrizzio, não sei se mercê de observações próprias, também deram por alguma circunstância sombria que lhes segredou suspeitas sobre o que vinha acontecendo. Um dia, em surpreendendo-os em diálogo mantido em surdina, cujo conteúdo acessei involuntariamente, fui compelida a chamá-los, compartilhando com eles o que já sabia, confirmando-lhes as suposições e intimando-os, severamente, a guardarem absoluto sigilo do assunto, assim como faço contigo agora. — E Elena ofegava, inquieta, observando as reações instáveis se sucedendo no semblante mutável da irmã mais nova. — Já basta de dramas e de sucessos infelizes nesta casa, Giovanna.

Esperemos a passagem do tempo, porque é isto o que me sugere a certeza de que um dia a situação de Paolo com esta ragazza se resolverá de si, sem precisar da nossa interferência. Se divido contigo estas confidências, é na intenção de sossegar o teu íntimo acerca do que já acessaste, de maneira incompleta, anteriormente, entrando contigo num acordo que assegure o mais possível o bem-estar de nossa família.

Mas a outra mostrou-se momentaneamente fora de si. Rubra, roufenha, Elena entrevia labaredas de ódio desprendendo-se-lhe das pupilas azuis, agora tisnadas de sombras lúgubres, acinzentadas.

— Aquela bestia se atreveu, em outra ocasião, a julgar-me, a intrigar-me contra meu irmão, de cima do seu falso moralismo, Elena. Foi com certeza por causa dela que Paolo tomou-se, contra mim, de mais intolerância do que a que seria provável nas suas reações, expulsando-me de casa. Maledetta! — E agora, soltando Elena, a quem segurara com firmeza por um braço por breve momento, divagava, o olhar enublado pela intensa convulsão emocional a vagar pela escuridão do quarto, esbatida pelo fraco tremular bruxuleante das lamparinas. — Agora tenho comigo as armas adequadas para ofertar-te o troco, megera. Com o que atentas, deste modo intolerável, contra a dignidade do meu irmão, tão bom, tão honesto, com o teu aviltamento injustificável? Maledetta! — explodiu, levantando-se num impulso incontido.

Desta vez, no entanto, em vendo-a assim transtornada, foi Elena quem a segurou, súplice, quase apavorada, fazendo-a sentar-se de volta e procurando atrair-lhe, por força, o olhar alucinado.

— Louca! Desperta! E baixa o tom da tua voz, se não queres despertar a casa inteira com o teu destempero! Esqueces de que um nosso outro irmão se vê comprometido até o pescoço com toda esta história, Giovanna? Paolo mata-o! E tu também estimas Matteo, não estimas? — balançou-a com firmeza, atraindo-lhe, a pulso, a atenção. — Não queres algo assim para ele, Giovanna! Nem um tal desgosto para nossa pobre mamma. Não é isto mesmo? Então, te acalmes. Dividamos opiniões e ideias, mas não tomes nenhuma atitude impensada, de cujas consequências nunca mais terás ocasião para te arrependeres.

Olhando-a, enfim, Giovanna foi forçada a aquiescer, mesmo de dentro do seu transtorno. Mas de jeito nenhum conformada.

— Elena — devolveu, endireitando-se, e deram-se de novo as mãos com firmeza —, recorda-te do meu caso! Paolo reprimiu duramente o meu envolvimento com Marcello, baseando-se em rixas familiares arraigadas, de cujos melindres não abre mão. Sempre foi moralista e severo em excesso, pautado pela criação recebida de nosso pai, do qual herdou, além de todas as responsabilidades, o modo fiel de encarar a vida e as diretrizes da nossa família. Dize-me, então: é justo que, deixando-o no desconhecimento dessas infâmias, lhe imponhamos, com isto, a convivência contínua com as baixezas desta mulher, quando nem o meu envolvimento com Marcello ele tolerou, ainda que nenhuma razão plausível o justificasse? Marcello nunca fez nada contra ele, em particular, à exceção de confrontar-se naquelas batalhas corporais deploráveis, porque também era, nelas, duramente agredido. Temo, até, e a esta altura, que este segundo filho possa não ser de Paolo. Já pensaste nisso, Elena? Nosso irmão merece permanecer indefinidamente no desconhecimento destas circunstâncias impossíveis?

Naquele ponto da inesquecível troca de confidências, como nunca antes houvera entre aquelas duas irmãs até então tão diferenciadas em índole e em parecenças, deu-se uma pausa natural, em que Giovanna, surpresa, notou a outra inesperadamente distanciada, imersa em ordem renovada e desconhecida de cogitações.

Estranhou.

— Que foi, Elena? — E, recuando um pouco, entre admirada e receosa: — Acaso ainda há mais que queiras me dizer, e que ainda eu desconheça desta história toda?

— Não... — a irmã apressou-se em responder; todavia, denunciando, de fato, uma nuance a mais de preocupações íntimas. E, após breve pausa: — É que temo que Paolo ainda tenha que se ver às voltas com muitos aborrecimentos de ordem familiar.

Meneou, perdida. Era visível o quanto estava angustiada.

— Por quê?! Que queres dizer?

— Esta questão antiga com os Lorenzzo... isto parece uma maldição, Giovanna. E temo que os desdobramentos deste conflito ainda rendam muitos dissabores involuntários a nós mesmas, e a nosso irmão.

— Como a nós mesmas? — Giovanna confundiu-se mais uma vez. — Não te entendo! Que tem isto a ver com o que discutimos aqui, neste momento?

— Tem a ver que evocaste a questão com os Lorenzzo como preocupação de prioridade nos pareceres de nosso irmão. E isto envolve, ou envolveu, a ti... a nós duas...

Parou de novo, relutante, desviando-se. Pôs-se de pé, sob a observação agora aturdida da irmã mais nova. Caminhou até a janela aberta de par em par, dando passagem às aragens perfumadas da noite límpida, e olhou, meditativa, para os céus estrelados, de onde descia o frescor agradável de intenso sereno, que serviu para refrescar-lhe, em parte, a fronte febril pelas agitações acerca dos assuntos que abordavam.

Giovanna levantou também, indo-lhe ao encontro.

— Elena, tu me confundes! Não é de hoje que te noto mudada, confesso-te. E agora, atarantada com tudo que me confidencias neste instante, noto-te presa de outras preocupações a mais, que nem imagino quais possam ser. — Tocou-a de leve no ombro, entre curiosa e afável. — Conta-me! Confia em mim — pediu, sincera, com delicadeza.

Elena se colocou de frente para ela. Ainda se sentia inevitavelmente tímida, confusa, mesmo sabendo que abrir-se com aquela irmã era a melhor alternativa que lhe restava. Mas ao mesmo tempo retraía-se; como começar? Afinal, recordava-se bem do tanto que incendiara com comentários acres e malícia intencional a situação outrora e de si já crítica, do envolvimento de Giovanna com Marcello Lorenzzo. Destarte que, agora, detinha a certeza de que o se ver naquele impasse impossível justo quanto ao irmão deste último por certo dizia respeito a alguma espécie de punição divina à sua atitude maldosa de outrora.

Mas Giovanna, de seu lado, ante toda a expectativa do momento, de revelações surpreendentes que intuía daquele silêncio renitente da outra, não permitiria mais que ela se esquivasse. Assim, ainda uma vez insistiu:

— Vamos, Elena. Confia em mim! Por que dizes que o problema que envolve os Lorenzzo diz respeito a nós duas? Explica, porque nada entendo.

Sentaram-se.

E Elena, embora agora um pouco trêmula, e dominada por evidente ansiedade, acabou soltando tudo de uma vez, acossada pela pressão do olhar da irmã caçula:

— Diz respeito a nós duas, Gio, porque, durante a tua ausência, e da maneira mais insólita, quis o destino me deparar com o mesmíssimo tipo de dilema que tu enfrentaste há pouco... — Pausou, observando as reações móbeis na fisionomia da irmã, que agora a fixava entre assombrada e perplexa. — E justo em relação a outro membro daquela família, que tantas pendências sustenta para com a nossa.

Lágrimas de aflição perolavam-lhe os olhos, e a tristeza era a nota dominante no todo de sua atitude e de sua aparência externa, o que roubou de Giovanna o resto de vontade de encarar o que dizia de modo leviano, irônico ou precipitado.

Na mesma hora, intuiu algo de fato grave acontecendo no mundo íntimo da irmã mais velha; assim, recobrou compostura e, endireitando-se, puxou mais pelo que aos poucos ela ia soltando, de dentro da relutante perturbação de que dava mostras.

— Dizes que... estás vivenciando dilemas idênticos aos meus? — vacilou, ainda cética, tentando alcançar com exatidão as implicações do que ouvia. — Mas... a quem te referes? Porque, per Dio, minha irmã — e um sorriso excitado brincou-lhe fugidiamente nos lábios, para logo depois desaparecer. Os olhos muito azuis brilharam, vívidos. — Se de fato é assim, se entendo direito a que aludes, poderemos nos converter, a partir deste momento, em grandes aliadas.

Mas, a isto, Elena meneou com grande veemência, ela mesma ainda relutando em admitir, até para si, a extensão de todas as implicações do que confessava.

— Louca! Aliadas para quê? — gemeu, desconsolada. — Giovanna... não posso, e não quero, dar trela a isto! — enfatizou, perdida. E arrematou logo em seguida, desviando-se num tom mais baixo: — Embora esteja se mostrando mais forte do que eu...

— O que, criatura? — a outra insistiu, já nervosa, pressionando-lhe as mãos entre as suas. — A quem te referes?

Neste ponto, enfim, quebrou-se a resistência de Elena; e ela confessou:

— Alessio... — disse, a voz um fio trêmulo, olhando a outra, intimidada.

Capítulo IX

Pedi e recebereis

Correm os dias.

Seguem os acontecimentos cotidianos após a importante palestra havida entre as irmãs, cheia de revelações e de confissões surpreendentes, o que, quando não, serviu-lhes de modo favorável, num primeiro momento, para estreitar laços forjados a partir de vivências comuns que as beneficiaram, solucionando-lhes as secretas e semelhantes angústias experimentadas nos últimos tempos, devido a se ressentirem, ambas, de alguém com quem compartilharem aflições e dilemas guardados a sete chaves, sem poderem contar com quem mais lhes valesse objetivamente com conselhos úteis ou com trocas de ideias, já que tanto a inexperiência de Chiara para Giovanna, embora sua afeição mútua, quanto a zelosa experiência materna para Elena, de outra feita, não lhes conviriam, para tanto, a contento.

Com o começo do verão, e, portanto, findos temporariamente os rigores implacáveis das invernias, enfrentados por Paolo e seus irmãos a custo de grande dispêndio de suor, de energias e da própria saúde, volta e meia abalada, em algum deles, de modo mais severo pelos efeitos da friagem gélida que lhes devastava sem piedade os frutos do trabalho e os seus meios de sobrevivência, enfim o clima ameno anunciava-lhes uma fase menos sofrida, durante a qual se sucederiam as negociações mais rendosas, proporcionando que os homens da casa se ocupassem com mais vagar dos assuntos do cotidiano familiar e de outros mais, atrelados a interesses e negócios outros, que às vezes os atraíam às cidades próximas.

Trégua auspiciosa a Paolo que, por aqueles dias, acompanhava, em meio a grande movimentação familiar, os arremates da gravidez de seu segundo filho.

Um dia, a certa hora da tarde, não obstante, ele sustenta discussão acalorada com um dos irmãos mais novos, Bruno, que, inadvertidamente, comunicava a sua decisão extemporânea de deixar o lavor familiar em razão de ter alinhavado negociação favorável com novo gênero de trabalho em Ragusa, que, a seu ver, lhe reverteria maiores benefícios.

— Não podes me tolher nesta oportunidade, fratello! — ele argumentava, irritadiço, ante a resistência quase inapelável do irmão em aceder-lhe àquelas novidades intempestivas. — Que tu te mostres afeito a este gênero de trabalho ingrato, que reputo o maior culpado pela morte prematura de nosso pai, é um teu direito, e não discutirei isto. No entanto, sou homem, como tu. Sabes da minha ligação com Ravina Torgo, a filha de um dos maiores comerciantes de Ragusa. Pois me convida ele a trabalho mais próspero, promissor, livrando-

-me do encargo duro dos campos, e que de resto ainda me favorecerá a um bom casamento e a oferecer à minha própria família uma vida mais digna, e vens, tu, querer embargar-me os propósitos? Olha, que ainda é por consideração a ti que te apresento explicações e uma satisfação, mas tu bem o sabes, Paolo, que poderia me colocar a caminho, somente comunicando-te a minha decisão e rogando a benção de nossa mamma.

Ouvindo-o, o olhar azulado despendendo clarões sombrios que denunciavam claramente o grau flagrante do seu descontentamento, Paolo tinha os braços cruzados enquanto palestravam discretamente na soleira da entrada secundária da moradia. Mas as têmporas latejantes e o acentuado rubor nas feições congestas denunciavam que era a custo que continha reações duras e ríspidas palavras.

Depois de uma pausa tensa, encarando o destemido Bruno com o olhar carregado e invasivo, ele devolveu, a voz timbrando grave e áspera:

— Nunca supus em ti, Bruno, um desertor do provimento familiar. Queres dizer que a proposta que te faz aquele velho rapace, a quem conheço bem, e que prospera, dentre outras razões, pelo provimento dos recursos obtidos do nosso esforço a baixo preço — frisou, impávido —, é tentadora o suficiente para te arrancar toda a noção de compromisso para com a tua própria família? Buscas, então, enriquecer fácil! Não te esqueças, porém, em nenhum momento, ragazzo, que o preço do teu futuro faustoso sempre será o ardor distante das nossas lutas nestas colinas, ademais ainda mais sofrido, e sacrificado, a partir do instante em que um de nós que seja se ponha a caminho para longe do nosso esforço conjunto, de vez que bem o sabes o quanto faz falta um par de braços a menos na hora da colheita e do lavradio. — E meneando, desaprovador, prosseguiu: — A que ponto te influenciou o convívio com esta tua melíflua Ravina, Bruno... Mas atenta para o que a ninguém aqui escapa: que te convenceu ela a esta decisão traiçoeira não apenas movida por interesse de te empregar melhor, como alegas, parvo! É, antes, a tentativa de, em te atraindo para o meio ao qual está habituada, entre comerciantes abastados dos meios citadinos, distanciar ela mesma, o mais possível, do convívio com os de tua origem humilde, dos quais, está mais do que visto, ela se envergonha.

— Que tu dizes? — voltou Bruno, sufocado de indignação, quase sem fôlego, os punhos crispados pelo nervosismo; mas aquilo não intimidou a têmpera desde sempre arguta e arrebatada de Paolo.

— É isto mesmo que tu ouves. E és mesmo um parvo se o amor por aquela ragazza te cegou a ponto de não perceberes o que dentre todos nós resta notório.

Mediram-se com grande hostilidade, silenciando durante breve segundo; mas, de inopino, um movimento próximo desviou-lhes a atenção, forçando uma interrupção na desavença.

Paolo voltou-se, e viu que eram Elena e Giovanna se acercando da entrada da casa, braços entrelaçados, como quem se encaminha a algum passeio ou saída com propósito definido, pois que carregavam sacolas e vestiam chapéus grandes que as preservassem do sol forte.

— Com o que vós, ambas, destes para andar agarradas uma à outra ultimamente? —riu-se Paolo, dirigindo-lhes de longe a pergunta galhofeira e colhendo-as com breve sobressalto, enquanto, desviando-se por um momento, Bruno lutava para recobrar o prumo. — Aonde vão, debaixo deste sol escaldante? — aproveitou-se para cobrar como arremate.

— Donatella tem a entrega de uns vestidos frescos para Sofia, que não se aguenta mais com o desconforto e o calor — respondeu-lhe Elena, denotando pressa. — Ficamos de buscar na cidade a encomenda.

Paolo assentiu.

— Voltem antes do cair do sol — recomendou-lhes com um sorriso. Após o que, e em vendo-as enfim distanciarem-se caminho afora, apressadas, voltou a sua atenção para o outro irmão, ainda parado à sua frente, dominado por grande contrariedade. — Quanto a ti, Bruno, nada posso fazer para deter-te. Mas pensa com seriedade nesta tua escolha; considera as necessidades da tua mãe e da tua família. Sempre nos entendemos; mas nunca me escaparam as nuances gananciosas do teu caráter. Reflete, pois. Porque, como por certo nosso pai o faria, tomo a tua atitude à conta de traição familiar; e, para o que decidires doravante, é certo: não admitirei retorno, ou lamúrias, se algo vier a dar errado —sentenciou, determinado.

Voltou-lhe as costas e saiu. E o outro ali ficou, medindo-o, enquanto mergulhava-se em reflexões desencontradas, de uma outra ordem que Paolo jamais teria como suspeitar que viesse povoando os pensamentos de mais de um de sua família.

— Tu, com esta tua intolerável prepotência, Paolo... Precisava que entrasses no conhecimento de certas coisas que, ao que parece, se dão longe do teu conhecimento, para que entendesses quem, nesta casa, é o verdadeiro parvo...

Murmurava, assim, para si, enquanto voltava-se, encaminhando-se a passos firmes em outra direção da moradia.

Por conta do comentário descontraído de Paolo, por sua vez, Giovanna ia rindo-se ao lado da irmã, enquanto caminhavam a passo de passeio pela estradinha sinuosa que, margeando campos e residências próximas, daria nas malhas da cidade de Ragusa, onde apanhariam a encomenda de Sofia, aproveitando-se para um volteio agradável em meio às atrações e novidades citadinas, na intenção de adquirirem um mimo ou outro.

— Chiara anda mesmo enciumada da tua recente amizade comigo, Elena. Sabes, sempre foi ela a minha confidente, ao contrário de ti. Deves admitir! — dizia a loura Giovanna, aludindo de modo bem-humorado às diferenças havidas outrora na sua convivência.

Ambas as jovens, assim distraídas e entretidas com seus assuntos, usufruindo aquela nova e mais grata fase de sua convivência, longe se achavam de entrever os desdobramentos que, no que lhes diziam respeito de modo quase inconsciente, adviriam deste novo e forte entrosamento entre seus interesses e dilemas vividos em comum.

Desconheciam aquelas almas imersas nos arroubos e desafios próprios da fugaz fase da juventude de todas as épocas os mecanismos com que todo ser humano magnetiza ao próprio caminho, em consonância com as suas escolhas, tendências, pensamentos e atitudes, em maior ou menor prazo, os resultados que lhes atendam, pelo lastro indefectível das sintonias, anseios e necessidades de aprendizado da alma em processo contínuo de evolução. Assim que, logo à frente, portanto, deparariam com mais uma destas aparentes quanto chocantes "coincidências", que sempre nos vêm ao encontro em momentos-chave da caminhada, como se atendendo maravilhosamente às nossas propensões e sentimentos mais íntimos, aparentando serem as nossas expectativas de algum modo abençoadas pela mão inefável da Providência.

É o que já asseverava Jesus, de há muitos séculos, ao alertar-nos para o fato insofismável de que, em se batendo, as portas se nos abrirão; bem como que aquilo que em qualquer tempo pedirmos, com fé, nos será ofertado. Porque a lei de causa e efeito funciona sempre à revelia da conscientização maior ou menor da humanidade, para todo aquele que, via rogos, anseios ardentes, palavras ou atitudes para com o nosso semelhante, aciona o mecanismo da colheita certa para cada passo que demos, a cada minuto, no uso constante do nosso livre-arbítrio.

Foi assim que, já adentrando as ruas íngremes da cidade alocada ao longo de duas das colinas da Sicília, as irmãs tomaram-se de idêntico sobressalto ao depararem inesperadamente com um personagem que lhes vinha ocupando amiúde os assuntos e pensamentos nas últimas semanas.

— Alessio! — Elena exclamou em primeiro lugar, chegando a perder a cor do rosto.

Giovanna, por sua vez, eletrizada de imediato, fixou o rapaz também visivelmente atônito num primeiro momento; e as perspectivas excitantes daquele acontecimento já insinuavam-se-lhe, de maneira avassaladora, ao íntimo sempre vivaz e convulsionado pela inquietude audaciosa própria tanto da sua idade quanto do seu temperamento.

— Elena! Giovanna! — Um sorriso sufocado escapou-se, incontido, dos lábios do filho mais velho de Filippo. — Dio! Quando imaginaria que as encontraria por estas bandas, e a essas horas? Que fazeis por aqui?

— Compras — antecipou-se Giovanna, com cordialidade, pressentindo na irmã um estado de quase desfalecimento ante a novidade inusitada. — Viemos em busca de uma encomenda para nossa cunhada. E tu, de teu lado: que te traz a Ragusa numa tarde assim, castigada pelo sol deste jeito? Nota-se em volta as ruas mais vazias do que seria o normal neste período do dia — a jovem arrematou, desenvolta, dando tempo à outra de se refazer do horrível constrangimento que a submetia toda, e que não escapou a Alessio, ao notar Elena metida num esforço inaudito para se livrar tanto da palidez quanto da inércia súbita que a sua presença repentina lhe impusera às reações.

— Também vim ter aqui em busca de compras inadiáveis para o nosso estábulo. Vínhamos necessitando de arreios novos para alguns cavalos — o rapaz respondeu, meio a esmo, sem poder desviar-se o suficiente de Elena para prestar completa atenção ao que Giovanna lhe dizia.

Até que, enfim, criou ele coragem para abordar o alvo principal de sua atenção e de seu interesse:

— E tu, bambina? Bela, como sempre. Mas... — acrescentou, com uma nota sugestiva clara na entonação — nunca mais nos avistamos. Como estás? — indagou com gentileza, o olhar escuro e enérgico preso na fisionomia ainda empalidecida da jovem, que afinal, com grande relutância, desviou para ele os olhos tímidos.

Todavia, ficou claro também para ela a grande inquietação que Alessio experimentava pelo momento, parecendo ansioso para extrair daquele encontro fortuito algum proveito, que conseguia adivinhar.

Quanto a Giovanna, por sua vez, não poderia retardar muito a pergunta indócil que a custo retinha na garganta opressa, esperando, para isso, apenas a chance propícia.

— Muitas são as obrigações domésticas, e não tem havido oportunidades para nos distanciarmos de casa. Mais ainda agora, quando Sofia está no final de sua segunda gravidez — a moça afinal respondeu, num murmúrio, sem poder, contudo, sustentar-lhe o olhar durante muito tempo.

— Ah, sim... — acedeu o rapaz, aludindo, num gesto amável: — E como passa a ragazza? Para quando é o nascimento?

— Não deve ultrapassar a próxima semana, Alessio — foi a vez de Giovanna responder, alusivamente, deitando no rapaz um olhar que refletia estranha luz.

Ele, de seu lado, captou de pronto o sentido daquele olhar dúbio e notadamente significativo, mesmo que para ela isto se desse, até certo ponto, de maneira quase involuntária.

Era, de fato, o assunto que os colhia bem a propósito do que comparecia como pano de fundo das intenções da jovem, tanto quanto de forma oportuna às que a Elena e a Alessio diziam respeito.

Houve uma pausa incômoda, com os três se entreolhando de maneira estranha, cada qual tomado de pensamentos e inquietações desencontradas. Até que, enfim, o filho de Filippo, não podendo conter um impulso incompreensível, largou o comentário de inopino, surpreendendo até mesmo a irmã mais nova da agora chocada Elena:

— Giovanna — e ele deu de ombros, parecendo às jovens momentaneamente perdido nas iniciativas. — Queria dizer... isto é... não gostaria de deixar passar esta oportunidade para lhe assegurar que, de minha parte, sinto muito o que houve contigo.

Tonta, um pouco atarantada, a moça o mediu, o olhar ligeiramente dilatado.

— Comigo? Que queres dizer, Alessio? — replicou, baixinho, intimidada.

Sabia a que ele se referia. Mas ela mesma não podia acreditar que o rumo do diálogo acontecia tão espontaneamente a seu favor, atendendo-lhe aos propósitos ocultos.

Era muita sorte!

O rapaz, de seu lado, ante aquela reação indefinível, também se retraiu um pouco; mas foi sincero, o olhar resvalando de modo irresistível em Elena enquanto respondia:

— O resultado do teu relacionamento com Marcello. A perda do vosso filho, e tudo mais... lamento que tenha se dado assim.

As irmãs trocaram um olhar significativo.

Então, visivelmente emocionada, a jovem caçula dos irmãos Braccio criou coragem para perguntar, o olhar azul vívido fixo no semblante franco do jovem lavrador parado à sua frente:

— Se de fato é assim, Alessio, agradeço-te, e meu coração se alegra por ver que, na tua família, ao menos alguém compreende o que se passou entre nós. Permite-me, então, por conta disso, e da tua manifestação espontânea de boa vontade, que te peça não te negues a me responder a uma pergunta...

Alessio assentiu na mesma hora.

— Fala, bambina, que te atendo como puder.

Ele também já sabia qual seria a pergunta, que só fez confirmar, no instante seguinte.

— Que é feito de Marcello?

Nova pausa. O rapaz, penalizado, notava na jovem o olhar agora banhado de lágrimas, a respiração opressa, o estado de espírito cheio de ânsia e de temores. Notou também que as irmãs, a isto, espontaneamente haviam se dado as mãos, em apoio mútuo.

Ante a cena cálida e comovente, não conseguiu fazer diferente de ser honesto por completo ao responder, levando as mãos à cintura, também ele visivelmente desassossegado e ansioso quanto a coisas outras, diretamente dependentes das consequências daquele encontro — ele bem o sabia:

— Marcello acha-se em casa, conosco, bambina. Largou o monastério. A maior razão dentre todas é que não te esquece... Confessou-me! Fala de ti todo santo dia. Apesar de que, diante do nosso pai, necessita a toda hora disfarçar este estado de coisas. — E, em reparando na jovem o alívio avassalador de que dava mostras no sorriso largo e incontido que lhe aflorou aos delicados lábios carminados, enquanto trocava com Elena um olhar cheio de desafogo íntimo, ante a atenção compreensiva da irmã mais velha, arrematou: — Meu irmão te ama, como sempre, ragazza — meneou. — Só não sei como vão se aviar, ele e tu, que pelo visto ainda lhe sente o mesmo, para resolver isto a contento.

Giovanna trocou com ele um olhar cujo significado e entendimento, de antemão, eram tácitos. E, pressentindo naquelas palavras uma oportunidade sem precedentes à satisfação de seus anseios mais íntimos, e durante tanto tempo recalcados ao preço difícil de sofrido silêncio, aproveitou a chance inaudita, que talvez — considerou num átimo, de dentro de um estado de aguçada perspicácia — nunca mais se repetisse.

— Tu nos ajudaria, Alessio? Serias capaz de fazê-lo, por mim, e por ele... mesmo contrariando o restante da tua família?

— Sim — ele o confirmou, com leve meneio de assentimento, sem hesitação, para depois completar, aproveitando-se da ocasião, ao mesmo tempo que reparava, no mutismo retraído de Elena, que também ela palpitava pelo desfecho daquele diálogo que lhes compareceria, a partir daquele dia, à feição de importante pacto de auxílio mútuo: — Porque sei que também tu te verias disposta a auxiliar a mim e a Elena, no que se refere a umas tantas coisas, bem semelhantes às que tu e o meu irmão vivenciam. Transmite, portanto, os teus recados, bambina — instruiu, decidido. — Que os levo diretamente a ele, ainda hoje, e com os devidos cuidados, depois do que, veremos como as coisas se conduzem.

Ao que Giovanna rasgou um sorriso entre esfuziante e espevitado diante do casal que agora, entre si, trocava um olhar brilhoso e profundo, compartilhando os mesmos temores, ideias e sentimentos intensos que lhes revolucionavam as mentes, em turbilhão.

Capítulo X

O nascimento de Carlo Braccio

Francesca e Giorgia se acham hospedadas na residência da família Braccio, desde a noite anterior em clima de grande expectativa e apreensão. E, decorridas as primeiras vinte e quatro horas, todas tomadas com os gritos e gemidos sofridos de Sofia, Giacomo Agnelli deve também chegar em visita ao segundo neto que, contava, após este tempo, já teria vindo à luz, recém-nascido.

Por entre a movimentação intensa das mulheres em alvoroço de um a outro canto da casa, os homens presentes, em sua maior parte, veem-se um tanto perdidos em iniciativas. De fato, presenciando o ir e vir das irmãs e das criadas com bacias sucessivas de água, panos, unguentos e preparativos outros, alguns deles, como Luca e Fabrizzio, ocupam-se em amenizar a ansiedade mal disfarçada do aflito pai do nascituro; outros, como Bruno e Matteo, contentam-se em observar a tudo de uma certa distância, a salvo de maiores interferências que adivinhavam talvez fora de propósito ou desastradas.

Neste último, todavia, a um observador mais atento, restaria bastante clara, na sua fisionomia e nos seus modos, uma impaciência surda, ou algum estado de indefinível agonia íntima.

Giovanna, que se encarregara dos cuidados ao pequeno Vincenzo enquanto Martina e as irmãs auxiliavam Francesca e a filha mais nova nos zelos a Sofia, andando com o menino adormecido ao colo de um lado para outro da casa, a certa altura daquela tarde agitada se deteve na entrada da sala principal da casa, onde se demoravam o agora silencioso Paolo, sentado a um canto e mergulhado em seus pensamentos, acompanhado de dois dos seus irmãos. Examinou-lhe durante uns instantes os modos reflexivos para depois afinal se aproximar, cautelosa de não perturbá-lo nas suas preocupações, naquele momento que sabia para ele delicado e difícil.

— Maledetta hora que não passa — ouviu-o murmurar, para ninguém em particular, ao alcançá-lo no assento meio esbatido pelos raios solares filtrados da janela próxima.

Ao mesmo tempo, um grito agudo de Sophia fez-se ouvir, fazendo todos se voltarem a um só tempo e levando-o a empertigar-se um pouco, o olhar aceso preso no corredor de acesso aos cômodos interiores da moradia, na expectativa de que alguma das mulheres surgisse trazendo a notícia ansiosamente aguardada.

Mas nenhuma delas apareceu de pronto, frustrando ainda daquela feita a espera prolongada do rapaz; e Giovanna aproveitou-se daquela deixa para enfim abordá-lo, sorridente, sentando-se com Vincenzo a seu lado e atraindo-lhe, com isto, a atenção.

— Descontrai-te um pouco, Paolo! Vês? — comentou, aludindo ao menininho mergulhado em sono profundo em seus braços. — Dorme como um anjo, sem nem desconfiar de que, ainda nas próximas horas, haverá de ganhar seu primeiro irmão, ou irmã...

Paolo deteve a atenção no filho adormecido, entre pensativo e mais reconfortado ante a visão do sono inocente da criança. Depois olhou a irmã, satisfeito da disposição dela ao oferecer-se voluntariamente para cuidar dele durante toda a duração daquele impasse familiar.

— Apraz-me ver o quanto te afeiçoas a Vincenzo, Gio; haverá de ser apegado contigo, conforme for passando o tempo.

Giovanna deu de ombros, todavia sempre voluntariosa e provocativa.

— Estimo que assim seja, mas desejando também que tais circunstâncias não venham a despertar os ciúmes caprichosos da mãe. Tu bem o sabes ser ela dada a tais rompantes —comentou, desviando-se para Vincenzo na intenção de disfarçar a malícia explícita nas suas feições, claramente perceptível na entonação com que proferiu aquele comentário.

A isso, contudo, e embora em outra situação talvez tais palavras provocassem de sua parte uma reprimenda pronta e dura, desta feita Paolo limitou-se, preocupado como estava com outras coisas, a trocar com Luca, parado ali por perto a sorrir com puerilidade, um olhar metade enfadado, metade complacente, enquanto pensava consigo mesmo que algumas circunstâncias de convivência entre a sua esposa e aquela irmã não haveriam de mudar nunca. Assim, preferiu desviar-se com habilidade da impertinência irresistível da outra para retomar o assunto num outro sentido, dirigindo-se, agora, a todos os irmãos presentes no recinto da sala:

— Quanto tempo será que ainda demora? Isto é uma tortura. Causa-me aflição escutar os gemidos de Sofia, pois que já sofre com as dores desde há muitas horas!

— Destes misteres entendem as mulheres, fratello. Já ajudaremos bastante não interferindo em nada, porquanto ainda agora, só em me aproximar do corredor, fui enxotado com severidade pela signora Francesca, admoestando-me e dizendo não ser o ambiente de uma parturiente o local apropriado para os homens da casa. — Fabrizzio ria-se com divertimento ao fazer o comentário, aparentemente acostumado a episódios como aquele, aos quais já tivera oportunidade de presenciar no decorrer dos longos anos no lar, na ocasião do nascimento de outros dos seus irmãos naquela família numerosa.

Silenciaram por mais um momento, até que um empregado da casa entrou, anunciando a chegada de Giacomo Agnelli.

Paolo levantou de imediato, encaminhando-se à entrada secundado por Luca, a fim de receber condignamente o sogro.

Logo abraçavam-se, cumprimentando-se e batendo-se vigorosamente às costas. E Giacomo, homem robusto, bem-disposto, varonil, não obstante a idade denunciada francamente nos fartos cabelos grisalhos, adentrou com entusiasmo a residência, cumprimentando os circunstantes na sua voz possante, bem articulada:

— Va bene, que dia feliz, hoje, na vossa casa! Come stai? — E, assentando-se, na intenção de descansar um pouco da jornada árdua de pouco mais de meia hora da sua casa até ali, puxou de um lenço, enxugando o suor do rosto rubro, e cumprimentou também a risonha Giovanna, detendo-se um instante a admirar o primeiro neto. — Mas como que este já é crescido quase até o tamanho do avô? — casquinou, zombeteiro, amenizando o tom brusco para não acordar de seu sono o belo menino. E demorou-se a alisar-lhe com os dedos os cabelos fartos e alourados em desalinho por sobre a cabecinha queda nos braços da jovem tia.

— Nem tanto, Giacomo — devolveu Paolo, com um sorriso mais descontraído, ao mesmo tempo em que sinalizava a uma velha criada para que trouxesse vinho para o visitante, e assentou-se nas proximidades. — Mas Vincenzo vai bem de saúde, robusto e irrequieto; graças a Dio!

Giacomo voltou-se para ele, olhando de um para outro dos rapazes presentes no ambiente da sala, agora mais sério.

— E minha Sofia? Como vai indo o trabalho de parto?

— Difficile — replicou o genro, entre pesaroso e contrito. — As dores já se estendem por mais de um dia. Há mulheres tantas quanto abelhas em torno da colmeia tratando-a, todavia. Os serviços domésticos, por conta disso, mal renderam — ele gesticulou. — E confesso com franqueza que não vejo a hora do término deste suplício.

— E que é feito de teus outros irmãos? — quis saber Giacomo, interessado. — Pois que vejo aqui contigo apenas Fabrizzio e Luca.

Repentinamente atento àquilo, Paolo percorreu o olhar em torno.

— Quer me parecer que todo este tumulto perturbou alguns deles; estavam aqui há pouco! — E, para Luca: — Que é feito de Bruno e de Matteo?

— Nos fundos — ele confirmou. — Ouvi Bruno dizendo que não aguentava mais presenciar correrias e gemidos de mulher; e que, em não sendo útil aqui, preferiu ir para os lados do pasto, para verificar a quantas anda o retorno dos cavalos aos estábulos. Convocou Matteo, que, também estranhamente taciturno, o acompanhou — arrematou o irmão mais próximo de Paolo, com entonação dúbia mas despercebida, desviando-se um pouco para os arredores e aparentando perder-se em conjecturas depois.

— Há! Bene que, ainda que no dia do nascimento do sobrinho, o néscio se volte aos interesses do lavor doméstico — declarou Paolo, denunciando certo descontentamento no comentário e evocando com isso, de imediato, curiosidade e surpresa a Giacomo, que, homem sempre direto e objetivo, e privando de bastante intimidade com o genro, atalhou, inclinando-se no assento:

— Mas... a que aludes, Paolo? Algum dos teus irmãos, acaso, não vem se mostrando afeito aos negócios familiares? — quis saber, desviando-se de Vincenzo, a quem fazia gracejos de avô até há pouco; e debruçou-se nos joelhos, voltando-se para os rapazes, que, a isto, entreolharam-se.

Paolo suspirou, meneando.

— Não exatamente, Giacomo. Minha alusão diz respeito a recentes desavenças com este meu irmão. O néscio está propenso a aceitar, mal sopesando a situação, um convite do pai de uma sua quase noiva, de molde a retirá-lo do lavor familiar para situá-lo no que considera uma oportunidade alvissareira nos negócios de Ragusa; mas que sabemos tratar-se, antes, de investida da astuta ragazza, visando atraí-lo para os meios citadinos, que a conservará distanciada dos maus modos da gente dos campos.

E ele arrematava o comentário com um sorriso amargo e tisnado de contrariedade mal contida, num assomo de irritação indisfarçada na gesticulação brusca que lhe acompanhava as palavras timbrando quase ásperas; mas depois, retomando a noção da seriedade do momento, que, na totalidade, atraía-lhe os pensamentos para o que vivia naquele dia, encerrou ali o que dizia, pouco disposto a prosseguir naquele assunto.

Olhando ainda de um para outro, sob a assistência agora entre atenta e meio perdida de Giovanna, o valoroso siciliano limitou-se, ao menos naquele momento, a cofiar para si mesmo a barba espessa, ruminando ideias outras, até certo ponto relacionadas ao que ouvia do genro, mas que teve que empurrar para outra ocasião propícia, sem tempo para expô-las, como já pretendia, porque de inopino Beatrice invadiu o ambiente da sala, tomando a todos de pronto sobressalto.

— Paolo! Presto, que teu figlio nasce! Sofia enfrenta os últimos momentos do parto — anunciou, presa de alegria, excitação e de grande estado de ansiedade.

O irmão saltou do assento de um pulo, ganhando a passos firmes o interior da vivenda, acompanhado de perto pela irmã caçula com o seu primogênito ao colo, pelo sogro e pelos demais presentes no ambiente da sala banhada pelas últimas claridades do sol poente.

Extenuada, praticamente desfalecida após beijar o filho, depois de horas empenhada nos supremos e dolorosos embates daquele parto difícil, Sofia dormitava, largada no leito e desfigurada por mórbida palidez e olheiras profundas, enquanto sua mãe, auxiliada por Giorgia, lhe apunha compressas frescas na fronte banhada pelo suor frio, e as demais mulheres, divididas entre estes cuidados e o encantar-se com o recém-nascido, trocavam comentários de alívio aos cochichos, de resto admirando a beleza da inocente criança acomodada, naquele momento, e pela primeira vez, nos braços de Paolo, ocupado em contemplar o menino, entre aturdido e emocionado.

Nada obstante toda a exaltação da hora que passava, preciso era reconhecer, de dentro da natural percepção esmerada própria de um genitor que, num primeiro momento, acolhe um novo filho nos braços: embora seu primogênito lhe chegasse, havia pouco mais de um ano, ao regaço de pai amoroso como uma sua fiel cópia nos delicados traços fisionômicos, aquele agora, que batizaria sob o nome de Carlo Braccio, em nada se assemelhava, de princípio, nem com ele, e menos ainda com a sua combalida esposa.

Apesar de tudo, ninguém ali, naquele instante, e nem ele mesmo, deteve-se demais nesta peculiaridade pouco ou nada relevante logo após uma délivrance crítica qual a que Sofia vencera, com aquele arremate bem-sucedido do parto difícil, mas a salvo, do seu segundo filho. Todos em volta preferiam comentar, dentre outras coisas, das dificuldades emocionais da mãe no decorrer daqueles longos nove meses — ora entregue a crises incompreensíveis de nervos que a exasperavam a ponto do comprometimento de sua saúde, ora a períodos de depressão e apatia, igualmente ininteligíveis —, que, por certo, contribuíram para entravar um desfecho tranquilo à penosa gravidez.

Martina e as filhas, por sua vez, cercavam Paolo, presas de embevecimento com o soninho do angelical menino.

— Oh, o dorminhoco! Nem se demorou chorando e acordado o suficiente para nos apresentarmos a ele — ria-se Elena, tocando com delicadeza a cabecinha mal encoberta pelos ralos cabelos alourados, acrescentando para as outras: — Vejam! A cor dos cabelos não é a mesma de Paolo, como desde o início observamos em Vincenzo.

Mas Martina riu-se ante o comentário, a seu ver, pueril.

— Há! Cor de cabelos, tonta? Mas que cabelos? Ele ainda há de perder todos estes poucos que possui nas próximas semanas. Foi apenas uma coincidência que os de Vincenzo, no fim das contas, fossem mesmo de cor idêntica à do pai, já que afinal se parece de fato com ele. — E, inclinando-se para o filho mais velho, decidida e voluntariosa: — Vai! Dá-me a criança, ragazzo, que ainda haveremos de banhá-lo e vesti-lo. O pequeno passa frio nos teus braços; repara na pele empalidecida e frígida. — E, para as demais filhas, recebendo carinhosamente o menino, num meneio firme, e afastando-se com ele, falou: — Andiamo!

Giovanna permaneceu ao lado de Paolo, ainda com o outro sobrinho nos braços. Assentando-se à sua frente, dirigiu-lhe um sorriso entre afetuoso e emocionado.

— Choras, amore mio? — replicou com delicadeza, reparando-lhe nos profundos olhos azuis rasos d'água. — Que belo pai tu és! Mas deixa mamma banhar a criança, que ainda haverás de abraçá-lo muitas vezes depois disso — observou.

De fato, preso de profunda emotividade, Paolo endereçou-lhe o olhar agradecido e levou-lhe, carinhoso, uma das mãos às faces coradas e sedosas.

— Há horas entreténs Vincenzo, bambina! Não te cansas? Se te exaures de tê-lo ao colo durante todo este tempo, acomoda-o um pouco no leito. Tu precisas de descanso, e vejo que ele dorme também, profundamente. Não haverá de acordar tão cedo.

Giovanna riu-se, bem-disposta.

— Ora, como se isto me fosse um fardo! Sabes que lamento que Vincenzo não seja um meu filho, tanto que o estimo — devolveu, comovida, com sinceridade. — E, se não te importas, continuarei cuidando dele durante esse período em que a mãe se vê impossibilitada, presa aos cuidados com o recém-nascido. Prefiro que durma no meu colo, para que, quando acorde, o alimente e banhe; sairei com ele, dentro em pouco, para breve passeio.

Ouvindo-a, Paolo apenas meneou, compreensivo, com certo divertimento. Depois consentiu de boa vontade.

Inclinou-se, beijando-a nas faces ternamente, e, deitando-lhe um último olhar cheio de afetividade, levantou-se, acercando-se da esposa e da sogra, atento aos cuidados necessários à parturiente agora tranquilamente adormecida, por entre os cumprimentos e as saudações do sogro e de alguns dos irmãos, que iam aos poucos adentrando o ambiente do quarto.

Dois deles permaneciam afastados, entretidos nos recuados dos fundos da casa, ao abrigo das instalações toscas de um pequeno estábulo. Eram Bruno e Matteo, que, por razões diferenciadas, mantinham-se à parte da comoção doméstica e conversavam extensamente, como se na tentativa de espantar pensamentos desagradáveis; todavia, tratando agora de assuntos graves quanto extemporâneos.

De fato, depois de um tempo gasto no trato de frivolidades, das condições climáticas e de banalidades ligadas aos acontecimentos citadinos, Bruno passou a atentar em Matteo, depois de alguns minutos notando o irmão imerso em silêncio prolongado e impregnado de esquisito alheamento de espírito.

Mais desligado das nuances ininteligíveis do convívio familiar nos últimos meses por força dos acontecimentos de seu próprio enredo afetivo envolvendo a caprichosa Ravina e os lances importantes relacionados a ela e a seus familiares, diferentemente de outros como Fabrizzio, Luca e suas irmãs mulheres, e, portanto, ainda no desconhecimento das minúcias de certos episódios graves se dando nos bastidores da rotina doméstica, cuja ciência lhe era somente superficial, todavia, ali, naquele instante silencioso em que a única coisa que lhe ocupava a atenção era a presença do irmão e os ventos leves do cair da tarde, Bruno acabou se apercebendo de alguma nota em falso no estado de espírito do outro.

Verborrágico como sempre se mostrara, por conseguinte, não pôde conter a curiosidade, terminando por abordar Matteo um tanto intempestivamente, arrancando-o, a contragosto, do seu involuntário alheamento:

— Que se passa contigo, fratello? Tens o semblante carregado, tempestuoso, a um ponto que me inspira preocupação e susto. Nem te dás conta disso, pelo visto, mas o teu ar é o de quem se acha na iminência de adentrar o inferno ou o purgatório.

— Talvez me ache... — o irmão devolveu de pronto, sem pensar, impulsionado por inusitado desabafo, o que ainda mais surpreendeu Bruno, que chegou a parar o que estava fazendo, encilhando um potro entretido a mastigar com demora um apanhado de feno.

— Mas... que dizes? Então há mesmo algo errado se passando contigo? Algo em que eu possa te ajudar, talvez? — Bruno arriscou.

Matteo correspondeu-lhe ao olhar apreensivo; mas em princípio sem responder com inteireza ao que lhe perguntava, dominado pela preocupação.

Ao contrário, enveredou de maneira inesperada por um outro assunto com um questionamento que, por sua vez, embatucou ligeiramente o outro.

— Bruno, é verdade o que disse Paolo esta semana? Tu estás na iminência de buscar negócios outros, que reputas mais favoráveis aos teus propósitos, abandonando o lavor com a nossa família?

Em menos de um minuto, atarantado, Bruno passou da preocupação à estupefação, para depois se deixar dominar por uma irritação mal disfarçada nos modos e na entonação da voz, ao responder:

— Dio! Mas... que há contigo, Matteo, para abordares este assunto assim, sem mais nem aquela, a pretexto de nada, quando converso contigo coisas que nada têm a ver com o que me perguntas? — E atacou, logo em contínuo, dando um passo à frente numa gesticulação brusca, agora declaradamente agastado por suposições que lhe ocorreram de rompante. — Foi Paolo, o maledetto, que te encomendou esta sondagem, cáspita?

— Não, imbecille! Ninguém me faz de staffetta! Mas responde com franqueza ao que te pergunto, que te explico, por minha vez — enfrentou Matteo na mesma hora, com agastamento idêntico.

Mediram-se durante um segundo, um sem poder compreender de pronto a intenção do outro.

— Estou para firmar compromisso sério com Ravina Torgo, mesmo com a desaprovação tácita de Paolo, todo mundo sabe — confirmou Bruno, mãos na cintura, encarando-o, firme. — E considerando mesmo a possibilidade de aceitar negócio com a sua família, em vista da excelente proposta do signore Faustino, pai dela.

— Pois, se tu aceitares — voltou Matteo, olhando-o fixamente, como se preso de algum pensamento obsessivo que o atormentava de modo terrível —, concordarias em levar-me contigo, Bruno? Há como apurares junto ao pai da moça se também a um teu irmão haveria a chance de acolher, no gênero de serviços que te oferece, nem que em posição humilde, de vez que o que me compele a pedir-te isto é a necessidade suprema de evadir-me daqui, o mais rápido possível?

Bruno mediu-o, agora verdadeiramente quedo em pasmo e estupor, sem conseguir dizer nada num primeiro momento.

— Madonna mia! Ensandeceste, ragazzo? — exclamou, afinal, a voz presa na garganta opressa pelo tamanho do susto e da perplexidade com o que ouvia. — Pois se já está me saindo esta situação uma guerra antecipada, para fazer Paolo entender as minhas próprias razões... queres atrair ainda mais contra mim a ira dele, ao arredar também do lavor doméstico mais um de nós, com prejuízos óbvios para a nostra famiglia? E o que, no fim das contas, vem te desesperando a ponto de me dirigires um pedido destes?

Aquele revide duro e impetuoso fez Matteo recuar um tanto no seu impulso de momento, intimidando-o e levando-o a cair em si.

— Nada, Bruno. Esquece o que te disse. Nada está me desesperando — ele desviou-se.

— Julgas-me um parvo? Queres me enlouquecer com esta história? Agora que começaste, termina, estúpido!

Mas Matteo, depois de ter-se esquivado dele bruscamente, a isto, encarou-o de novo, entre aborrecido e amargurado. Bruno podia mesmo ver, transparente no brilho de seu olhar escuro, um quase desespero de fato estampado na sua fisionomia, na entonação com que se exprimia, no todo de sua atitude naquele instante, enfim.

— Não! Digo-te apenas que, se me atendesses a este pedido, salvaria talvez que a mim e a outros desta casa de futuras tragédias familiares. Mas, já que, logo de saída, me negas desta forma dura, peço-te apenas algo a mais, esperando que o cumpras, relevando os meus modos impulsivos e na intenção de salvaguardares o ambiente de casa destes mesmos contratempos a que me refiro. — E, crescendo também um passo para ele, encarando-o de novo em atitude agora franca e súplice: — Não leves a Paolo o conhecimento do que conversamos aqui hoje! Ou me verei em apuros para ter que explicar justo a ele, a pessoa menos indicada em toda a Ragusa, o que também neste momento não ouso expor a ti. — E, como, pasmo, Bruno agora se limitasse a sustentar-lhe o olhar no qual se refletia um quase e inexplicável desatino, encerrou de abrupto a conversa, dizendo e distanciando-se às pressas na direção da casa: — E não me faça mais perguntas, Bruno! Esquece o que se passou aqui. Andiamo, que a criança nasce. Ouvi o choro do neném...

Capítulo XI

Domínio obsessivo

Absorto, nos domínios da invisibilidade, inacessíveis aos sentidos físicos, Mizael, ainda daquela feita ruminando ideias silenciosas, observa, num ângulo discreto e agora quieto da casa dos Braccio, nas primeiras horas de uma manhã fresca, o diálogo discreto e cheio de planos importantes a serem concretizados nas próximas horas, entre duas das filhas de Tomazzo Braccio, Elena e Giovanna.

Especula ele, para si, que de uma forma ou de outra lograria seus intentos relacionados à vindita sanhenta que de há séculos promovia frente à alma altaneira e férrea do atual chefe daquela família reencarnada num episódio obscuro das esferas materiais nas regiões sicilianas. Afinal, de nada adiantaram os esforços bem-intencionados dos mentores bondosos, no sentido de desviar seu inimigo pessoal dos resultados nefastos prestes a se efetivarem durante as contendas sangrentas contra o impetuoso Marcello Lorenzzo, descritas no início desta narrativa. Não!, considerava, divagando, ao passo que observava, interessado, o desenrolar do diálogo entre as duas jovens, travado em surdina e a salvo de indiscrições. Mesmo que seus objetivos junto ao seu afeiçoado na materialidade resultassem momentaneamente frustrados, de vez que em princípio desejava vê-lo unindo ao seu, em definitivo, o destino da jovem Giovanna, contra toda resistência em contrário oposta pelo seu ferrenho adversário reencarnado, ainda lhe restavam recursos no que se referia ao episódio dramático se dando às ocultas daquela união conjugal difícil e cheia de escolhos, qual a de Sofia com o mesmo Paolo Braccio. Protestava, deste modo, contra tudo e todos, que seria dali que, enfim, lograria colher algum proveito nos esforços de ver o antigo general Sálvio Adriano amargar acres dissabores, a fim de justiçar, pelo menos do ângulo deficitário do qual percebia a vida, as alegadas injúrias sofridas tantos séculos antes, durante os episódios violentos sofridos nos campos de batalhas travadas pelo imbatível Império Romano contra os seus adversários.

Sabia, de outra feita, que os planos ingênuos traçados pelas moças em colóquio próximo eram grandemente passíveis de, no fim, resultar malogrados para o que pretendiam, que era o suplantar de modo impune a vigilância acirrada de duas famílias em situação de secular rixa mútua, para fazer prevalecer o amor juvenil entre os seus membros mais novos, imbuídos talvez que de idealismos excessivos ao desconsiderarem as sequelas inegáveis e irremovíveis de tais embates entre interesses com graves implicações materiais.

Todavia, julgava que sempre, de algum modo, aquilo lhe serviria a objetivos outros, quais os de fazer, por ingrata aglutinação de problemas, desmoronar de uma vez por todas a estabilidade familiar dos Braccio, quebrando assim, e de uma vez por todas, em Paolo, a sua têmpera altiva, empedernida, insolente!

— Então, a partir dessas suposições de todo destituídas, por enquanto, de bases confiáveis, é isto que pretendes; insuflar as jovens a estes projetos inconsequentes, para depois, fácil de deduzir, fazer com que de um modo ou de outro tudo venha à tona, com o mesmo propósito pérfido de lançar Paolo em nova onda de desespero e de desavenças domésticas? Não te cansas, então, de reincidir nos mesmos planos fracassados, cujos resultados finais por mais de uma vez já comprovaste fugirem ao teu controle, não é mesmo, Mizael?

Era, ainda daquela feita, o vigilante Hiram, que nunca se cansava de alertar o tutelado para os erros de julgamento sob cujo peso da influência insistia em obsidiar os componentes daquelas duas famílias vizinhas e totalmente inconscientes da intensa rede insuspeitada de influências que interferiam nos seus episódios cotidianos, a partir daquelas dimensões despercebidas da vida.

Só que, já habituado àquelas intercessões inopinadas, o perseverante Mizael não dava mais mostras de se deixar abalar pelas observações bem-vindas quanto lúcidas do mentor experiente. Alma renitente nos sentimentos ingratos do ódio e da vingança, o antigo guerreiro germânico vivia ainda sob a influência quase completa daqueles episódios funestos já quase apagados nas dobras da passagem ininterrupta do tempo, mas que, para a alma cristalizada em sentimentos e sensações ingratas, revertem estagnados, pétreos na recapitulação nefasta de emoções antigas que a nada nem a ninguém mais servem ao progresso e à reformulação íntima.

Assim, depois do extenso período da passagem inexorável dos séculos, durante o qual viu-se preso, na erraticidade, aos setores tenebrosos das dimensões astrais sujeitas aos efeitos vibratórios densos, obscuros, penosos aos quais se jungem um sem-número de almas voluntariamente subjugadas pelo espectro mais adverso das suas próprias condições espirituais evolutivas precárias, denunciado através da gama de sentimentos e emoções funestos quais os da ira, da vingança, do ódio e do orgulho presentes no seu mundo íntimo, Mizael enfim obtivera uma moratória de afastamento daquelas paragens deprimentes, por muita insistência daquele seu mentor e afeiçoado de séculos, que tomara para si a tarefa árdua de tentar auxiliá-lo no rumo da reorientação íntima, arredando-o, para tanto, da faixa plúmbea à qual se vira preso para um setor das dimensões invisíveis dentro do qual se veria pelo menos mais passível de assimilar-lhe com maior proveito as influências e os conselhos, aos quais respondia ainda de maneira francamente fraca, débil; todavia, com um grau de receptividade animador o bastante para que, a despeito dos renitentes desfalecimentos do assistido nos mesmos erros motivados pelos alegados sentimentos de vindita, Hiram não desistisse.

E o diligente mentor era persistente e inabalável nos seus nobres objetivos, e não desistia. Isto porque o impulsionava a afetividade bem sedimentada por aquele que, em tempos idos e longínquos, aprendera a amar, dentre outras situações familiares em várias jornadas na materialidade, à conta de filho dileto. Sabia, pois, melhor do que ninguém, dos valores e das qualidades latentes nos recessos convulsos daquela alma atormentada, mas bravia; e também, mais ainda, que era correspondido por Mizael naquele nível de consideração ditada pela afeição antiga entre ambos, e se valia desse importante fator a favor de seus planos para perseverar, no intuito de enfim desviar aquele tutelado difícil dos caminhos ríspidos e sofridos que escolhia e de que, torcia, um dia compreenderia ele colher mais autoflagelação e desditas pessoais do que qualquer outra coisa que pudesse lhe justificar a permanência em tal gênero ingrato de vivências.

— De ti jamais poderei, nem o quero, dissimular o que quer que seja, Hiram — Mizael respondeu, por fim, recobrando o prumo, mas lançando ao mentor um olhar brilhante de estranha luz. — Conheces, melhor que qualquer outro, as minhas motivações e intentos. Entendo que me reputes em erro; mas prefiro, ao preço de ver afinal os efeitos severos da justiça se abater sobre este que tantos padecimentos cruéis outrora nos impôs, a mim e ao meu antigo filho Barriot, insistir nas minhas deliberações. E tu sabes perfeitamente que não me podes coibir de nada, e não mais que influenciar este ou aquele, de modo a desviá-los dos percalços do caminho, qual vindes fazendo, tu e teus amigos e mentores, no intuito de frustrar-me os planos.

— Tu erras ao supor na nossa interferência tão e somente o querer sustar-te os resultados dos teus planos mesquinhos, Mizael. Há algo maior a ser considerado aqui, de que não podes alcançar a grandeza dos propósitos, porque de há muito vens manipulando erroneamente com os lances das jornadas destes personagens, passíveis de sofrer-te os ataques que objetivam somente a satisfação tacanha dos teus propósitos de vindita. Estes seres sob a nossa apreciação, todos eles, colhem, de modo inevitável, a cada minuto, os frutos bem ou mal vindos das suas escolhas, e, nisso, não procede a nossa interferência. E o que alcançarão a partir de então será, fatalmente, a melhoria íntima, a purificação necessária da afetividade e do seu universo emocional; e, lenta mas certamente, a largueza de vistas para com os propósitos maiores de suas vidas e da existência como um todo. Então, ainda que os teus planos de algum modo frutificassem, esta vitória, Mizael, nem tu, nem quem quer que fosse, conseguiriam embargar, visto que é da vontade do Altíssimo que todos progridam, de uma maneira ou de outra, através mesmo, e em particular, do ensinamento ríspido das adversidades. De modo que não deves te iludir em nenhum momento, porque, se de algum modo, no futuro próximo, alcançares os teus propósitos malsãos junto a Paolo e seus vizinhos e familiares, poderás, efetivamente, comemorar uma vitória proporcional ao teu entendimento equivocado da vida; todavia, de si mesma, esta vitória será limitada, enganosa, já que, enquanto te demorares na retaguarda te locupletando com as lágrimas e a infelicidade alheia, de outro lado, estejas certo, o sofrimento, para estas almas, e contra todas as tuas expectativas, servirá à guisa de catapulta, que lhes impulsionará o íntimo depurado para as visões mais acertadas de percurso e para as dimensões onde o que reina é uma realização mais plena do que seja a autêntica felicidade e a harmonia, que fatalmente advêm da fraternidade e da compaixão para com os nossos semelhantes. Ainda desta vez, portanto, aviso-te de que a tua conquista, no final das contas, te reverterá inócua, fugaz, às avessas. Reflete a respeito! E libera da tua influência, enquanto é tempo, estas jovens e outros personagens mais que utilizas à feição de massa de manobra dos teus propósitos obscuros que em nada, mas em nada mesmo, servirão, em última instância, em teu benefício.

Voltou-se Hiram, ao final deste discurso inspirado, serenamente, para o diálogo entre as filhas de Tomazzo, enquanto, tolhido de maneira irresistível pela superioridade da presença e dos conceitos ali emitidos pela alma valorosa do mentor esclarecido, Mizael, ainda daquela feita, limitou-se a calar-se, abismado em pensamentos e considerações tortuosos, desencontrados, embora sempre empenhado em acompanhar de perto e influenciar, quanto possível, os seres que, daquela feita, eram o objeto preferido de seus obcecados intentos.

Assim, portanto, dava-se agora, quando Elena e Giovanna combinavam com grande ansiedade os seus passos para as próximas horas da tarde, após o almoço, momento em que os homens, enfim retornando ao lavor, ganhariam os campos até as malhas do pôr do sol, ao fim do dia.

Realizariam os planos temerários, já delineados de há bastante tempo, do reencontro furtivo de Giovanna com Marcello contando com a solidariedade combinada e propícia de Alessio e de Elena, e utilizando, como álibi para a situação, os passeios diários empreendidos com Vincenzo, para que usufruísse do calor do sol e dos bons ares das colinas.

Desta feita, contudo, e para indescritível júbilo de ambas as jovens envolvidas na idílica conspiração, tudo lhes reverteria às mil maravilhas naquela primeira investida. Posto que Sofia se visse nos primeiros tempos às voltas com as mil e uma miríades dos cuidados com o segundo filho, naquela belíssima tarde ensolarada correria a contento toda a trama de combinações urdidas com extremo cuidado durante a passagem dos últimos dias, e depois daquele encontro afortunado com Alessio Lorenzzo nas cercanias da cidade de Ragusa.

Ia, portanto, a hora do almoço, compartilhada com leveza e em clima de inédita descontração depois de muito tempo, após o que os homens seguiriam para a segunda fase diária do trabalho nos campos.

Com efeito, à exceção do ar ainda taciturno no ultimamente recluso Matteo, que, à mesa, assentado ao lado de Luca, volta e meia lançava olhares esquivos, enviesados, na direção da no momento risonha e reconfortada Sofia, todos usufruíam a refeição em clima de grata confraternização, ainda tendo naquela ocasião, como hóspedes, Francesca e a filha mais nova, Giorgia, grandemente prazerosa daquelas circunstâncias que a aproximavam de modo propício de quem já se posicionava como um seu noivo tácito ao entendimento das duas famílias: o próprio Luca, sentado à sua direita na mesa bem-posta de opulento repasto.

Entrementes, já ao fim da refeição, eis que Sofia resvalou, de onde estava, ao lado do marido ocupado em conversar arejadamente com Martina, e ocasionalmente, o olhar em Matteo — e de imediato, sem que ninguém o percebesse, o estômago lhe descaiu num baque gélido ante a expressão quase dolorida com que o rapaz a encarava a distância, dizendo-lhe, naquele único minuto, uma infinidade de coisas claramente aflitas, desencontradas.

Ligeira palidez dominou o semblante da jovem; no entanto, foi este o único sinal visível do seu profundo estado de constrangimento, porque, num esforço supremo, desviou-se ela prontamente, forçando-se a manter a atenção presa ao que dizia Paolo à sua sogra, assentada próxima de onde se achava. E Matteo teve que se contentar em, ainda daquela vez, conter a pulso dentro de si o insuspeitado vulcão emocional que lhe requeimava de há tempos as entranhas, e mais ainda após o nascimento do inocente Carlo Braccio.

Pouco mais de uma hora depois, portanto, se via Sofia, em conjunto com as cunhadas, a irmã, a mãe e a sogra, entretendo-se com o alvo principal de seus zelos desde os dias posteriores ao seu segundo e dificílimo parto. Os homens já haviam deixado o lar para os lavores habituais do dia, e grande era o tagarelar das mulheres durante o banho do lindo recém-nascido, umas providenciando apetrechos e roupas, outras ajudando no que pudessem, ou apenas se embevecendo com o pequenino Carlo, que, aparentando admiração de todo aquele movimento do qual era o principal alvo, esperneava e gritava, com grande agitação, molhando os arredores e, de resto, desgostoso da temperatura da água onde era banhado, aparentemente desagradável aos caprichos da sua pele rósea, acetinada e sensível.

Destarte, envolvida também por ali com a intensa atividade em torno da cunhada, Elena apenas aguardava os acontecimentos do minuto seguinte, presa de surda ansiedade que não chegava a extravasar na fisionomia ou nos gestos.

Somente lhe brilhou peculiarmente o olhar aceso quando, enfim, viu Giovanna, risonha, adentrando o cômodo e trazendo pela mão o pequeno Vincenzo, que já ensaiava, aos seus cuidados, as primeiras e curtas caminhadas pelos perímetros da moradia.

De fato, sem poder soltar-se da mão cuidadosa da tia, se poria o pequeno a correr desastradamente, com gosto e aos gritos, não fosse a contenção firme com que a moça lhe freava os ímpetos.

Sofia, agora novamente bem-disposta, levantou para ela os olhos vívidos, à sua entrada, nos quais se notava franca satisfação com o que via.

— Oh! Banhaste-o para mim, Giovanna. Ei-lo penteado e arrumado. E ainda agora mesmo, na parte da manhã, encontrava-se tão sujo pelas travessuras que aprontava, rolando pelo chão da sala...

Ria-se, efetivamente prazerosa, em vendo o filhinho daquele jeito, tão bem aprestado e perfumado. Atraiu-o a si, abraçando-o e beijando-o, enquanto Martina e Francesca assumiam por breve momento a tarefa do banho ao mais novo dos dois meninos; ao que, e em entrevendo, astuta, a ocasião propícia, Giovanna atalhou, sem perder a chance, e relanceando, ao mesmo tempo, o olhar arguto na irmã mais velha agora silenciosa, a observar a cena, próxima de onde estava.

— Bene! Sabes que cuidá-lo vem sendo o meu prazer preferido ultimamente. Que bom que aprecias os resultados dos meus esforços, em vista do que ouso aproveitar-me da ocasião para rogar-te possa realizar outra coisa, que também me proporciona, bem como ao próprio Vincenzo, grande satisfação, que é levá-lo ao passeio do costume nos campos próximos da nossa casa. Eis que o sol se faz propício nos céus, pois a tarde é morna e já vai adiantada, e assim não estaremos sob o maior calor do dia. Vou com ele, e volto em menos de três horas.

Ao que, em observando a boa vontade habitual e o afeto sincero que afinal transparecia dos modos da cunhada mais nova para com o filho a quem, aliás, reputava mesmo salutares os passeios diários com o cair da tarde, não opôs Sofia nenhuma objeção, até por considerar que lhe era auspiciosa ao seu entendimento com Paolo, já de há bastante tempo beneficiado por bem-vinda calmaria, aquela boa convivência com a jovem com quem, tempos antes, mantivera entrosamento difícil e repleto de rixas e de episódios turbulentos.

— Vai — devolveu, confirmando com complacência. — Apraz-me muitíssimo o teu auxílio junto ao meu Vincenzo durante este período no qual não posso me dedicar a ele como desejaria. Apenas apõe-lhe o chapéu, que lá se acha sobre a cômoda da sala. Agradeço-te.

Trocaram, ambas, um olhar fraterno, de grato entendimento mútuo. Depois do que Giovanna, de pronto, relanceou brevemente à irmã em expectativa os olhos, nos quais se lia mensagem urgente e tácita, cujo significado a outra, entre opressa e ansiosa, entendeu de pronto.

Com a saída da irmã caçula levando o sobrinho, pois, Elena a seguiria no encalço em momento oportuno, e sem que ninguém o percebesse, pretextando um motivo predeterminado às mulheres da família, distraídas nas ocupações diárias, e encontrando-se, ambas, e enfim, no local combinado durante as entrevistas secretas havidas anteriormente.

Não obstante, apenas à percepção da jovem Chiara, também presente no cômodo na ocasião, aquela troca de olhares cheia de significados causou nota; contudo, teve ela num primeiro momento, por prudência, e por natural inclinação afetiva para com Giovanna, o cuidado de nada deixar transparecer quanto às suas dúvidas e questionamentos relacionados ao que presenciara, muito embora, intuitivamente, não lhe restassem dúvidas de que já de há muito tempo algo importante vinha se passando nos bastidores das vidas das suas duas irmãs.

Mas decidira-se ali, naquele instante, a acompanhar de perto, embora discricionalmente, o curso de acontecimentos que prometiam ser interessantes, de resto magoada como se via, até certo ponto, por não mais vir, de tempos àquela parte, se posicionando como a confidente preferida de Giovanna. Talvez que estivesse próxima a hora de, quanto àquilo, as coisas se modificarem a seu favor.

Capítulo XII

Penúltimo reencontro

Mais duas seriam as oportunidades, como dito, de Giovanna e Marcello se reencontrarem após o dramático episódio comum vivenciado há apenas poucos meses.

Destarte, aquela primeira ocasião seria, em tudo, brindada com sorte e com pleno regozijo da parte dos dois jovens casais empenhados numa conjuntura amorosa flagrantemente contrária aos interesses de ambas as suas famílias e nutrida, como de costume, pelo legendário sentimento que, em todas as épocas, busca suplantar, a seu favor, quaisquer barreiras externas, ou de quaisquer procedências, eventualmente surgidas ou impostas contra a realização plena dos seus anseios.

Assim que, em sendo o homem o mesmo, no decorrer de toda a sofrida história da humanidade, em todos os séculos, os que se viram assim avassalados pelo verdadeiro sentimento amoroso contrariaram ou afrontaram, com maior ou menor sucesso, os ditames de preconceitos arraigados, de dissensões alheias aos seus propósitos incondicionais de união, de interveniências externas de molde a frustrar-lhes a troca mútua de um matiz de afetividade no mais das vezes herdado, concomitantemente, dos ora apagados episódios sedimentados, ao longo dos evos, na terra e nos céus, em obediência a inclinações profundas e a empatias irresistíveis de ordem evolutiva e espiritual.

Sem embargo, caríssimos leitores, ainda nos vossos tempos de lutas ríspidas, difíceis, nos quais os seres defrontam eras áridas, estéreis no território da afetividade prejudicada pela frieza do mecanicismo dos avanços meramente científicos e tecnológicos, esquecidos do desenvolvimento que se lhes requisita imperativo, simultâneo, imprescindível, da esfera moral humana, ainda aí, o amor nas criaturas se impõe eventualmente, inexpugnável, no contexto ininterrupto, rico de lances inéditos no vosso cotidiano, cobrando-vos valores outros para decidir com acerto, e de molde a evitar, para o vosso futuro eterno, novos sofrimentos e maiores detenções nestas dimensões mais ásperas, mais sofríveis da materialidade densa.

É aquele amor que releva tudo o que não lhe serve para a plenitude do seu doar-se incondicional. Que descarta quaisquer componentes prejudiciais à real felicidade que, a qualquer tempo, e em quaisquer quadrantes da vida universal, há de prescindir das referências mesquinhas com as quais o homem, mergulhado no imediatismo implacável das necessidades materiais, mensura seus ideais ilusórios, limitados, de satisfações fugazes. Satisfações todas circunscritas a interesses transitórios quanto atrelados a contextos vivenciais que não ultrapassam o minuto célere da vossa permanência nas malhas das esferas de vida corpóreas, condicionados pelas necessidades e referências acanhadas das vossas vicissitudes.

O amor, pois, como sentimento livre, liberto dessas torpezas e, de resto, íntimo das expressões divinas mais elevadas com que emergiu a própria magnificência da criação que nos entremeia e cerca, jamais, e ao preço de qual sofrimento for, se submeterá a estas diretrizes tacanhas, impostas pelas condições passageiras dos que se acham sob a cegueira de degraus evolutivos bem definidos do ponto de vista da Vida Maior — assim como também os que experimentam e vivenciam verdadeiramente, em seu imo, e em maior ou menor grau, a sublimidade das claridades supremas deste excelso sentimento. Porque é assim que deve ser; e estes, desta forma, e muitas vezes flagelados pela incompreensão alheia em prol de um tal ideal, experimentarão, a qualquer tempo, as mais acres amarguras; mas também, e depois, as maiores compensações, ao serem brindados com o entendimento de que pugnaram pela mais justa das causas — justamente a que movimenta, sustenta, equilibra e impulsiona com perfeição a vida em todas as dimensões, esferas e mundos inimagináveis, quanto mais adiantados, espalhados no espaço infinito!

Tomando, pois, Vincenzo nos braços em benefício da celeridade do que pretendiam empreender, Giovanna, tão logo deixou os umbrais da moradia agitada, na sua intimidade, com as minúcias domésticas providenciadas pelas mulheres, apressou-se na direção dos contornos dos bosques, para onde já se havia adiantado Elena, tão logo viu a irmã mais nova ganhar a saída da casa. É que Giovanna adotara o cuidado de passear um pouco com o menino nos contornos mais elevados dos perímetros da propriedade, na intenção calculada de talvez ser avistada a distância por um dos irmãos afastados na lide das lavouras, reforçando, com isto, o seu embuste, para o caso de qualquer contratempo. E só depois disso ganhou com gosto os interiores ensombrados e frescos dos bosques, para encontrar a irmã já à sua espera, num ponto oculto e predeterminado.

Vincenzo, de seu lado, tudo apreciava, matraqueando no seu palavreado ainda incompreensível, aos risos e pulos no colo da tia, apontando para os detalhes dos bosques que lhe chamavam a atenção e esperneando, em franca euforia.

Olhando-o um pouco, embevecida, Giovanna deteve-se brevemente para ganhar fôlego. E atraiu-o a si, carinhosa.

— Oh, anjinho — replicou, beijando-lhe, amorosa, as faces sadias e coradas. — Adoro-te! És uma réplica linda do meu enfezado Paolo. Que Dio me perdoe, por ser justo tu o único pretexto de que disponho nesta necessidade, bambino adorado.

Mas, sem querer perder mais tempo, pôs-se de novo a caminho, ouvindo a voz de Elena logo mais à frente. Olhou, detendo-se, e localizou-a, acenando-lhe os braços, entre impaciente e aflita.

Correu até ela. Abraçaram-se.

— Acalma-te, ragazza, que tudo haverá de sair como o combinado — aconselhou a mais nova, já familiarizada, de outras épocas, com aqueles procedimentos escusos que tanto barulho outrora lhe causaram e, portanto, menos assustada do que se achava a irmã, até então sempre recatada e obediente às regras domésticas.

Elena olhou-a, dela para o menino, angustiada, torcendo as mãos.

— E agora? Que faremos?

— Viemos antes do tempo previsto. Não demora e Alessio aparece; não nos vai faltar num momento tão sério, mas devemos considerar a possibilidade de qualquer contratempo — comentou Giovanna, segura, embora certo grau de ansiedade lhe agitasse, também, os pensamentos, desassossegando-lhe o estado de espírito.

Afinal, haveria de reencontrar Marcello depois de demorados e angustiosos seis meses!

Decorreu um quarto de hora com as duas mergulhadas em atormentada expectativa, procurando descontrair a angústia que as confrangia, cuidando dos movimentos de Vincenzo ali por perto, sustentando-o nos passinhos vacilantes ou recolhendo-o ao colo, por entre mimos e brincadeiras, e comentando da beleza e parecença do menino com o irmão mais velho, à qual não se cansavam de aludir.

— Não te causa estranheza que um seja tão absolutamente semelhante ao pai, enquanto o outro aparenta em nada se assemelhar, nem com ele, e menos ainda com a mãe? — disse Elena a certa altura, não contendo os pensamentos a respeito do que, desde o nascimento de Carlo, povoavam não somente as suas reflexões, mas as de outros dentro da residência de sua família.

Todavia, embora compartilhando suas impressões, Giovanna não dispôs de tempo para responder.

Naquele exato instante, uma voz cautelosa elevou-se, perto dali, de entre o arvoredo, sobressaltando as duas a um só tempo.

— Elena! Giovanna! Aqui, ragazzas!

Voltando-se, eletrizadas, as duas deram com Alessio por sob um gigantesco carvalho, cujas sombras circundantes àquela altura da tarde mergulhavam o ponto onde estava numa quase obscuridade completa, que dificultava percebê-lo por entre as folhagens fechadas do derredor.

Elena deu um grito abafado, levando as mãos à boca. Depois disparou, lançando-se-lhe aos braços, enquanto Giovanna seguiu-lhe no encalço, logo atrás, carregando consigo o sobrinho agora contrariado por ter sido retirado à força dos seus brinquedos com pequenas pedras, plantas e gravetos jogados ao solo.

— Dio, Alessio, que cheguei a temer algum imprevisto que te furtasse ao compromisso, lançando-nos, às duas, em delicada situação — disse Elena, para início, num desabafo incontido, o coração descompassado.

Sem querer perder tempo, e também até certo ponto temeroso, Alessio tomou-a de pronto pela mão, avisando à outra, preso de inegável agitação e de profundos receios:

— Meu irmão está à tua espera próximo daqui, bambina. Andiamo, que te levo até ele; não podemos nos deter mais do que o necessário. Outro equívoco nos vossos encontros, e talvez que desta vez tudo termine numa tragédia familiar de proporções insuportáveis.

— Sim, mas pensemos também, acima de tudo, no bem-estar de Vincenzo. Não me posso descuidar dele, Alessio, ou Sofia e Paolo, os dois, me matam! — aludiu a tensa Giovanna, avisadamente, mostrando-lhe o inocente sobrinho ainda a pinotear com alegria em seu colo.

A isso, Alessio parou um pouco, sorrindo de leve ante o gracioso menino.

—- Belo bambino — exclamou, sincero. — Mas Cristo há de nos resguardar, a todos! Sabe que não há mal nas nossas intenções...

E, em assim dizendo, puxou, decidido, a agora emudecida pela emoção Elena, sendo seguido de perto por Giovanna a lançar olhares desconfiados e precavidos nos arredores frescos do soberbo bosque situado nas entranhas das colinas sicilianas.

Correram menos de dez minutos até que, enfim, Alessio, resfolegante, se detivesse e indicasse para a caçula dos irmãos Braccio:

— Lá, ragazza! Vai, que Marcello te aguarda naquela reentrância de rocha. Não o avistamos daqui, desta distância, mas é que tomamos os devidos e redobrados cuidados, por antecipação, neste episódio. Dali, ele haverá de te conduzir a local seguro. — E instruiu: —Deixa conosco o bambino, que haverá de te ser penoso, e ao meu irmão, a sua presença, compreensivelmente. Vivestes, ambos, acontecimentos dolorosos relacionados ao vosso filho perdido. Haveremos de cuidá-lo, e tu, de teu lado, se comprometerá, junto com meu irmão, a retornares aqui, neste mesmo ponto de encontro, no máximo daqui a duas horas.

— Nem pode se dar de outro modo, de vez que prometi a Sofia estar de volta em casa dentro de três horas. — E, beijando e passando o menininho agora curioso à irmã emocionada, acenou, os olhos já banhados pelas lágrimas da intensa comoção íntima. —Arrivederci! Grazie, Alessio! Tante grazie!

Disparou a correr trilha abaixo, as emoções convulsas, desgovernadas, sob a observação entre preocupada e cuidadosa do casal parado a distância, e demorou menos que dois minutos para afinal adentrar a reentrância peculiar do gigantesco rochedo próximo a uma das encostas da colina, dando para o outro lado das respectivas residências dos Lorenzzo e dos Braccio.

Alcançou em poucos passos um vulto embuçado que, agachado próximo dali, parecia absorto em pensamentos que o situavam longe do momento presente, dominado por reflexões tumultuadas e contraditórias.

Era que, se, de um lado, um novo Marcello, mais amadurecido e menos impulsivo, nascera do drástico episódio recente envolvendo o triste desfecho do seu relacionamento com a jovem irmã do seu principal adversário, de outro, algo do antigo caçador, temerário e audacioso, persistia, intrépido, sobrevivendo nas regiões mais ocultas do seu temperamento e das suas emoções impetuosas, apenas recentemente domadas nos seus arrebatamentos impulsivos a pulso do mau pedaço vivenciado nos últimos meses.

Todavia, o amor profundo por Giovanna, que em nenhum momento deixara de existir, ou mesmo decrescera, a despeito de tudo que procurara aparentar diante da família desde o seu retorno, recrudescia e reavivava, irresistivelmente, toda a carga sentimental arrebatadora do passado.

De fato, naquele período após o acolhimento de volta ao lar de má vontade consentido por seu pai, em nenhum minuto de todos aqueles dias pudera arrancar a jovem loura e de modos exuberantes do seu coração e dos seus pensamentos mais íntimos. Revivia continuamente, na retina espiritual, os instantes compartilhados com ela quando do seu reencontro planejado pelo abnegado frei Silvestro; os resultados funestos à gravidez malograda da moça, advindos depois daquilo. Mais para trás ainda, todos os instantes idílicos entre ambos e consequentes confrontos violentos havidos entre ele mesmo e Paolo Braccio, e reforçados pelo irmão e pelo pai, e por vários dos membros da família da jovem, que tanto sofrimento já haviam causado a ela e a ele mesmo, no processo.

Era mais uma vez, pois, naquelas reminiscências aflitivas que se detinha obcecadamente, naquele momento tenso de ansiedade e de expectativa pelo que estava por vir, a um ponto tal que não dera conta, num primeiro instante, da entrada cautelosa da moça, próxima de onde estava, a sua silhueta mergulhada na obscuridade contra a luz ainda intensa do cair da tarde, projetada no interior da gruta pelo lado de fora.

Só acordou, num sobressalto íntimo, ao ouvir-lhe a voz tímida e embargada pela intensa emotividade.

— Marcello...

O moço siciliano levantou-se, de um salto, com o coração disparado, e o olhar dilatado preso no delicado vulto de mulher paralisado na entrada da gruta.

Demoraram-se apenas por meio segundo naquela troca de olhares hipnótica, ambos subjugados por avultado atordoamento. Porque, no momento seguinte, impetuoso, Marcello avançou a passos largos, arrebatando a jovem a si, ao abrigo do silêncio e da obscuridade do ambiente rupestre. E, sem poderem se dizer mais nada num primeiro instante, tudo o que fizeram foi estreitarem-se, de maneira arrebatadora, perdidos num beijo e abraço sôfregos, ardentes, prolongados.

Enquanto isto, distanciados dali, a ainda ansiosa Elena caminhava ao lado de Alessio, que a enlaçava afetuosamente observando-lhe o alheamento e a evidente preocupação estampada na fisionomia, apesar de, aparentemente, tudo se encaminhar a contento para um desfecho favorável àquele primeiro encontro às ocultas entre os dois casais.

Parando de andar um pouco, o rapaz colocou-se diante dela e, acarinhando os cabelos do menininho agora quase adormecido em seu colo, comentou, na intenção de propiciar um pouco de descontração prazerosa ao momento importante que viviam:

— Imagina, Elena, que há pouco tempo, quando Marcello voltou para casa e enfim pudemos, eu e ele, confidenciarmos a teu respeito e sobre Giovanna, foi bem o meu irmão quem aludiu sobre o auxílio provável que lhe caberia oferecer ao meu caso contigo. Mas tudo acaba acontecendo à revelia do nosso controle — riu-se, olhando-a com afetividade sincera. — E agora eis-me aqui, contigo: eu, de meu lado, favorecendo o primeiro reencontro entre ele e a tua irmã, depois de toda a tragédia que se abateu sobre os seus destinos.

A amadurecida jovem, todavia, ponderou a situação com menos leviandade:

— Sim, é fato, Alessio; mas de novo os dois deparam com o mesmo dilema que os constrangia antes, e que, desta feita, vem desafiá-los com maiores riscos para o seu sentimento mútuo, com a diferença de que agora contam conosco, com a nossa compreensão e solidariedade, quando inesperadamente vivemos situação idêntica. E até quando? Eis o que mais me preocupa — confessou, a expressão do rosto agora um tanto perdida. — Porque, francamente, não me agrada a perspectiva de viver sobressaltada de modo indefinido com tais contingências para as quais, sinceramente, não consigo entrever solução plausível.

O rapaz ouviu; mas considerou, otimista:

— Assim como a vida nos deparou, contra toda a nossa expectativa, com a surpresa do nosso sentimento mútuo, ragazza, conto que também nos surpreenda com novidades que venham a contribuir, de maneira definitiva, para a solução deste impasse, que reconheço preocupante. Porém, no que a nós diz respeito, a questão é abrir ou não mão dos nossos sentimentos, sacrificando-nos de modo inútil em nome de uma contenda familiar, para nós, vazia de sentido. É o que, de fato, tu queres e reputas mais acertado para o caso?

Entreolharam-se, e a jovem nada pôde responder, de momento, ao questionamento de Alessio, porque, se sob uma ótica racional o mais sensato lhe parecia ser abdicar do sentimento entre ambos, sugerindo a Marcello e Giovanna fazerem o mesmo, algo no seu coração e no seu íntimo lhe segredava a impossibilidade de se conduzir daquela forma que verdadeiramente lhe comparecia, além de dolorida para além do que podia suportar, vazia de sentido, de autenticidade.

Retomando a caminhada a passeio em silêncio, ambos absorvidos por seus pensamentos sobre o que falaram, decidiram, em dado momento, dirigirem os passos, a título de curiosidade, até a gruta onde os irmãos há pouco haviam consumado o seu inesquecível reencontro.

Só que, surpreendidos apenas pelas sombras do cair da tarde no ambiente silencioso da reentrância rochosa, constataram que os jovens não mais se achavam no local.

— Marcello deve tê-la levado para a casa em ruínas, situada mais ou menos a um quarto de hora daqui — Alessio comentou, correspondendo à indagação muda e preocupada da jovem que o acompanhava, sossegando-a, e propondo, com um sorriso confiante: — Não temas nada. Aproveitemos o tempo, por nossa vez, agora que o bambino dorme com tranquilidade, porque conheço aquele abrigo, e ninguém das redondezas há de, por algum modo inimaginado, surpreendê-los naquele lugar acanhado e escondido por entre o mato alto das campinas.

Atraiu-a num beijo intenso e prolongado, ao qual ela entregou-se de pronto, enlevada, sem resistir, depois de acomodar o pequeno num macio leito de fetos.

Capítulo XIII

No limiar decisivo

— Que tanto Giovanna fica assim, como que sonhando acordada, de uns tempos para cá? — indagou Beatrice da mãe, ambas entretidas a recolher roupas secas do lado de fora da casa, alguns dias depois do anteriormente narrado.

Voltando-se, e detendo também o olhar pensativo na filha afastada dali, assentada solitária no relvado distante com os olhos como que perdidos na exuberante paisagem circundante banhada pelos raios acalentadores do sol de início de manhã, Martina deu um muxoxo, respondendo em tom de quem mais especula para si mesma:

— Que te posso dizer? Ela anda nos últimos tempos agarrada com Elena de um lado para o outro, do modo como antes se dava com Chiara, a quem esqueceu um pouco de tempos a esta parte. As duas vivem aos cochichos e segredos! Coisa da idade... —arrematou, num gesto casual de quem espanta para outro momento considerações inúteis a fim de se deter no que lhe pedia atenção mais imediata. Passou à filha agora reflexiva um amontoado de roupas e instou a que lhe seguisse, enquanto dirigia os passos, apressada, para outro ponto do terreno próximo onde se viam mais roupas estendidas e já secas.

Giovanna, de seu lado, de fato achava-se longe dali, ao menos em espírito. Efetivamente, sempre que se pilhava a sós como ali, naquele instante, desobrigada de tarefas outras e de dar atenção a Vincenzo ou às tagarelices das irmãs acerca das atividades domésticas, esvoaçavam-lhe os pensamentos para aquele último e tocante reencontro com Marcello, acontecido, da maneira mais oportuna e surpreendente, sem nenhum contratempo nem intervenção inconveniente de quem quer que fosse.

Destarte, perdia-se em enlevo idílico, que, de outro modo, levava-a a transparecer involuntariamente a condição íntima anormal, distanciada, esquiva. É que era de fato ainda muito jovem para saber dissimular a contento o conflito emocional intenso que a arrebatava toda, como voragem a que não podia nem sabia resistir. Ecoavam-lhe incessantemente, assim, nos pensamentos, as palavras trocadas com o jovem Lorenzzo no decorrer fugaz daquela tarde inesquecível; povoavam-lhe a mente as imagens intensas da troca amorosa avassaladora vivida com ardência indescritível, depois do afastamento tão duramente sentido por ambos no decorrer dos últimos meses. As confidências, os beijos, as lágrimas, carícias... E o que combinaram para os dias vindouros, em acordo com o casal de irmãos que lhes compartilhava, das vivências, os mesmos anseios e elevados temores.

Era certo que das primeiras coisas que indagara do audaz filho de Filippo fora o de que forma lhe afiançaria, ele, que daquela feita tudo se encaminharia de modo diverso, privando-os do horrível desfecho ocorrido nem havia tanto tempo assim, e que — confessara — chegara a roubar-lhe por completo até mesmo as esperanças de que algum dia o avistaria de novo. Mas, a despeito da imaturidade inerente àqueles seus antigos receios, posto que em se tratando de vizinhos próximos da região seria ingenuidade supor que não mais se avistariam em algum momento, nem que sob alguma contingência fortuita, cabia-lhe razão ao temer novas provas e ainda maiores dissabores em insistindo daquele modo na aventura amorosa que tão estreitamente os vinculava, desatendendo, por outra, aos conselhos mesmos do frei tutor dos seus instantes mais difíceis num passado ainda recente. Afinal, o ódio sanhento entre os componentes das duas famílias ainda persistia, inabalável; e isto emprestava ao caso, de maneira inevitável, um retorno ao mesmo cenário indesejável anterior, que invariavelmente lhes rendera antes confrontos violentos e lágrimas desalentadoras.

Embalde o jovem buscara, portanto, de algum modo lhe assegurar que encontraria meios para que desta vez tudo se desse a contento de novos planos que os favorecessem com uma solução feliz à sua entressonhada união. Sobressaltada, no auge do desassossego a despeito dos momentos de paixão intensa compartilhados na casinha solitária e quase invisível, perdida na vegetação cerrada daquele trecho ermo das colinas, Giovanna sentia o coração precípite, inconsolável, só de imaginar que em algum momento pudessem os dois de novo ser flagrados por um de seus irmãos, ou pelo próprio Paolo, devolvendo-os ao mesmo gênero de pesadelo aterrorizante de antes. Sofria por antecipação, ainda que sabendo contar atualmente com o apoio de Elena e do próprio Alessio, porque guardava a convicção inarredável de que, se frustrados nos seus planos de uma segunda vez, seria esta a definitiva e, quiçá, talvez que portadora de um desfecho nefasto para algum dos participantes daquele drama.

Naquela manhã, portanto, em especial, achava-se a loura caçula dos Braccio mergulhada num alheamento maior do que o usual, justamente por se acercar o momento de dar continuidade ao plano de resultados ainda incertos, alinhavados naquela tarde com Marcello.

Ver-se-iam, de novo, em circunstâncias e local diversos do anterior, tudo em combinação prévia com Elena e Alessio; mas não podia disfarçar para si mesma que, se por um lado, a atraía ao tentame arriscado o amor invencível pelo destemido Marcello Lorenzzo, de outro experimentava frêmitos de horror só de pensar em algum contratempo que lhes viesse pôr a perder e, mais que tudo, revelar aos seus familiares a retomada de seu caso com o rapaz, agravada pelo envolvimento da irmã com o seu irmão mais velho.

Sabendo-se até certo ponto, portanto, mudada de comportamento de um modo que por certo deveria estar chamando a atenção de alguém da numerosa família, em vendo a mãe e a irmã olhando-a de modo estranho a distância, decidiu também levantar-se, encerrando oportunamente suas reflexões, e pôr-se a caminho de volta para casa, intentando oferecer-se para algum auxílio que pudesse prestar nos trabalhos domésticos.

Não imaginaria que esta iniciativa reverteria em ocasião de surpresa espantosa quanto involuntária; que serviria ao mesmo tempo para lhe confirmar o teor de confidências graves de ordem familiar de algum tempo tecidas pelas irmãs que lhe eram mais próximas, quanto também para lhe oferecer recurso precioso de defesa para os tempos difíceis que ainda lhe viriam.

Encaminhando-se para dentro de casa pelo acesso dos fundos, uma vez que, silenciosa, não atraíra a atenção de ninguém, estando todos naquele minuto afastados e entretidos com ocupações na cozinha ou no âmbito dos quartos, eis que, entreouvindo algo, a moça deteve-se, estacando de súbito, paralisada pelas vozes de quem, quase em surdina, aparentemente discutia com energia numa despensa com a porta semiaberta.

— ... per favore, Sofia! Peço-te que não te esquives desta conversa, que não podemos mais adiar. Pretextei a Paolo a minha chegada mais tardia na lavoura alegando a necessidade de minha presença em casa por motivos outros, apenas para conseguir ter contigo.

Pelos rumores entreouvidos de fora, Giovanna teve a impressão de que a cunhada, notadamente aflita, andava, agitada, de um para outro lado da saleta.

— Louco! É o que és, Matteo? Queres pôr a perder a minha vida, a de meus filhos e, de resto, a de meu marido? Arreda-te desta porta, pois, e saia do meu caminho!

— Haveremos de conversar, nem que seja apenas por mais esta vez, Sofia. Tu me deves isto! — Matteo exclamou, elevando a voz de modo involuntário.

E aparentemente a continha fisicamente, pois que a jovem exclamou, aflitiva:

— Deixa-me! Não podemos mais desfazer o erro maior anterior, Matteo; mas podemos e devemos, ao menos, evitar uma tragédia. Deves afastar-te de mim, sem mais apelação.

— Dio! Mas é quase certo que Carlo é meu figlio, ragazza. Tem os meus olhos! Ou não enxergas o que, temo, em pouco tempo se revelará por si a todos? Apenas adias o inevitável. Não consigo mais conviver com o peso deste fardo nos meus ombros, e não é justo que o carregue sozinho. Estamos juntos nisso, e deverias assumi-lo, perante Paolo e as nossas famílias. Arranjaríamos nossas vidas fora daqui!!

— Não! Tenho também Vincenzo, estúpido — gritou-lhe, neste ponto, Sofia, sem poder mais se conter. — E não posso escolher entre um filho e outro. Ensandeceste? Como podes me propor um tamanho disparate?

Do lado de fora, no corredor, e a isto, Giovanna levou as mãos ao coração subitamente descompassado.

Lágrimas afloraram-lhe de imediato aos olhos claros, e ela deixou o lugar, a correr, cerrando-se por um momento em seu quarto para tentar recuperar o prumo.

O modo com que se conduziria em acordo com seus planos para as próximas horas, depois de flagrar aquele diálogo surpreendente entre Sofia e Matteo, é que a poria a perder. Porque, afrontada, poder-se-ia mesmo dizer que dominada por fundo transtorno no seu espírito jovem e inexperiente em função das implicações graves do que enfim constatava acontecer nos bastidores da vida conjugal do seu irmão mais querido, a moça perdera um tanto do tino e da frieza com que até então vinha se conduzindo nas minúcias do seu próprio dilema amoroso.

Passado algum tempo, portanto, em que, solitária no seu quarto silencioso, buscou vencer em si a suprema exaltação emocional que a empolgava toda, após uma breve crise de choro motivada pelo estado de desnorteamento quanto ao que presenciara, envidou principiar as providências para o seu afastamento usual da casa no seu passeio diário com o pequeno sobrinho de modo diverso de como acontecia habitualmente, porque considerou ela, em meio aos seus raciocínios um tanto conturbados, que talvez não fosse coisa acertada abordar Sofia justo naquele instante delicado, no qual por certo não se acharia ela no melhor dos seus humores após a desavença séria havida com seu irmão, a fim de solicitar dela o de sempre, qual fosse sua autorização para levar Vincenzo em passeio salutar pelos campos banhados pelo sol cálido da manhã. Ocorreu-lhe que, no provável estado de suprema exaltação no qual se achava em segredo, se decidiria a esposa de Paolo, compelida pela condição ingrata do humor, por embargar-lhe, daquela feita, a saída do filho sob os seus cuidados, o que viria malograr todos os seus projetos e fazer perder o objeto de sua ausência prolongada àquelas horas do dia.

Pensando deste modo, e movida por tais gêneros de temores, portanto, cismou de recolher rápido o menino entretido com seus brinquedos na área lateral da moradia, àquela hora vazia de circunstantes, e afastar-se rapidamente com ele no passeio habitual, pretextando depois à mãe, na primeira oportunidade, ter julgado desnecessário o ter que se lhe dirigir para aquela finalidade que, afinal, era por ela diariamente endossada de boa vontade.

Não lhe ocorreu, por imprevidência própria da pouca idade, na inexperiência do trato humano, que aquela mesma indisposição na caprichosa Sofia poderia produzir, como se confirmaria, um efeito às avessas daquilo que convenientemente supunha, evocando uma reação irritadiça que, esta sim, e para sua infelicidade, desencadearia novo cataclismo familiar no decorrer das próximas horas.

Correram, assim, as primeiras horas da manhã sem lances dignos de nota nos interiores dominados pelas atividades cotidianas normais da moradia da família Braccio. Matteo retornara ao lavor nos campos ao lado dos demais irmãos, na tentativa de abafar na rudeza do trabalho o quase desespero que o consumia implacavelmente, sem que disso desse conta a maioria das pessoas de suas relações domésticas, e que buscava ocultar da percepção do irmão mais velho o mais que conseguia, até então com sucesso.

Mas, em dado momento, estranhando qualquer coisa, depois de acomodar Carlo para repouso após a primeira amamentação do dia, Sofia se pôs a procurar Vincenzo a fim de banhá-lo antes que afinal se ausentasse com Giovanna para o passeio, que, nestas condições, autorizaria sem maiores problemas.

Todavia, em se certificando por Chiara que provavelmente a irmã já levara o menino por antecipação, e sem maiores explicações e satisfações, pois que não mais se achavam na casa havia quase meia hora, a moça tomou-se de cólera repentina — parte dela, diga-se, piorada, em grande medida, e de fato, pelo estado de ânimo extremamente atormentado no qual se achava, e ainda se vendo sob a contingência do ter que disfarçá-lo o mais que podia para evitar perguntas irrespondíveis.

Decidiu-se, assim, Sofia Agnelli, ato contínuo, a sair por breves momentos, intempestivamente, no encalço da cunhada e em busca do filho, na intenção de aplicar na moça um corretivo, e ainda que sob os protestos de Chiara, que, mal impressionada daquilo, e, por outra, intuindo no aspecto incomum da situação que se apresentava algo agourento no que dizia respeito à irmã de quem conhecia de sobra os modos temerários quanto voluntariosos, tentou quanto pôde convencê-la a desistir da empresa. Argumentou que, em saindo com Vincenzo pela manhã, o passeio deveria ser curto, por força do chamado da hora do almoço, e que sem dúvidas agira Giovanna, neste sentido, imbuída das melhores das intenções, sem nenhuma pretensão de desrespeito para com a mãe do pequeno, pelo tanto que estimava o menino.

Mas nada naquelas palavras algo aflitas, e de resto tisnadas de uma nuance velada de descuidada premência que acendeu em Sofia um alerta a mais, por razões que desconhecia, arredou-a das suas decisões motivadas pela acentuada contrariedade que até certo ponto fazia reviver as antigas indisposições outrora experimentadas pela cunhada mais nova.

Ignorando-lhe os apelos, portanto, enfim deixou a casa sob a preocupada atenção de Chiara, postada à janela, grandemente temerosa das horas tensas que com certeza estariam por vir no ambiente do lar ultimamente pacificado e dominado por calmaria inédita.

— Acabou-se a paz... — pressagiou, angustiada, a jovenzinha.

Para cúmulo da falta de sorte, uma das criadas da casa presenciara a saída de Giovanna levando Vincenzo, apressadamente, e a de Elena, em contínuo, na mesma direção dos cimos mais elevados dos campos para onde a primeira se dirigira. E foi justo este detalhe — o modo apressado, quase urgente, com que as jovens se distanciaram —, que para outros restaria insignificante, mas assim levado levianamente ao conhecimento de Sofia quando a interpelou, de inopino, no meio de seu serviço frenético de limpeza dos arredores da casa, que alertou a esposa de Paolo Braccio para uma nota a mais, em falso.

Ora, pois em se tratando de apenas mais um passeio diário, qual seria a razão de terem as duas deixado a casa assim, de maneira esquiva, precipitada?

Franzindo o cenho, e orientada pela informação da criada que, dando continuidade, distraidamente, à sua tarefa cotidiana, nem de longe suspeitaria o desastre que o teor das suas palavras mal medidas desencadearia naquele reduto familiar no decorrer das próximas horas, Sofia acelerou os passos, arrepanhando os panos largos de seu vestido, subindo colina acima, e orientada, de resto, pelos ditames raramente falhos do instinto materno nos momentos de se atinar acertadamente com o paradeiro dos filhos.

Gastou, pois, pouco mais de um quarto de hora andando à tonta, bosques adentro, quando, em dado momento, julgou entreouvir qualquer coisa: um leve farfalhar de vegetação; vozes murmuradas, risos talvez, de entremeio ao roçar incerto de vestes, como se alguém andasse com extrema cautela, espreitando, em meio à vegetação densa.

Metade receosa do se ver solitária naqueles lugares ermos em meio ao arvoredo cada vez menos espaçado, metade aflita de imaginar pudesse ter a cunhada trazido o menino, inexplicavelmente, para aquele local impróprio à diversão de crianças pequenas, e ainda sob estado de irritação crescente, perguntava-se qual boa razão lhe apresentaria aquela jovem imprevisível para ter agido daquele modo inaceitável, quando todos os passeios anteriores foram promovidos, sob sua prazerosa autorização, nas cercanias mais próximas e ensolaradas da casa, e nunca naquelas circunstâncias incomuns, suspeitas.

Pois ela se veria com Paolo!, prometia, exasperada, para si, o olhar circunvagando, ansioso, pelos arredores. Ah, se não se veria! Tão logo ele retornasse do lavor para o almoço, haveria de fazer-lhe o relatório, e cobrar dele a devida admoestação para...

Deteve-se, de súbito. Estática, transida de susto, estreitou os olhos em certa direção.

Não podia crer na cena inaudita, no que entrevia pela folhagem espessa que velava insuficientemente uma pequena clareira, próxima do trecho mais compacto da floresta onde se achava.

— Dio! Dio! — sussurrou, a custo contendo-se. — É demais para um dia só — gemeu Sofia, ofegante, em aflição. — Que eu faço, Dio mio? Non credo!*

Via-se o pequeno Vincenzo, assentado no solo úmido do bosque, risonho e entretido em brincadeira entusiasmada com pequenas plantas e pedras.

Sofia avançou, cautelosa, apenas alguns passos a mais, quase incrédula — apenas para se certificar. Arredou com ambas as mãos uns ramos de arbusto.

Próximos a Vincenzo, eram, de fato, e para sua profunda perplexidade, Giovanna e Marcello. Estreitavam-se, abraçados — mergulhados em beijo ardente, prolongado, viam-se por completo entregues e esquecidos de tudo o mais em volta, e de cuidar de possíveis indiscrições, dos movimentos em torno, do que acontecia nos arredores...

* Em italiano: "Não acredito!". (N. da médium) <retirei ref. a dicionário>

Capítulo XIV

Quando a verdade se impõe

Por golpe de sorte no que se referia a Elena e Alessio, ambos se achavam em local suficientemente distanciado de onde Sofia flagrara a cena ímpar, o que contribuiu para que o drama prestes a se abater sobre o ambiente ultimamente pacificado na família Braccio não se fizesse, pelo menos num primeiro momento, ainda pior.

Não obstante, transida durante o choque inicial que a paralisou, queda em profundo estupor do que presenciava, Sofia, com grande esforço, logrou a frieza necessária para, em não se precipitando, resguardar para a intimidade doméstica e às providências do marido a tempestade devastadora que, estava visto, logo se desencadearia, após o relatório meticuloso e impregnado pela ira que de modo calculado reservara para o retorno de Paolo dos campos, dali a poucas horas.

Assim, e muito embora pálida, assustadiça, sentindo o corpo trêmulo percorrido por calafrios sucessivos, depois de alguns instantes a mais observando, presa de inércia avassaladora, a moça enfim esquivou-se com agilidade, por entre a vegetação compacta, arrepanhando os panos fartos das vestes para evitar qualquer farfalhar imprudente que lhe denunciasse a presença antes da concretização a contento dos planos infernais que lhe esfervilhavam a mente escaldante, e que, de acréscimo, eram robustecidos, via inspiração maléfica, por uma presença obscura, imperceptível.

Efetivamente exultante, Mizael, naquela altura da trama, não a abandonava, acompanhando com subida expectativa cada lance do drama que se desenrolava, em grande medida, a partir do peso de suas influências nocivas sobre os protagonistas do episódio.

Calou, portanto, em si mesma a revolta pelo ter constatado ter o seu filho servido durante todo aquele tempo de álibi aos fins, a seu ver, escusos da jovem cunhada; abafou momentaneamente os cuidados mais imediatos em relação ao menino, em se certificando de que, apesar de tudo, ele se achava bem, e afastou-se afinal, lépida, colina abaixo, adentrando algum tempo depois a moradia naquele minuto silenciosa e cerrando-se no quarto, onde tentaria aquietar a alma em ebulição e os pensamentos turbilhonando em violento e insuspeitado conflito.

— Aquela ragazza... haverá de ter o que merece! — Rilhava os dentes, furiosa, conjecturando para si mesma, enquanto amassava entre os dedos finos e gelados pela alteração nervosa os panos das cobertas sobre o leito onde se atirara, atarantada: — Como ousou enganar, por esta forma sórdida, a mim, à signora Martina e ao tonto Paolo, sempre crédulo de seus falsos protestos de arrependimento e recato dissimulado?

Decorreu, assim, o intervalo rápido de mais uma hora, durante a qual Elena e Alessio se acercaram do local onde Giovanna e Marcello já principiavam suas despedidas, um pouco mais além de onde, havia pouco, Sofia os surpreendera no seu idílio sem que nenhum deles o pudesse suspeitar.

De fato, reencontravam-se arejados e felizes do aparente sucesso de sua nova empreitada; apenas Elena, a certa altura, aparentou momentâneo e insólito alheamento, que despertou de pronto a curiosidade dos demais.

— Que tens, para olhares em torno como se desligada da realidade? — indagou Giovanna, rindo-se ainda dos últimos ditames humorísticos dos dois rapazes, radiante. — Que te pode, de fato, preocupar num momento desses, assim perfeito?

E em o dizendo recolhia, afinal, do solo, o irrequieto Vincenzo, beijando-o com gosto nas belas faces róseas e aveludadas.

Elena encolheu-se um pouco, incerta, antes de responder.

— Não sei dizer; uma espécie de mau pressentimento... Um arrepio... — hesitou, olhando de um para outro, enquanto os dois irmãos interrompiam-se um pouco na sua hilaridade irreverente para dar-lhe maior atenção. — Bene... talvez que seja mesmo receio inútil, motivado pela estranheza que nos causa, no fim das contas, que tudo esteja acontecendo assim, tão a contento, depois do que tu e Marcello enfrentastes não faz muito — a jovem arrematou, sugerindo, com um sorriso incerto.

Alessio assentiu, mas, sendo ali o mais amadurecido em idade e em índole, arrepanhou o comentário para sugerir, oportuno.

— Sim, por certo é isto, amore; bom, agora, que encetemos as despedidas a tempo, conforme o previsto, para que as coisas prossigam se dando deste jeito, o mais satisfatoriamente possível, até que, enfim, atinemos com um desfecho pleno e decisivo para os nossos planos de futuro.

Trocou um olhar de entendimento com Marcello. Este, serenizando, concordou de pronto; e puxou a agora arejada e sorridente Giovanna à parte.

Leve brisa perfumada dos bosques investia-se-lhes de leve, oscilando adoravelmente os longos cabelos trigueiros da moça, e ele deteve-se um tanto, admirando-lhe a beleza viçosa, os olhos azuis reluzentes, os modos espontâneos que exsudavam vida e felicidade.

— Alessio tem razão, bambina — disse-lhe, dirigindo-lhe o olhar ostensivamente apaixonado, enquanto deslizava-lhe pelo rostinho sedoso uma das mãos. — Devemos cuidar para que nada falhe nos nossos propósitos, mas, para tanto, não podemos mais incorrer nos erros do passado. Melhor que observemos com atenção métodos, horários, de molde a nos preservarmos o mais possível de maiores transtornos, quais os que vivenciamos antes.

Por breve momento a jovem apenas suspirou, também contemplando-o, transparecendo paixão e enlevo. Aproximou-se, ambos ainda trocando um olhar profundamente afetuoso.

Abraçaram-se uma vez mais; e Marcello beijou também o menininho que a jovem trazia nos braços, e que respondeu estendendo espontaneamente a mãozinha roliça, tocando-o com simpatia no rosto barbeado.

Não poderiam jamais supor que aquele seria o último encontro, que seguiria gravado apenas nas suas mais gratas recordações daquela amorável despedida.

Pelo menos no que se referia às suas presentes jornadas materiais terrenas.

Entrementes, com o retorno dos rapazes para casa, pouco depois, enquanto as jovens também já voltavam a passo de passeio, entretidas em seus comentários otimistas da situação, bem como com confidências importantes acerca do que Giovanna testemunhara nas primeiras horas da manhã (só agora ela punha Elena ao corrente do importante diálogo dramático entreouvido entre Sofia e Matteo), sem ter como imaginar a tempestade furiosa que as aguardaria para os próximos momentos, Paolo entrava e, após higienizar-se, vasculhava a casa em busca da família.

Pouco depois, intrigado de alguma nota em falso, já que não avistara a todos e não encontrara Vincenzo brincando por perto como pretendia, indagou da mãe e de alguns presentes sobre o paradeiro do menino; e depois, informado por Beatrice achar-se Sofia encerrada em seu quarto com Carlo desde havia pouco, quando retornara de saída breve com destino desconhecido, ele encaminhou-se, preocupado, para a alcova do casal.

Abriu a porta semicerrada, cauteloso, e logo de começo tomou-se de um choque; viu Carlo dormindo profundamente no berço postado ao lado do leito, e Sofia metida em grande estado de consternação, a andar como fera bravia de um lado para outro do quarto, as mãos crispadas, o olhar febril, vidrado, como o de uma louca.

— Sofia! Mas... por Cristo! Que se passa contigo, para que te encontres aqui, assim, próxima a hora da refeição, a vagar de um para outro lado com esta expressão tresloucada que me causa pesar e susto?

A moça deteve-se, chocada, por não ter percebido a sua entrada de pronto. Mas logo recuperou a compostura e, correndo, lançou-se-lhe nos braços, aumentando no outro o seu grau de perplexidade ao dizer-lhe, de saída, encarando-o com expressão alterada, a voz timbrando estranha, dominada por incompreensível exasperação:

— Tu já o saberás. Ah, amore mio! Já, já te direi a respeito do que acabo de descobrir sobre esta tua intocável, angelical Giovanna!

O semblante do outro se fechou de chofre como primeira reação, só ao ouvir o nome da irmã mais nova pronunciado daquele modo ininteligível.

Arredou, para começo, os braços de Sofia de sobre si, enfadado, e já a ia repreendendo, enquanto retirava dos ombros, num gesto impaciente, a bolsa com sementes da qual nem ainda se desfizera:

— Dio, Sophia! Mal acabo de chegar para o almoço! Mais uma metade do dia me espera no lavor, e tu me recebes com estes dizeres que me pressagiam barulho e mexericos, dos quais não me interessa, em absoluto, saber dos detalhes. Guarda estes assuntos para as intrigas e minúcias femininas do dia a dia — falou; mas foi duramente interrompido, e de resto, pela esposa agora melindrada pela clara e habitual posição defensiva da qual o marido sempre dava mostras, quando o assunto era a irmã caçula.

— Cala-te um pouco e ouve, insensato — ela gritou, fora de si. — Peguei a sonsa aos beijos, de novo, com Marcello Lorenzzo ainda há pouco, nas regiões dos bosques mais afastadas daqui.

Paolo, prontamente rubro, a ponto de uma síncope, deteve-se no meio de uma passada. E deitou na esposa uns olhos meio ensandecidos, sem poder crer no funcionamento do sentido da audição logo de primeira.

A isto, Sofia emudeceu instantaneamente, apesar de tudo chocada da reação dele, que a levou a temer mesmo que fosse vitimizado por algum mal-estar súbito. Ficou olhando, amedrontada, o rubor intenso que de imediato se lhe assenhoreou das faces, a feição enfurecida que encobriu-lhe a fisionomia, fazendo-lhe latejar, lúgubre e violentamente, as têmporas.

Súbito, para seu susto, ele avançou qual leopardo enlouquecido e a segurou por um braço, num ímpeto, arrastando-a até o leito e fazendo-a sentar-se, num impulso rude.

— Louca! Que dizes? Até onde é capaz de ir a tua língua ferina apenas para indispor-me contra a minha irmã caçula? Mas cuida do que vais dizer, pois que se atesto no teu discurso qualquer inverdade esgota-se a minha paciência para contigo, Sofia, e ponho-te da porta desta casa para fora — gesticulou, exasperado; e, sentando-se à sua frente, a expressão feroz, impressionante a ponto de quase emudecer a jovem esposa, agora suando frio, pálida, intimidada, assentada diante de si: — Explica-te, criatura. E rápido! — rugiu.

Enquanto Elena preferira se encaminhar ao acesso lateral da casa, intentando acomodar nos jardins dos fundos mudas frescas de flores recém-colhidas dos bosques, Giovanna ganhava o interior da moradia pela frente, trazendo Vincenzo ao colo e dando logo com Chiara a aguardá-la próxima à porta com estranha expressão.

A jovem ainda teve tempo de reparar estar a irmã dominada por inusitada palidez de rosto, aparentando preocupação inaudita e surda; mas, antes que pudesse indagar qualquer coisa, a outra avançou rápido na sua direção e foi logo confidenciando, em tom urgente e aos cochichos:

— Giovanna, Giovanna! Cristo! — a mocinha gesticulava, aflita, atarantada, lançando olhares espantadiços em torno, pelo ambiente da sala naquele momento vazia de circunstantes. — Melhor seria te aconselhar a fugires daqui o mais rápido que te fosse possível, amore!

Os olhos azulíneos da outra de pronto se dilataram, e ela nem precisou de muito tempo para atinar com acerto com o sentido do que Chiara tentava lhe transmitir. A tomada de consciência pronta, súbita, do que a aguardava nos próximos instantes emergiu-lhe via intuição e de rompante, ao entendimento, em turbilhão, descompassando-lhe o coração e levando-a a entregar rápidoVincenzo à irmã agora presa de intensa aflição íntima.

Todavia, não houve tempo para mais nada. Nem para um comentário ou raciocínio a mais trocado entre elas, a fim de buscarem remediar as coisas ou permitir à recém-vinda preparar-se de maneira adequada para enfrentar a borrasca em iminência de abater-se sobre si, com a entrada brusca, intempestiva, de Paolo, secundado pela desassombrada Sofia.

O altaneiro lavrador, qual touro bravio, invadiu de rompante o ambiente da sala, avançando diretamente para Giovanna e levando-a com isto a encará-lo lívida, presa de um quase estupor, enquanto Chiara, de seu lado, deixava escapar um grito agudo, abafado, os olhos agora banhados de lágrimas, pressurosa pelo que estava por vir. Quase não se deu conta, imersa nesta letargia ditada pelo horror do momento, quando Sofia, de seu lado, acercou-se-lhe e, furiosa, arrancou-lhe o agora espantado Vincenzo dos seus braços débeis.

— Dá-me meu filho — exclamou, com estupidez, arredando-se depois para as proximidades de onde Paolo, por sua vez, arrebatava a agora terrificada Giovanna por um braço, chegando-a a si com ferocidade idêntica a de um titã maligno.

— Fala agora, bestia — determinou, ameaçador. — Estiveste com aquele famigerado Marcello Lorenzzo... e ainda usando, para isto, e como criminoso pretexto, os passeios diários com o meu figlio? Se assim é, confessa-o aqui, agora, estúpida!

Entrementes, os ruídos da discussão acalorada aos poucos atraíram os demais componentes da família e criados da casa, que, ressabiados, foram aparecendo timidamente, sem poder acreditar no teor hediondo da cena em iminência de desencadear-se justo quando tudo parecia ter retornado aos conformes ideais do cotidiano depois do longo tempo de turbulências.

Giovanna, contudo, petrificada, inerte, totalmente desprovida de iniciativas, à beira de um desfalecimento súbito, divagava, perdida num rodamoinho convulso que lhe devastava os pensamentos em turbilhão.

Apenas uma coisa assomava-lhe à mente febril: o que dera tão errado? O que, quando tudo parecia estar correndo nos conformes e quando guardava a certeza de que haviam providenciado tudo com tanto esmero, convictos de que nada inconveniente vazara à indiscrição de quem quer que fosse?

A reação de Sofia, em contínuo à do marido, porém, logo em seguida lhe elucidaria aquele pormenor obscuro ao seu entendimento inicial.

— Eis que queda-se em estupidez, a parva, dissimulada! — comentou para Paolo, ainda estático, a conter brutalmente a moça por um braço, mergulhado na agonia da amargura mista aos extremos do ódio incontrolável a roubar-lhe a lucidez, o sangue-frio, deixando-o fora de si. — Diz-lhe de uma vez que vi tudo, Paolo, antes que se atreva a contestar o que quer que seja, forjando mais subterfúgios. E encaminha de volta esta harpia aos cuidados do frei, para que adquira na reclusão definitiva o comedimento de modos que a convivência com a tua família não logrou lhe ensinar.

A isto, todavia, e ao afinal entender, Giovanna perdeu a noção de si. E debalde Elena, atemorizada também pelo que lhe aguardava, lançava-lhe de longe, da entrada dos corredores posteriores da casa, olhares súplices, na esperança de que, constrangida pelo paroxismo de terror daquele momento, não pusesse ela a perder, por imprudência, também a ela e a Alessio; porque em verdade, ao entrar a correr na sala e presenciar o começo da nova tragédia familiar, sem alcançar por completo as determinantes do que acontecia, fugia a Elena o entendimento do que, ou quem, fora responsável pelo ter assim sido revelado, tão desastradamente, o segredo de ambas, justo em ocasião que lhes parecia correr tudo da melhor forma.

Nunca suporiam, tanto ela quanto Giovanna, na criada naquele instante encolhida a um canto do corredor próximo, pressurosa, a ouvir tudo de longe, trêmula ao intuir na gravidade daquele caso a sua parte de responsabilidade, a autora involuntária do malogro de um plano tão meticulosamente traçado em prol da felicidade futura de ambas junto aos filhos de Filippo.

Não obstante impressionado do aspecto convulso na jovem irmã, empolgado pela ira, Paolo não afrouxou o aperto. Balançou-a mais uma vez, férreo, cobrando, embora intimamente temeroso dos desdobramentos das repercussões do momento crítico no espírito eventualmente quebradiço da jovem, sem poder imaginar o que se sucederia àquele torpor lívido, doentio, que extravasava da palidez marmórea em seu semblante.

— Fala! — exigiu de novo, autoritário.

Mas, em lugar de falar, e desprendendo-se surpreendentemente de seus braços, com força hercúlea, insuspeitada, Giovanna saltou como tigresa malferida para cima da cunhada agora tomada pelo pavor e por perplexidade.

Antes que Paolo pudesse contê-la ou tomar qualquer atitude, num lapso de menos de um segundo ela arrancou Vincenzo de volta de suas mãos, entregando-o à ainda atarantada Chiara parada ao lado, o rosto lavado em lágrimas. E Sofia, bem como Martina, ante a reação tresloucada da filha, gritaram em uníssono; porque, ato contínuo, a jovem enfurecida arremeteu para cima da cunhada, desfechando-lhe violenta bofetada no rosto, enquanto gritava, estentórica, desatinada:

— Harpia! Cobra venenosa! Pois se é a hora da verdade, que seja. Confessa também a Paolo o teor da tua desavença com Matteo hoje cedo, pouco antes da minha saída. Fala, serpente! Confessa tu, também aqui, agora, diante de toda a família e do parvo do meu irmão, que o teu segundo filho não é dele. — E, tendo-a derribado ao chão, batendo-lhe descontroladamente, ante a imobilidade e o estado de choque de toda a família, lançou ao agora estarrecido irmão mais velho o olhar como que consumido por chamas ardentes, berrando-lhe, enlouquecida: — Ouviste? Carlo não é teu filho. É dela, com Matteo! Então, desperta, disgraziatto, do teu embrutecimento incompreensível e empresta importância, na tua casa, ao que de fato requer importância, que já é mais do que tempo. — E, agarrando os cabelos da cunhada, a gritar desatinadamente, esbatendo-se em desespero, agora ela presa de um paroxismo de terror ante a acusação intempestiva, contundente, que punha a descoberto, ante o estarrecimento pavoroso de toda a família ali reunida, o seu maior e pior segredo:

— Fala agora, infame! Fala também tu; que não tenho mais nada a perder; mas tu, verdadeira dissimulada, bestia, tens. E muito! Diz que não aconteceu a tua discussão com Matteo hoje, pela manhã, justamente pelo que revelo aqui, agora.

Silêncio terrível se abateu sobre todos.

Martina, ainda daquela vez, desfaleceu, amparada às pressas por Fabrizzio e Luca. Chiara agora chorava abertamente, abraçada a Vincenzo, de quem tentava acalmar os soluços espantadiços. Beatrice, chocada, lembrara de correr ao quarto do casal também para cuidar de Carlo, de quem ouviu o berreiro súbito, tendo acordado sob os gritos impressionantes que o retiraram de seu sono. Elena largara-se, lívida, sobre um assento, dando a impressão de estar prestes a desfalecer.

Ninguém atinava, de fato, e num primeiro instante, com o que fazer ou dizer.

Ante este cenário inaudito, foi o mesmo Paolo quem ainda conseguiu arrancar-se do choque que o paralisara por breve momento, para avançar até Giovanna e suspendê-la à força de sobre a ferida e agora esvaída em lágrimas Sofia, que só fez mexer-se de leve, gemendo, por entre as dores e a ausência mais absoluta de coragem, tanto para levantar-se quanto para dizer o que quer que fosse.

Ocultou o rosto nos braços, largada ao solo, soluçando convulsivamente.

Quanto a Matteo, este evadira-se de súbito da sala, sem que ninguém soubesse de seu paradeiro.

— Sai! Deixa-a. Ergue-te, maledetta! Que haverei de querer saber de todas as minúcias sórdidas de ambas estas histórias — ciciou Paolo Braccio, rouco, desarvorado, arrastando a irmã até seu quarto e empurrando-a lá, trancando-a e levando consigo as chaves.

Na invisibilidade, de outra feita, cena não menos peculiar dava-se ao mesmo tempo que o lastimável drama familiar em curso na moradia obscura da família siciliana, vivente nos séculos findos.

Três representantes da espiritualidade superior, depois de tudo acompanharem à espreita do melhor momento para se acercar do obsessor confesso ali presente em perseguição das suas vítimas habituais, enfim o abordaram, justo no momento em que, extasiado, sem disfarçar sua satisfação pelo inegável padecimento vivido pelo seu secular adversário, não suspeitara estar sendo vigiado pelos mesmos mentores abnegados que secundavam, dos bastidores, todo o desenrolar das difíceis peripécias enfrentadas pelos componentes das famílias sob a sua nociva influência.

Eram, pois, Marcílio, Hiram e Lúcio.

— Terás que vir conosco, agora que já te deleitaste o suficiente com os resultados adversos dos teus mesquinhos esforços, Mizael. Todas as chances de reflexão te foram oferecidas, e agora te é revogado o direito de permaneceres na intimidade destes indivíduos em prova por mais tempo, pelo muito de danos e de desvios que já provocaste no percurso deles — enunciou o dirigente de Elysium*, em tom complacente, mas altivo, cuja natural as-

---

* Marcílio, até hoje, é um dos denodados dirigentes das equipes socorristas nas falanges em missão junto aos reencarnados, a partir de Elysium, cidade espiritual de nossa procedência. (N. do autor espiritual)

cendência não deixava ao outro chance a maiores argumentos ou tergiversações.

Ao que, mordaz, e ainda renitente na sua compreensão equivocada da vida, o antigo adversário de Paolo Braccio limitou-se a sorrir, sombriamente:

— Seja. Nesta etapa, posso dizer que já atingi ao menos parte de meus objetivos, embora as frustrações concernentes aos benefícios que tentei emprestar ao percurso do meu lastimado Marcello. Chances outras existirão, sem dúvida. Sigo, portanto, convosco para onde bem entenderem...

Hiram suspirou, apenas, trocando breve olhar de entendimento com os dois amigos das esferas invisíveis ao redor da Terra. Assim, conduziram seu assistido, em princípio em silêncio, e reservando para depois, com o curso dos acontecimentos, a revelação de que se veria ele, por tempo indeterminado e em obediência às afinidades que naturalmente nutriu no seu próprio perfil espiritual, compulsoriamente confinado em estância onde seus cativos se viam submetidos a condições difíceis da existência, condizentes com seu próprio padrão vibratório, depois do que, em algum dia indefinido no futuro, enfim refizessem a si mesmos de molde a se verem em melhores condições para retornarem ao aprendizado amargo, mas abençoado, na materialidade terrena.

Capítulo XV

As razões de cada um

— Sofia, faz as tuas malas. Estás de partida desta casa. E considera-te com sorte, já que, pela estima nossa para com a tua família, cultivada de há várias décadas, é que te vês pura e simplesmente encaminhada de retorno à casa que te viu nascer, com discrição, e não escorraçada porta afora para o mundo, ou para algum convento, como seria de praxe neste caso pérfido em que incorreste, de enlamear-me o nome desta forma infame.

A sentença era violenta, dura, taxativa, quando Paolo, após um intervalo durante o qual isolou-se, ignorando os chamados aflitivos dos irmãos ainda em grande estado de transtorno na sala, e vendo-se refém de todas as emoções mais ingratas do repertório das desditas humanas, enfim dignou-se a buscar a esposa para um entendimento final, antes de, como pretendia, fazer o mesmo com a irmã mais nova, àquela altura quase desfalecida de tanto chorar, largada em seu leito, na semiobscuridade de seu quarto velado pelas cortinas cerradas.

Sofia se achava no quarto do casal, imersa na mais absoluta falta de norte. E a incoerente frieza externada pela fisionomia era, antes, mostra de profunda letargia originada no supremo choque desencadeado pela inusitada situação do que qualquer nuance possível de tranquilidade verdadeira existente em seu estado de espírito.

Sem embargo, fosse coisa viável radiografá-la por dentro, e talvez que se deparasse terrífica feição de morte, tétrica, horrenda, externada na pior simbologia possível.

Tanto que seu primeiro comentário ao que ouviu foi por inteiro destituído de lógica, de sentido para com o que se esperava, causando estranheza até mesmo no ainda completamente transtornado Paolo.

— Onde está o pustola do teu irmão? — cobrou, a expressão dura, totalmente descomposta, como se à beira de uma crise de loucura, deitando ao marido um olhar onde se refletia uma estranha luz.

— E achas que se eu soubesse ainda se acharia, ele, vivo? — Paolo rebateu de pronto, em certa medida irritado com o que lhe comparecia, em parte, como uma última tentativa da jovem de adiar um pouco mais o desfecho que sabia aguardá-la para os próximos momentos.

Não obstante, avançando uns poucos passos trôpegos, apoiando-se na cômoda próxima, os olhos afinal úmidos para além dos esforços de conter as lágrimas de profundo sofrimento, e dirigindo-lhe o mesmo olhar alheio e como que desprovido de lucidez, depois de deslizá-lo de leve pelo filhinho mais novo novamente adormecido, ela recobrou um tanto da compostura e, detendo-se próxima a ele, respondeu:

— Seja! Porém, antes de mais nada, Paolo Braccio, tu haverás de me escutar, até o fim. Nem que nesta primeira e última vez, já que nunca, até aqui, ofereceste-me oportunidade para dizer-te o que penso, tudo o que de há muito vinha sentindo, e das causas das minhas atitudes, que agora, ao final de tudo, quando nada mais importa, tu convenientemente reputas indignas e infames.

O primeiro impulso de Paolo foi cortá-la com rispidez, desarvorado como se achava, sem admitir dar-lhe chance a qualquer justificativa ou explicação que fosse, em épocas nas quais as mulheres pouco mais representavam no contexto doméstico que serviçais subservientes, e, portanto, sem direitos a um entendimento da parte de seus cônjuges das minúcias sensíveis do universo emocional que, tanto naqueles tempos quanto agora, faziam parte das determinantes de suas atitudes, condutas e modos de perceber a vida.

Todavia, e embora grandemente tolhido na sua compreensão das coisas por tais fatores circunstanciais descritos acima, algo o conteve, compelindo-o a permitir que Sofia extravasasse tudo que a atormentava naquele instante decisivo.

Não o suporia, jamais, tratar-se aquele impeditivo imprevisto, que reputou famigerada fraqueza íntima ante o peso da tragédia familiar dupla que se lhe abatia no espaço de apenas um dia, da interferência firme de mais alguém presente despercebidamente no ambiente do cômodo: o mentor Lúcio, agindo, ainda daquela feita, a partir das dimensões invisíveis aos sentidos materiais, em favor de um passo a mais de seu tutelado na direção de algum progresso íntimo, sempre passível de ser obtido em tais instantes difíceis da vida corpórea.

— Ouve-a, Paolo! Ouve! — ele lhe sussurrava, com a linguagem da alma, impondo-lhe sobre a fronte, imperativamente, uma das mãos.

Em dando com aquela inércia inesperada, Sofia recobrou com dificuldade o fôlego para prosseguir:

— Desde o primeiro momento em que pisei nesta casa, Paolo — não antes! Digo-o, sem faltar com a verdade, porque, quando privávamos na intimidade do meu lar paterno, o nosso entendimento era o melhor possível —, reparei em todas as possibilidades de boa convivência, que se fizeram claras até ao mais estúpido dos seres, sem chances de engano. Entendi, de saída, que teria na tua mãe e nos teus irmãos, quando não parentes e amigos sinceros, não menos que um entrosamento agradável com cada um deles, homens ou mulheres, porque, estava visto, fizeram gosto na nossa união, em coerência para com a antiga amizade sustentada de há longo tempo entre as nossas famílias. À exceção, todavia, de uma única pessoa — frisou, taxativa. — E isto se fez gritante, inegável, desde o começo de nossa vida conjugal.

Neste ponto, Braccio fez menção de interrompê-la, irritadiço, antevendo o que ouviria em seguida, mas a jovem, intrépida, o olhar em fogo, em o percebendo, alteou de pronto a voz e não o permitiu, continuando:

— Refiro-me à tua caprichosa Giovanna, que odiou-me, sem disfarces nem meias palavras, desde o primeiro minuto, creio, que me soube envolvida contigo. De fato, Paolo, é de questionar do destino por qual capricho incompreensível não te fez, dela, o cônjuge ideal, e não irmão*, de vez que qualquer uma que incorresse no fado infeliz de desposar-te, desprevenida do encontro fatal com tal gênero tigrino de ciúmes entre ela e tu, estaria destinada, senão ao desventurado

* Apenas a sucessão de vidas anteriores compartilhadas entre a personagem Giovanna e o seu então irmão mais velho explicam, a contento, o dilema proposto neste diálogo. Vide obras de mesma autoria anteriores a esta. (N. do autor espiritual)

desfecho qual o que ocorre aqui, hoje, no nosso consórcio, talvez que a coisa pior, porque é preciso dispor de algo a mais do que paciência para aturar, da tua irmã, todo o repertório de perseguições e achaques que suportei até hoje. É preciso vocação para o martírio, para a autoflagelação; para o despojar-se, voluntária e completamente, da noção mínima do que seja o se zelar pela própria dignidade — ela acusou duramente, neste ponto, trêmula, as lágrimas escorrendo-lhe pelo rosto doentiamente pálido, contorcido pelo sofrimento. — Mas o casamento não pode e não deve ser isto, Paolo Braccio. O casamento, a meu ver, compreende coisa semelhante ao de que os meus próprios pais, bem como mesmo os vossos, deram-nos impecável exemplo com o decorrer dos anos: é dedicação prioritária à família formada e aos filhos disso advindos. E não o dividir-se, o vender-se injustificadamente aos acessos de caprichos, de ciúmes e de arrebatamentos incompreensíveis com que Giovanna desde o princípio me acolheu, contando sempre com a tua morna complacência.

— Te atreves, víbora, a tentar agora acusar a minha irmã inocente, e não mais, talvez, que eventualmente infantil para além das contas, dos teus desvios de conduta e impudicícias na vida conjugal? Infame! — Neste ponto, o olhar coruscante despendendo labaredas, Paolo não aguentou e a cortou, feroz, crescendo para ela uns passos; mas, a isto, recobrando as forças de alguma fonte desconhecida, Sofia, sem se intimidar, continuou no seu libelo, impávida, escudando-se por trás do berço do menino adormecido:

— Contenha-te, estúpido! Não te apiedas de uma criança recém-nata, por mais que não seja teu filho? Ele não tem culpa de coisa nenhuma. Culpa-me, pois, sim, mas baixa o tom horrendo da tua voz e acalma a tua truculência. — E continuou, amargurada: — Pusilânime, sim, Paolo! Tu o foste, deixa-me que te diga pelo menos uma vez, para que doravante não te atrevas a protestar inocência da tua parte no fracasso da nossa vida conjugal. Eu poderia tolerar tudo, e durante algum tempo o fiz, pensando em nós, nos nossos futuros filhos e no amor sincero que te tinha. Mas não, e nunca, o ser maltratada indefinidamente pelos acessos maldosos de uma jovem sem escrúpulos, e o pior, sem a tua intervenção justa no momento certo a meu favor, uma vez que fosse; menos ainda, tolerar ser obrigada a cuidar de um filho bastardo, justo dela, da relação espúria mantida com um teu vizinho cuja família vos comparece como inimiga secular, e com o teu incompreensível assentimento contra o meu não consentimento, quando nem ainda os nossos próprios filhos tinham vindo ao mundo — ela resfolegou, sôfrega, ressentida. — Tinhas tanta noção do absurdo que isto representava que, naquele tempo, buscou encetar comigo forçada e talvez que já tardia reconciliação. Só que, ali, já me via dividida, confusa. Teu irmão não escondia o interesse por mim. Compreendia-me os dilemas, e confidenciávamos. Disto nasceu uma afinidade irreprimível, progressiva, que me caía como bálsamo nos meus instantes de maior angústia; e, ainda assim, ai de mim, eu reprimia, decidida, aquelas sensações estranhas, contrárias à noção do compromisso contigo que eu trazia clara no meu íntimo, buscando honrá-lo o mais que podia. Mas tu não contribuías para isto. Foi, pois, daquele estado confuso, tumultuado de coisas, que nasceu o nosso primeiro figlio, Vincenzo. Mas depois, com o teu perdão extemporâneo a Giovanna, acolhendo-a de volta em casa em obediência aos teus questionáveis ditames de consciência endossados por frei Silvestro, ruíram os restos de tranquilidade que ainda entressonhava para a nossa relação. Excessivamente preocupado com ela, com as minúcias da sua volta, dos desdobramentos da sua vida, negligenciavas clamorosamente as tuas obrigações conjugais mais comezinhas. Faltava-me companheirismo, afeto, lealdade, atenção, enquanto Matteo, a cada dia mais, me dizia aos anseios, e tu pretextavas cansaço e excessos de trabalho e de responsabilidades. De que pensas, tu, que sou feita, Paolo? Da cera das velas das lamparinas desta casa?

Fez-se uma pausa espontânea, tensa, sofrida no difícil diálogo. O casal entreolhou-se, aturdido, esvaídos ambos em ideias e pensamentos conflituosos, desencontrados.

Sofia lograra desabafar, enfim, e, mesmo sem a menor esperança de qualquer entendimento da parte dele para com o que expunha, de algum modo sentia-se desafogada, aliviada da carga insuportável de angústias que de há tempos trazia comprimida dentro de si, sem poder externá-las a quem quer que fosse. Paolo, no entanto, e no que dizia respeito ao que se lhe esbatia no imo da alma em franca e esmagadora crise, durante vários segundos não conseguiu oferecer reação.

Se de um lado compelia-o a voz do sangue em ebulição, incandescente, exaltado no lavrador rude, jorrando-lhe com furor indescritível nas veias dilatadas das têmporas, tentando-o a impor a Sofia um castigo impensado, brutal, quiçá físico antes de afinal devolvê-la à família, expondo-a à desonra final; de outro, alguma coisa, de cujas origens não precisaria com exatidão, continha-o naquele acometimento irracional, obrigando-o à constatação muda de que muita razão detinha a jovem ao expor-lhe grande parte daquelas acusações proferidas num momento de desespero.

Constrangido por aquele freio incompreensível nas atitudes normalmente arrebatadas, prontas, definitivas em instantes dramáticos quais o que ora vivia, terminou ele por canalizar toda a sua cólera para uma última e única sentença, proferida em tom ríspido, grave, inapelável:

— Arruma as tuas coisas, ragazza! E leva contigo este menino. É o figlio que te caberá, como saldo, criar. Mas Vincenzo, este fica comigo. E não te atrevas a apelar desta decisão irrevogável, pois com certeza o opróbrio e a vergonha da parte dos teus é o que te aguardará quando enfim retornares, com este histórico deplorável, ao convívio da tua família.

Saiu, intempestivo, deixando-a com o coração a estalar de dor, baqueada em nova crise de lágrimas convulsivas ante aquela nova determinação impiedosa que parecia roubar-lhe, por antecipação, um pedaço de si mesma.

Deixou o quarto, contudo, mais como se fugindo da continuidade de um diálogo que sabia difícil e propenso a despertar, de sua parte, atitudes piores, impensadas, das quais mais tarde, talvez, não houvesse mais como se arrepender

Destarte, o histórico da situação haveria de alcançar o conhecimento da família Agnelli bem antes do retorno de Sofia, de vez que Luca, preocupado, de seu lado, em se assegurar da boa continuidade do seu compromisso com Giorgia, sub-repticiamente se evadira à casa da família da cunhada a fim de confidenciar-se com a noiva e, talvez, aconselhar-se com ela, com os irmãos, e com Giacomo e Francesca a respeito.

Paolo tirou as chaves do bolso. Porém, a meio caminho do quarto de Giovanna, foi contido pela lacrimosa Chiara, ladeada por Elena, segurando-o, súplice, por um braço.

Elena, contudo, ela também grandemente temerosa do que a aguardaria nos próximos dias, chegou a recuar um passo ante o aspecto desfigurado, irreconhecível, no todo do irmão mais velho. Ele lhe pareceu positivamente hediondo, como se assenhoreado por todas as forças nefastas do purgatório.

— Paolo, per Dio! Compadece-te dela, fratello! Que pretendes fazer?

— O que nosso finado pai faria, Chiara. Custa-me o ser obrigado a isto, mas já compreendi que é somente esta linguagem que Giovanna entende.

Chiara sentiu baquear o estômago; um terror gélido fez percorrer-lhe pelo corpo frágil um calafrio, quando viu o irmão desvencilhar-se delas, decidido, e tomar de uma cinta larga de couro pendurada num móvel rústico próximo.

Deixando as irmãs ali, a chorar copiosamente, abriu a porta com estrépito. Ouviu-se, ainda, um grito estridente de Giovanna; mas ele entrou, com rapidez, e trancou a ambos por dentro.

Cinco minutos depois saía, resfolegante, rubro. O entendimento fora curto, mas feroz.

As irmãs mais velhas ainda espreitavam ali por perto, em expectativa dolorosa, assim que ainda ouviram suas últimas palavras à jovem agora enlouquecida de dor, chorando alto, aos soluços, convulsivamente:

— Escutaste-me, pois! — vociferou. — És, doravante, escrava desta casa. Não te devolvo ao convento porque enfim conheço-te melhor, e às tuas artimanhas. Qualquer liberdade contigo, ou afastamento da vigilância dos teus, é luxo excessivo, do qual não sabes fazer o devido uso sem incorreres nos mesmos erros imperdoáveis. Abusaste da bondade de frei Silvestro assim como do meu amor para contigo. Portanto, ragazza, contenta-te, de hoje em diante, com as alegrias simples dos cuidados a Vincenzo, dos afazeres domésticos junto à nossa mamma, e com o recompensá-la, futuramente, de tantos desgostos — se é que te restará a chance de, algum dia, ser por ela de novo perdoada, após tantos desatinos. Que isto te sirva de lição final! E agradeças, apenas a ti mesma, o resultado funesto do teres abusado da confiança que em ti depositei durante longo tempo, mesmo sem o teu merecimento.

Deixou o quarto, intempestivo, sem esperar revide, intentando aproveitar ainda algo do dia de lavor a fim de afogar no cansaço do trabalho rude o oceano de amarguras que lhe calcinava o coração impetuoso. Bateu por trás de si a porta, com estrépito; mas sem tornar a trancá-la, sabendo espreitarem, ali por perto, as irmãs, à espera apenas da sua saída para que pudessem enfim privar com a caçula, a fim de reconfortá-la e aconselhá-la para os dias vindouros.

O dia seguinte fora o reservado, em clima de grande consternação, à saída de Sofia de volta à casa de sua família, acompanhada do casmurro Paolo e, para fins de contemporização, de Elena, a mais velha das irmãs, de vez que se via de novo Martina abatida ao leito sob os efeitos pungentes de mais aquela onda arrebatadora de desgostos.

Não suporiam, contudo, ao se encaminharem silenciosos pela estradinha estreita e sinuosa que os conduziria à moradia dos Agnelli, com as primeiras horas da manhã, que já se achavam os pais de Sofia a par dos tristes acontecimentos do dia anterior.

Efetivamente, Francesca só não se quedou, adoentada, a exemplo de Martina, ante as novidades absolutamente inesperadas a respeito da filha mais velha, por se tratar de mulher de compleição psicológica mais robusta, diversa do perfil fragilizado da viúva do finado Tomazzo Braccio. Aguardou, enfim, altiva, o desfecho dos acontecimentos ao lado do marido; mas este, por sua vez, em se inteirando dos fatos por intermédio da visita atarantada de Luca, deixou-se empolgar por um arrebatamento misto de constrangimento com incontido desgosto pela filha, e de uma disposição inabalável para não perdoá-la, sob nenhum argumento ou circunstância.

Devia favores de décadas à família Braccio — especulara com a esposa e os filhos no decorrer de todo o restante do dia, depois de finda a visita de Luca, que retornara ao lar, apesar de tudo, reconfortado quanto à disposição dos Agnelli no que se referia ao seu compromisso com Giorgia. A relação de ambas as famílias prendia-se não somente a interesses e negócios mútuos no trato dos campos, mas também a amizade longilínea, que remontava à época dos pais de Giacomo e Tomazzo, a tempos em que dividiram as puerilidades da juventude, as aventuras, o amadurecimento vindouro a partir da formação de ambas as famílias com jovens quais Martina e Francesca, ambas aparentadas, respectivamente, de linhagens ancestrais das famílias campesinas da Sicília de relativa importância nos seus círculos comuns de conhecimentos.

Rememorando estas coisas, insone, portanto, tomara-se Giacomo da decisão obcecada de recompensar, por algum modo efetivo, o filho de seu finado amigo pelo estouvamento insano, injustificado, de uma filha a respeito da qual sempre nutrira as maiores esperanças de conduta exemplar no âmbito dos compromissos de cunho familiar sedimentados com Paolo.

Como pudera ela, antes portadora de conduta tão digna, ter-se deixado desgovernar a tal ponto, e por tais atitudes sórdidas, impensáveis no seu caráter até o momento em que deixara o lar para a vida conjugal encetada justo com o filho dileto de seu finado vizinho e mais estremado amigo?

Atormentara-se madrugada adentro, ao lado da esposa chorosa. Não atinara, destarte, de modo algum, com alguma explicação a contento para o enigma sem solução do destempero da filha.

Não obstante, com a chegada de Paolo trazendo Sofia nas primeiras horas da manhã seguinte, já alinhavara a proposta conciliatória, a título de pedido de desculpas, para apresentar ao rapaz, em cujo semblante sombrio adivinhou, logo de saída, uma espécie de morte interior.

Tinha vínculos familiares importantes nas rodas citadinas, ligados aos assuntos legais da época, com quem sabia poder contar na resolução da pendência entre os Braccio e os Lorenzzo na questão obscura da disputa de terras do passado. Era projeto bem refletido e elaborado já de há tempos, que só não chegara a debater com a família vizinha devido à sucessão extemporânea de dramas e acontecimentos importantes vividos por todos nos últimos anos, a começar pelo falecimento súbito de Tomazzo, seguido pela união entre Sofia e Paolo, e depois pelo drama pungente das vicissitudes de Giovanna, de cujos detalhes fora inteirado por Francesca e Giorgia, quando de volta de suas visitas.

Descobrira, por investigação própria, orientada por estes elos-chave dos meios judiciais de Palermo, que o pretexto usado por Mattia na alegação da posse das terras em verdade perderia de si o objeto, em razão das características flagrantemente fraudulentas dos documentos oferecidos para tal — papéis de dizeres dúbios, aparentemente de autoria de um certo Didimo Próculo, cujo parentesco com Filippo e com o prior nunca fora devidamente apurado e confirmado, mas usados com astúcia bem aplicada para reivindicar uma parcela importante das terras dos Braccio com base em alegação nebulosa de propriedade longínqua daqueles feudos pelo desconhecido personagem em questão.

Em tempos recentes, logrou Giacomo apurar parcialmente, em acordo com Tomazzo, anos antes, que o tal Didimo, em verdade, nunca possuíra parentesco autêntico com os Lorenzzo. Fora, antes, filho ilegítimo de um ancestral afastado de Filippo, a quem não coube por hereditariedade o somatório total das posses da família, a não ser por insignificante legado em Nápoles; e menos ainda foram tais terras, usurpadas aos Braccio, utilizadas, de fato, em atendimento às alegadas finalidades da Igreja, em Ragusa, conforme Mattia astuciosamente consubstanciara nas reivindicações da época, perante as autoridades requisitadas para a resolução do caso.

Foi, pois, a que se propôs o constrangido genitor de Sofia, em recebendo Paolo para conversa séria e particular em saleta privativa de sua residência, enquanto Giorgia, auxiliada por seus dois irmãos mais velhos, encarregava-se de amparar a alquebrada Sofia, recebida pela mãe, todavia, e pelo menos num primeiro momento, com asco e com a mais absoluta frieza.

— ... Sei que para reparar uma tal injúria, figlio, não há opções de ordem material possíveis, de vez que a lesão se deu na honra de um homem, e ainda à sorrelfa, traiçoeiramente, e por tais modos sórdidos nos quais nem vale a pena enveredar, para não nos tomarmos de ainda maior indignação e ímpetos de vindita para com os seus autores. Todavia, em nome da longevidade das nossas boas relações, é o que te proponho: deixa a meu encargo, doravante, as questões relacionadas a este grave entrave imposto à tua família, com prejuízos irreparáveis até então, que te prometo retornar novidades o mais breve possível, e resultados através dos quais vos garanto um reparo duro, justo e definitivo a tudo que de ti, de Tomazzo e dos teus vos foi usurpado durante o decorrer de todo este tempo.

Paolo, mais calmo, embora ainda e sempre profundamente desgostoso dos últimos acontecimentos que lhe devastaram por aquele modo impiedoso a sua rotina familiar, empertigou-se, consentindo e aceitando de bom grado o aperto de mãos que o ex-sogro lhe oferecia, embora bastante abalado por intensa comoção — ele bem o via. Em razão do que, em não sendo ele mesmo, em verdade, beligerante por natureza, ou gratuitamente, sem que a isto o compelisse algum motivo, a seu ver, bem justificado, aceitou a manutenção do bom convívio com o vizinho sabidamente cordato e íntegro.

Assim como não fez caso, também, do prosseguimento do compromisso já consolidado entre Giorgia e seu irmão, e apenas acrescentou, antes de despedir-se, dando um arremate definitivo àquele difícil capítulo do seu repertório existencial, depois do qual haveria ainda de ter que recobrar forças para criar devidamente o filho primogênito, retomar valorosamente a frente da direção doméstica, e ao menos tentar imprimir novos rumos e objetivos à sua vida, de modo a resolver de maneira satisfatória os compromissos e negócios habituais e vindouros.

— Grazie, signore Giacomo! Grazie! Se puderes, de fato, reparar por tal modo a injúria sofrida por meu pai, por nós todos no passado, ser-te-ei, de todo modo, eternamente grato, e me sentirei, de resto, gratificado pelo desgosto indizível da hora que passa, do qual, reconheço-o, não vos cabe, a ti ou a tua esposa, qualquer culpa. E diz, por fim, àquele maledetto prior, quando afinal tenha este caso bem resolvido, o recado que, já de agora, antecipadamente lhe envio...

— Que recado, meu genro? Se me for dado, transmito-o, prometo, com o maior prazer — assegurou-lhe Giacomo, altivo, mais reconfortado.

— Diz-lhe que quem não entende que não é dono de nada na terra, e menos ainda à custa de manobras espúrias, não possui capacidade para pretender ser dono de coisa alguma no céu! Fala-lhe isto, àquele religioso falsário; e não precisa transmitir-me quaisquer respostas.

Capítulo XVI

Epílogo

Considerações sobre o pacto de amor eterno

Corre o tempo. A vida, como deve ser, segue, inexorável, o seu curso.

Na intimidade da família Braccio, a despeito de toda a voragem implacável vivida na trama desta narrativa, pouco a pouco impôs-se, gradativo, o ritmo dos movimentos diários. As minúcias domésticas; o ir e vir dos homens aos campos; o crescimento vívido e cheio de novidades acalentadoras do pequeno Vincenzo, e, mais do que tudo, o amadurecimento impressivo, nada embora melancólico, da jovem Giovanna.

Soubera ela, destarte, e com o decorrer de vários meses, do novo desfecho inaudito na vida de Sofia, de cujo conhecimento a poupara Giorgia, já noiva de Luca, e demais familiares, o mais que puderam, para não abatê-la com renovado e impiedoso desgosto: a mais velha das filhas dos Agnelli, desorientada, vencida pelas vivências duras no episódio de seu casamento com Paolo, e de resto vergastada pelo sofrimento imposto pelas saudades excruciantes do filhinho maior, deixara-se enfim conduzir ao último de seus desatinos, qual o de ceder ao assédio malicioso e calculado de Marcello Lorenzzo, que, de seu lado, enlouquecido pelo ódio provocado pela sua separação irremediável e definitiva de Giovanna, jurara vingar-se da afronta por intermédio de algum tipo de vindita eficiente.

Em vão Alessio e Elena, ainda se encontrando às escondidas, buscaram alertá-lo para o grau elevado de ensandecimento no que praticava. Não sentia pela jovem, o truculento caçador, a mais leve expressão que fosse de afeto àquela altura. Mesmo assim, urdira o plano maquiavélico, meticulosamente, a cada dia e a cada semana, valendo-se da aproximação habilidosa de sua vítima para enredá-la, explorando-lhe a fragilidade flagrante e nutrindo-lhe os pontos que sabia mais vulneráveis, quais o ódio e o ressentimento para com Paolo Braccio e vários outros de ambas as famílias que a julgaram sem piedade no ingrato episódio cujo desfecho lhe fora tão doloroso.

Sempre envolvente e sedutor quando assim o pretendia, soube o ardiloso Marcello, portanto, encontrar-lhe o caminho do coração para resgatar aquele sentimento tênue que quase existira entre ambos no passado. E dali para alcançar, ele, os seus intentos espúrios, arrebatando-a do convívio familiar já de si difícil, para abandonar-se com ele a um gênero de vida incerto, deixando ao encargo dos pais e irmãos os cuidados ao pequeno Carlo, cegada no seu desejo intenso de vingança tanto para com o ex-marido quanto também pretendendo atingir com isto a odiada cunhada, foi da noite para o dia.

Mergulhou-se, com isto, não apenas a família Agnelli, quanto também a amargurada Giovanna, inteirando-se do acontecimento tempos depois, através de uma indiscrição do irmão, Luca, em renovada crise de depressão e de sofrimento mudo, contido; não obstante, quase insuportável.

Matteo, este de fato se evadira para nunca mais voltar, acovardado das consequências da ira do irmão, desde o dia inaudito no qual veio à tona todo o drama do qual fora lastimável participante, e ninguém nunca mais logrou descobrir-lhe o paradeiro. Bruno de fato acedera às propostas comerciais tentadoras do pai de sua noiva citadina, deixando o lavor familiar e o lar paterno, também no decorrer de uma madrugada, na intenção de evitar as cenas turbulentas com o irmão mais velho, tanto quanto as lamúrias das irmãs, e, sobretudo, de Martina, a quem apesar de tudo amava e que, sabia, seria a única, talvez, capaz de demovê-lo, em algum momento de maior fragilidade emotiva de sua parte, dos planos traçados com a ardilosa Ravina.

Permaneciam, assim, na casa, Fabrizzio, Luca e Paolo, bem como as mulheres, sua mãe e irmãs.

Entrementes, decorridos alguns meses, um bilhete deixado sobre uma das cômodas da sala os colheria com mais novidades infelizes — as últimas, constatariam, daquele teor, que fariam Paolo Braccio, ainda outra vez, tomar-se de fúria mal contida, indagando de Deus as razões possíveis da sua sina, já que sempre, em alguma ocasião, se via às voltas com infortúnios atrelados à existência dos detestados Lorenzzo.

A missiva fora deixada por Elena de comum acordo com uma criada, que a encaminharia logo ao raiar da manhã de um sábado, dia em que a família despertava um pouco mais tarde, às mãos de Giovanna, destinada a acessar o seu conteúdo em primeiro lugar, já que muito do que dizia interessava-lhe ler em antecipação, antes que Paolo se pilhasse com o restante das notícias que, estas, verdadeiramente, o enfureceriam, sem nenhuma margem a dúvidas.

Já àquela altura, destarte, se via bem resolvida, em caráter definitivo, a questão das terras a seu favor, para cólera indescritível de Filippo, pego de surpresa por aquela guinada inesperada numa situação que já entendia sepultada no passado.

Todavia, se em decorrência desta satisfação tardia ao prolongado embate entre as famílias vizinhas inaugurava-se, de um lado, para os Braccio, uma fase de renovada prosperidade material, de outro, forçoso reconhecer que esta conquista era arrefecida, em seus efeitos salutares, e nos ânimos da família, por iniludível quanto melancólica apatia; e, no que a isto dizia respeito, o conteúdo do bilhete de Elena trazia, talvez, que acertada luz sobre as determinantes de uma tal conjuntura, bem como das razões da fúria do velho Lorenzzo no tocante aos destinos de ambos os filhos, naquele ponto voluntariamente fugidos de casa por conta de aventuras romanescas, lançando-o inopinadamente, por conseguinte, em sérias dificuldades até mesmo para a defesa do sustento familiar de cada dia:

Gio, cara mia; minha sempre amada família:

Não penseis que me foi fácil optar por esta decisão que certamente lhes trará, de primeiro momento, grande desgosto a meu respeito, desgosto este, todavia, que jamais se igualaria em intensidade ao que, a Paolo principalmente, provocaria mais confrontos sangrentos contra a família Lorenzzo, aumentando os seus pesares, ao descobrir, estando eu ainda em casa, acerca do meu envolvimento também com um representante daquela família. Refiro-me a Alessio. E julgo melhor que não detalhe em que condições e em que época tudo isto começou, para não mergulhar-vos em maiores cogitações dolorosas, e, do vosso entendimento, inaceitáveis.

Quero adiantar-te, para sanar ao menos um pouco a tua amargura profunda dos últimos tempos, Gio, que Marcello jamais deixou de amar-te, segundo possa te aparentar erroneamente a situação pela qual deixou seu lar, arrebatando, em empreitada sombria quanto perigosa, a desatinada Sofia Agnelli. Foi a sede de vingança, querida, que o compeliu a este desatino! Por amor de ti! Soube-o de Alessio. É por isto que fiz por onde que tu lesses, antes dos demais, esta missiva, porque, se cai primeiro nas mãos de nossos familiares, e talvez que não tivesses o reconforto desta notícia.

Lê, portanto, estas linhas. Devolve-a à cômoda antes do raiar total do dia, e, depois disso, faz-te de desentendida; mantém-te silenciosa e entrega tuas preces, também por mim, ao Cristo. Quando, afinal, esta carta chegar às mãos de nosso irmão Paolo, não obstante a raiva, nada mais poderá ele fazer contra ti, ou contra quem quer que seja, de vez não lhes cabe culpa pela minha escolha de acompanhar Alessio em busca de uma vida diferente da que tiveste com Marcello. Isto é fato consumado, contra o qual nada poderá ser feito. Pois, mais velha que tu, cabe-me o direito de escolha. E nosso paradeiro é desconhecido. Fomos para longe, querida sorella, e não estou certa de que nos reveremos um dia, embora assegurando-te que nunca deixarei de acalentar, quanto a isto, as minhas esperanças. Sei que o tempo reformula e transforma vidas, conceitos. E só espero que um dia nossa mamma se refaça de tantos desgostos e, apesar de tudo, me enderece o seu perdão.

Não tentarei me justificar perante ela, ou quaisquer de vós outros. Todavia, desejo apenas comentar do que me compeliu ao que, agora, por certo reputais ensandecimento da até então mais sensata das filhas de nossos amados pais.

E isto, digo mais a ti que a qualquer um de nossa família, Paolo: aonde chegaste com a manutenção voluntária de décadas de ódios e de dissensões para com a família Lorenzzo? Vê: foi somente a tua cólera, a tua impiedade empedernida, a tua incapacidade de esquecer, de relevar acontecimentos passados que te cegaram para o fato cabal de que nós outros, no caso de Giovanna e de mim, e de Alessio e Marcello, ao menos, não mais nos importávamos com questões de posses de terra que representaram avultado escolho para as relações de nosso pai para com Filippo, apenas — num outro tempo, que não é mais o nosso!

Acolhesses, tu, de boa mente o sentimento genuíno, espontâneo, destituído de todos estes ressentimentos, que ligava a nossa irmã a Marcello, bem como o que hoje me une a Alessio, e talvez que todas estas coisas estivessem de si superadas, sem nem mesmo uma parcela de todos os grandes aborrecimentos e altercações violentas que tu sustentaste com Filippo e seus filhos, arrastando, com isto, toda a tua família a lastimáveis quanto desgastantes, desnecessários sofrimentos.

E que, repito, envidaste com tais rompantes? Teve a nossa irmã caçula envenenado todo o curso promissor de sua vida por conta dos empecilhos brutais que impuseste à sua felicidade, como ela a entendia; por conseguinte, também o teu consórcio com Sofia correu repleto de desacertos, culminando com o desfecho deprimente que reputo atingido somente porque recusaste a outrem o simples seguir de seus caminhos e escolhas. Quiseste reter nas tuas mãos, fratello, o controle de tudo e de todos em casa, segundo os teus conceitos, presos a vinditas e ressentimentos, herdados de nosso pai. Não o conseguiste. Nada retiveste! E agora, com as nossas terras recuperadas, mas com a família esfacelada, tendo tu que conviver com o sofrimento perene de nossa irmã mais nova, pergunto-te: o que, de fato, depois de todos estes desgostos irremediáveis, te restou?

Peço-te, todavia, embora sabendo empresa inútil, fratello amado, que, com o passar do tempo, se te for possível, me perdoes. Perdoa também a Giovanna! E à tua infeliz esposa, hoje perdida no mundo, despojada do calor do afeto dos filhos, dos seus familiares. Foste tu, Paolo, quem emprestaste a ela a convicção de que é pela vindita que se resgatam injúrias e injustiças sofridas. Sofia segue pelo teu mesmo rastro. Que a vida lhe reserve alguma consolação de futuro, algum lume, que lhe presenteie com um norte, é o que sinceramente rogo ao Cristo; e também entendimento a ti, a mamma e aos nossos irmãos para o que, e por ora, a título de despedida, te exponho, afiançando-vos, porém, que sempre os trarei resguardados em afeto inalterado no meu coração.

Quis somente optar por ser feliz, caríssimos!

Tua saudosa irmã e figlia,

Elena.

Anos mais tarde. Paragens outras, após a narrada passagem difícil dos nossos personagens pelo mundo.

Reúnem-se, em Elysium, após este rápido estágio em mais uma experiência terrestre de cujo desenrolar vos demos notícias, alguns destes protagonistas, com os mesmos mentores que os tutoravam da invisibilidade no episódio findo, inspirando-os, reconfortando-os, buscando atenuar-lhes, via sugestão oportuna, os desacertos de seus eventuais equívocos no uso indevido do livre-arbítrio.

O agora redesperto Paolo Braccio priva em particular com o instrutor Marcílio, na companhia do genitor de outras jornadas materiais anteriores, Públio Crasso, presente num dos momentos dos lances narrados anteriormente, e rodeado de outros mais, já regressos do último estágio corpóreo vivido em comum nas terras pródigas da Sicília italiana, dentre eles Luca, seu irmão mais afim; Martina, Fabrizzio, Alessio e Giacomo, e mesmo o aparentemente mal achado Matteo.

Personagens como Bruno e Giorgia ainda arrematavam aquele ciclo de provas e de experiências na materialidade, em idade avançada. Sofia fora, anos antes, acolhida pela mãe terrena e por amigos outros da invisibilidade, em outro setor de restabelecimento da espiritualidade, após uma vida errante, de intensas quanto difíceis privações e amarguras, que só foram compartilhadas por Marcello até certa altura. Pois o filho de Filippo, sempre inquieto, sempre arrastado por suas emoções impetuosas ainda mal contidas, terminara por tomar outros rumos, depois de algum tempo empenhado na aventura arriscada que compartilharam juntos, compelidos apenas pelos impulsos desnorteadores da vindita.

O antigo menestrel, em dando de novo, em certo momento, com as tentações que sempre lhe compareceram irresistíveis na vida citadina, terminara por abandonar aquela por quem nunca sentira algo suficiente para manter acesa sequer uma chama de estima, por mais tênue que fosse. Deixou-se atrair pelos dotes sedutores de uma cortesã e, em dada manhã chuvosa, desapareceu, deixando a companheira de infortúnio ralada pelo sofrimento e tendo como única alternativa a tentativa de retorno ao lar distante, anos mais tarde, sendo, afinal, acolhida, por piedade, pela irmã, Giorgia, àquela altura já casada com Luca, o que pelo menos a favoreceu com o reencontro do filhinho anteriormente abandonado e já crescido, uma vez que a mãe se via abatida pela senilidade, e o pai já era falecido, de há muito. De sorte que, agora, o audaz caçador do passado ainda vivia seus estágios finais na materialidade, após longo trajeto incerto e pontilhado por lances inusitados e dramáticos, em acordo com as opções de percurso eleitas neste ou naquele momento em grau maior ou menor de inconsciência.

Assim, naqueles cenários acalentadores das esferas etéreas situadas para além dos tumultos do mundo, e naquela primeira reunião entre muitos dos que lhe haviam seguido de perto as alegrias e as vicissitudes, o primogênito de Tomazzo Braccio, pensativo, resignado, trocava, naquele momento, um olhar terno, raso de lágrimas, com uma jovem de longos cabelos louros que os aguardava, próxima de onde se achavam em palestra, acompanhada de parentes e de amigos da vida invisível num inebriante jardim florido daquelas paisagens celestiais.

Tratava-se da sua então irmã Giovanna durante o período de vivências nas paragens materiais da Sicília. A jovem com quem, evos antes, nos idos da Antiguidade romana, travara comovente quanto sincero pacto de amor para a perenidade, por conta da intensidade das vivências, das vicissitudes compartilhadas — mas, sobretudo, em razão da empatia suprema comungada no nível mais profundo das afinidades vibratórias espirituais*.

Não imaginariam, contudo, no arrebatamento das provas atravessadas naqueles idos longínquos, todas as implicações inerentes a tal voluntário consórcio entre almas. O uso pleno do livre-arbítrio, sempre respeitado nos níveis superiores da vida espiritual, asseguraria-lhes as consequências devidas às suas escolhas em comum. Todavia, agora os mentores amoráveis, paulatinamente, os conduziam a compreensões maiores do que implicava ao percurso afetivo eleito mutuamente.

Haveria que se aprender acerca da inexpugnabilidade do amor verdadeiro. Mas também sobre a maestria a ser adquirida no se conferir liberdade ao objeto deste sentimento supremo, a fim de lapidá-lo pelas vias libertas da possessividade doentia, dos confrontos escravizantes, passionais.

Urgia, visando à autêntica felicidade futura, nos moldes de um amor universal, mais sublimado, que se compreender, por meio de realizações depuradas pelas vias certas do sofrimento purificador, que o amor eterno sobrevive, mas liberta! Une perenemente, mas, ao mesmo tempo, alastra-se ao encontro dos demais seres que nos compartilham a jornada, numa miríade sem fim de matizes gratificantes, e de feição a, enfim, transcender a feição egoística do sentimento exclusivista endereçado a um objeto único, para alcançar a fácies ideal do amor maior que abarca, a cada vez mais, todas as coisas e seres da Criação, segundo nos pontificou o amorável Mestre da Galileia: Amai a Deus sobre todas as coisas, e ao próximo como a ti mesmo.

---

* Vide o conteúdo da obra O pretoriano, narrativa de vida anterior de ambos estes personagens então mergulhados em marcante drama amoroso durante a Antiguidade romana, a partir do qual firmaram o aludido pacto de união eterna. (N. do autor espiritual)

— Então, Paolo Braccio? Enfim alcançaste, depois das lições fecundas da tua última estadia terrestre, todo o sentido do teu aprendizado, que, lá, te comparecia tão embotado ao entendimento atormentado nos teus piores momentos de sofrimento?

Era o espírito bondoso de frei Silvestro, que, também desencarnado, juntava-se à palestra salutar com os amigos da vida invisível, reunidos naqueles cenários encantadores do mais além dos sentidos físicos.

— Sim... — o antigo militar romano admitia, recobradas inteiramente, agora, a lucidez, a compreensão mais abrangente das determinantes desconhecidas dos acontecimentos principais que atravessara por último com aqueles que o seguiam mais de perto, qual a interferência insuspeitada daquele seu renitente inimigo espiritual, então recolhido a estâncias com cujos padrões vibratórios tormentosos mais se afinizava transitoriamente. — Todavia, reconheço também onde, e quando, e de muito, ainda falhei, prejudicando, com isto, justamente aquela que mais queria beneficiar com os meus melhores sentimentos e intenções.

Lamentava-se sinceramente. Isto era visível, patente aos mentores e amigos que o rodeavam.

Neste ponto, todavia, não admitiu mais que aquela entrevista se desse na ausência da personagem a quem aludia. Após as preliminares do inesquecível reencontro com amigos e mentores, urgia que se reunisse a ele aquela que lhe importava mais especialmente, para que juntos compartilhassem impressões íntimas, conclusões acertadas, projetos de futuro.

Assim, estendeu a mão, com carinho, acenando à jovem distanciada e agora entretida em conversação discreta com almas amigas, quais as de Elena, Chiara, a mentora Joyce e algumas mulheres, que em vivências corpóreas anteriores lhe compareceram aos lances de percurso como aparentadas ou familiares a quem se ligava pelo coração.

Trazia flores brancas e perfumadas às mãos, em ramalhete, e, instintivamente, voltou-se, como se intuindo o convite de que era alvo. Viu Paolo acenando e avisou às outras, com um sorriso entre sereno e reconfortado:

— Estamos sendo chamadas.

Aproximaram-se, sendo recebidas afavelmente pelo grupo de amigos reunidos.

Paolo a abraçou, apondo-lhe um beijo terno na fronte e atraindo-a a si com grande ternura.

— Dizia aos nossos amigos do nosso aprendizado em comum, minha querida; todavia, mais especificamente do meu, mal aproveitado numa série de pontos importantes...

Surpresa, a sempre vivaz Giovanna dirigiu-lhe uns olhos mais acesos, interrogativos.

— A que aludes, Paolo? Considero ter sido o aprendizado proveitoso a todos nós, de uma forma ou de outra.

Então, sob a contemplação tranquila dos circunstantes, ele fez-lhe um gesto breve, ponderando:

— Todo aprendizado é de algum modo proveitoso, Gio, mesmo quando incorremos em equívocos sérios, quais os que cometi nos meus recentes juízos de valor. – E, como tanto Giovanna quanto alguns em volta o encarassem sem alcançar, num primeiro momento, a que aludia, prosseguiu:

— Meu compromisso, contigo quanto para com alguns companheiros mais específicos de jornada que vieram de cruzar o meu caminho, era o da tentativa de harmonização de antigas situações tensas; no entanto, o que verifiquei com pesar é que não apenas não atingi a contento os meus objetivos, como ainda os agravei, querida, incorrendo, desastrosamente, nos mesmos erros pelos quais acusei a outrem noutras oportunidades, em episódios anteriores, durante os quais privamos juntos no mesmo mundo que viemos de deixar há pouco. — E, como reparasse no semblante desassombrado de Giovanna que ela talvez começasse a entender o significado do que ele referia: — É a Marcello que faço menção, querida! Tu o sabes; e, aos poucos, aqui comigo, na medida em que recobrarmos as nossas lembranças do passado, recordarás integralmente as razões*. Pois outrora, Gio, fora ele, também, um teu irmão, irascível, agressivo, cruel, que dividiu comigo muitos lances passionais, violentos, por conta da possessividade que nutria para contigo. Por conta disso, naquela época recuada do nosso país de origem, quase tirou-me a vida, em episódios sucessivos de contendas sangrentas, quando eu, o teu então consorte, o julguei, por tanto, implacavelmente. Mas eis que agora, findas as nossas últimas e difíceis vivências, incorro nos mesmos erros que tanto condenei, nele, naqueles tempos; com o agravante imperdoável de ter estendido a ti, meu amor, o alcance dos prejuízos lastimáveis dos meus arrebatamentos, dos meus erros de visão... e pelos mesmos motivos passionais praticados por Marcello, aquele antigo Barriot, dos séculos já remotos, quase apagados das nossas lembranças...

---

* O leitor encontrará minúcias deste entrelace cármico na obra Sob o poder da águia, dentre outras anteriores, onde é descrito com detalhes o episódio a que se refere o autor espiritual neste trecho, fazendo alusão a época muito anterior, vivida na Antiguidade romana, em que ele, o então general Sálvio Adriano, travava luta furiosa contra a intervenção enciumada e saturada de hostilidade de Barriot, o irmão da personagem Helatz, a Giovanna de agora, no envolvimento amoroso entre ambos, sempre reincidente a cada vida física, e obediente à irresistível afinidade espiritual. (N. da médium)

— Deves considerar o fator de peso de teres sofrido influência despercebida de um outro personagem que não tomas em consideração na tua explanação, filho, justa, mas excessivamente rigorosa para contigo mesmo! — Era Marcílio quem tomava a palavra para recordar-lhe, bondoso quanto oportuno, a participação deprimente, naquele momento, do afastado Mizael nas ocorrências. — De modo que as tuas considerações da situação são amadurecidas, sem dúvida; no entanto, não deves nunca perder de vista que apenas a passagem do tempo nos experimenta o suficiente para que, de nós mesmos, fortaleçamo-nos o bastante para vencer nossa vulnerabilidade para com os golpes muito mais traiçoeiros, desfechados por aqueles que cobram seu quinhão vingativo a partir do acobertamento dos véus da invisibilidade.

— Mesmo assim... — replicou Paolo, em consciência, lançando agora ao complacente Hiram, presente à entrevista, o olhar lúcido, no qual se refletia grande transparência de propósitos e de intenções. — O antigo Zorkar haverá de ser capítulo à parte, que defrontarei no tempo certo, a fim de resolver a nascente de todas estas pendências e ressentimentos. Não julgo que o fato valha, porém, para me isentar do que me coube de falta de visão no que viemos de findar neste momento. Minhas limitações de visão e vacilações de atitudes, Marcílio, são assunto meu, a ser resolvido primeiro em mim mesmo, a fim de que, aí sim, refeito e fortalecido, me veja em condições de enfrentar estes problemas com um entendimento melhor e com decisões também mais acertadas.

Luca, sentado a seu lado, meneou de leve, sorrindo-lhe, compreensivo.

— Quem te acompanhou de perto, desta feita, viu como decorreu o teu histórico de vida, fratello. Estavas à frente de uma família numerosa, com grandes responsabilidades e muitos problemas cotidianos, de ordem prática, para resolver.

— Ainda assim, Luca, sinto-me endividado. E para com pessoas que jamais deveriam se achar no rol de minhas pendências pessoais, quais a infeliz Sofia, e tu e Matteo — disse, dirigindo-se brevemente a outro dos irmãos, sentado silencioso ali por perto —, de quem ainda aprenderei melhor, aqui, a avaliar a extensão dos dilemas que te arrastaram ao percurso difícil que te comprometeu o destino junto a mim e aos que nos acompanharam. E também tu, mamma querida; e tu, amore — anotou, por fim, deitando o olhar brilhoso, profundo, na emocionada Giovanna, ainda abraçada a si, agora fitando-o com lágrimas escorrendo-lhe dos olhos. — Quanto a ti, a minha dívida é maior, porque se soma a outras, que remontam a jornadas anteriores, quando te arrastei a erros com a minha indômita impulsividade. Assim, haverei de saná-la primeiro, assim que me for permitido.

— Oh, Paolo, meu amor por ti é o mesmo. E, dos meus erros, não te cabe responsabilidade. Per favore... não fales assim... — murmurou a moça, a forte emotividade sem permitir-lhe expressar-se direito, pousando-lhe docilmente a fronte no ombro.

— Que queres significar, figlio? Quais os teus anseios neste sentido? — indagou Públio Crasso, ali por perto, com intenção bem definida, qual a de avaliar o alcance do entendimento do rapaz, de suas melhorias íntimas, de seus projetos de futuro.

Entretanto, foi a Marcílio, o dirigente abnegado de Elysium, que ele dirigiu a sua resposta, quase como em busca de um consentimento, de aprovação para as suas expectativas mais acalentadas.

— Quero, em tempo oportuno, e de algum modo, permitir a Marcello e a Giovanna a chance de usufruírem a felicidade que não lhes permiti, no exercício de extensão amorosa que lhes cabia para esta vida, visando resolver pendências, dissensões familiares outras entre os Lorenzzo e os Braccio, sem sucesso, tudo pela minha intervenção malfadada, Marcílio. Quero que me seja concedida, quando me vir pronto para tanto, a felicidade de auxiliá-los neste sentido. — E, para Hiram: — Transmite, meu amigo, ao figlio do teu tutelado, Mizael, assim que possa, este meu projeto. Porque, embora sabendo que tal proeza não se realize de um para outro dia, na superação devida de todos os nossos mais ingratos ressentimentos, já constato que os melhores sentimentos e intenções, todavia, não os perdemos. Mas devemos aprender devidamente agraciar, com eles, a muitos outros. Assim, peço-vos, meus amigos — e agora dirigia-se a todos os ali reunidos, entre comovidos e enlevados, sentindo vivamente a veracidade implícita naquela proposta, que entendiam ser o dever de todos eles no processo de sua evolução conjunta —, que me acompanhem nesta empreitada. Com o apoio e a permissão dos nossos caros amigos e mentores, sigamos no aprendizado, sustentando e robustecendo os nossos laços de amor e de afeto; mas entendendo, em definitivo, que a prioridade para usufruirmos disso tudo em plenitude, em algum momento vindouro, é a resolução a contento das nossas diferenças, desarmonias e dissensões para com personagens outros. Não há outro caminho! — Beijou de leve a fronte da jovem ainda a chorar baixinho, serenamente, estreitando-a a si, reconfortador. — Nunca haverá a felicidade completa enquanto a perenidade do nosso amor se estender apenas em benefício de alguns; pois assim nos perdemos, na longa rota das nossas vidas, numa amálgama confusa entre a escuridão e a luz...

E foi assim que, tempos depois, em época que preferimos não precisar, retornariam ao mundo, em renovada trajetória sedimentada sobre projetos comovedores de afeto, os Marcello e Giovanna de então. No entanto, sob circunstâncias de tal modo alinhavadas que, sem que o supusessem, contariam de perto com o apoio abnegado, a favor de suas realizações mútuas, justo daquele que, se em tempos outros voluntariamente se empenhara nos embates sofridos de um secular triângulo amoroso, agora buscava os voos mais altos, na realização pessoal de um amor eterno, todavia embalado nas vagas tranquilas da reconstrução de afetos onde antes houve as emoções autodestrutivas do ódio, visando à pavimentação segura daquele amor fraterno que, na eternidade, a todos reúne na alegria plena, sob a égide inefável do Amor Maior de Deus.

Caio Fábio Quinto
(*Paolo Braccio*)
02/12/2009